Business Intelligence con Python

Cree sus propias herramientas de BI de principio a fin

Descarga

código fuente
de los ejemplos

Gaël Penessot

ISBN: 978-2-409-05092-3
Edición original: 978-2-409-04804-3

Ediciones ENI

P° Ferrocarriles Catalanes, 97-117, 2a pl. of. 18
08940 - Cornellà de Llobregat (Barcelona)

Tel: 934 246 401
Fax: 934 231 576

e-mail: info@ediciones-eni.com
http://www.ediciones-eni.com

Autor: Gaël Penessot
Edición española: Luis Ignacio Abad Olmo
Colección **Expert IT** dirigida por Émilie Villetorte

Para poder acceder durante un año
a la versión online de este libro,
envíenos su justificante de compra a

librodigital@ediciones-eni.com

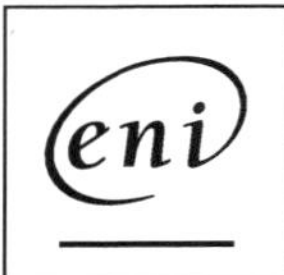

Contenido

Puede solicitar los archivos complementarios de este libro escribiendo a **comercial@ediciones-eni.com**.

Capítulo 2
Extraer sus datos de cualquier fuente

Capítulo 3
Preparar sus datos para sacarles todo su potencial

Capítulo 4
Analizar y comprender sus datos

Capítulo 5
Crear un Data Warehouse

Capítulo 6
Automatizar su pipeline

Capítulo 7
Visualizar sus datos

Capítulo 8
Paneles de control e informes

Capítulo 9
Ética, seguridad y RGPD

Prólogo

1. Introducción

Business Intelligence con Python - Cree sus herramientas de BI de principio a fin nace de una simple creencia: que la potencia y flexibilidad de Python pueden transformar la forma en que abordamos la Business Intelligence. Este libro es fruto de muchos años de experiencia en el campo del análisis de datos, y representa todo lo que me hubiese gustado saber cuando di mis primeros pasos en este fascinante mundo.

2. ¿A quién va dirigido este libro?

Este libro está dirigido principalmente a profesionales de datos, analistas de negocio y estudiantes que ya tengan un buen conocimiento de Python y SQL. Si actualmente trabaja con herramientas como Power BI, Tableau o QlikSense, y aspira a desarrollar sus propias soluciones basadas enteramente en Python, este es el libro para usted. Los Data Engineers y los Analytics Engineers también encontrarán una gran cantidad de valiosa información para añadir a su caja de herramientas.

3. Objetivos y enfoque

El objetivo principal de este libro es guiarle paso a paso a través de la creación de un proceso completo de BI, desde la recopilación de datos de origen hasta la creación de paneles interactivos, utilizando exclusivamente Python y bibliotecas de código abierto.

Lo que distingue a este libro es su enfoque exhaustivo y práctico. Exploraremos las posibilidades casi ilimitadas que ofrece Python para diseñar herramientas de BI, así como su incomparable flexibilidad. A través de casos prácticos concretos, descubrirá cómo Python puede liberarle de las restricciones de las herramientas de BI tradicionales, como la rigidez de los formatos de datos soportados, las limitaciones en la personalización de las visualizaciones o la dificultad de automatizar ciertos procesos complejos. Con Python, podrá:

- procesar todo tipo de fuentes de datos, tanto estructuradas como no estructuradas;
- crear visualizaciones totalmente personalizadas;
- crear pipelines de datos automatizados;
- integrar análisis estadísticos avanzados y de Machine Learning;
- desarrollar soluciones adaptadas a sus necesidades específicas.

4. Lo que no es Business Intelligence con Python

Es importante aclarar lo que no es este libro. No es un libro sobre la gestión de proyectos o la organización de un proyecto de BI. Nos concentraremos en los aspectos técnicos y prácticos de la implementación de soluciones de BI con Python, más que en los aspectos de gestión u organización.

Además, este libro no pretende promover una solución sobre otra. El objetivo es presentarle una amplia gama de herramientas Python para BI, de modo que pueda elegir e integrar las que mejor se adapten a sus limitaciones, su arquitectura de datos existente y sus necesidades concretas. Le daremos las claves para tomar decisiones informadas basadas en su contexto único.

5. Estructura y progresión

El libro sigue una progresión lógica, inspirada en el típico proceso de BI:

- introducción a la BI y al entorno Python;
- recogida e integración de datos;
- limpieza y preparación de datos;
- análisis estadístico;
- diseño de Data Warehouses;
- automatización de pipelines de datos;
- visualización de datos;
- creación de paneles interactivos e informes;
- consideraciones éticas, seguridad y cumplimiento del RGPD.

Cada capítulo se enriquece con ejemplos concretos y casos prácticos, que le permitirán aplicar inmediatamente los conceptos aprendidos. Tendrá la oportunidad de trabajar en proyectos reales, desde la recopilación de datos hasta su visualización y orquestación, utilizando herramientas como Airflow y Luigi.

6. Lo que aprenderá

Al final de este libro, dominará los fundamentos técnicos para desarrollar sus propias soluciones de BI con Python. Habrá adquirido las habilidades necesarias para crear sus propias herramientas de análisis, visualización e informes, lo que le permitirá alejarse gradualmente de soluciones propietarias como Power BI o Tableau.

Descubrirá las bibliotecas esenciales de Python para BI y aprenderá los fundamentos de la automatización de flujos de trabajo. A través de ejemplos prácticos, se familiarizará con las mejores prácticas en el diseño de soluciones de BI. Y lo que es más importante, obtendrá los conocimientos necesarios para comprender y empezar a utilizar las herramientas Python que mejor se adapten a su entorno y necesidades concretas.

7. En conclusión

Business Intelligence con Python es más que un manual técnico. Es una guía completa que le dará las claves para transformar su enfoque de la BI. Tanto si es un profesional experimentado que busca ampliar sus conocimientos como si es un analista emergente, deseoso de dominar las herramientas más potentes del mercado, este libro le acompañará en su viaje hacia el dominio de la BI con Python.

Prepárese para explorar un mundo en el que la flexibilidad de Python se une a la potencia de Business Intelligence. Descubrirá cómo crear soluciones a medida, adaptadas a sus necesidades únicas, mientras se beneficia de la riqueza del ecosistema Python. ¡Feliz lectura y feliz programación!

Capítulo 1
Python como principal herramienta de BI

1. ¿Qué es la Business Intelligence?

1.1 Definición y desarrollo

La *Business Intelligence* (BI) engloba un conjunto de herramientas, sistemas y procesos que permiten a las organizaciones recopilar, almacenar, acceder y analizar datos empresariales para facilitar la toma de decisiones. Esta disciplina ha evolucionado considerablemente en paralelo al desarrollo de los sistemas de información y a las mejoras en la capacidad de almacenamiento de datos.

En las primeras fases de su desarrollo, la BI se centraba principalmente en simplificar el acceso a la información y generar informes básicos. Hoy en día, se ha ampliado considerablemente para incluir una gama más amplia de funcionalidades y tecnologías avanzadas.

1.2 Componentes clave de la Business Intelligence

STEP 1
Data is collected from source systems and stored in a data warehouse or similar repository.

STEP 2
Data sets are structured into analytical models or OLAP cubes for analysis.

STEP 3
BI analysts, analytics professionals, and business users conduct analytical queries on the data.

STEP 4
Query results are transformed into visualizations, dashboards, reports, and online portals.

STEP 5
Executives and employees utilize the information for decision-making and strategic planning.

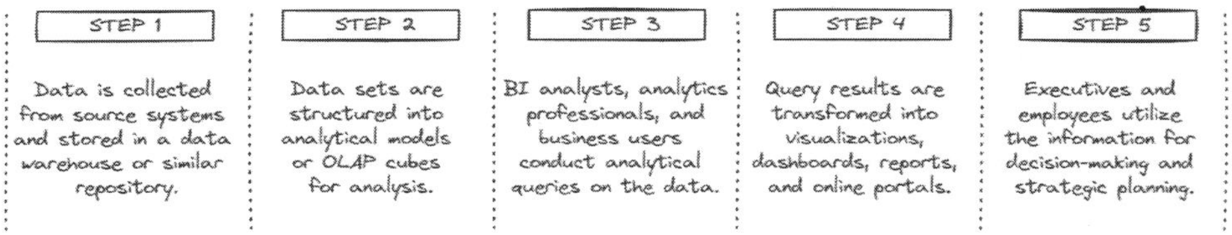

El proceso de Business Intelligence comienza con la recopilación de datos de diversas fuentes. Estas fuentes incluyen sistemas de gestión de relaciones con los clientes (CRM), sistemas de planificación de recursos empresariales (ERP), archivos planos (CSV, XLSX, etc.), bases de datos, redes sociales e incluso datos del Internet de las cosas (IoT).

Una vez recopilados, estos datos se almacenan en estructuras adecuadas. Los almacenes de datos, o *Data Warehouses*, actúan como depósitos centralizados donde los datos se integran y armonizan para facilitar el análisis. Para grandes volúmenes de datos en bruto, los lagos de datos, o *data lakes*, ofrecen una solución de almacenamiento flexible y escalable.

Antes de ser analizados, los datos brutos deben procesarse y limpiarse. Esta etapa, a veces denominada *data munging* o *data wrangling*, es crucial para garantizar la calidad y fiabilidad de los análisis posteriores. Implica corregir errores, gestionar los valores que faltan y formatear y transformar los datos en un formato utilizable.

El análisis de datos está en el corazón de la Business Intelligence. Abarca una amplia gama de métodos, desde la simple exploración estadística a la elaboración de informes complejos, así como el análisis predictivo y prescriptivo. Estos últimos se basan a menudo en técnicas de inteligencia artificial y aprendizaje automático para proporcionar *insights* más profundos y anticipatorios.

La visualización y la elaboración de informes desempeñan un papel esencial en la comunicación de los resultados de los análisis. Los datos se presentan en forma de paneles interactivos, gráficos dinámicos e informes detallados. El objetivo es que la información sea fácil de entender y utilizar, incluso para usuarios no técnicos.

Por último, la última etapa de la BI es la toma de decisiones basadas en los conocimientos obtenidos. Estas decisiones pueden conducir a cambios estratégicos, operativos o tácticos en la empresa, contribuyendo a su mejora continua y a su competitividad.

1.3 Beneficios y evolución de la Business Intelligence

La adopción de una estrategia de BI ofrece muchas ventajas a las organizaciones. Permite tomar decisiones basadas en datos precisos y actualizados, en lugar de en corazonadas o conjeturas. La BI también permite conocer mejor el mercado y la competencia, lo que es crucial en un entorno económico en constante cambio.

Además, la BI ayuda a optimizar las operaciones identificando ineficiencias en los procesos empresariales y revelando oportunidades para mejorar el rendimiento. Ayuda a reducir costes al proporcionar una mayor visibilidad del gasto e identificar áreas en las que se puede ahorrar. La BI también puede estimular el crecimiento de los ingresos detectando nuevas oportunidades de venta y tendencias de mercado explotables.

Un aspecto importante de la reciente evolución de la BI es la aparición de la self-service BI. Este enfoque ha democratizado el acceso a los datos al permitir a los usuarios no técnicos crear sus propios informes y obtener perspectivas, y no requiere una intervención en profundidad del departamento de TI. Esta evolución ha acelerado considerablemente el proceso de toma de decisiones en muchas organizaciones.

1.4 Enfoque programático de la BI

Junto a las herramientas tradicionales de BI, está ganando popularidad un enfoque programático que utiliza lenguajes como Python. Este método ofrece una gran flexibilidad en la manipulación y el análisis de datos, permitiendo desarrollos a medida adaptados a las necesidades específicas de cada empresa. También ofrece un control más granular sobre el procesamiento de los datos.

Bibliotecas de Python como pandas y NumPy son muy utilizadas para la manipulación de datos, mientras que matplotlib, seaborn y Plotly sobresalen en visualización. Otras como Dash, Streamlit y Taipy permiten crear visualizaciones interactivas, paneles dinámicos e informes personalizados. También ofrecen mayor flexibilidad y personalización gracias a la potencia de Python. Aunque este enfoque requiere conocimientos técnicos más avanzados, ofrece un nivel de personalización y precisión que a menudo es incomparable con las herramientas de BI estándar.

La Business Intelligence es un campo dinámico y en constante evolución, influido por los avances tecnológicos y las necesidades cambiantes de las organizaciones modernas. Tanto si se utilizan herramientas de BI tradicionales como enfoques programáticos más avanzados, la BI sigue siendo un pilar fundamental para cualquier empresa que desee basar sus decisiones en datos concretos, independientemente de su tamaño o sector de actividad.

2. ¿Por qué Python?

2.1 Preámbulo

Python es un lenguaje de programación de alto nivel, versátil y accesible, lanzado por primera vez en 1991. Conocido por su sintaxis clara y legible, Python permite a los desarrolladores centrarse en la resolución de problemas más que en las complejidades del propio lenguaje. Esto lo convierte en una opción popular tanto para principiantes como para profesionales experimentados.

Su creador, Guido van Rossum, es un visionario informático holandés que dirigió el desarrollo del lenguaje hasta 2018. Desarrolló Python mientras trabajaba en el Instituto Nacional Holandés de Investigación en Matemáticas e Informática, con el objetivo de crear un lenguaje que fuera a la vez potente y fácil de aprender. Curiosamente, la primera versión de Python se escribió durante las vacaciones de Navidad, cuando buscaba desarrollar un sucesor del lenguaje ABC, corrigiendo lo que consideraba sus defectos, pero conservando sus innovaciones.

La sencillez de Python no es sinónimo de debilidad. Cuenta con una rica biblioteca estándar que proporciona módulos y funciones para casi todas las necesidades de desarrollo, desde la manipulación de cadenas y la gestión de bases de datos hasta la creación de redes e interfaces de usuario. Además, su capacidad para integrar bibliotecas externas como NumPy, pandas, TensorFlow y Django, entre otras, lo hace especialmente potente para aplicaciones científicas, análisis de datos, inteligencia artificial, desarrollo web y mucho más.

Python también fomenta diversos paradigmas de programación, como la programación procedimental, la orientada a objetos y la funcional, lo que da a los desarrolladores una gran flexibilidad a la hora de estructurar su código. Su compatibilidad con varios sistemas operativos y su intérprete interactivo facilitan el desarrollo y la comprobación rápida de nuevas ideas.

Otra gran ventaja de Python es su activa y creciente comunidad. Esta comunidad no solo contribuye a la mejora continua del lenguaje y sus bibliotecas, sino que también ofrece una amplia red de apoyo a través de foros, tutoriales en línea y conferencias dedicadas.

Gracias a su combinación única de sencillez, potencia y flexibilidad, Python se ha convertido en una herramienta esencial en el mundo del desarrollo de software y sigue ganando popularidad en muchos ámbitos de la tecnología.

2.2 Tendencias

Las tres clasificaciones siguientes dan una idea más clara del creciente interés que despierta este lenguaje entre los profesionales. Además de ser el lenguaje más utilizado para el análisis de datos, Python está consolidando su dominio aplastando a la competencia.

El índice TIOBE es una reconocida clasificación mensual que evalúa la popularidad de los lenguajes de programación en el mundo del desarrollo de software. Su metodología se basa en el análisis de las consultas realizadas en los principales motores de búsqueda, como Google, Bing, Yahoo!, Wikipedia, Amazon, YouTube y Baidu. El sistema mide la frecuencia con la que se busca cada lenguaje de programación, abarcando un centenar de lenguajes diferentes.

Es importante señalar que el índice TIOBE no refleja directamente el uso real de los lenguajes ni el volumen de código producido, sino su visibilidad y popularidad en la Web. Este enfoque permite captar las tendencias y el interés general por cada lenguaje, ofreciendo una visión de la dinámica del sector.

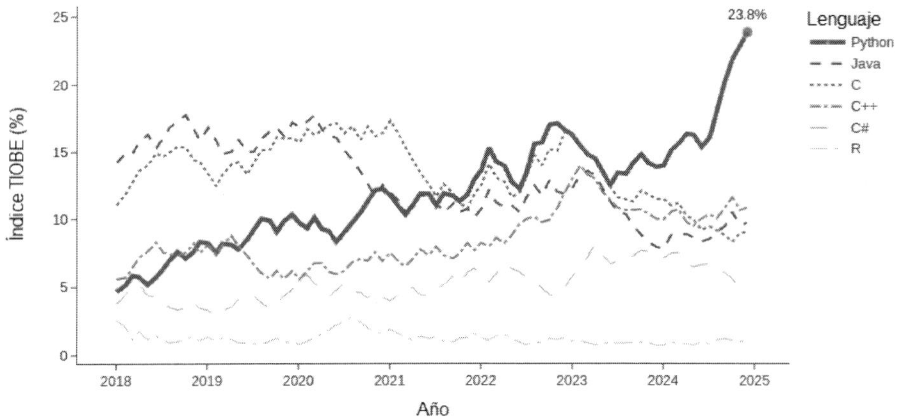

La clasificación PYPL (*Popularity of Programming Language*) es una alternativa al índice TIOBE para evaluar la popularidad de los lenguajes de programación. Su metodología difiere en que se centra en el interés actual de desarrolladores y estudiantes. A diferencia de TIOBE, que se basa en el número de páginas web dedicadas a cada lenguaje, PYPL analiza la frecuencia de búsquedas de tutoriales para aprender un lenguaje de programación concreto.

Este enfoque se basa en la premisa de que cuanto más se busca un lenguaje, más popular y relevante es en el panorama actual del desarrollo de software. PYPL utiliza los datos de Google Trends para medir el volumen de búsquedas relacionadas con el aprendizaje de cada lenguaje, lo que proporciona una visión más dinámica y actualizada de las tendencias del mercado.

La clasificación PYPL 2024 ofrece así una perspectiva diferente, potencialmente más representativa del interés real e inmediato de los desarrolladores por determinados lenguajes. Este método capta las tendencias emergentes con mayor rapidez que los indicadores basados en los contenidos web existentes, que pueden reflejar información más antigua o estática.

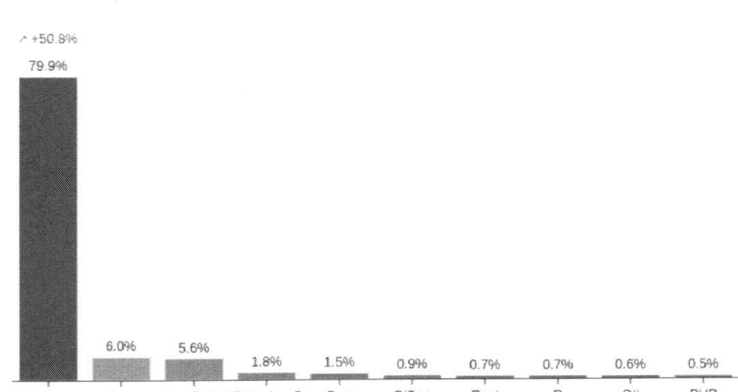

Por último, la clasificación IEEE Spectrum es una reconocida evaluación anual de lenguajes de programación, realizada por el *Institute of Electrical and Electronics Engineers* (IEEE). Esta clasificación se distingue por su exhaustiva metodología, que combina diversas fuentes de datos para ofrecer una visión general de la popularidad y relevancia de los lenguajes en la industria del desarrollo de software.

La metodología de IEEE Spectrum se basa en el análisis de múltiples indicadores procedentes de diversas fuentes. Incorpora datos de GitHub, Google, Stack Overflow, Twitter e IEEE Xplore, la biblioteca digital del IEEE que contiene más de 3,6 millones de artículos científicos y técnicos.

Lo que hace único a IEEE Spectrum es su cobertura de las publicaciones científicas y conferencias relacionadas con cada lenguaje, ofreciendo una perspectiva única de su importancia en el mundo académico y de la investigación.

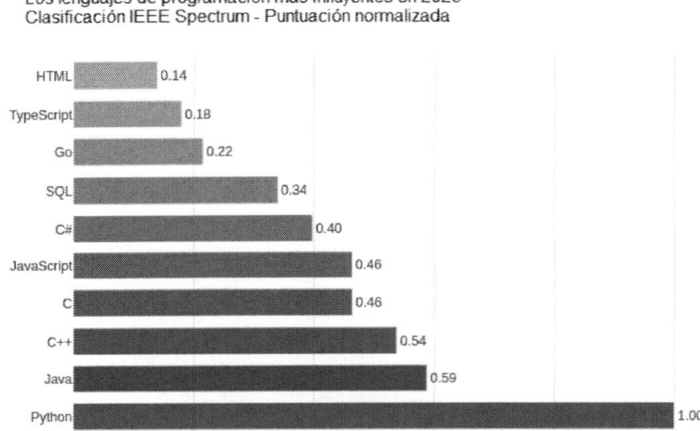

A estas alturas, debería estar convencido de que ha tomado la decisión correcta con este libro. Aprender a usar Python es la mejor inversión que puede hacer.

3. Python para Business Intelligence

Python se ha consolidado como la herramienta de elección para Business Intelligence, ofreciendo un rico ecosistema de librerías y herramientas especializadas que cubren todo el ciclo de vida del análisis de datos. En esta sección, veremos los principales componentes de este ecosistema, esenciales para cualquier profesional de BI.

En el corazón del análisis de datos en Python se encuentra pandas, una biblioteca fundamental. Pandas ofrece potentes estructuras de datos, en particular los DataFrames, que permiten manipular eficientemente conjuntos de datos tabulares. Con pandas, los analistas pueden limpiar datos, gestionar valores perdidos, realizar agregaciones complejas y llevar a cabo sofisticados análisis temporales. Bien utilizado, su flexibilidad y rendimiento lo convierten en una herramienta fundamental para la preparación y el análisis de datos.

Para cálculos numéricos más avanzados, NumPy es el complemento perfecto de pandas. Aunque a menudo se asocia con la computación científica, NumPy tiene un valor incalculable en BI para operaciones matriciales y cálculos vectorizados, acelerando considerablemente el procesamiento de datos a gran escala. Al mismo tiempo, SciPy amplía estas capacidades con un conjunto de herramientas para el análisis estadístico, ofreciendo una amplia gama de pruebas estadísticas que son esenciales para validar hipótesis y evaluar la importancia de los resultados, por ejemplo.

La visualización de datos, esencial para comunicar ideas con eficacia, se apoya en varias bibliotecas de Python. La biblioteca matplotlib, la más antigua y completa, ofrece un control granular sobre cada aspecto de los gráficos. Quienes busquen un enfoque más sencillo con resultados estéticamente agradables pueden utilizar seaborn, basada en matplotlib, para crear rápidamente atractivas visualizaciones estadísticas. Para visualizaciones interactivas, especialmente útiles en paneles modernos, Plotly es la referencia, ya que permite crear gráficos dinámicos que pueden integrarse fácilmente en aplicaciones web.

La integración de datos se ve facilitada en Python por bibliotecas como SQLAlchemy. Esta última permite a los analistas interactuar fácilmente con diversas bases de datos SQL. Para las fuentes NoSQL, Python ofrece conectores específicos para los sistemas más populares. Además, la capacidad de Python para trabajar con API REST permite enriquecer los análisis con datos procedentes de diversas fuentes externas.

Por último, para desarrollar paneles de control, Python ofrece varias opciones que se adaptan a sus necesidades. Dash, desarrollado por Plotly, permite crear aplicaciones web analíticas completas con componentes interactivos. Streamlit, una alternativa más reciente, ha ganado popularidad gracias a su sencillez, permitiendo transformar rápidamente scripts de Python en aplicaciones web interactivas. Un recién llegado, Taipy, se está posicionando como un prometedor retador, ofreciendo una gran flexibilidad para crear interfaces de usuario responsivas con un mínimo de código.

4. ¿Cuáles son las ventajas de utilizar Python para Business Intelligence?

Adoptar Python como herramienta principal de Business Intelligence ofrece muchas ventajas estratégicas y operativas a las organizaciones.

Una de las principales ventajas de Python es su flexibilidad y adaptabilidad. En un entorno de BI en el que las fuentes de datos suelen ser heterogéneas y cambiar constantemente, Python destaca por su capacidad para adaptarse a distintos tipos y formatos de datos. Esta flexibilidad permite a los analistas responder rápidamente a los cambios en los requisitos del proyecto o en la naturaleza de los datos que deben procesarse.

La automatización del flujo de trabajo de BI es otra área en la que Python brilla. Herramientas como Apache Airflow, desarrolladas en Python, permiten orquestar complejas canalizaciones de datos. Esta capacidad de automatización no solo mejora la eficiencia operativa, sino que también garantiza la reproducibilidad de los análisis, un aspecto crucial para la fiabilidad y coherencia de las perspectivas de BI.

La escalabilidad de Python lo convierte en una sabia elección para proyectos de BI de todos los tamaños. Para los análisis que implican volúmenes moderados de datos, las herramientas estándar de Python suelen ser suficientes. Cuando los volúmenes de datos aumentan, soluciones como Dask pueden ampliar las capacidades de pandas y NumPy a múltiples núcleos o incluso clústeres de máquinas, sin necesidad de realizar grandes cambios en el código existente.

Una ventaja significativa de Python es su activa comunidad y su ecosistema de código abierto. Esta comunidad contribuye continuamente a mejorar las bibliotecas existentes y a desarrollar nuevas soluciones. Para los profesionales de BI, esto significa tener acceso constante a recursos actualizados, ayuda rápida cuando se necesita e innovación continua en las herramientas y metodologías disponibles.

Desde un punto de vista económico, Python ofrece una excelente relación calidad-precio. Al ser de código abierto, permite a las empresas implantar sólidas soluciones de BI sin invertir en costosas licencias. Además, el uso de Python reduce los costes de formación e implantación. Muchos profesionales ya tienen conocimientos de Python, lo que facilita la adopción de estas herramientas por parte de los equipos. De este modo, las empresas pueden maximizar el uso de sus recursos internos sin tener que realizar grandes inversiones en formación adicional o en la contratación de consultores especializados.

Aunque este libro se centra en el BI tradicional, es importante señalar que Python ofrece una puerta de entrada natural a áreas más avanzadas, como el análisis predictivo y el aprendizaje automático. Esta continuidad tecnológica permite una evolución gradual de las capacidades analíticas de la empresa, facilitando la transición a análisis más sofisticados cuando surja la necesidad.

Por último, a diferencia de las soluciones de BI propietarias que a menudo funcionan como «cajas negras», Python ofrece un control total sobre el proceso analítico. Los analistas pueden personalizar todos los aspectos de sus análisis, desde los algoritmos de procesamiento de datos hasta los métodos de visualización, lo que garantiza que las soluciones de BI satisfagan las necesidades específicas de la empresa.

Todas estas ventajas convierten a Python en una opción estratégica para las organizaciones que desean sacar el máximo partido a sus datos, sea cual sea la complejidad o la escala de sus proyectos de BI.

5. Configuración del entorno

Configurar el entorno Python puede parecer más complejo que instalar una herramienta de BI tradicional como Power BI. Mientras que Power BI ofrece una instalación guiada y una interfaz de usuario intuitiva, la configuración de Python requiere varios pasos, incluyendo la instalación del intérprete de Python, la configuración de gestores de paquetes como pip o conda, y la instalación de las bibliotecas necesarias para desarrollar soluciones de BI. En las próximas secciones, veremos en detalle cómo preparar su máquina para que esté listo para desarrollar.

5.1 Instalación de Python

5.1.1 ¿Qué versión de Python elegir?

En el ámbito del Business Intelligence, donde la fiabilidad de los análisis y la estabilidad de los sistemas son primordiales, la elección de la versión de Python no es trivial.

La experiencia ha demostrado que a menudo es más sensato optar por una versión consolidada con soporte a largo plazo que por la más reciente, sobre todo para proyectos de producción o cuando la compatibilidad de las bibliotecas es un problema importante.

Por ejemplo, una actualización prematura podría hacer incompatibles algunas bibliotecas esenciales como Pandas o NumPy, lo que interrumpiría sus procesos de análisis y podría comprometer la integridad de sus informes de BI.

Sin embargo, no hay que pasar por alto el valor de las nuevas versiones. A menudo aportan mejoras de rendimiento y nuevas funciones que pueden beneficiar a sus proyectos.

Estos son los principales puntos que debe tener en cuenta al elegir su versión de Python:

- Compatibilidad de bibliotecas: compruebe que las bibliotecas esenciales para su flujo de trabajo de BI (pandas, NumPy, matplotlib, etc.) son compatibles con la versión de Python que está considerando.

– Soporte a largo plazo (LTS): las versiones LTS se mantienen durante más tiempo con actualizaciones de seguridad y correcciones de errores, ideales para proyectos de BI en producción.
– Estabilidad y madurez: para proyectos de BI críticos, opte por una versión que haya demostrado su eficacia en producción.
– Nuevas funciones: evalúe si las nuevas funciones pueden aportar un valor añadido real a sus análisis de BI.
– Gestión de versiones: utilice herramientas como pyenv o conda para gestionar varias versiones de Python, permitiéndole cambiar entre versiones según lo requieran sus proyectos.

Para estar al día de las distintas versiones de Python y sus ciclos de vida, visite regularmente https://devguide.python.org/versions/. El gráfico muestra el ciclo de vida de las distintas versiones de Python en un eje temporal de 2008 a 2030, indicando su estado progresivo desde el desarrollo hasta el final de su vida útil (end-of-life).

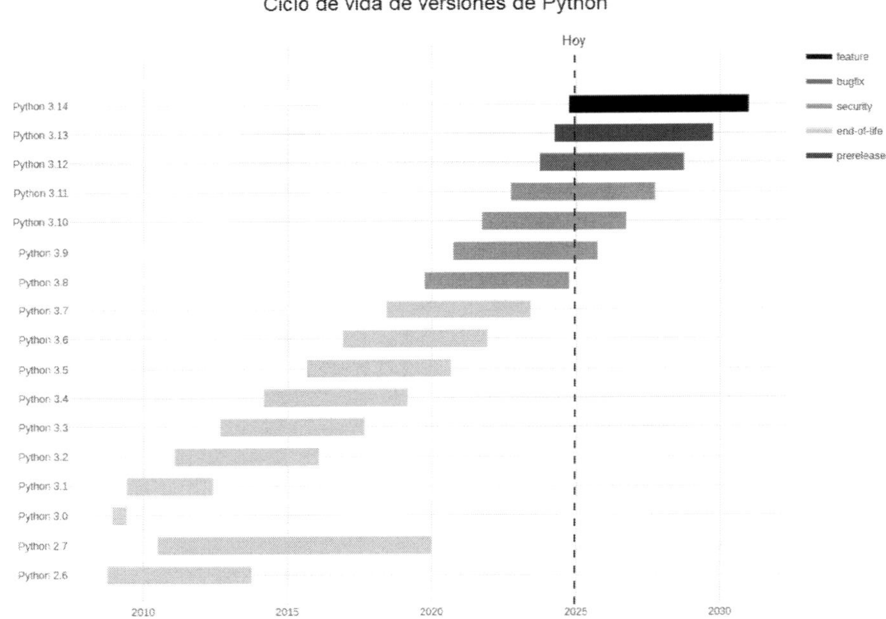

Ahora que ya sabe qué versión de Python tiene (y antes de entrar en materia), es esencial que prepare su entorno de trabajo. Afortunadamente, instalar Python es un proceso sencillo y bien documentado, sea cual sea su sistema operativo. En las siguientes secciones, le guiaremos a través de los pasos esenciales para configurar un entorno Python que se adapte a sus necesidades.

5.1.2 Instalación en Ubuntu

- Abra un terminal y compruebe si Python ya está instalado.

```
python3 --version
```

- Si Python ya está instalado, verá el número de versión. Si no es así, vaya al paso siguiente.
- Instale Python (3.9 en este ejemplo) utilizando el gestor de paquetes APT.

```
sudo apt update
sudo apt install python3.9 python3-pip
```

pip es el gestor de paquetes, la herramienta con la que instalaremos las distintas bibliotecas que utilizaremos.

5.1.3 Instalación en Windows 11

- Descargue el instalador de Python del sitio web oficial: https://www.python.org/downloads/
- Ejecute el programa de instalación y siga las instrucciones. Asegúrese de marcar la casilla **Add Python to PATH** para poder utilizar Python desde cualquier directorio, lo que le ahorrará algunos errores más adelante.
- Compruebe la instalación abriendo un símbolo del sistema y escribiendo:

```
python --version
pip --versión
```

5.1.4 Instalación en Windows 11 sin derechos de administrador

En muchas organizaciones, las restricciones de derechos de los usuarios suelen limitar la instalación de nuevo software. Para sortear esta limitación, Python ofrece una versión «portátil» que no requiere instalación en el sistema.

Esta opción le permite empezar rápidamente con sus proyectos, ejecutando Python directamente desde una carpeta o una memoria USB. Es una forma práctica de empezar a trabajar en sus análisis si su cuenta está restringida, o mientras espera que su departamento informático apruebe la instalación.

Paso 1: descargar Python portátil

- Visite el sitio web oficial de Source Forge: https://sourceforge.net/projects/portable-python/
- Haga clic en **Download** , y comenzará la descarga (versión de 64 bits por defecto). El archivo descargado tendrá el formato Portable Python-3.X.X x64.exe.

Paso 2: Preparación de Python

- Descomprima el archivo ZIP en la carpeta que elija. Esta carpeta será su «instalación» portátil de Python.
- Asegúrese de añadir la ruta al directorio que contiene el ejecutable python.exe a las variables de entorno de su cuenta.

Esta versión tiene su propia interfaz de línea de comandos. Por defecto, el gestor de paquetes pip está presente, lo que permite instalar las bibliotecas directamente.

5.2 Elección de un IDE

La elección del entorno de desarrollo adecuado suele depender de las herramientas que ya se utilicen en la empresa. En esta subsección se examinan los IDE más comunes. Además, distinguiremos entre dos casos de uso: la exploración de datos o desarrollo POC y la escritura de código para producción.

5.2.1 Exploración de datos con Jupyter Notebooks

Los Jupyter Notebooks son la herramienta ideal para la exploración de datos. Permiten ejecutar código en bloques, lo que facilita la comprobación y visualización de los resultados en cada etapa. Además, su capacidad para integrar documentación en Markdown o HTML los hace ideales para crear informes interactivos y compartibles, esenciales en BI.

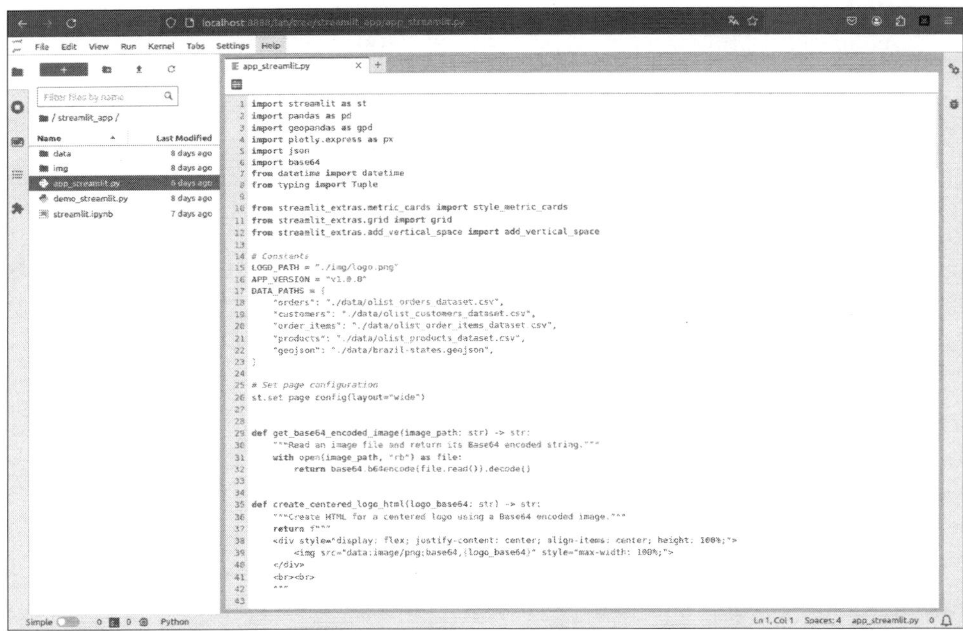

5.2.2 Entornos de desarrollo integrados (IDE) para producción

Para el desarrollo de código destinado a producción, destacan dos IDE: VS Code (Microsoft) y PyCharm (JetBrains). Aunque comparten muchas características, presentan algunas diferencias notables, sobre todo en lo que respecta a la compatibilidad con los cuadernos Jupyter.

Comparación entre PyCharm y VS Code

Características	PyCharm	Código VS
Tipo	Entorno completo de desarrollo integrado (IDE)	Editor de código ligero y ampliable
Desarrollo	JetBrains	Microsoft
Licencia	Versión comunitaria gratuita, versión profesional de pago	Gratuito y de código abierto
Primer contacto	Curva de aprendizaje más lenta, interfaz con más funciones	Interfaz más fácil de aprender, minimalista y personalizable
Rendimiento	Más intensivo en recursos, puede ser lento en máquinas menos potentes	Más ligero y rápido
Funciones específicas para Python	Excelente compatibilidad con Python, potentes herramientas de refactorización, depuración avanzada y navegación sencilla por el código	Buen soporte para Python con la extensión oficial, funciones personalizables gracias a las extensiones
Funciones para la ciencia de datos	Integración con Jupyter Notebooks, herramientas de visualización de datos, compatibilidad con bibliotecas científicas (NumPy, Pandas, etc.)	Integración con Jupyter Notebooks (mediante extensiones), visualización de datos posible con extensiones, compatibilidad con bibliotecas científicas
Comunidad	Amplia comunidad de usuarios, centrada principalmente en Python	Enorme comunidad, activa en muchos idiomas y tecnologías

Características	PyCharm	Código VS
Personalización	Menos personalizable que VS Code, pero con muchos temas y plugins disponibles	Altamente personalizable con una amplia biblioteca de extensiones

La elección entre PyCharm y VS Code dependerá de sus necesidades específicas:

- Si trabaja exclusivamente en proyectos Python y necesita potentes herramientas de refactorización, PyCharm puede ser la mejor opción.
- Si prefiere un entorno más ligero y versátil, capaz de manejar una gran variedad de lenguajes de programación, VS Code sería más apropiado.
- Para proyectos de BI que requieran el uso frecuente de Jupyter Notebooks, VS Code ofrece una ventaja con su soporte nativo, a menos que se opte por la versión profesional de PyCharm.

La interfaz VS Code:

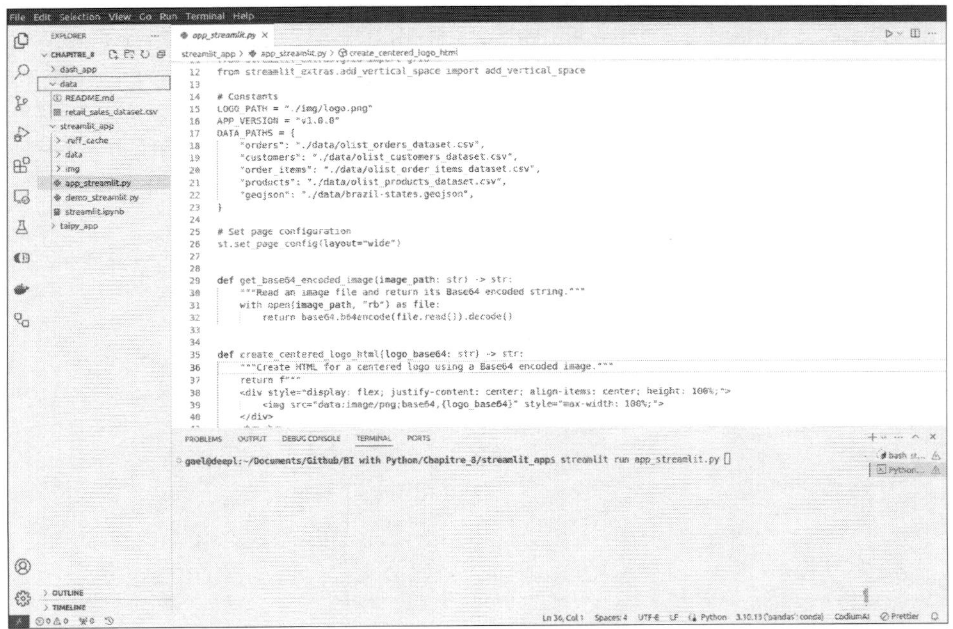

La interfaz de PyCharm:

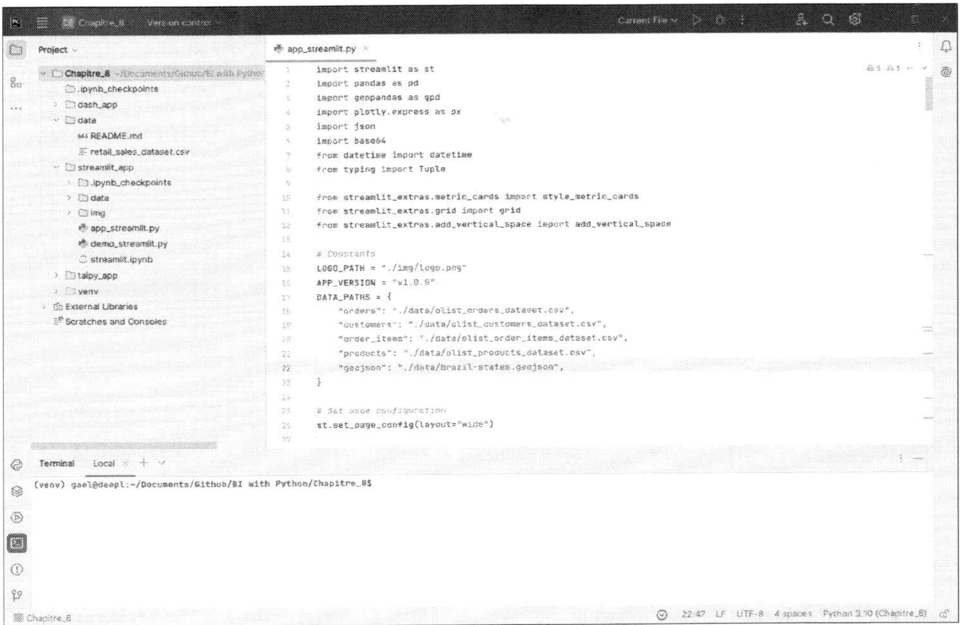

Decida lo que decida, ambos IDEs ofrecen características robustas para el desarrollo en Python, por lo que la elección final dependerá a menudo de sus preferencias personales y de los requisitos específicos de su proyecto.

6. Algunas buenas prácticas antes de empezar

Las mejores prácticas del mundo de la ingeniería de software son cada vez más comunes en el mundo de los datos, y eso es bueno. Echemos un vistazo a estas mejores prácticas para mantener su código limpio, eficiente y mantenible.

6.1 Control de versiones

El punto de partida de todo desarrollo en los últimos años ha sido el control de control de versiones del código. Esta práctica, que se ha convertido en fundamental, permite seguir la evolución del código fuente, gestionar las modificaciones realizadas por distintos desarrolladores y mantener un historial completo de cambios. El control de versiones facilita la colaboración dentro de los equipos, mejora la trazabilidad de errores y funcionalidades y permite volver a versiones anteriores si es necesario. El uso de sistemas de control de versiones como Git es ya un estándar en el desarrollo moderno de software, garantizando un desarrollo más estructurado y seguro.

6.1.1 Cree su repositorio

El control de versiones con GitHub (o cualquier otra alternativa como GitLab, GitKraken, etc.) es esencial en el desarrollo de cualquier proyecto Python. Para empezar, necesita crear un nuevo repositorio, que servirá como base para almacenar y gestionar su código fuente.

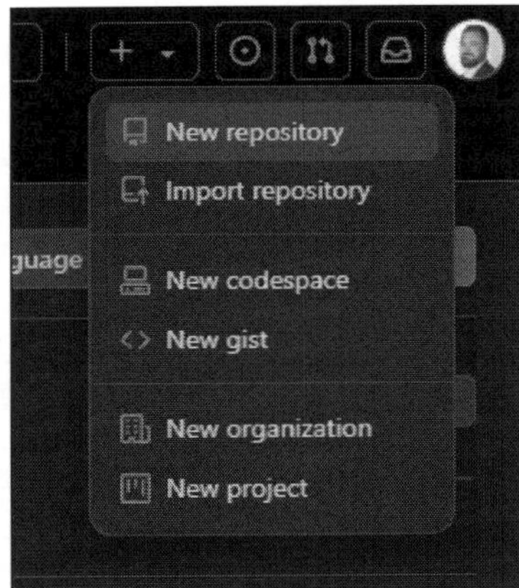

- Para empezar, inicie sesión en su cuenta de GitHub.
- Haga clic en el botón **+** en la parte superior derecha de la página de inicio. Aparecerá la opción **New repository**.
- Seleccione esta opción para iniciar el proceso de creación de su nuevo repositorio.

▶A continuación, configure los detalles de su repositorio. La elección del nombre de su repositorio es importante: debe ser descriptivo y fácilmente identificable. Por ejemplo, para un proyecto de Business Intelligence en Python, podría elegir un nombre como **new_repo_for_bi_project**.

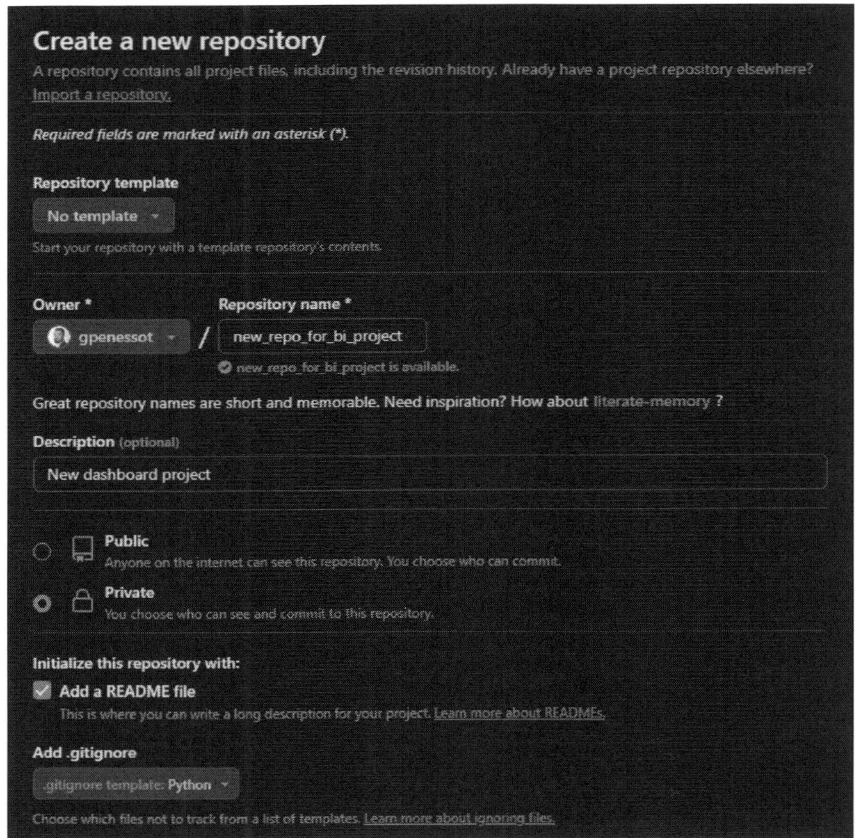

GitHub le da la opción de hacer su repositorio público o privado. Un repositorio público será visible para todo el mundo y permitirá a otros desarrolladores contribuir a su proyecto. En cambio, un repositorio privado solo es accesible para usted y para los colaboradores que invite explícitamente. Su elección dependerá de la naturaleza de su proyecto y de sus preferencias en términos de confidencialidad.

Una opción importante a tener en cuenta es inicializar su repositorio con un archivo README. Este archivo sirve como página de inicio de su proyecto en GitHub y generalmente se utiliza para proporcionar una descripción del proyecto, instrucciones de instalación y uso, y cualquier otra información relevante. Se recomienda marcar esta opción para facilitar el inicio de su proyecto.

- Una vez que haya configurado todos estos ajustes para satisfacer sus necesidades, haga clic en el botón **Create repository** en la parte inferior de la página. GitHub creará entonces su nuevo repositorio, proporcionándole un espacio dedicado para gestionar y colaborar en su proyecto de Business Intelligence en Python.

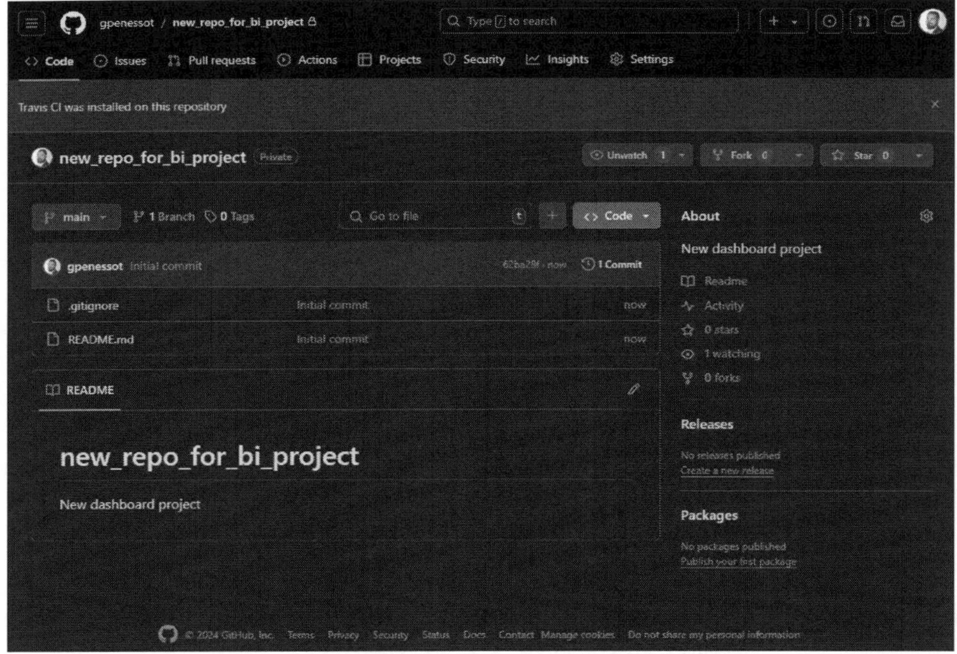

6.1.2 Clonación del repositorio

Estos comandos bash representan los primeros pasos para trabajar con un proyecto alojado en GitHub. El primer comando, `git clone`, se utiliza para crear una copia local del repositorio remoto. Descarga el proyecto completo, incluyendo todos los archivos, el historial de commits y las ramas, desde la URL de GitHub especificada. Una vez finalizada la clonación, se utiliza el comando `cd` (cambiar directorio) para navegar al directorio recién creado del proyecto.

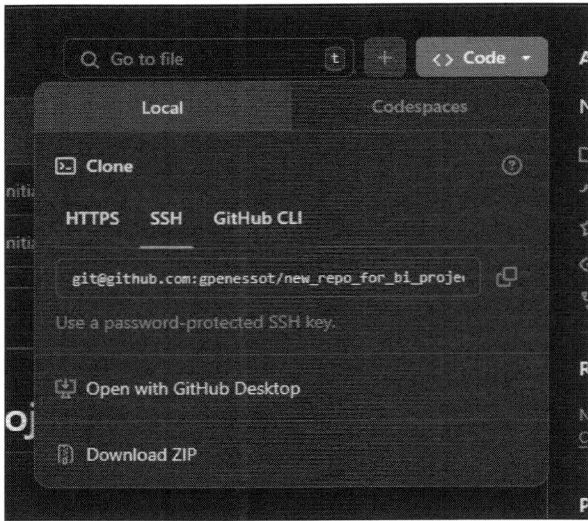

Esta secuencia permite a un desarrollador obtener rápidamente una copia de trabajo completa del proyecto en su máquina local, lista para su consulta, modificación o contribución.

```
git clone git@github.com/your_username/
new_repo_for_bi_project.git
cd mi_proyecto_python
```

Observación

En primer lugar, necesita crear una clave SSH para asegurar los intercambios. Siga este tutorial de Github para más detalles:
https://docs.github.com/en/authentication/connecting-to-github-with-ssh

6.1.3 Añadir archivos y commit

Esta secuencia de comandos Git representa el flujo de trabajo típico para guardar y compartir cambios en un proyecto versionado. El comando `git add .` añade cualquier archivo nuevo o modificado en el directorio actual al área de preparación, preparando estos cambios para su confirmación. A continuación, `git commit -m` crea una nueva confirmación con un mensaje descriptivo, en este caso indicando que se trata de la confirmación inicial añadiendo los archivos del núcleo del proyecto.

Por último, `git push origin main` envía estas modificaciones locales al repositorio remoto en GitHub, haciéndolas visibles y accesibles a otros colaboradores del proyecto. Esta secuencia es fundamental para el proceso de desarrollo colaborativo, ya que permite guardar y compartir los avances del proyecto.

```
git add .
git commit -m " Initial commit: adding base file for project "
git push origin main
```

6.1.4 Creación de ramas

Esta secuencia de comandos Git ilustra el proceso de creación y trabajo en una nueva funcionalidad de un proyecto. El comando `git checkout -b feature/new_analysis` crea y cambia simultáneamente a una nueva rama llamada `feature/new_analysis`, aislando así el desarrollo de esta nueva característica del código principal. A continuación, los cambios se añaden al área de preparación mediante `git add .`, y se crea un commit con un mensaje descriptivo que indica que se ha añadido una nueva función de análisis de datos.

Por último, `git push origin feature/new_analysis` envía esta nueva rama y sus modificaciones al repositorio remoto de GitHub, con lo que la nueva función queda disponible para su revisión y debate con el equipo. Este enfoque de desarrollo basado en ramas permite trabajar en las funciones de forma aislada y organizada, lo que facilita la gestión del código y la colaboración dentro del equipo.

```
git checkout -b feature/new_analysis
git add .
git commit -m "Add a new function for data analysis"
git push origin feature/new_analysis
```

6.1.5 Pull requests

Los pull requests son una parte esencial del flujo de trabajo colaborativo en GitHub, ya que permiten que los cambios en el código se integren en el proyecto principal de forma controlada.

- Para iniciar este proceso, diríjase a la página principal de su repositorio de GitHub.
- Encontrará una pestaña llamada **Pull requests** en la barra de navegación superior. Haga clic en ella para acceder a la sección dedicada a las pull requests de su proyecto.

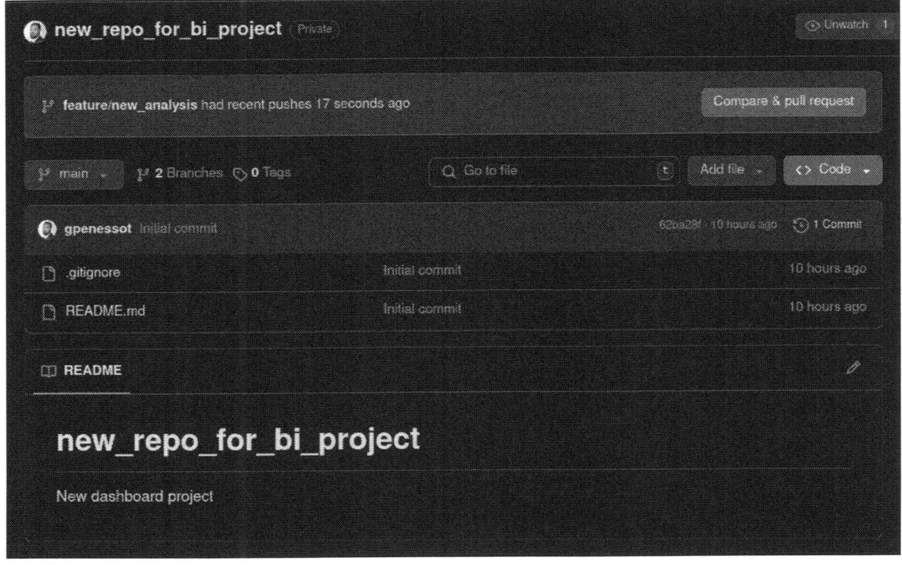

- Una vez en esta sección, verá un botón verde llamado **New pull request**. Este botón es su punto de partida para proponer la integración de sus modificaciones. Haga clic en él. GitHub le presenta una interfaz de comparación de ramas.

- Seleccione la rama en la que ha estado trabajando. Esta selección permite a GitHub comparar su rama de feature con la rama principal del proyecto, normalmente llamada **main** o **master**.

Una vez que haya seleccionado su rama de feature, accederá a una página en la que podrá examinar las diferencias entre su rama y la rama principal.

- Añada una descripción detallada de su pull request. Esta descripción es crucial, ya que permite a sus colaboradores entender el contexto y el propósito de sus cambios. Explica claramente qué hace su código, por qué son necesarios estos cambios y cualquier otro detalle relevante que pueda facilitar la revisión del código.

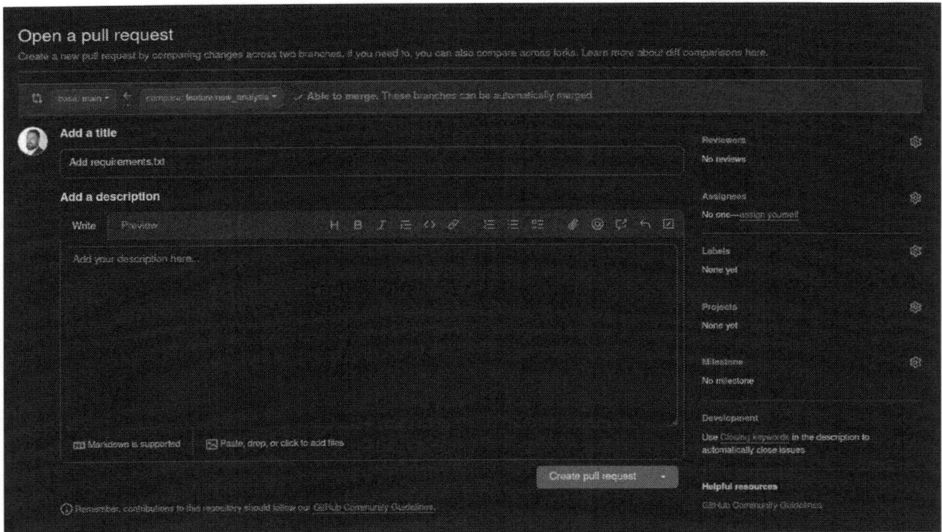

Una vez que haya redactado cuidadosamente su descripción, puede finalizar el proceso haciendo clic en el botón **Create pull request** . Esta acción enviará oficialmente su pull request al equipo del proyecto para su revisión. A partir de este momento, sus colaboradores podrán examinar sus modificaciones, dejar comentarios y sugerir mejoras antes de que su código se fusione definitivamente en la rama principal del proyecto.

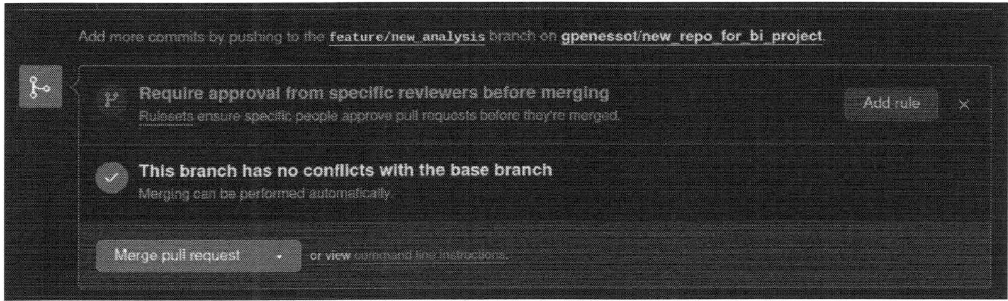

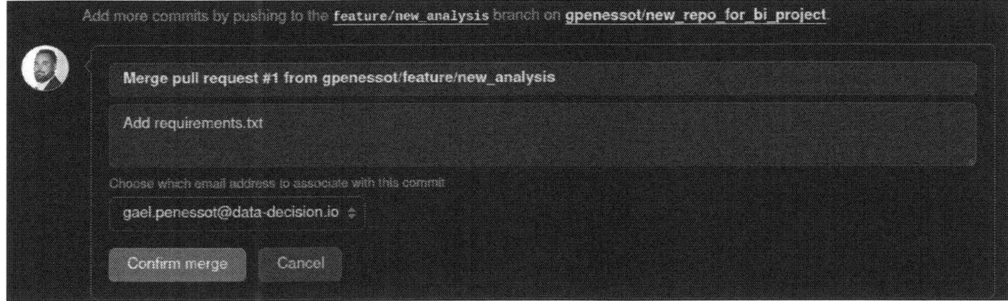

6.2 Estructure su proyecto

Una estructura de proyecto de análisis de datos bien pensada es esencial por varias razones, entre ellas la colaboración, la legibilidad, la mantenibilidad, la reproducibilidad y la compartición eficaz del proyecto. Una herramienta como Cookiecutter puede servir para facilitar la implantación de una estructura de este tipo.

Cookiecutter es una herramienta de línea de comandos para crear proyectos a partir de plantillas predefinidas. Resulta especialmente útil para proyectos de análisis de datos, ya que permite generar rápidamente una estructura de proyecto coherente y normalizada.

Cookiecutter ofrece una serie de ventajas:

- Ahorre tiempo: en lugar de tener que crear manualmente la estructura del proyecto cada vez, Cookiecutter genera instantáneamente un árbol completo de carpetas y archivos.

- Estandarización: al utilizar una plantilla común, todos los proyectos del equipo u organización siguen la misma estructura, lo que facilita la colaboración y el entendimiento mutuo.
- Personalización: las plantillas de Cookiecutter son altamente personalizables. Puede crear sus propias plantillas adaptadas a las necesidades específicas de su equipo o proyecto.
- Mejores prácticas integradas: las plantillas de Cookiecutter pueden incluir archivos de configuración, secuencias de comandos de inicialización y documentación, lo que fomenta la adopción de las mejores prácticas desde el principio del proyecto.
- Escalabilidad: las plantillas de Cookiecutter pueden actualizarse fácilmente con el tiempo, lo que le permite mejorar continuamente la estructura de sus proyectos.

Para utilizar Cookiecutter, es posible elegir entre las numerosas plantillas disponibles en la comunidad o crear una plantilla propia. Por ejemplo, hay plantillas específicas para proyectos de análisis de datos en Python, que incluyen estructuras para la gestión de datos, Jupyter Notebooks, pruebas unitarias, etc.

He aquí un ejemplo de comando para crear un nuevo proyecto a partir de una plantilla Cookiecutter:

```
cookiecutter https://github.com/mon_repo_cookicutter
```

Este comando genera una estructura de proyecto basada en la plantilla "mon_repo_cookiecutter ". Aquí, por ejemplo, hay una plantilla de estructura de árbol (disponible en el directorio de Github https://github.com/gpenessot/cookiecutter-business-intelligence):

```
├── {{cookiecutter.project_slug}}
│   ├── airflow              # Airflow configuration and DAGs
│   │   ├── dags             # DAGs (Directed Acyclic Graphs)
│   │   ├── plugins          # Custom Airflow plugins
│   │   └── airflow.cfg      # Airflow configuration file
│   ├── bin                  # Executable scripts
│   ├── data                 # Raw and interim data
│   │   ├── cleaned          # Cleaned data, ready for analysis
│   │   └── raw              # Original, immutable raw data
│   ├── docs                 # Project documentation
│   ├── src                  # Main project source code
```

```
│   │   ├── __init__.py
│   │   ├── settings.py
│   │   ├── etl                  # ETL module
│   │   │   ├── __init__.py
│   │   │   ├── extract.py
│   │   │   ├── transform.py
│   │   │   └── load.py
│   │   ├── models               # Machine learning models module
│   │   │   ├── __init__.py
│   │   │   ├── train.py         # Model training
│   │   │   ├── predict.py       # Model prediction
│   │   │   └── evaluate.py      # Model evaluation
│   │   └── api                  # API module
│   │       ├── __init__.py
│   │       └── app.py           # API code (FastAPI, Flask, etc.)
│   ├── tests                    # Test scripts
│   ├── notebooks                # Jupyter notebooks for analysis
│   ├── dashboard                # Dashboard code (Streamlit/Dash)
│   ├── Dockerfile               # Dockerfile
│   ├── .env                     # Environment variables for Docker
│   ├── .gitignore               # Files and directories ignored by Git
│   ├── README.md                # General project documentation
│   ├── requirements.txt         # Development dependencies
│   ├── setup.py
│   ├── Makefile                 # Make commands for project management
│   ├── docker-compose.yml        # Docker Compose for container management
│   ├── pytest.ini               # Pytest configuration
│   ├── .flake8                  # Flake8 configuration
│   ├── .github
│   │   └── workflows
│   │       └── github_actions.yml# GitHub Actions workflow file
```

La carpeta **data/** se divide en dos subcarpetas: **raw/** para los datos brutos que no deben modificarse nunca y **cleaned/** para los datos que se han limpiado y transformado, listos para el análisis.

La carpeta **notebooks/** contiene todos sus Jupyter Notebooks. Aquí es donde realizará sus análisis exploratorios, visualizaciones interactivas y prototipos rápidos.

La carpeta **src/** contiene todo el código fuente del proyecto. Está dividida en subcarpetas para organizar las diferentes partes de su pipeline:

- **etl/** para extraer, transformar y cargar datos;
- **models/** para modelos de machine learning o de análisis;
- **api/** para el código API del proyecto.

La carpeta **tests/** contiene todas las pruebas unitarias y de integración, esenciales para garantizar la fiabilidad del código.

La carpeta **docs/** es donde guardará toda la documentación detallada de su proyecto.

La carpeta **reports/** contiene los informes finales, las visualizaciones y otros documentos.

La carpeta **airflow/** contiene la configuración y DAGs para Apache Airflow, permitiendo la orquestación y automatización de sus tareas de pipeline.

La carpeta **dashboard/** contiene el código de su panel interactivo, probablemente desarrollado con Streamlit o Dash.

La carpeta **bin/** contiene scripts de utilidades ejecutables para diversas tareas del proyecto.

En la raíz del proyecto encontrará varios archivos de configuración importantes:

- Dockerfile y docker-compose.yml para la contenedorización;
- .env para variables de entorno;
- requirements.txt para las dependencias de Python;
- setup.py para instalar el proyecto;
- Makefile para comandos de gestión de proyectos;
- .gitignore, pytest.ini y flake8 para configurar las herramientas de desarrollo.

Por último, la carpeta **.github/workflows/** contiene la configuración para la integración continua, con el archivo github_actions.yml que define el pipeline CI/CD en GitHub Actions.

Observación

Esta plantilla Cookiecutter complementa el contenido del libro ofreciendo funcionalidades adicionales. El directorio models se utiliza para almacenar el código necesario para crear modelos de machine learning, por ejemplo para predecir indicadores clave de rendimiento (KPI). Además, el directorio api contiene el código que permite desplegar estos modelos a través de una API, haciendo accesibles sus predicciones a otras aplicaciones o servicios.

6.3 Escriba código limpio y fácil de mantener

6.3.1 Buenas prácticas de formato y sintaxis

Una de las formas más sencillas de garantizar la calidad del código es seguir la guía de estilo PEP8 para el formato y la sintaxis de Python. Un código con un formato coherente es más fácil de leer, comprender y mantener, reduce los errores y facilita la colaboración. Esto implica buenas prácticas en elecciones estilísticas como la sangría, el espaciado entre líneas, el uso de espacios en blanco y los comentarios. Cada aspecto se detalla en las siguientes subsecciones, para que pueda empezar con buen pie.

Todas las recomendaciones están disponibles en esta página:
https://peps.python.org/pep-0008/

Indentación

Python es particularmente sensible a la indentación. Se requieren cuatro espacios para cada nivel de sangría. También se especifica que no deben mezclarse tabuladores y espacios (deben usarse espacios, no tabuladores), y que la sangría debe ser consistente de principio a fin.

Espacio entre líneas

Las directrices de espaciado de línea de Python recomiendan ser moderados con el uso de líneas en blanco. Las funciones y las definiciones de clases de alto nivel deben ir separadas por dos líneas en blanco, mientras que las definiciones de métodos deben ir separadas por una.

Estas directrices también indican que las líneas deben ser razonablemente cortas, de unos 79 caracteres (aunque algunos codificadores prefieren entre 99 y 119). Por último, los saltos de línea deben utilizarse con cuidado e incorporar elementos como paréntesis, corchetes, barras invertidas y llaves para dividir cadenas largas de código.

Utilización del espacio

PEP 8 recomienda evitar los espacios finales en todas las líneas, excepto en aquellas que estén vacías. También es aconsejable utilizar espacios alrededor de operadores binarios, como signos igual, corchetes, etc. También debe evitar los espacios adicionales, teniendo cuidado de no colocarlos dentro de corchetes o antes de comas.

Convenciones de nomenclatura

Las convenciones de nomenclatura juegan un papel crucial en la legibilidad y mantenimiento del código Python. Permiten crear código coherente y comprensible para todos los miembros de un equipo de desarrollo.

Para las variables, recomendamos utilizar nombres descriptivos en minúsculas. Las palabras de los nombres de las variables deben ir separadas por guiones bajos (_). Es mejor evitar los nombres de una sola letra, excepto para los contadores de bucle, donde es una práctica común. He aquí algunos ejemplos de nombres de variables bien formados:

```
number_of_students = 25
total_price = 19.99
```

Los nombres de las funciones siguen reglas similares a las de las variables. Deben ser descriptivos, en minúsculas, con palabras separadas por guiones bajos. Los nombres de las funciones suelen ser verbos o expresiones verbales, que reflejan la acción que realizan. Por ejemplo:

```
def calculate_average(grades):
    # Calculate and return the average of grades
    pass

def display_result(result):
    # Display the result in a formatted way
    pass
```

Las constantes en Python se escriben convencionalmente en mayúsculas, con las palabras separadas por guiones bajos. Generalmente se definen a nivel de módulo, es decir, fuera de cualquier función o clase. Esta convención ayuda a distinguirlas rápidamente de las variables normales. He aquí algunos ejemplos de constantes:

```
THRESHOLD = 4000
VAT_RATE = 0.20
```

Para las clases, la convención es utilizar la notación `CamelCase`, en la que la primera letra de cada palabra va en mayúscula, sin separador entre palabras. Los nombres de clase suelen ser sustantivos o frases sustantivadas que representan el objeto o concepto que modela la clase. Por ejemplo:

```
class Car:
    # Represent a car with its properties and methods
    pass

class PremiumCustomer:
    # Represent a premium customer with special attributes
    pass
```

Siguiendo estas convenciones de nomenclatura, el código resulta más legible y fácil de entender, lo que facilita la colaboración y el mantenimiento a largo plazo de los proyectos Python.

Type hints

El uso de type hints mejora la legibilidad del código y facilita la detección de errores. Aunque Python es un lenguaje de tipado dinámico, las sugerencias de tipo permiten especificar explícitamente los tipos esperados por los argumentos de las funciones y sus valores de retorno.

```
from typing import List, Dict, Union

def process_sales_data(
    sales: List[float],
    customer_info: Dict[str, str]
) -> Union[float, None]:
    """
    Process sales data and customer information.

    Args:
```

```
        sales (List[float]): A list of sales amounts.
        customer_info (Dict[str, str]): A dictionary of customer
information.

    Returns:
       Union[float, None]: The total sales amount if data is
valid, None otherwise.
    """
    if not sales or not customer_info:
       return None

    total_sales = sum(sales)

    if customer_info.get('type') == 'premium':
        total_sales *= 0.9  # 10% discount for premium customers

    return total_sales
```

En este ejemplo:

- `List[float]` indica que `sales` debe ser una lista de números de coma flotante.
- `Dict[str, str]` especifica que `customer_info` es un diccionario con claves y valores de cadena.
- `Union[float, None]` significa que la función puede devolver un `float`, o `None`.

Los type hints son especialmente útiles en proyectos en los que a menudo se manipulan datos de distintos tipos. Ayudan a evitar errores de tipo de datos y hacen que el código esté más autodocumentado.

Documentación y comentarios

Los comentarios son otra parte importante de las buenas prácticas de Python, ya que proporcionan información sobre cada fragmento de código. Es esencial mantener los comentarios actualizados, ya que unos comentarios obsoletos pueden ser peores que la ausencia de comentarios. Los comentarios deben utilizarse para explicar por qué el código es como es o el problema que resuelve, en lugar de detallar lo que hace.

```
#Example 1: single line comments
# When I wrote this, only God and I understood what I was doing
# Now, God only knows

#Example 2: multiline comment
"""
Dear Maintainer

Once you are done trying to 'optimize' this routine,
and you have realized what a terrible mistake that was,
please increment the following counter as a warning
to the next guy.

total_hours_wasted_here = 73
"""
```

Un docstring es una cadena de caracteres que se coloca inmediatamente después de la definición de una función, clase o módulo. Debe ir entre tres comillas dobles (`"""`). La estructura de un docstring suele estar compuesta por:

- primera línea: descripción breve y concisa del objeto (función, clase, módulo);
- línea en blanco: separa la descripción concisa del resto del docstring;
- descripción detallada: explicación más detallada del funcionamiento, los parámetros, los valores de realimentación, etc.

Secciones opcionales:

- `Args:` (o `Parameters:`): descripción de los parámetros de entrada y sus tipos;
- `Returns:` (o `Yields:`): descripción del valor o valores de retorno generados;
- `Raises:` descripción de las excepciones que pueden levantarse;
- `Example:` un ejemplo del uso de la función y la salida asociada.

```
def calculate_moving_average(data: List[float], window: int) ->
List[float]:
    """
    Calculate the moving average of a list of numbers.

    This function computes the simple moving average of a given
list of numbers
    using a specified window size. The moving average is
calculated for each
    point by taking the average of the 'window' number of points
before it.

    Args:
        data (List[float]): A list of numbers to calculate the
moving average from.
        window (int): The size of the moving window.

    Returns:
        List[float]: A list of moving averages, with length equal
to the input data.

    Raises:
        ValueError: If the window size is larger than the data
length or not positive.

    Example:
        >>> calculate_moving_average([1, 2, 3, 4, 5], 3)
        [1.0, 1.5, 2.0, 3.0, 4.0]
    """
    if window > len(data) or window <= 0:
        raise ValueError("Window size must be positive and not
larger than data length")

    result = []
    for i in range(len(data)):
        if i < window:
            result.append(sum(data[:i+1]) / (i+1))
        else:
            result.append(sum(data[i-window+1:i+1]) / window)
   return result
```

Los comentarios en línea deben utilizarse con moderación y estar separados por al menos dos espacios de instrucción, comenzando con una almohadilla y un solo espacio y sangrados al mismo nivel para cada línea.

6.3.2 Documentación automática

Ahora que su código está perfectamente documentado, Sphinx le da la opción de generar documentación automática. Creado inicialmente para documentar el propio Python, Sphinx se ha convertido en el estándar de facto para documentar proyectos Python. Su principal fortaleza reside en su capacidad para extraer docstrings de su código para crear una documentación estructurada y consistente que refleje con precisión el estado actual de su proyecto.

La versatilidad de Sphinx la convierte en una herramienta especialmente interesante. Puede producir documentos en varios formatos (HTML, PDF, ePub), se adapta a necesidades específicas gracias a su sistema de extensiones y facilita la integración de ejemplos de código directamente en la documentación.

Además, su uso del lenguaje reStructuredText y su capacidad para crear referencias cruzadas mejoran considerablemente la navegación y la comprensión general del proyecto, convirtiendo sus comentarios de código en un valioso recurso para usuarios y colaboradores.

▶ Comience por instalar pip:

```
pip install sphinx
```

▶ Para obtener mejores resultados, instale el tema "Read the Docs":

```
pip install sphinx_rtd_theme
```

Puede iniciar un nuevo proyecto de documentación:

```
mkdir docs
cd docs
sphinx-quickstart
```

▶ Responda a las preguntas del asistente. Las opciones importantes son las siguientes:
- directorios fuente y de compilación separados (recomendado: sí);
- nombre del proyecto;
- nombre del autor;
- versión del proyecto.

Tras la inicialización, la estructura del proyecto tendrá el siguiente aspecto:

```
docs/
├── Makefile
├── build/
├── fuente/
│   ├── conf.py
│   ├── index.rst
│   └── _static/
└── make.bat
```

El archivo conf.py es el corazón de la configuración de su documentación. Aquí hay algunos parámetros importantes que debe tener en cuenta:

```
# Añadir extensiones
extensions = [
    sphinx.ext.autodoc',
    sphinx.ext.napoleon',
    sphinx.ext.viewcode'
]

# Tema
html_theme = 'sphinx_rtd_theme

# Añada la ruta a sus módulos Python
import os
import sys
sys.path.insert(0, os.path.abspath('../../'))
```

Hablemos sobre las extensiones mencionadas en este archivo conf.py. Estos son módulos que amplían la funcionalidad básica de Sphinx:

– `sphinx.ext.autodoc`: esta extensión permite a Sphinx generar documentación automáticamente a partir de los docstrings de su código Python. Extrae comentarios y firmas de función directamente del código fuente.

– `sphinx.ext.napoleon`: Napoleon añade soporte para docstrings estilo Google y NumPy. Esto hace que sea posible el uso de estos estilos docstring más legibles, mientras se genera una documentación Sphinx correctamente formateada.

- `sphinx.ext.viewcode`: esta extensión añade enlaces en la documentación generada al código fuente correspondiente, lo que permite a los lectores consultar fácilmente la implementación de las funciones y clases documentadas.

- Para utilizar la extensión autodoc, cree un archivo RST para cada módulo que desee documentar.

```
Módulo de análisis de ventas
============================

 . automodule:: mi_proyecto.analisis_ventas
   :members:
   :undoc-members:
   :show-inheritance:
Copiar
```

- Por último, para generar documentación HTML, utilice los comandos:

```
cd docs
make html
```

Siguiendo estas prácticas y utilizando las funciones avanzadas de Sphinx, podrá crear una documentación clara, navegable y mantenida automáticamente. Sus colaboradores se lo agradecerán.

6.3.3 Entornos virtuales

Cuando se empieza a desarrollar con Python, pronto se descubre la importancia de los entornos virtuales. Imagínelos como «cajas de arena» aisladas para sus diversos proyectos. ¿Por qué es importante?

- Evitar conflictos de dependencias: cada proyecto Python utiliza librerías externas (packages) que pueden tener requisitos específicos en cuanto a sus propias dependencias y a la versión de Python. Si instala todos estos paquetes globalmente en su sistema, corre el riesgo de crear conflictos: un proyecto puede requerir una versión específica de un paquete, mientras que otro puede requerir una versión diferente. Los entornos virtuales resuelven este problema creando espacios aislados donde cada proyecto tiene sus propios paquetes y dependencias, sin interferir con los demás.

– Facilitar la colaboración y la implementación: al utilizar entornos virtuales, puede especificar con precisión las dependencias de su proyecto en un archivo (como requirements.txt). Esto permite a sus colaboradores recrear fácilmente el mismo entorno en su máquina, garantizando que el proyecto funcione de la misma manera para todos. Además, cuando despliegue su aplicación, puede estar seguro de que todas las dependencias necesarias están presentes, para que no haya sorpresas desagradables en producción.
– Probar diferentes configuraciones: los entornos virtuales le permiten experimentar con diferentes versiones de Python o paquetes sin afectar a su entorno general. Esto puede ser útil para probar la compatibilidad de su proyecto con diferentes configuraciones o para probar nuevas bibliotecas sin arriesgarse a interrumpir sus otros proyectos.

Herramientas disponibles: Python ofrece varias herramientas para crear y gestionar entornos virtuales. El módulo venv integrado en Python es un buen punto de partida para proyectos sencillos. Para necesidades más avanzadas, conda (a menudo utilizado en ciencia de datos) ofrece una potente gestión de paquetes y entornos, incluso para lenguajes distintos de Python. Por último, poetry es una solución completa y moderna que simplifica la gestión de dependencias, entornos virtuales y paquetes para sus proyectos Python.

Echemos un vistazo a cómo crear un entorno simple con venv. El primer paso es crear un entorno en blanco, luego instalar las diversas bibliotecas de Python especificadas en nuestro archivo requirements.txt.

▶ Crear un entorno virtual.

```
python -m venv myenv
```

▶ Activar el entorno.

En Unix o MacOS:

```
source myenv/bin/activate
```

En Windows:

```
myenv\Scripts\activate
```

▶ Instalar dependencias.

```
pip install -r requirements.txt
```

▶ Desactive el entorno.

```
deactivate
```

Si el archivo requirements.txt no existe, tendrá que crearlo. Existen varias técnicas, como utilizar el comando `pip freeze > requirements.txt`.

Sin embargo, esta técnica no es perfecta porque solo incluye las librerías instaladas vía pip. Si ha utilizado conda para ciertos paquetes, estos no aparecerán. El otro gran inconveniente de esta técnica es que incluye todas las dependencias de cada librería principal instalada en requirements.txt. Existe una herramienta más eficiente, pipreqs.

Una vez instalado con el comando `pip install pipreqs`, puede utilizarlo del siguiente modo:

```
pipreqs mi_directorio_de_proyecto
```

El contenido del archivo requirements.txt debería listar las bibliotecas de su proyecto de la siguiente manera:

```
pandas==1.3.3
numpy==1.21.2
matplotlib==3.4.3
scikit-learn==0.24.2
```

6.3.4 Logging con Python

El uso de logs en Python es extremadamente útil para rastrear y diagnosticar la ejecución de un programa. Los mensajes de registro se pueden utilizar para rastrear el flujo de código, identificar errores y entender el flujo de ejecución, haciendo el proceso de depuración mucho más fácil. Existe una biblioteca de Python por defecto llamada logging. Sin embargo, es bastante compleja de usar y es preferible trabajar con Loguru, que es casi tan simple como print pero con todas las características de logging.

En el siguiente ejemplo, Loguru está configurado para escribir mensajes de nivel INFO y superiores en un archivo `app.log`. Cada vez que llama a la función `divide()`, se registra información sobre la división realizada y se gestionan adecuadamente los posibles errores. Este enfoque permite monitorizar la ejecución del programa y resolver cualquier problema que surja de forma eficiente.

```
from loguru import logger

# Configuring Loguru to write to a file
logger.add("app.log", rotation="500 MB", level="INFO")

# Example of using logs
def divide(x, y):
    try:
        result = x / y
        logger.info(f"Division of {x} by {y} = {result}")
        return result
    except ZeroDivisionError:
        logger.error("Division by zero!")
        return None

# Calling the function with parameters
divide(10, 2)
divide(10, 0)
```

La salida:

```
2024-07-17 20:14:45.469 | INFO     | __main__:divide:10 -
Division of 10 by 2 = 5.0
2024-07-17 20:14:45.470 | ERROR    | __main__:divide:13 -
Division by zero!
Copiar
```

6.3.5 Pruebe su código

Los tests en Python son un aspecto fundamental del desarrollo de software robusto y fiable. Python ofrece un ecosistema de diversas herramientas y frameworks para realizar pruebas, de las cuales las más populares son unittest (integrada en la biblioteca estándar), pytest y nose.

Estas herramientas permiten crear y ejecutar distintos tipos de pruebas: pruebas unitarias para comprobar el comportamiento de funciones o métodos concretos, pruebas de integración para comprobar la interacción entre distintas partes del sistema y pruebas funcionales para validar el comportamiento global de la aplicación.

En general, las pruebas se diseñan para cubrir:

- comportamiento normal esperado;
- casos límite o especiales;
- diferentes tipos de entrada posibles.

Este enfoque ayuda a garantizar que las funciones se ejecuten correctamente en diversas situaciones, aumentando así la fiabilidad del código.

Tomemos algunos ejemplos sencillos para ilustrar la implementación de pruebas unitarias con pytest. Comencemos instalando pytest:

```
pip install pytest
```

Ahora vamos a probar la función `calculate_average()`, que calcula la media de los elementos de una lista. Esta prueba está diseñada para comprobar tres escenarios:

- un caso normal con una lista de números (esperado: la media correcta);
- un caso límite con una lista vacía (esperado: 0);
- un caso límite con un único elemento (esperado: este elemento).

Las pruebas cubren tanto el comportamiento normal como los casos límite.

```
def calculate_average(numbers):
    if not numbers:
        return 0
    return sum(numbers) / len(numbers)

# Test correspondiente
def test_calculate_average():
    assert calculate_average([1, 2, 3, 4, 5]) == 3
    assert calculate_average([]) == 0
    assert calculate_average([1]) == 1
```

Las pruebas son especialmente importantes para validar cálculos complejos, manipulación de datos y generación de informes. Ayudan a detectar errores en una fase temprana, facilitan la refactorización con confianza y sirven como documentación viva del comportamiento esperado del código. El uso de frameworks como pandas y NumPy en las pruebas ayuda a validar las operaciones con datos.

Tomemos el ejemplo de una prueba para una función que utiliza la biblioteca pandas. El test asegura que la función agrega correctamente los datos por cliente y selecciona los mejores clientes. Está diseñada para:

- crear un DataFrame de prueba con datos representativos;
- llamar a la función con estos datos;
- comprobar que los 3 primeros clientes están correctamente identificados (por su ID);
- comprobar que los importes totales se han calculado correctamente.

Observación

Veremos cómo funciona pandas en detalle en el capítulo Preparar sus datos para sacarles todo su potencial. Es normal si de momento el código le parece un poco oscuro.

```
import pandas as pd

def get_top_customers(df, n=5):
    return
df.groupby('customer_id')['total_spent'].sum().nlargest(n)

# Test correspondiente
def test_get_top_customers():
    df = pd.DataFrame({
        'customer_id': [1, 1, 2, 2, 3, 3, 4],
        'total_spent': [100, 150, 200, 50, 300, 100, 75]
    })
    result = get_top_customers(df, n=3)
    assert list(result.index) == [3, 2, 1]
    assert list(result.values) == [400, 250, 250]
```

La implementación de una suite completa de pruebas, junto con herramientas de integración continua, asegura la calidad constante del código a medida que se desarrolla y actualiza, garantizándole análisis fiables.

6.3.6 Depuración

El desarrollo de código Python va inevitablemente acompañado de retos como errores, fallos y comportamientos inesperados. Afortunadamente, Python ofrece un arsenal de herramientas y técnicas para identificar y resolver estos problemas de forma eficiente. Esta sección explora los principales métodos de depuración que son esenciales para cualquier desarrollador Python.

El primer paso crucial en la depuración es analizar cuidadosamente los mensajes de error generados por el intérprete de Python. Estos mensajes son una mina de valiosa información. Por ejemplo, considere el siguiente código:

```
def divide_numbers(a, b):
    return a / b

result = divide_numbers(10, 0)
print(result)
```

La ejecución de este código producirá un error:

```
ZeroDivisionError: division by zero
```

Este mensaje indica claramente el tipo de error (`ZeroDivisionError`) y su causa (división por cero), lo que permite identificar rápidamente el problema.

Una primera aproximación pragmática y eficiente a la depuración implica el uso de logging. La biblioteca Loguru simplifica enormemente esta tarea.

Para una depuración más profunda, podemos utilizar PDB (Python Debugger). Se trata de un módulo de depuración integrado en Python. Cuando se ejecuta `pdb.set_trace()`, se interrumpe la ejecución del programa en ese preciso punto y se abre un símbolo del sistema interactivo.

```
import pdb

def complex_function(x, y):
    result = x * y
    pdb.set_trace()  # The debugger will stop here
    for i in range(result):
        if i % 2 == 0:
            result += i
    return result

output = complex_function(3, 4)
print(output)
```

A continuación, puede utilizar varios comandos para inspeccionar el estado del programa:

```
(Pdb) p result
12
(Pdb) n
> /path/to/script.py(7)complex_function()
-> for i in range(result):
(Pdb) p i
0
```

Este enfoque metódico nos permite localizar el origen de los problemas más complejos.

La depuración no es solo una herramienta de corrección, sino también una forma de comprender mejor el funcionamiento interno de los programas. Se convierte así en una habilidad esencial en el proceso de desarrollo, que permite crear aplicaciones más robustas.

6.3.7 Integración continua con GitHub Actions

Las GitHub Actions son una potente característica de la plataforma GitHub, que permite la automatización de los flujos de trabajo de desarrollo de software directamente dentro de su repositorio. Esta integración y despliegue continuos (CI/CD) ofrece la posibilidad de compilar, probar y desplegar su código automáticamente con cada push o pull request. Las acciones pueden configurarse para realizar una serie de tareas como ejecutar pruebas unitarias, comprobar el estilo del código, generar documentación o incluso desplegar su aplicación en diferentes plataformas.

En el corazón de esta automatización se encuentra el archivo YAML, un formato de serialización de datos legible por humanos que se utiliza para definir la estructura y el comportamiento de sus workflows de GitHub Actions. Este archivo, normalmente denominado con una extensión .yml o .yaml, se coloca en el directorio .github/workflows de su repositorio. Describe los eventos desencadenantes, los trabajos a ejecutar y los pasos específicos de cada trabajo. La sintaxis YAML utiliza indentación para definir la estructura, lo que hace que el archivo sea fácil de leer y mantener.

Cada workflow puede contener varios jobs, que se ejecutan en paralelo por defecto, y cada job puede contener varios pasos, ejecutados secuencialmente. Esta flexibilidad le permite crear procesos de CI/CD complejos y personalizados, adaptados a las necesidades específicas de su proyecto.

Configuración básica

Para implementar la integración continua en nuestro proyecto de Business Intelligence, vamos a crear un workflow simple pero eficaz llamado CI (integración continua). Este workflow se activa automáticamente con cada push al repositorio y con la creación o actualización de un pull request. Esta automatización significa que podemos comprobar continuamente la calidad del código para cada modificación.

El workflow contiene un único job llamado test que se ejecuta en la última versión de Ubuntu. Este job tiene varios pasos secuenciales. En primer lugar, utiliza la acción `checkout` para recuperar el código fuente del repositorio. A continuación, configura un entorno Python utilizando la acción `setup-python@v2`, configurada para utilizar la última versión de Python 3. Finalmente, el job instala las dependencias necesarias para el proyecto. Para ello, actualiza pip (el gestor de paquetes de Python) a su última versión, y luego instala todas las dependencias enumeradas en el archivo requirements.txt del proyecto.

Esta configuración básica asegura que el código puede ser recuperado, que el entorno Python está correctamente configurado y que todas las dependencias necesarias están instaladas, allanando el camino para cualquier prueba u otras etapas de verificación del código.

```
name: CI

on: [push, pull_request]

jobs:
  test:
    runs-on: ubuntu-latest
    steps:
    - uses: actions/checkout@v2
    - name: Set up Python
      uses: actions/setup-python@v2
      with:
```

```
        python-version: '3.x'
    - name: Install dependencies
      run: |
        python -m pip install --upgrade pip
        pip install -r requirements.txt
```

Tests automatizados con pytest

Esta etapa del workflow de GitHub Actions, llamada `Run tests`, está diseñada para ejecutar los tests automatizados del proyecto. Utiliza el comando `pytest`, un popular framework de pruebas para Python, para ejecutar todas las pruebas unitarias y de integración del proyecto.

Al añadir este paso después de la instalación de las dependencias, el workflow garantiza que el código no solo es capaz de ejecutarse, sino que además supera todas las pruebas definidas por los desarrolladores.

Esto permite detectar rápidamente cualquier regresión o bug introducido por nuevas modificaciones, lo que ayuda a mantener la calidad y fiabilidad del código durante todo el proceso de desarrollo.

```
    - name: Run tests
      run: pytest
```

Comprobación del estilo del código con ruff

Esta etapa del workflow de GitHub Actions, llamada `Lint with ruff`, tiene por objetivo el análisis estático del código fuente del proyecto. Comienza instalando Ruff, un linter rápido y versátil de Python (una herramienta de análisis estático de código que comprueba el estilo, la sintaxis y los posibles errores de programación), mediante el comando `pip`.

A continuación, ejecuta el comando `ruff check .` para analizar todo el código fuente del proyecto. Ruff examina el código en busca de posibles problemas, como errores de sintaxis, violaciones de estilo o prácticas de codificación no recomendadas.

Este paso es crucial para mantener una calidad de código elevada y homogénea, ya que identifica automáticamente posibles problemas antes incluso de que el código se ejecute o se pruebe.

```
- name: Lint with ruff
      run: |
        pip install ruff
        ruff check .
```

Generación automática de documentación

Esta sección del workflow de GitHub Actions automatiza la generación y el despliegue de la documentación del proyecto. Comienza instalando Sphinx, una herramienta de generación de documentación, y el tema Read the Docs. A continuación, genera la documentación HTML moviéndose al directorio `docs` y ejecutando el comando `make html`.

Una vez generada la documentación, el siguiente paso utiliza la acción `peaceiris/actions-gh-pages` para desplegar automáticamente esta documentación en GitHub Pages. Esta acción utiliza el token de GitHub proporcionado por el entorno de ejecución para autenticar el despliegue y especifica el directorio que contiene los archivos HTML generados como fuente de publicación.

Cada vez que se ejecuta el workflow, se actualiza y publica la documentación del proyecto, lo que garantiza que la documentación en línea permanece sincronizada con el código fuente actual.

```
- name: Generate documentation
      run: |
        pip install sphinx sphinx_rtd_theme
        cd docs
        make html
    - name: Deploy to GitHub Pages
      uses: peaceiris/actions-gh-pages@v3
      with:
        github_token: ${{ secrets.GITHUB_TOKEN }}
        publish_dir: docs/build/html
```

Estas pocas prácticas mejoran la calidad del código, facilitan la colaboración y automatizan muchos aspectos del desarrollo y despliegue de su proyecto. No hemos cubierto todas las prácticas, ya que se necesitaría todo un libro, pero ahora tenemos la caja de herramientas para la construcción de código de calidad.

Ahora que su estación de trabajo está lista, podemos ponernos manos a la obra para extraer nuestros primeros datos de origen.

Capítulo 2
Extraer sus datos de cualquier fuente

1. Presentación de la biblioteca pandas

pandas es una herramienta indispensable para el análisis de datos, que ofrece una versatilidad y potencia notables. El objetivo de esta introducción es presentar sus principales características, centrándonos en el elemento clave: el DataFrame. Comenzaremos adquiriendo y extrayendo datos en forma de DataFrames, para pasar a procesarlos en el siguiente capítulo.

Los DataFrames son estructuras de datos flexibles y bidimensionales muy utilizadas en Python para manipular y analizar información. Este tutorial explorará la naturaleza de los DataFrames, su organización y sus atributos fundamentales. Este enfoque le ayudará a entender cómo transformar datos en bruto en información utilizable para el análisis.

1.1 ¿Qué es un DataFrame?

Un DataFrame puede considerarse como una tabla de base de datos o una hoja de cálculo de Excel, donde los datos se organizan en filas y columnas. Es una de las estructuras de datos principales que proporciona la biblioteca pandas, diseñada para gestionar y manipular datos de forma eficiente.

1.2 Estructura de un DataFrame

Un DataFrame se compone de varios elementos:

- Índice: representa la secuencia de enteros o etiquetas utilizadas para identificar unívocamente cada línea del DataFrame. Puede ser generado automáticamente por pandas o especificado de forma manual.
- Columnas: son objetos pandas que representan variables o características de datos. Cada columna tiene un nombre único y puede ser de diferentes tipos de datos como enteros, flotantes, cadenas de caracteres, etc.
- Datos: se almacenan en una estructura bidimensional (tabla) en la que cada columna puede tener un tipo de dato diferente. Las filas representan los registros u observaciones.

1.3 Principales atributos de un DataFrame

Los DataFrames tienen ciertas características, veremos las principales en esta sección. Volveremos sobre estos elementos con más detalle en el siguiente capítulo.

1.3.1 Atributo shape

El atributo `shape` devuelve una tupla que representa las dimensiones del DataFrame (número de filas, número de columnas).

```
import pandas as pd

# Create a fictional DataFrame, will be used in next sections
data = {'Name': ['Alice', 'Bob', 'Charlie'],
        'Age': [25, 30, 35],
        'City': ['Paris', 'New York', 'London']}

df = pd.DataFrame(data)  # Display the shape of the DataFrame
print(df.shape)
```

La salida correspondiente:

```
(3, 3)
```

1.3.2 Atributo columns

El atributo `columns` devuelve los nombres de las columnas del DataFrame.

```
# Display the column names
print(df.columns)
```

La salida será:

```
Index(['Name', 'Age', 'City'], dtype='object')
```

1.3.3 Atributo index

El atributo `index` devuelve las etiquetas de las filas del DataFrame.

```
# Display the row labels
print(df.index)
```

La salida será:

```
RangeIndex(start=0, stop=3, step=1)
```

1.3.4 Atributo dtypes

El atributo `dtypes` devuelve los tipos de datos de cada columna.

```
# Display the data types of the columns
print(df.dtypes)
```

La salida será:

```
Name    object
Age      int64
City    object
dtype:  object
```

1.3.5 Métodos head() y tail()

Los métodos `head(n)` y `tail(n)` muestran la primera y la última línea del DataFrame respectivamente (por defecto, n = 5).

```
# Display the first few rows of the DataFrame
print(df.head())
```

La salida será:

```
      Name  Age      City
0    Alice   25     Paris
1      Bob   30  New York
2  Charlie   35    London
```

Comprender la estructura y los atributos clave de un DataFrame es esencial para aprovechar al máximo esta biblioteca a la hora de analizar datos con Python. Existen multitud de métodos, que veremos con más detalle en el siguiente capítulo. Desafortunadamente, no podremos cubrirlos todos, ya que requeriría todo un libro. La documentación de pandas está disponible en https://pandas.pydata.org/docs/.

2. Archivos planos u otros formatos estructurados

En esta parte del libro, veremos cómo extraer datos de distintos tipos de archivos, clasificándolos por dificultad creciente. Es muy fácil leer un archivo CSV, pero resulta un poco complicado cuando hay que procesar un PDF o una imagen (aunque esto es menos habitual).

2.1 CSV, TXT y TSV

El formato CSV (*Comma-Separated Values*) es uno de los formatos de archivo plano más utilizados para almacenar datos. Menos restrictivo que un archivo Excel, puede gestionar volúmenes considerables de datos, lo que lo convierte en el formato predilecto para conjuntos de datos compartidos en plataformas especializadas como Kaggle.

La biblioteca pandas proporciona un método `read_csv()` capaz de leer una amplia variedad de archivos CSV. Aunque su sintaxis básica es sencilla, el dominio de sus muchos argumentos permite optimizar la lectura de datos en función de las necesidades específicas de cada proyecto.

En esta sección nos centraremos en los argumentos más utilizados. Con unos cincuenta disponibles, no sería eficaz memorizarlos todos. No obstante, la documentación oficial sigue siendo un recurso valioso para necesidades más concretas. Para facilitar la depuración, también veremos los mensajes de error más comunes y sus soluciones.

La siguiente tabla muestra los principales argumentos del método `read_csv()`. A continuación, exploraremos su uso práctico a través de algunos ejemplos concretos, ilustrando cómo estos parámetros pueden ajustarse para adaptarse a diferentes escenarios de lectura de datos.

Argumento	Tipo	Definición
`sep`	str	indica el separador que debe utilizarse
`encoding`	str	especifica la codificación del archivo CSV
`skiprows`	int	no enlaza las n primeras líneas
`skipfooter`	int	no enlaza las n últimas líneas
`usecols`	`list`	selecciona solo las columnas que deben cargarse
`index_col`	`int`	especifica la columna de índice
`header`	`int`	indica la fila que contiene las etiquetas de las columnas
`dtype`	`dict`	especifica el tipo de cada columna

El método `read_csv()` devuelve un DataFrame. Este es el caso de uso más común:

```
import pandas as pd

CSV_PATH = './data/raw/source.csv'

df = pd.read_csv(CSV_PATH,
                 sep=',',
                 encoding='utf-8') # optional

# We can then display a preview of the first few rows to ensure
everything is read correctly
df.head()
```

Los parámetros `dtype` y `usecols` son especialmente útiles cuando se trabaja con conjuntos de datos masivos.

El argumento `usecols` permite una optimización bastante trivial: no es necesario perder tiempo cargando información que se borrará más tarde. Seleccione solo las columnas que necesite para su procesamiento, y ahorrará tiempo y memoria.

Por defecto, pandas asigna el tipo de `object` a todas las columnas, lo que no siempre es óptimo en términos de consumo de RAM. Una definición precisa de los tipos de datos puede reducir considerablemente la huella de memoria de su DataFrame, a menudo hasta en un 50%. Estas son algunas recomendaciones para optimizar los tipos de datos:

- Utilice el tipo `string` para datos de texto puro.
- Opte por el tipo `category` cuando la cardinalidad sea baja (menos del 50% de valores únicos).
- Aplique el tipo `datetime64[ns]` para los campos de fecha y hora.
- Para los números enteros, elija el tipo `int` adecuado.
  Por ejemplo, `int8 (-128 a +127)` es suficiente para datos como la edad de una persona, evitando el sobredimensionamiento de `int64`.
- Para los números en coma flotante, considere la posibilidad de utilizar `float32` en lugar de `float64`, teniendo cuidado de que esto no afecte a la precisión necesaria para sus cálculos.

Estos dos argumentos también estarán presentes en los otros métodos de la biblioteca pandas (`read_excel`, etc).

Por último, a pesar de estas optimizaciones, el archivo a leer puede ser demasiado grande. En este caso, el archivo puede dividirse en trozos ('chunks' en inglés). Esta técnica puede utilizarse en un bucle `for` estándar o mediante un iterador.

Caso con el archivo completo:

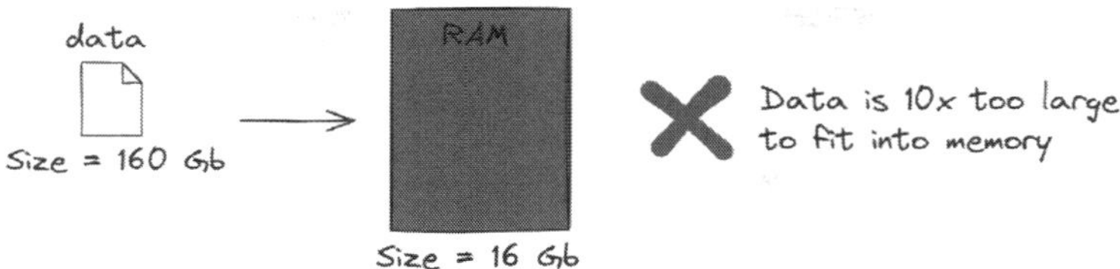

Con el archivo en trozos:

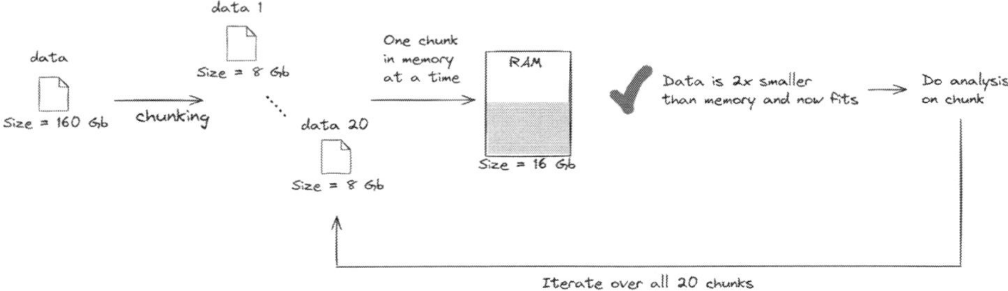

Todo lo que tiene que hacer es aplicar el procesamiento (en este caso, la ejecución de `data_cleaning_function`) a cada trozo para evitar sobrecargar la memoria de su máquina.

```
import pandas as pd

chunk_size = 10000 # number of lines per chunk
csv_path = 'big_file.csv'

# Create an empty list to store modified chunks
modified_chunks = []

# Iterate over chunks
for i, chunk in enumerate(pd.read_csv(csv_path,
chunksize=chunk_size)):
    # Apply modifications to the chunk (example: add 1 to a
column named 'example_column')
    chunk_modifie = chunk.apply(data_cleaning_function)

    # Append the modified chunk to the list
    chunk_modifie.to_csv(
    f'./data/processed/chunk_modifie_{i}.csv')
```

2.2 XLS, XLSX

Estrella indiscutible en el mundo profesional desde 1994, el archivo EXCEL es el recurso esencial. El funcionamiento general y los argumentos son idénticos a los del método `read_csv()`. Sin embargo, hay algunos argumentos específicos de la estructura de un archivo Excel:

- `sheet_name`: nombre o número de la hoja de cálculo que le interesa.
- `engine`: si el documento abierto es un archivo con formato OpenDocument, pandas utilizará el motor odf. Para archivos Excel estándar, dependiendo del formato, pandas puede usar xlrd, pyxlsb u openpyxl. La elección del motor se hace automáticamente.
- `parse_dates`: se utiliza para especificar qué columnas deben tratarse como fechas. Puede establecerse en `True` para intentar la detección automática, o recibir una lista de nombres de columnas o índices para analizar como fechas.

Ejemplo de uso:

```
import pandas as pd

XLSX_PATH = './data/raw/results.xlsx'

df = pd.read_excel(XLSX_PATH,
                   sheet_name='Results',
                   usecols=[1,2,3,7,8,9])

df.head()
```

Observación

Si tiene problemas para mostrar caracteres especiales, compruebe el parámetro de `encoding`.

2.3 JSON

El formato JSON se utiliza ampliamente, sobre todo en el contexto de las API. Aunque los archivos JSON se pueden leer utilizando la biblioteca estándar de Python, el uso de pandas ofrece un enfoque más directo para el análisis de datos.

He aquí una función optimizada para la lectura de archivos JSON con pandas, con gestión de errores incorporada:

```
import pandas as pd

def load_json_with_pandas(file_path):
    try:
        dataframe = pd.read_json(file_path)
        return dataframe
    except FileNotFoundError:
        print(f'The file "{file_path}" was not found.')
        return None
    except pd.errors.JSONDecodeError as e:
        print(f'Error reading the JSON file with pandas: {e}')
        return None
```

Esta función ilustra dos buenas prácticas esenciales. En primer lugar, utiliza bloques `try/except` para gestionar eficazmente los posibles errores al leer archivos JSON, garantizando que el programa se ejecute aunque haya problemas.

En segundo lugar, fomenta la verificación de los datos tras la lectura. Es crucial inspeccionar las estructuras de datos resultantes para asegurarse de que coinciden con lo esperado, garantizando así la integridad y coherencia de los datos para su posterior análisis.

2.4 XML

Los archivos XML son otra fuente de datos común, que ofrecen una estructura jerárquica para organizar la información. Existen dos enfoques principales para explotar estos archivos: utilizar la biblioteca XML nativa de Python o el método `read_xml` de pandas. Veamos estas dos técnicas para apreciar la simplicidad y efectividad de pandas.

El método clásico que utiliza la biblioteca XML de Python implica varios pasos. Primero, se importa el módulo `xml.etree.ElementTree`, luego se carga el archivo usando el método `parse()`. A continuación, se recorren recursivamente los elementos. He aquí un ejemplo de código que ilustra este enfoque:

```
import xml.etree.ElementTree as ET

def load_xml_file(file_path):
    try:
        tree = ET.parse(file_path)
        return tree.getroot()
    except ET.ParseError as e:
        print(f"Error reading the XML file: {e}")
        return None

def traverse_elements(parent_element):
    for child in parent_element:
        print(f"Tag: {child.tag}, Text: {child.text}")
        traverse_elements(child)

# Replace 'example.xml' with the path to your XML file
xml_file = 'example.xml'
root = load_xml_file(xml_file)

if root is not None:
    traverse_elements(root)
```

Este método puede dar lugar a errores comunes, como etiquetas no cerradas, problemas con caracteres especiales o sintaxis XML incorrecta. Es crucial comprobar y limpiar los datos XML antes de procesarlos.

En cambio, el método pandas simplifica enormemente el proceso:

```
import pandas as pd

def load_xml_with_pandas(file_path):
    try:
        # Using pandas' read_xml function to load the XML file
        dataframe = pd.read_xml(file_path)
        return dataframe
    except Exception as e:
        print(f"Error reading the XML file with pandas: {e}")
        return None

# Replace 'example.xml' with the path to your XML file
xml_file = 'example.xml'
xml_dataframe = load_xml_with_pandas(xml_file)

if xml_dataframe is not None:
    print(xml_dataframe)
```

Este enfoque de pandas facilita la lectura y manipulación de datos XML, transformándolos inmediatamente en un DataFrame listo para su análisis.

2.5 PDF

Existen dos escenarios principales para extraer datos de archivos PDF: la extracción global de contenido para identificar información específica y la extracción selectiva de tablas. Cada caso requiere su propio enfoque y herramientas.

Para la extracción global de contenidos, resultan eficaces bibliotecas como PyPDF2, pdfminer o pdfplumber. Extraen el texto plano del PDF, que luego puede analizarse mediante expresiones regulares para localizar información concreta, como cantidades o fechas. PyPDF2, por ejemplo, es especialmente útil por su facilidad de uso y su capacidad para procesar rápidamente grandes volúmenes de documentos.

La extracción de tablas, en cambio, requiere herramientas más especializadas. Aunque se puede utilizar PyPDF2, bibliotecas como tabula-py o camelot-py suelen ser más eficientes para esta tarea. Tabula-py, en particular, destaca en el reconocimiento preciso y la extracción de estructuras tabulares, incluso de PDF complejos. Camelot-py puede ofrecer resultados superiores en ciertos casos, sobre todo para diseños de página más elaborados.

Es importante tener en cuenta que la calidad de la extracción depende en gran medida de la estructura y la calidad del PDF de origen. Los documentos mal formateados o escaneados pueden requerir técnicas más avanzadas, como el OCR o ROC (reconocimiento óptico de caracteres), para obtener resultados satisfactorios. La elección de la herramienta dependerá, por tanto, de la naturaleza específica de los PDF que deban procesarse y de la complejidad de los datos que deban extraerse.

Lectura de un PDF simple con PyPDF2

Para instalar este paquete, el comando es el siguiente:

```
pip install PyPDF2
```

Para extraer el texto sin formato de un PDF, siga los pasos que se indican a continuación:

- Un objeto PDF se crea especificando la ruta.
- A continuación, creamos un objeto `PdfReader` para acceder al contenido del texto.
- Se accede al archivo página por página.

Aquí tiene un ejemplo de cómo extraer la introducción de la guía Publicación y Reutilización de Datos Abiertos de la CRD, disponible en la siguiente URL: https://datos.gob.es/sites/default/files/doc/file/open_data_publicacion_y_reutilizacion_de_datos_abiertos_como_iniciativa_de_gobierno_abierto_en_la_administracion_compressed.pdf

```
import PyPDF2

pdf_file = open('./data/source.pdf', 'rb')

pdf_reader = PyPDF2.PdfReader(pdf_file)
```

```
# For example, we can access the number of pages in a document
print(len(pdf_reader.pages))

# Now we create a page object
page_2 = pdf_reader.pages[1]

# We extract the text from this page using the extract_text()
method
page_2_content = page_2.extract_text()

print(page_2_content)
```

Por ejemplo, esto es lo que devuelve nuestra impresión:

```
44

Aviso Legal

Esta publicación ha sido realizada por la Consejería de Fomento y
Medio Ambiente de la Junta de Castilla y León para el desarrollo del
proyectoComunidad Rural Digital, en el marco del proyecto de
Cooperación Transfronteriza España-Portugal, y se encuentra bajo
una licencia Creative Commons

Reconocimiento-NoComercial 3.0 España.

Usted eslibre de copiar, hacer obras derivadas, distribuir y comunicar
públicamente esta obra, de forma total o parcial, bajo las siguientes
condiciones:

• Reconocimiento: Se debe citar su autoría así como su procedencia,
haciendo referencia expresa al proyecto Comunidad Rural Digital.

• Uso No Comercial: No puede utilizar esta obra para fines comerciales.

Este documento se ha elaborado en el marco del proyecto Comunidad Rural
Digital (CRD). CRD es un proyecto de colaboración entre
Administraciones Públicas de Portugal y España, aprobado en el
marco del Programa de Cooperación Transfronteriza Interreg V-A
España-Portugal 2014-2020 (POCTEP) y cofinanciado a través de
fondos FEDER, cuyo objetivo es mejorar la innovación tecnológica
de las instituciones del medio rural a ambos lados de la frontera,
fomentando la cooperación ysu competitividad.
2
```

A continuación, es posible procesar el contenido como una cadena de caracteres convencional.

Extracción de tablas con tabula

Para instalar este paquete, el comando es el siguiente:

```
pip install tabula-py
```

La experiencia demuestra que, cuando se trata de datos tabulares, existen diferencias significativas entre las bibliotecas y, en este caso, es preferible utilizar tabula.

Comenzamos llamando al método `read_pdf()` con la ruta a nuestro archivo PDF como argumento. También es posible especificar la página concreta. El resultado es una lista de tablas.

```
import tabula

PDF_PATH = './data/source.pdf'

tables = tabula.read(PDF_PATH, pages=1)
first_table = tables[0]
```

En casos más complejos, es posible utilizar la aplicación tabula para definir una plantilla que identifique con precisión las áreas de interés. En este caso, es necesario utilizar otro método: `read_csv_with_template()`.

Observación

Esta biblioteca también puede utilizarse para guardar tablas en formato CSV mediante el método `convert_into()`, especificando la ruta al archivo PDF y, a continuación, la ruta al archivo CSV de salida:

```
tabula.convert_into(PDF_PATH,
'./data/processed/table.csv')
```

2.6 Caso especial de datos tabulares almacenados como imágenes

Supongamos que le dan una tabla de resultados de una impresión de pantalla o una imagen escaneada en formato PNG o JPEG. Este es un uso ocasional, pero es interesante saber que Python tiene todas las bibliotecas que necesita para ahorrar un tiempo precioso al no copiar este tipo de datos a mano.

Para este tipo de tareas, se suele utilizar una combinación de las bibliotecas Open CV y PyTesseract. Sin embargo, una biblioteca desarrollada recientemente nos facilitará aún más el trabajo: img2table. Combina las dos bibliotecas y simplifica aún más el uso de imágenes.

Comenzamos instanciando un objeto OCR (`TesseractOCR` es solo uno de muchos). Instanciamos la imagen usando el método `Image()`. Este objeto se puede utilizar con el método `extract_table()`. La ventaja de este método es que devuelve un DataFrame de pandas, simplificando la futura explotación de la tabla.

```
from img2table.ocr import TesseractOCR
from img2table.document import Image

# OCR Instantiation
ocr = TesseractOCR(n_threads=1, lang="en")

# Document Instantiation (image or PDF for example)
doc = Image(src)

# Table Extraction
table = doc.extract_tables(ocr=ocr,
                           implicit_rows=False,
                           borderless_tables=False,
                           min_confidence=50)
```

Un detalle importante: el método `Image()` puede detectar una rotación de hasta 45°, lo que puede limitar la cantidad de preprocesamiento necesario.

Observación

No se admiten imágenes que contengan varias páginas en un mismo archivo.

3. Bases de datos relacionales

3.1 ¿Qué es una base de datos relacional?

Una base de datos relacional es una base de datos más general que se utiliza para una amplia variedad de aplicaciones. Las bases de datos relacionales utilizan una estructura denominada «modelo relacional», en la que los datos se almacenan en tablas (relaciones) definidas por columnas (atributos) y filas (tuplas). El objetivo principal de una base de datos relacional es el procesamiento de transacciones en línea (*Online Transaction Processing*, OLTP), que implica las operaciones diarias de una organización, como la entrada de pedidos, las transacciones financieras y la gestión de clientes.

Estas son las diferencias entre una base de datos relacional y un almacén de datos:

- Diseñada para transacciones: las bases de datos relacionales suelen estar optimizadas para operaciones de escritura, lo que las hace ideales para sistemas transaccionales en los que los datos se insertan, actualizan o eliminan con frecuencia.
- Estructura normalizada: en las bases de datos relacionales, las tablas suelen estar normalizadas, lo que significa que los datos se organizan para reducir la redundancia y mejorar su integridad.
- Operaciones en tiempo real: las bases de datos relacionales se utilizan para gestionar datos operativos en tiempo real que cambian regularmente.
- Control de concurrencia: como las bases de datos relacionales se utilizan para las operaciones cotidianas, están diseñadas para dar soporte a muchos usuarios simultáneamente.

3.2 ¿Cuáles son las bases de datos más comunes?

Esta sección y la siguiente presuponen una comprensión básica de los conceptos de base de datos relacional y del lenguaje SQL.

Según la última encuesta de Stack Overflow sobre las tecnologías más populares entre los profesionales, las 10 principales bases de datos incluyen tanto sistemas SQL como NoSQL. Para esta sección sobre bases de datos relacionales, nos centraremos en las tres más utilizadas de cada categoría.

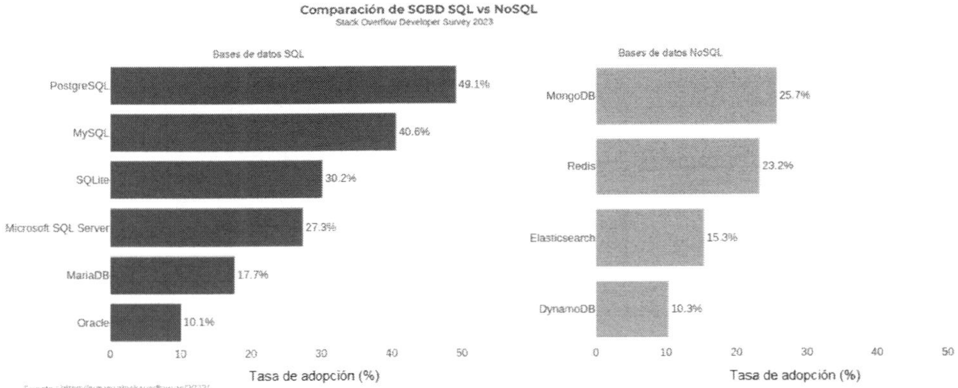

Hay dos formas principales de conectarse a una base de datos en Python:

- utilizar una biblioteca específica de la base de datos;
- utilizar una biblioteca compatible con varios tipos de bases de datos.

Tomemos el ejemplo de PostgreSQL, un sistema de gestión de bases de datos relacionales de código abierto famoso por su escalabilidad y fiabilidad en el desarrollo de aplicaciones. Exploraremos dos importantes bibliotecas de Python para interactuar con PostgreSQL: psycopg2 y SQLAlchemy. Cada una de ellas ofrece características y enfoques distintos, lo que permite a los desarrolladores elegir la solución que mejor se adapte a sus necesidades específicas.

Estas bibliotecas ilustran los dos métodos de conexión mencionados: psycopg2 es específica para PostgreSQL, mientras que SQLAlchemy es una solución ORM (*Object-Relational Mapping*) compatible con varios sistemas de bases de datos.

3.3 Bases de datos PostgreSQL

psycopg2

Para conectarse, siga el mismo procedimiento con las distintas bibliotecas de Python:

- Empiece por establecer una conexión con la base de datos. En general, se necesitan cuatro datos esenciales: la dirección del servidor, el puerto, el nombre de la base de datos y los identificadores.

- A continuación, cree un cursor.

En esta tercera etapa, puede realizar diversas operaciones (inyecciones, modificaciones, etc.) o efectuar peticiones.

Una vez finalizadas las distintas tareas, es necesario cerrar el cursor y la conexión.

Por razones de seguridad, es preferible almacenar la información de conexión en variables de entorno. Las variables se pueden recuperar utilizando la biblioteca estándar os y el método environ.

Empezaremos creando una función para conectar con nuestra base de datos, que devolverá la conexión activa. Si no es posible crear la conexión, nuestra función mostrará un mensaje de error y terminará el programa:

```
import os
import sys
from loguru import logger
import psycopg2


def connect_to_pg_db():
    """Connect to our PostgreSQL database"""

    conn = None
    try:
        logger.info('Connecting')
        conn = psycopg2.connect(host=os.environ['DB_PATH'],
                                database=os.environ['DB_NAME'],
                                user=os.environ['DB_USERNAME'],
```

```
password=os.environ['DB_PASSWORD'])
    except (Exception, psycopg2.DatabaseError) as error:
        logger.error(error)
        sys.exit(1)

    logger.info('Connection successful!')

    return conn
```

Imaginemos esta vez que nuestra información de conexión se almacena en un archivo de configuración local (.ini, .cfg). Podemos crear una función para inicializar la conexión a la base de datos:

```
from configparser import ConfigParser

def config(filename='database.ini', section='postgresql'):
    # Create a parser
    parser = ConfigParser()
    # Read the configuration file
    parser.read(filename)
    # Get the information from the postgresql section
    db = {}
    if parser.has_section(section):
        params = parser.items(section)
        for param in params:
            db[param[0]] = param[1]
    else:
        raise Exception('Section {0} not found in
{1}'.format(section, filename))

    return db
```

Una vez establecida la conexión, podemos realizar las operaciones clásicas, como crear una tabla, insertar datos o consultar tablas existentes. En esta parte del libro, nos concentraremos en la extracción de datos existentes. Ahora es posible definir una función que nos permita ejecutar una consulta.

```
def execute_query(query):
    """ query data from the vendors table """
    conn = None
    try:
        params = config()
        conn = psycopg2.connect(**params)
        cur = conn.cursor()
        cur.execute(query)
        logger.info("The number of parts: ", cur.rowcount)
        row = cur.fetchone()
        while row is not None:
            logger.info(row)
            row = cur.fetchone()
            cur.close()
   except (Exception, psycopg2.DatabaseError) as error:
       logger.error(error)
       finally:
           if conn is not None:
               conn.close()
```

Esta función mostrará la información resultante de nuestra consulta. En lugar de utilizar la función print, puede escribir línea por línea en un archivo TXT o CSV. Es preferible usar pandas para producir un DataFrame directamente.

```
import pandas as pd

def sql_to_dataframe(conn, query, column_names):
    """Import data from a PostgreSQL database using a SELECT
query"""
    cursor = conn.cursor()
    try:
        cursor.execute(query)
    except (Exception, psycopg2.DatabaseError) as error:
        print("Error: %s" % error)
        cursor.close()
        return 1   # The execute returns a list of tuples:
    tuples_list = cursor.fetchall()
    cursor.close()   # Now we need to transform the list into a
pandas DataFrame:
    df = pd.DataFrame(tuples_list, columns=column_names)
    return df
```

SQLAlchemy

Ahora vamos a trabajar con SQLAlchemy, una biblioteca muy utilizada. En este ejemplo, vamos a definir una función `execute_query()` que se conecta a la base de datos PostgreSQL y ejecuta la consulta SQL proporcionada.

Definimos como antes los parámetros de conexión a la base de datos (por ejemplo, a través de nuestras variables de entorno). Inicializamos la conexión suministrando al método `create_engine()` la cadena de conexión en formato:
`postgresql://usuario:contraseña@dirección:puerto/nombrebdd`

La conexión se abre con el método `connect()`. Nuestra consulta se ejecuta mediante el método `query()`.

El resultado es un DataFrame que contiene los registros recuperados. Tenga en cuenta que esta función solo funcionará para peticiones `SELECT`, ya que estas son las que devuelven datos. Si desea ejecutar otros tipos de comandos SQL (como `INSERT`, `UPDATE` o `CREATE`), deberá modificar esta función.

```
from sqlalchemy import create_engine
import pandas as pd

# Function to create an engine and perform the query
def execute_query(query):
  '''Create an engine and execute a query, with returned results
as a dataframe.'''

  # Building the connection string
  host = os.environ['DB_PATH']
  database = os.environ['DB_NAME']
  port = os.environ['DB_PORT']
  user = os.environ['DB_USER']
  password = os.environ['DB_PASSWORD']

  conn_str =
f'postgresql://{user}:{password}@{host}:{port}/{database}'

  # Creating the engine
  engine = create_engine(conn_str)

  # Opening a connection and executing the query
```

```
    with engine.connect() as connection:
        result = connection.execute(query)
        df = pd.DataFrame(result.fetchall(),
columns=result.keys())

    # Return the dataframe
    return df

# Example of usage:
df_result = execute_query("SELECT * FROM matable")

print(df_result)
```

3.4 Bases de datos MySQL

Pasaremos rápidamente a MySQL y utilizaremos la biblioteca estándar. Puede tomar fácilmente el código sqlalchemy anterior y convertirlo a MySQL.

Empecemos creando una función para inicializar la conexión con la base de datos.

```
import mysql.connector
from mysql.connector import errorcode


def query_mysql(db_user, db_password, db_host, db_database,
query):
    '''
    This function is for connecting to a MySQL database,
    executing a query, and returning the results in a pandas
DataFrame.
   '''

    try:
        cnx = mysql.connector.connect(user=db_user,
                                      password=db_password,
                                      host=db_host,
                                      database=db_database)
        cursor = cnx.cursor()

        # Query execution and fetching the result into result_set
        cursor.execute(query)
        result_set = cursor.fetchall()
```

```
        # Fetch the column names from the cursor description
        column_names = [column[0] for column in
cursor.description]

        # Closing the connection
        cursor.close()
        cnx.close()

        # Constructing the DataFrame
        return pd.DataFrame(result_set, columns=column_names)

    except mysql.connector.Error as err:
        if err.errno == errorcode.ER_ACCESS_DENIED_ERROR:
            print("Something is wrong with your user name or
password")
        elif err.errno == errorcode.ER_BAD_DB_ERROR:
            print("Database does not exist")
        else:
            print(err)
```

3.5 Bases de datos SQLite

Como antes, repasaremos rápidamente la biblioteca estándar y sqlalchemy.

```
import sqlite3
import pandas as pd

def query_sqlite(database, query):
    '''
    This function is for connecting to a SQLite database,
    executing a query, and returning the results in a pandas
DataFrame.
    '''

    try:
        # Start a connection with the SQLite database
        conn = sqlite3.connect(database)

        # Execute the query and fetch results into a DataFrame
        df = pd.read_sql_query(query, conn)

        # Close the connection
```

```
        conn.close()

        return df

    except sqlite3.Error as err:
        print(str(err))
        return None

# Example usage:
df = query_sqlite('mydatabase.db', 'SELECT * FROM mytable')
print(df)
```

4. Bases de datos NoSQL

4.1 ¿Qué es una base de datos NoSQL?

Las bases de datos NoSQL (*Not Only SQL*) representan una alternativa a los sistemas tradicionales de gestión de bases de datos relacionales. Están diseñadas para ofrecer mayor flexibilidad, escalabilidad y mejor rendimiento, lo que las hace especialmente adecuadas para las necesidades de Big Data y las aplicaciones en tiempo real.

A diferencia de las bases de datos relacionales, con sus esquemas fijos, las bases de datos NoSQL pueden almacenar datos de forma no estructurada o semiestructurada. Las hay de varios tipos: orientadas a documentos (MongoDB), clave-valor (Redis), en columnas (Cassandra) y gráficas (Neo4j).

En el contexto de la Business Intelligence, las bases de datos NoSQL ofrecen varias ventajas significativas:

- Destacan en la gestión de datos no estructurados, permitiendo el análisis de diversas fuentes, como redes sociales o registros de servidores.
- Algunas bases de datos NoSQL están optimizadas para el análisis en tiempo real de grandes volúmenes de datos, lo que facilita la creación de cuadros de mando dinámicos.
- Sirven eficazmente como *data lakes* para integrar datos de múltiples fuentes y ofrecen una gran flexibilidad en la gestión de esquemas.
- Su escalabilidad horizontal las hace especialmente adecuadas para proyectos de BI que impliquen grandes volúmenes de datos.
- Las bases de datos gráficas NoSQL son útiles para análisis complejos, como el estudio de las relaciones con los clientes o las redes sociales.

Aunque las bases de datos relacionales siguen siendo esenciales en BI, las soluciones NoSQL ofrecen valiosas capacidades complementarias, permitiendo a las organizaciones aprovechar al máximo la diversidad, el volumen y la velocidad de sus datos para obtener información valiosa y tomar decisiones informadas.

4.2 Conexión a una base de datos MongoDB

MongoDB es una popular base de datos NoSQL, a menudo utilizada en proyectos de Business Intelligence por su flexibilidad y capacidad para gestionar grandes cantidades de datos no estructurados. A continuación, le mostramos cómo puede conectarse a MongoDB y realizar operaciones básicas con Python.

En primer lugar, asegúrese de tener instalada la biblioteca PyMongo, que es la interfaz oficial de Python para MongoDB:

```
pip install pymongo
```

A continuación, se muestra un ejemplo de código para conectarse a MongoDB y realizar algunas operaciones básicas:

```
from pymongo import MongoClient

# Establish a connection to MongoDB
client = MongoClient('mongodb://localhost:27017/')

# Select a database
db = client['business_intelligence_db']

# Select a collection (equivalent to a table in relational
databases)
collection = db['sales_data']

# Insert a document
new_sale = {
    "product": "Laptop",
    "quantity": 5,
    "price": 999.99,
    "date": "2023-06-15"
}
result = collection.insert_one(new_sale)
print(f"Inserted document ID: {result.inserted_id}")

# Query documents
query = {"product": "Laptop"}
results = collection.find(query)
for doc in results:
    print(f"Found document: {doc}")

# Update a document
update_query = {"product": "Laptop"}
new_values = {"$set": {"price": 1099.99}}
collection.update_one(update_query, new_values)

# Delete a document
delete_query = {"product": "Laptop"}
collection.delete_one(delete_query)

# Close the connection
client.close()
```

En este código, empezamos estableciendo una conexión a MongoDB usando MongoClient. Especificamos la URL de conexión, que en este ejemplo apunta a una instancia local de MongoDB.

A continuación, seleccionamos una base de datos y una colección. En MongoDB, una colección es el equivalente a una tabla en una base de datos relacional.

A continuación, realizamos varias operaciones CRUD (*Create, Read, Update, Delete*):

- insertar un nuevo documento (equivalente a una fila en una base de datos relacional) en el archivo;
- buscar documentos que respondan a un criterio específico;
- actualizar un documento existente;
- borrar un documento;
- por último, se cierra la conexión a la base de datos.

En un contexto de Business Intelligence, podría utilizar este tipo de código para:

- recopilar datos de ventas en tiempo real;
- almacenar datos no estructurados procedentes de diversas fuentes;
- realizar peticiones ad hoc para analizar los datos;
- actualizar la información sobre clientes o productos.

La ventaja de MongoDB en un proyecto de BI es su flexibilidad. Puede añadir fácilmente nuevos campos a sus documentos sin tener que redefinir el esquema de la base de datos, lo que resulta especialmente útil cuando se trabaja con fuentes de datos variadas y cambiantes.

5. Almacenes de datos

5.1 ¿Qué es un almacén de datos?

Un almacén de datos (*Data Warehouse* en inglés) es un sistema especializado de gestión de datos diseñado para apoyar las actividades de inteligencia empresarial (BI) y análisis. Se diferencia de las bases de datos operativas tradicionales por su capacidad para consolidar y almacenar grandes cantidades de datos históricos procedentes de fuentes heterogéneas.

El principal objetivo de un almacén de datos es ofrecer una visión coherente y a largo plazo de los datos de la empresa, que permita realizar análisis complejos sin afectar a los sistemas operativos. A diferencia de los sistemas de procesamiento de transacciones, los almacenes de datos están optimizados para las consultas analíticas y el almacenamiento de datos históricos.

Los almacenes de datos se caracterizan por cuatro aspectos fundamentales:

- Orientación temática: los datos se organizan en torno a temas empresariales clave, como ventas, finanzas o marketing. Esta estructura facilita el análisis de los datos desde el punto de vista de la empresa, ofreciendo una imagen coherente en un momento dado.
- Integración: un almacén de datos consolida la información procedente de diversas fuentes, como bases de datos relacionales, archivos planos y registros de transacciones en línea. Esta integración garantiza la coherencia de los datos en toda la organización.
- No volatilidad: una vez integrados en el almacén, los datos permanecen estables y, por lo general, no se modifican. Las actualizaciones se realizan periódicamente desde los sistemas operativos, pero los datos existentes en el almacén ni se actualizan ni se borran, preservando así la integridad histórica.
- Varianza temporal: a diferencia de los sistemas operativos, que se centran en los datos más recientes, los almacenes de datos están diseñados para analizar la evolución de los datos a lo largo del tiempo. Esto permite identificar tendencias y realizar análisis históricos en profundidad.

5.2 Elección de soluciones NoSQL

En el panorama moderno de los almacenes de datos, Google BigQuery y Snowflake destacan como soluciones en la nube especialmente potentes y flexibles. Hemos decidido centrarnos en estas dos tecnologías debido a su creciente popularidad y a las características únicas que las hacen especialmente adecuadas para los proyectos de Business Intelligence.

Google BigQuery es un almacén de datos sin servidor gestionado íntegramente por Google Cloud. Destaca por su capacidad para procesar volúmenes muy grandes de datos en un tiempo récord, gracias a su arquitectura distribuida. BigQuery es especialmente popular por su modelo de negocios de pago por uso y su facilidad de integración con otros servicios de Google Cloud.

Snowflake es un almacén de datos multicloud que ofrece una gran flexibilidad en términos de despliegue y escalabilidad. Su capacidad para separar almacenamiento y procesamiento permite una gestión de costes más precisa y una rápida adaptación a las cambiantes necesidades empresariales. Snowflake es famoso por su facilidad de uso y su alto rendimiento, incluso con cargas de trabajo complejas.

Aunque Amazon Redshift también es una solución de almacén de datos popular, no la cubriremos en detalle aquí. Esto se debe a que la conexión a Redshift se realiza de forma similar a una base de datos PostgreSQL estándar, un tema que ya hemos tratado en secciones anteriores de este libro. No obstante, es importante señalar que Redshift sigue siendo una opción sólida, especialmente para las empresas que ya han invertido en el ecosistema de AWS.

La elección entre estas soluciones dependerá de sus necesidades específicas, su infraestructura existente y sus preferencias de ecosistema de nube. Sea cual sea la solución que elija, estos almacenes de datos modernos ofrecen potentes capacidades para respaldar sus proyectos de Business Intelligence a gran escala.

5.3 Conexión a bases de datos con Python

5.3.1 BigQuery

Antes de empezar, debemos instalar la biblioteca Google Cloud BigQuery.

▶Abra su terminal y ejecute el siguiente comando:

```
pip install google-cloud-bigquery
```

Este comando instala la biblioteca oficial de Google para interactuar con BigQuery.

Ahora, pasemos a las etapas necesarias para conectar y ejecutar una consulta con BigQuery en Python:

- Inicialización del cliente: este paso crea una instancia del cliente BigQuery, que se utilizará para interactuar con el servicio.
- Definir la consulta: aquí escribimos la consulta SQL que queremos ejecutar. En este ejemplo, estamos seleccionando todas las columnas de una tabla específica, limitada a diez filas.
- Ejecución de la consulta: utilizamos el cliente para enviar la consulta a BigQuery. Esto devuelve un objeto de trabajo (job) que podemos utilizar para seguir el estado de la consulta.
- Recuperación de resultados: una vez finalizada la consulta, recuperamos los resultados.
- Visualización de los resultados: por último, repasamos los resultados y los mostramos.

Aquí está el código correspondiente:

```
from google.cloud import bigquery

# Initialize the client
client = bigquery.Client()

# Define the query
query = """
    SELECT *
    FROM `your_project.your_dataset.your_table`
    LIMIT 10
```

```
"""

# Execute the query
query_job = client.query(query)

# Fetch the results
results = query_job.result()

# Display the results
for row in results:
    print(row)
```

Observación

Asegúrese de que ha configurado la autenticación estableciendo la variable de entorno `GOOGLE_APPLICATION_CREDENTIALS` apuntando a su archivo de clave JSON.

5.3.2 Snowflake

Para Snowflake, primero debemos instalar el conector oficial de Python. En su terminal, ejecute el siguiente comando:

```
pip install snowflake-connector-python
```

Este comando instala el conector Snowflake para Python, que nos permitirá interactuar con nuestro almacén de datos Snowflake.

Estos son los pasos para conectar y ejecutar una petición con Snowflake en Python:

- Establecimiento de la conexión: creamos una conexión con Snowflake proporcionando los detalles de autenticación y configuración necesarios.
- Crear un cursor: el cursor es un objeto que nos permite ejecutar comandos SQL y gestionar los resultados.
- Ejecución de la consulta: utilizamos el cursor para ejecutar nuestra consulta SQL.
- Recuperación de resultados: una vez ejecutada la consulta, recuperamos todos los resultados.
- Visualización de resultados: navegamos por los resultados y los mostramos.

– Cierre de la conexión: es importante cerrar el cursor y la conexión para liberar recursos.

Aquí está el código correspondiente:

```
import snowflake.connector

# Establish the connection
conn = snowflake.connector.connect(
    account='your_account',
    user='your_username',
    password='your_password',
    warehouse='your_warehouse',
    database='your_database',
    schema='your_schema'
)

# Create a cursor
cur = conn.cursor()

# Execute a query
cur.execute("SELECT * FROM your_table LIMIT 10")

# Fetch the results
rows = cur.fetchall()

# Display the results
for row in rows:
    print(row)

# Close the connection
cur.close()
conn.close()
```

Para ambas soluciones, asegúrese de sustituir los parámetros de conexión (nombre del proyecto, nombre de usuario, contraseña, etc.) por sus propias credenciales.

5.3.3 Buenas prácticas

- Utilice variables de entorno o un archivo de configuración seguro para almacenar sus credenciales, en lugar de codificarlas en sus scripts.
- Maneje correctamente las excepciones para hacer frente a errores de conexión o de ejecución de peticiones.
- Utilice conexiones agrupadas para mejorar el rendimiento cuando se ejecutan varias peticiones.
- En el caso de Snowflake, asegúrese siempre de cerrar las conexiones y los cursores después de su uso para liberar recursos.

6. Servidores FTP/SFTP

6.1 ¿Qué es FTP?

FTP (*File Transfer Protocol*) es un protocolo de red cliente/servidor utilizado para transferir archivos a través de Internet. Los clientes FTP se utilizan para enviar y recuperar archivos desde servidores que almacenan archivos y responden a las peticiones de los clientes.

Históricamente, FTP ha sido una forma popular de mover archivos grandes entre sistemas o entre ordenadores de escritorio y sistemas. FTP es también una forma común de compartir un archivo cuando es demasiado grande para adjuntarlo en un correo electrónico, subiéndolo a una ubicación neutral para el acceso de otros sistemas, software o individuos. El cliente profesional WS_FTP de Progress se desarrolló en 1994 como uno de los primeros clientes FTP disponibles comercialmente. Sin embargo, desarrollado en una época en la que había menos problemas de seguridad, el protocolo FTP carecía de las características de seguridad y gestión de archivos que son esenciales hoy en día para el intercambio de datos empresariales.

6.2 ¿Qué es SSH?

Secure FTP se desarrolló en respuesta a la necesidad de mejorar la seguridad a través de túneles. Utiliza Secure Shell 2 (SSH2), un protocolo de túnel seguro, para emular una conexión FTP y proporciona un canal cifrado y fácil de usar para transferencias de archivos utilizando el conocido Port TCP 22. SSH ofrece mayor seguridad al cifrar toda la sesión de transferencia, al tiempo que solo requiere un puerto abierto en el firewall, a diferencia de FTP/SSL, que requiere dos.

Como característica adicional, Secure FTP también comprime todos los datos durante la transmisión, lo que puede resultar en transferencias de archivos más rápidas. Además, permite la estandarización informática entre plataformas, lo que garantiza una aplicación coherente y sólida de las políticas de seguridad y una administración simplificada.

6.3 Conexión con Python

Para conectarse vía SSH:

- Importamos la biblioteca Paramiko, que proporciona funciones para los protocolos SSH y SFTP en Python.
- Creamos una instancia del cliente SSH de Paramiko.
- Configuramos el cliente para que acepte automáticamente clave SSH desconocidas del servidor. En un entorno de producción, será necesario tener más cuidado con esta configuración.
- Las variables `host`, `port`, `username`, y `password` se definen para la conexión. Lo ideal es que esta información se almacene de forma segura y no se incluya en el código.
- Intentamos conectar con el servidor SSH utilizando la información proporcionada.
- Manejamos la excepción si falla la autenticación (por ejemplo, debido a un nombre de usuario o contraseña incorrectos).

Por último, si la conexión tiene éxito, abrimos una sesión SFTP que permite transferir archivos.

```
import paramiko

# Create an SSH client instance.
ssh = paramiko.SSHClient()

# Automatically add server's SSH key (without prompting the
user).
ssh.set_missing_host_key_policy(paramiko.AutoAddPolicy())

# Replace with your configuration or read it from a config file.
host = "sftp.example.com"
port = 22
username = "myusername"
password = "mypassword"

# Connect to the server.
try:
    ssh.connect(host, port, username, password)
    print("Connected to the SFTP server")
except paramiko.AuthenticationException:
    print("Failed to connect to the SFTP server due to wrong
username or password.")


# Open an SFTP session.
sftp = ssh.open_sftp()
```

Una vez establecida la conexión, podemos navegar hasta el directorio de destino utilizando el método `listdir()`.

```
path = '/path/to/remote/directory'
files = sftp.listdir(path)
for file in files:
    print(file)
```

Por último, es posible por ejemplo, descargar el informe o archivo que nos interese.

```
remote_path = '/path/to/remote/file'
local_path = '/path/to/local/file'
sftp.get(remote_path, local_path)
```

7. Interfaz de programación de aplicaciones (API)

7.1 ¿Por qué utilizar una interfaz de programación de aplicaciones?

En esta sección, utilizaremos interfaces de programación de aplicaciones (*Application Programming Interface* en inglés, más conocidas como API) para solicitar datos. Las API son conjuntos de definiciones y protocolos que permiten a las aplicaciones comunicarse entre sí.

En el campo del análisis de datos, las API se utilizan para acceder a datos de distintas fuentes, como bases de datos, archivos o servicios web (algunos de los más conocidos son X, Facebook, Github, eBay, Notion, etc.). También pueden utilizarse para compartir datos con otras aplicaciones.

Las API son especialmente útiles, por ejemplo, en los siguientes casos:

- Cuando es necesario integrar datos en tiempo real procedentes de múltiples fuentes: las API pueden agregar flujos de datos dinámicos procedentes de sistemas dispares, ofreciendo a los analistas la posibilidad de realizar análisis actualizados continuamente.
- Cuando se quiere automatizar y optimizar los procesos de extracción de datos: reducen la necesidad de intervención manual y eliminan los errores humanos al permitir programar fácilmente la extracción de datos y adaptarla a las actualizaciones periódicas de BI.
- Cuando quiera compartir sus datos con otros: las API le permiten compartir sus datos con otras aplicaciones, facilitando la colaboración y la comunicación.

7.2 Algunas definiciones y un poco de teoría

Empecemos con una definición sencilla.

Una API es un conjunto de protocolos y herramientas que permiten a distintas aplicaciones informáticas comunicarse entre sí. Las API facilitan la integración de servicios, el intercambio de datos y la ampliación de funcionalidades entre distintas aplicaciones. Son esenciales para muchos usos distintos, como la sincronización de datos, la automatización del marketing, las asociaciones entre plataformas, la incorporación de funcionalidades externas y el intercambio de datos abiertos (open data). Las API desempeñan un papel crucial en la interconexión de los sistemas digitales modernos.

Cuando queremos recibir datos de una API, tenemos que hacer una petición. Las peticiones se utilizan en toda la Web. Por ejemplo, cuando consultó su correo electrónico, su navegador envió una petición al servidor web, que respondió mostrando el contenido de su último correo electrónico.

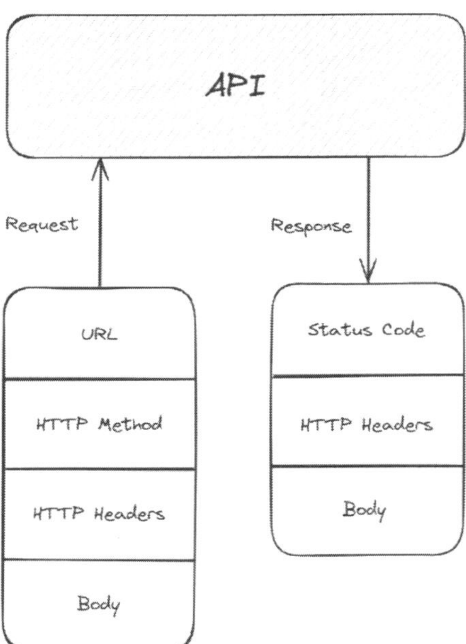

Este diagrama es un poco simplista. Además de los datos, la cabecera y el código de respuesta, también podemos obtener:

- una cookie;
- un historial de redireccionamientos.

7.2.1 Tipos de peticiones

Los métodos HTTP más comunes para las peticiones API son:

- `GET`: este método se utiliza para recuperar datos. Suele utilizarse para obtener una lista de recursos o para obtener información sobre un recurso específico.
- `POST`: este método se utiliza para crear nuevos datos. Suele utilizarse para añadir un nuevo registro a una base de datos o para crear un nuevo mensaje.
- `PUT`: este método se utiliza para actualizar datos existentes. Suele utilizarse para modificar un registro de una base de datos o para actualizar el contenido de un recurso.
- `DELETE`: Este método se utiliza para borrar datos existentes. Suele utilizarse para borrar un registro de una base de datos o para eliminar un recurso.

En este capítulo, solo utilizaremos los métodos `GET` y `POST` para la autenticación.

7.2.2 Puntos finales

Una API REST expone un conjunto de URL públicas que las aplicaciones cliente utilizan para acceder a los recursos de un servicio web. En el contexto de una API, estas URL se denominan puntos finales (o *endpoints* en inglés).

Para ayudarle a ver las cosas con más claridad, echemos un vistazo más de cerca a la siguiente tabla. Vemos los puntos finales de una API ficticia para un sistema de gestión de relaciones con los clientes. Cada uno de los puntos finales anteriores realiza una acción diferente en función del método `HTTP`:

Método	Punto final	Descripción
`GET`	`/clients`	Devuelve una lista de clientes
`GET`	`/clients/<id_client>`	Devuelve un cliente concreto
`POST`	`/clients`	Creación de un nuevo cliente
`PUT`	`/clients/<id_client>`	Actualización de clientes
`DELETE`	`/clients/<id_client>`	Eliminación de clientes

Ejemplo de puntos finales en una API ficticia

Observará que algunos puntos finales tienen `<id_client>` al final. Esta notación significa que debe añadir un número de identificación de cliente a la URL para indicar a la API REST con qué cliente desea trabajar. Los puntos finales enumerados anteriormente representan un único recurso del sistema. Las API REST en producción suelen tener docenas o incluso cientos de puntos finales diferentes para gestionar los recursos del servicio web.

Para quienes simplemente deseen probar una API, es posible entrenarse en una API ficticia en la siguiente dirección: https://jsonplaceholder.typicode.com/

7.3 Códigos de respuesta

Cuando hacemos una petición a una API, el servidor devuelve un código de respuesta además de los datos, indicando el estado.

Estos códigos de estado, que empiezan por 20x (por ejemplo, 200), significan que la petición del cliente ha sido aceptada y que el servidor ha respondido a la petición o está en proceso de hacerlo. Cada código tiene su propio significado y su propio caso de uso en el contexto de la comunicación HTTP.

Estos son algunos de los principales códigos de estado HTTP de la categoría 20x:

- `200 OK`: la petición se ha realizado correctamente y el servidor ha devuelto los datos solicitados.
- `201 Created` (creada): la petición se ha realizado correctamente y se ha creado un nuevo recurso en el servidor. El servidor suele incluir una cabecera Location con la URL del recurso recién creado.
- `202 Accepted` (aceptada): la petición ha sido aceptada para su procesamiento, pero este no ha finalizado. Suele utilizarse para operaciones asíncronas.
- `204 No Content` (sin contenido): el servidor ha procesado la petición correctamente, pero no hay contenido adicional que enviar en la respuesta. Esta opción se utiliza a menudo en situaciones en las que el cliente solo está interesado en el estado de éxito.
- `205 Reset Content` (reestablecer el contenido): indica al cliente que restablezca la vista del documento, normalmente después de una petición `PUT`.
- `206 Partial Content` (contenido parcial): el servidor solo proporciona parte del recurso debido a una cabecera de rango enviada por el cliente.

Los códigos de error devueltos por las peticiones API son códigos HTTP que indican el estado de la petición. Estos códigos están definidos por el protocolo HTTP y son entendidos por todos los clientes y servidores HTTP.

Los códigos de error HTTP se dividen en dos categorías:

- Los códigos de error del cliente (códigos 4xx) indican que la petición es incorrecta o no está autorizada.
- Los códigos de error del servidor (códigos 5xx) indican que se ha producido un error en el servidor.

Estos son los códigos de error HTTP más comunes en el lado del cliente:

- `401 Unauthorized`: el usuario no está autorizado a acceder al recurso.
- `403 Forbidden`: el usuario está autorizado a acceder al recurso, pero la petición es denegada.
- `404 Not Found`: el recurso solicitado no existe.

Del lado de los servidores, los más conocidos son:

- `500 Internal Server Error`: se ha producido un error en el servidor.
- `502 Bad Gateway`: el servidor ha recibido una respuesta no válida de un servidor intermediario.
- `503 Service Unavailable`: el servidor no está disponible temporalmente.
- `504 Gateway Timeout`: el servidor intermediario ha tardado demasiado en responder.

7.4 El resultado de la petición

La biblioteca requests propone varios métodos para acceder y procesar el contenido de las respuestas HTTP. Estos métodos están diseñados para manejar diferentes tipos de contenido, permitiendo que los datos sean extraídos e interpretados de forma transparente.

7.4.1 Atributo text

El atributo `text` proporciona el contenido de la respuesta en forma de cadena Unicode. Este método es adecuado para respuestas basadas en texto, como páginas HTML o documentos de texto sin formato. Decodifica automáticamente la respuesta utilizando la codificación especificada en la cabecera (*header*) o la codificación por defecto de la biblioteca de peticiones.

7.4.2 Atributo raw

El atributo `raw` devuelve el contenido de la respuesta como un flujo de bytes. Este método es útil para datos binarios, como imágenes, vídeos o archivos ejecutables. Conserva la representación original en bytes de la respuesta, preservando cualquier codificación o formato.

7.4.3 Atributo content

El atributo `content` se comporta de la misma manera que el atributo `raw`, pero proporciona acceso al contenido en forma de objeto byte. Este objeto admite métodos como `read()` y `readline()`, lo que permite procesar eficazmente respuestas de gran tamaño.

7.4.4 Método json

El método `json()` intenta decodificar el contenido de la respuesta como datos JSON (*JavaScript Object Notation*) y devuelve un diccionario Python. Este método está especialmente diseñado para respuestas en formato JSON, lo que simplifica la extracción y manipulación de datos. En el resto de esta parte del libro, utilizaremos este método, que se adapta particularmente bien a nuestras necesidades.

7.5 Las bibliotecas requests y json

7.5.1 Presentación de la biblioteca requests

La biblioteca requests es especialmente potente y se utiliza ampliamente para realizar peticiones HTTP. Ofrece una forma sencilla y elegante de interactuar con los servicios web, permitiendo a los desarrolladores enviar peticiones HTTP.

La biblioteca abstrae las complejidades del envío de peticiones tras una API consistente, facilitando el envío de peticiones HTTP y la gestión de las respuestas. Entre bastidores, la biblioteca requests utiliza la biblioteca estándar urllib para gestionar los detalles de bajo nivel de las peticiones HTTP. Se abstrae de las complejidades de HTTP, permitiendo a los usuarios de esta biblioteca concentrarse en codificar y crear aplicaciones en lugar de tratar con las complejidades de la comunicación de red.

7.5.2 Presentación de la biblioteca json

JSON es un formato ligero de intercambio de datos que se ha convertido en un estándar para intercambiar datos entre aplicaciones, sobre todo cuando se utilizan API. Hay varias razones por las que JSON es útil en el contexto de la comunicación API:

- Es legible y ligero: JSON es fácil de leer y escribir para los humanos, y es relativamente ligero comparado con otros formatos de intercambio de datos como XML. Su sencillez y concisión lo convierten en una opción práctica para transmitir datos a través de redes.
- Independiente del lenguaje: JSON es independiente del lenguaje, lo que significa que puede utilizarse prácticamente con cualquier lenguaje de programación. Esta flexibilidad es esencial para soportar diferentes pilas tecnológicas y permitir la interoperabilidad entre distintos sistemas.
- Fácil de analizar: JSON puede ser analizado y generado fácilmente por la mayoría de los lenguajes de programación. La mayoría de los lenguajes de programación modernos tienen soporte integrado para analizar y generar JSON, lo que simplifica el proceso de desarrollo.
- Estructura de datos sencilla: JSON admite una estructura de datos sencilla e intuitiva basada en pares clave-valor. Esta sencillez facilita su comprensión, lo que reduce la probabilidad de cometer errores al utilizar los datos.

7.5.3 Instalación

Para instalar la biblioteca requests, utilizaremos pip:

```
pip install requests
```

La biblioteca json es una biblioteca estándar de Python, y en teoría ya está presente en su estación de trabajo.

7.5.4 Utilización de la API sin autenticación

Envío de una petición GET

Uno de los primeros pasos para recuperar datos de una API es utilizar una petición GET:

```
# Importing the library
import requests

# Sending a GET request
response = requests.get('https://api.example.com/data')
```

Después de realizar una petición, es crucial comprobar el objeto de respuesta para ver el código de estado, las cabeceras y los datos devueltos.

Confirmar respuesta

Una petición GET correcta devolverá un código de estado 200. Es importante comprobarlo para asegurarse de que la llamada a la API se ha realizado correctamente:

```
if response.status_code == 200:
    data = response.json()
else:
    print(f'Failed to retrieve data: {response.status_code}')
```

Manejo de errores

El manejo adecuado de errores es crucial para aplicaciones robustas. Empezaremos por capturar las excepciones lanzadas por el módulo de peticiones:

```
try:
    response = requests.get('https://api.example.com/data')
    response.raise_for_status()
    data = response.json()
except requests.exceptions.HTTPError as http_err:
    print(f'HTTP error occurred: {http_err}')
except Exception as err:
    print(f'An error occurred: {err}')
```

Utilizando el método `response.raise_for_status()` se lanzará una excepción para los códigos de estado erróneos. Permite indicar el código de error en una línea y también distinguir entre errores del lado del cliente y del lado del servidor.

Sesiones y conexiones persistentes

Cuando se realizan varias peticiones al mismo host (lo que es relativamente frecuente), es esencial utilizar una sesión. Así se reutilizará la conexión TCP subyacente, lo que puede suponer importantes mejoras de rendimiento:

```
import requests

with requests.Session() as session:
    try:
        response = session.get('https://api.example.com/data')
        response.raise_for_status()
        data = response.json()
    except requests.exceptions.HTTPError as http_err:
        print(f'HTTP error occurred: {http_err}')
    except Exception as err:
        print(f'An error occurred: {err}')
```

7.5.5 Llamadas concurrentes a la API con multithreading

El código anterior puede mejorarse aún más en el caso de peticiones múltiples. De hecho, el multithreading es muy útil cuando necesita realizar varias peticiones a la API simultáneamente. El módulo `concurrent.futures` de Python proporciona una interfaz de alto nivel para la ejecución asíncrona de llamadas a funciones. Este módulo implementa una clase `Executor` que define una interfaz para la ejecución paralela. Puede:

- someter la ejecución de una función con `submit()`;
- o presentar la ejecución de la misma función aplicada a una secuencia de conjuntos de parámetros utilizando `map()`.

Esta clase se deriva como un `ThreadPoolExecutor` cuyo argumento principal `max_works` define el número de hilos a ejecutar en paralelo.

Uso de ThreadPoolExecutor

El `ThreadPoolExecutor` permite realizar llamadas concurrentes, lo que puede acelerar considerablemente el proceso global si la carga de trabajo de entradas/salidas es considerable (como las entradas/salidas de red).

▶ Proceda de la siguiente manera:

- La función `fetch_url()` envía una petición `GET` a la URL proporcionada mediante `requests.Session()`.
- `ThreadPoolExecutor` se utiliza para ejecutar de forma asíncrona la función `fetch_url()` para cada URL de la lista de URL.
- `as_completed` en `concurrent.futures` se utiliza para iterar sobre los futuros completados a medida que estén disponibles.

Se incluye la gestión de errores para capturar y mostrar las excepciones que se producen durante la petición JSON o el análisis sintáctico.

```
import requests
from concurrent.futures import ThreadPoolExecutor, as_completed

def fetch_url(url):
    with requests.Session() as session:
        return session.get(url)

urls = ['https://api.example.com/data1',
'https://api.example.com/data2']

with ThreadPoolExecutor(max_workers=5) as executor:
    future_to_url = {executor.submit(fetch_url, url): url for url
in urls}
    for future in as_completed(future_to_url):
        url = future_to_url[future]
        try:
            response = future.result()
            data = response.json()
        except Exception as exc:
            print(f'{url} generated an exception: {exc}')
        else:
            print(f'The page {url} is {len(data)} bytes')
```

7.5.6 Peticiones API con autenticación

La autenticación es un aspecto crucial de la seguridad y el acceso a las API. Garantiza que las peticiones sean realizadas por entidades autorizadas y ayuda a proteger los datos sensibles. Existen varios métodos de autenticación habituales en las API. En esta sección, exploraremos cómo implementar la autenticación en los casos más comunes. Otros métodos de autenticación son ofrecidos por requests, para los otros casos puedes leer la documentación en la siguiente dirección
https://requests.readthedocs.io/en/latest/user/authentication/

Autenticación por Token (Bearer Token)

La autenticación por token es una de las estrategias más comunes para proteger las API, en particular los tokens Bearer como parte del protocolo OAuth 2.0. Un token Bearer es un token de seguridad que la aplicación cliente debe enviar con cada petición de API para autenticarse. A continuación, se explica cómo utilizar un token de portador con las peticiones:

```
import requests

# Your Bearer token (typically obtained after an authorization
process)
bearer_token = 'your_bearer_token'

# Prepare HTTP headers with the authentication token
headers = {
    'Authorization': f'Bearer {bearer_token}'
}

# Send a GET request with authentication
response = requests.get('https://api.example.com/protected',
headers=headers)

# Validate the response
if response.ok:
    print('Response received:', response.json())
else:
    print('Error received:', response.status_code)
```

Autenticación básica HTTP (Basic Auth)

▶ Para los casos en que se requiera autenticación HTTP básica, utilice el módulo `requests.auth`.

```
from requests.auth import HTTPBasicAuth
import requests

response = requests.get(
    'https://api.example.com/basic-auth',
    auth=HTTPBasicAuth('username', 'password')
)

# Ensure the response is valid
if response.ok:
    data = response.json()
else:
    print('Failed to retrieve data:', response.status_code)
```

Autenticación de Proxy

En el caso de un usuario cuya conexión sea a través de un servidor proxy, necesitaremos introducir un parámetro adicional en el método `get()`: `proxies`. Lo primero que hay que hacer es utilizar la biblioteca os para exportar las URLs HTTP y HTTPS del proxy a variables de entorno. Esta operación permite almacenarlas de forma segura y proporciona un acceso rápido a las variables en otros scripts, como Web Scraping. La sintaxis de la dirección del proxy a introducir puede ser de la forma:

```
protocol_proxy://addresse_proxy:port
```

O:

```
protocol_proxy://username:password@addresse_proxy:port
```

Pasemos al código:

```
import os

os.environ['HTTP_PROXY']='http://miproxy.es:1234'
os.environ['HTTPS_PROXY']= 'https://miproxy.es:1234'
```

Esta operación también es posible sin Python, utilizando un símbolo del sistema como PowerShell en Windows:

```
set http_proxy=http://miproxy.es:1234
```

O cualquier terminal en Linux:

```
export http_proxy=http://miproxy.es:1234
```

A continuación, vamos a utilizar el mismo método `get()` que antes, rellenando el argumento `proxies`, que debe contener un diccionario con dos claves `'http'` y `'https'` que contengan las direcciones HTTP y HTTPS del proxy respectivamente.

```
import requests
import os

# Creating the dictionary containing proxy URLs
PROXIES = {
'http': os.environ['HTTP_PROXY'],
'https': os.environ['HTTPS_PROXY'] }

r = requests.get('http://www.url.com', proxies=PROXIES)
```

Autenticación con cookies

Las cookies también pueden utilizarse para autenticar a un usuario. Después de iniciar sesión, el servicio establece una cookie de sesión que debe enviar con sus peticiones. Para ello, utilizamos el método `Session()`:

```
import requests

# Create a session to maintain cookies
session = requests.Session()

# Log in to obtain the session cookie
session.post('https://api.example.com/login',
             data={'username': 'name',
                   'password': 'password'})

# The session cookie is now stored in the session
response = session.get('https://api.example.com/protected')

# Check the response
if response.ok:
```

```
    print('Response received from the protected API.')
else:
    print('Request error:', response.status_code)
```

7.6 Buenas prácticas

Para concluir este capítulo, analizaremos las buenas prácticas en relación con las API.

- Selección: no pida campos que no necesite para su script. Añadir campos adicionales puede hacer que su petición sea innecesariamente engorrosa.
- Filtros: haga que sus filtros sean lo más específicos posible. En la medida de lo posible, es preferible filtrar dentro de la petición API en lugar de analizarla después de recibir los resultados.
- Gestione los límites de velocidad de las llamadas a la API: la mayoría de las API tienen límites de velocidad para evitar abusos. Respete estos límites integrando pausas o estrategias de retorno exponencial en su código. Consulte la documentación de la API para conocer los encabezados de límite de velocidad y así adaptar sus peticiones.
- Tiempos de espera: defina siempre un tiempo de espera en su petición de API para evitar esperar indefinidamente una respuesta (parámetro `timeout` en el método `get()`).
- Gestión de excepciones para mayor solidez: utilice bloques `try-except` para capturar y gestionar las excepciones que puedan surgir debido a problemas de red, cambios en la API o datos inesperados.
- Mantenga su código DRY: si ejecuta peticiones con parámetros o cabeceras comunes, cree una función de ayuda o utilice una sesión para mantener su código limpio y mantenible.
- Proteja sus claves API: mantenga a salvo sus claves API y sus datos confidenciales. No los codifique en sus scripts. Utilice variables de entorno o servicios seguros de gestión de claves.
- Registro: utilice la biblioteca de logging incorporada de Python para crear registros de sus interacciones con la API. Esto puede ser muy útil para depurar y monitorizar los patrones de uso de la API.

- Pruebas unitarias: escriba siempre pruebas unitarias para las funciones que realicen peticiones a la API. Puede utilizar técnicas de simulación para simular las respuestas de la API.
- Respete las condiciones del proveedor de la API: antes de empezar a hacer peticiones, asegúrese de que conoce las condiciones de servicio del proveedor de la API y de que utiliza la API de forma autorizada.

7.7 Ilustración práctica

Acaba de incorporarse a un equipo de marketing y le han pedido que determine las zonas geográficas más adecuadas para su próxima campaña. Abre la base de datos y se sorprende al descubrir que las direcciones no están normalizadas y que algunas ciudades o códigos postales están mal rellenados. En resumen, va a tener que volver a poner todo en orden. Para ello, vamos a utilizar la API de direcciones (https://adresse.data.gouv.fr/api-doc/adresse).

La idea es la siguiente: proporcionamos una dirección aproximada como entrada y recuperamos una dirección limpia de la API. Otros datos serán probablemente útiles para la visualización, en particular las coordenadas GPS. Se empieza a desarrollar un prototipo para comprobar la pertinencia de la solución con la primera línea del conjunto de datos:

id_cliente	dirección	código_postal	puntuación	coord
56276756	8 bd du port	44380	3	NA

Las distintas etapas son las siguientes:

- leer la documentación de la API para saber cómo formular una petición pertinente;
- enviar una petición `GET` con los parámetros óptimos;
- comprobar la respuesta;
- evaluar la respuesta y formatear el resultado.

Empecemos por la documentación. Hay varios puntos finales para esta API:

- `/search/`: punto de entrada para la geocodificación;
- `/reverse/`: punto de entrada para la geocodificación inversa;
- `/search/csv/`: punto de entrada para la geocodificación masiva a partir de un archivo CSV;
- `/reverse/csv/`: punto de entrada para la geocodificación inversa masiva a partir de un archivo CSV.

En nuestro caso, utilizaremos /search/. La dirección a corregir debe introducirse en el parámetro `q`. Sin embargo, hay algunas opciones a nuestra disposición:

- Introduzca la latitud y la longitud para limitar la zona geográfica de búsqueda. Estos son precisamente los datos que buscamos.
- Introduzca el código postal, de nuevo para limitar la búsqueda. Esta solución parece bastante apropiada para nuestra situación. A primera vista, nuestro código postal es correcto, así que supondremos que esta información es utilizable.

Al continuar leyendo la documentación, llegamos a un ejemplo de resultado y al diccionario de datos. El diccionario de datos es interesante porque enumera y describe toda la información disponible (atributos). Si nuestra petición tiene éxito, tendremos acceso a:

- `id`: identificador de dirección (clave de interoperabilidad);
- `type`: tipo de resultado encontrado;
- `housenumber`: número de casa;
- `street`: posición en la vía, aproximadamente en el centro de esta;
- `locality`: localidad referida;
- `municipality`: número de municipio;
- `score`: valor de 0 a 1 que indica la relevancia del resultado;
- `housenumber`: número con posible índice de repetición (bis, ter, A, B);
- `street`: nombre de la calle;
- `name`: si procede, número y nombre de la carretera o localidad;

- `postcode`: código postal;
- `citycode`: código INSEE del municipio;
- `city`: nombre de la ciudad;
- `distrito`: nombre del distrito (París/Lyon/Marsella);
- `oldcitycode`: código INSEE del antiguo municipio (si procede);
- `oldcity`: nombre del antiguo municipio (si procede);
- `context`: número de departamento, nombre del departamento y región;
- `label`: etiqueta de la dirección completa;
- `x`: coordenadas geográficas en proyección legal;
- `y`: coordenadas geográficas en proyección legal;
- `importance`: indicador de importancia (campo técnico).

Ahora que sabemos qué petición enviar y con qué parámetros, todo lo que tenemos que hacer es traducirla a Python usando la biblioteca requests.

```
import json
import requests

# The address we have is the following: 4 bd du port
# We have the postcode 43330 and it seems valid, let's launch
# a first test to verify if we can extract a valid address
url = "https://api-adresse.data.gouv.fr/search/
?q=8+bd+du+port&postcode=44380"

with requests.Session() as session:
    try:
        response = session.get(url)
        response.raise_for_status()

        # Selecting only the first item from the file
        data = response.json()['features'][0]

        # Using the dumps method from the json library for
        # a more aesthetically pleasing output with print
        print(json.dumps(data, indent=2))

    except requests.exceptions.HTTPError as http_err:
        print(f'An HTTP error occurred: {http_err}')
```

```
    except Exception as err:
        print(f'An error occurred: {err}')
```

La respuesta obtenida (resultado con la mejor puntuación):


```
{
"type": "Feature",
"geometry": {
    "type": "Point",
    "coordinates": [
        -2.340983,
        47.258811
        ]
    },
    "properties": {
        "label": "8 Boulevard du Port 44380 Pornichet",
        "score": 0.47710291866028703,
        "housenumber": "8",
        "id": "44132_0141_00008",
        "name": "8 Boulevard du Port",
        "postcode": "44380",
        "citycode": "44132",
        "x": 296409.78,
        "y": 6697932.63,
        "city": "Pornichet",
        "context": "44, Loire-Atlantique, Pays de la Loire",
        "type": "housenumber",
        "importance": 0.51129,
        "street": "Boulevard du Port"
    }
}
```


Ahora es posible tomarlo todo y rellenar nuestro DataFrame con la dirección y los datos de contacto actualizados. Esta API se puede utilizar con archivos csv para un procesamiento más intensivo (50/IP/segundo).

7.8 Para practicar

Algunas ideas de API para utilizar:

- tipos de cambio: https://exchangeratesapi.io/
- validador de direcciones de correo electrónico: https://www.email-validator.net/api.html#:~:text=Real%2DTime%20Email%20Validation%20API,fake%20and%20mistyped%20email%20addresses

8. Web scraping

En esta parte, vamos a descubrir cómo rescatar datos que no se pueden recuperar directamente de una base de datos o un archivo plano. A veces es un poco más complicado encontrar la información de forma condensada.

El web scraping es una técnica para recuperar información de una página web. Como de costumbre, vamos a proceder con dificultad creciente. En la mayoría de los casos, vamos a utilizar una combinación de dos bibliotecas de Python: requests y bs4 (en particular BeautifulSoup). requests se utiliza para descargar el código fuente de la página web y BeautifulSoup se utiliza para navegar a través de la estructura de árbol de la página para acceder a los elementos solicitados.

Cada vez más sitios web crean contenido dinámico, lo que complica un poco nuestra tarea. En este caso, necesitamos utilizar la biblioteca selenium.

A veces, el sitio que contiene los datos que nos interesan intentará limitarnos (y es normal, es una técnica que hay que utilizar con moderación). Entonces tendremos que utilizar varias técnicas para simular varios usuarios diferentes.

Empecemos con un recordatorio sobre HTML y CSS. Es esencial comprender la estructura de una página para saber cómo recuperar su contenido de forma eficaz.

8.1 HTML/CSS básico

8.1.1 HTML (HyperText Markup Language)

HTML es el lenguaje de marcado estándar utilizado para crear páginas web. Cada elemento HTML se define mediante etiquetas, como `<tag>contenido</tag>`. Las etiquetas pueden contener atributos que proporcionan información adicional.

Un ejemplo sencillo de etiqueta HTML:

```
<!DOCTYPE html>
<html>
  <head>
    <title>Page Title</title>
  </head>
  <body>
    <h1>This is a heading</h1>
    <p>This is a paragraph.</p>
  </body>
</html>
```

8.1.2 CSS (Cascading Style Sheets)

CSS se utiliza para dar estilo y formato a los elementos HTML. Sirve para definir el color, la fuente, el diseño, etc. de los elementos de la página.

Un ejemplo sencillo de regla CSS:

```
body {
  background-color: #f0f0f0;
  font-family: Arial, sans-serif;
}
```

8.2 Utilización de requests y BeautifulSoup

Se utiliza una línea de comandos para instalar las bibliotecas utilizadas en este capítulo.

```
pip install requests beautifulsoup4
```

8.3 Metodología

El método para acceder al contenido de una página web es siempre el mismo. Comenzamos utilizando la biblioteca requests para acceder al código HTML devuelto por el servidor. A continuación, instanciamos un objeto BeautifulSoup que contendrá dos argumentos principales: el contenido de requests y el parser a utilizar, que generalmente toma el valor `html.parser`.

Una vez creado el objeto BeautifulSoup, navegaremos por la estructura de la página utilizando métodos como `find_all()`.

Observación

BeautifulSoup analiza el contenido utilizando el mejor parser disponible. Utilizará un analizador HTML a menos que le pida específicamente que utilice un parser XML. A continuación, necesita saber dónde se encuentra la información.

La forma más sencilla es navegar por la página y utilizar el inspector de su navegador ([Ctrl] I). Pase el ratón por encima de la zona que le interese y el código que le interesa debería aparecer de forma más precisa. Generalmente, extraemos tablas (etiqueta `table`) o, por ejemplo, índices situados en listas (etiquetas `li`). Veamos el ejemplo de la siguiente tabla:

Vista general de la página web

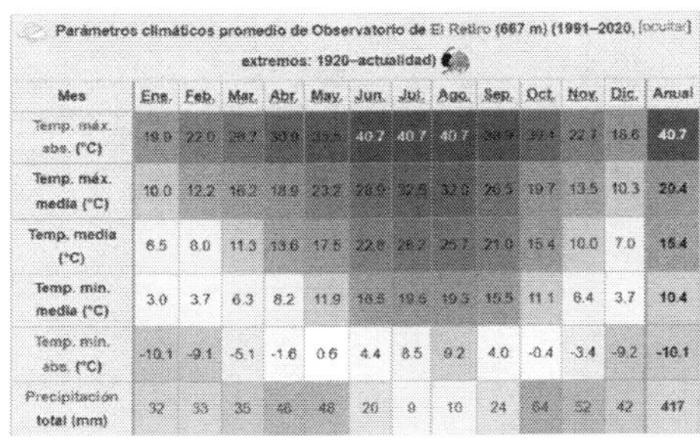

Parámetros climáticos promedio de Observatorio de El Retiro (667 m) (1991–2020, [ocultar]
extremos: 1920–actualidad)

Mes	Ene.	Feb.	Mar.	Abr.	May.	Jun.	Jul.	Ago.	Sep.	Oct.	Nov.	Dic.	Anual
Temp. máx. abs. (°C)	19.9	22.0	[illegible]	[illegible]	[illegible]	40.7	40.7	40.7	[illegible]	[illegible]	[illegible]	18.6	40.7
Temp. máx. media (°C)	10.0	12.2	16.2	18.9	23.2	[illegible]	[illegible]	[illegible]	[illegible]	19.7	13.5	10.3	20.4
Temp. media (°C)	6.5	8.0	11.3	13.6	17.5	[illegible]	[illegible]	[illegible]	21.0	15.4	10.0	7.0	15.4
Temp. mín. media (°C)	3.0	3.7	6.3	8.2	11.9	[illegible]	[illegible]	[illegible]	15.5	11.1	6.4	3.7	10.4
Temp. mín. abs. (°C)	-10.1	-9.1	-5.1	-1.6	0.6	4.4	8.5	9.2	4.0	-0.4	-3.4	-9.2	-10.1
Precipitación total (mm)	32	33	35	46	48	20	9	10	24	64	52	42	417

Vista general del código HTML

```
▸<p>…</p>
▸<figure class="mw-default-size" typeof="mw:File
▸<p>…</p>
▸<figure class="mw-default-size" typeof="mw:File
▸<p>…</p>
▸<p>…</p>
▾<center>
  ▾<table class="wikitable collapsible mw-collap
    t-align:center; font-size:90%;"> scroll == $
    ▾<tbody>
      ▾<tr>
        ▸<th colspan="14" style="font-weight:bold"
```

Esta es una tabla de la página de Wikipedia sobre la ciudad de Dijon. Utilicemos requests para extraer el código fuente:

```
import requests
from bs4 import BeautifulSoup

# Establish a connection
URL_TABLA = 'https://es.wikipedia.org/wiki/Madrid'

try:
    resp=requests.get(URL_TABLA, proxies=PROXIES)
    resp.raise_for_status()
except requests.exceptions.HTTPError as err:
    print(err)
```

Si mostramos los primeros 500 caracteres contenidos en nuestro objeto `resp`, a través de su atributo `text`, obtendremos nuestro código HTML en bruto, sin formatear:

```
<!DOCTYPE html><html class="client-nojs vector-feature-language-
in-header-enabled vector-feature-language-in-main-page-header-
disabled vector-feature-page-tools-pinned-disabled vector-
feature-toc-pinned-clientpref-1 vector-feature-main-menu-pinned-
disabled vector-feature-limited-width-clientpref-1 vector-
feature-limited-width-content-enabled vector-feature-custom-font-
size-clientpref-1 vector-feature-appearance-pinned-clientpref-
1 vector-feature-night-mode-enabled skin-theme-clientpref-day
 vector-sticky-header-enabled vector-toc-available" lang="es"
 dir="ltr">
```

Aquí es donde entra en juego el método `BeautifulSoup()`. Vamos a decodificar este archivo y obtener la etiqueta de `table`, especificando el atributo para refinar nuestra selección (si, por ejemplo, hay varias tablas en una página, lo cual es muy común):

```
soup = BeautifulSoup(resp.text, "html.parser")
table = soup.find_all(name='table', attrs={'class':'wikitable
collapsible'})
```

Mostrar los primeros 500 caracteres del objeto de `table`:

```
[<table class="wikitable collapsible" style="width:60%;
text-align:center; font-size:90%;"><tbody><tr><th colspan="14"
style="font-weight:bold"><span typeof="mw:File"><span><img
class="mw-file-element" data-file-height="48" data-file-width="48"
decoding="async" height="30" src="//upload.wikimedia.org/wikipedia/
ommons/thumb/5/57/Gnome-weather-few-clouds.svg/40px-Gnome-weather-
few-clouds.svg.png" srcset="//upload.wikimedia.org/wikipedia/commons/
thumb/5/57/Gnome-weather-few-clouds.svg/45px-Gnome-weather-few-
clouds.svg.png 1.5x, //upload.wikimedia.org/wikipedia/commons/thumb/
5/57/Gnome-weather-few-clouds.svg/60px-Gnome-weather-few-
clouds.svg.png 2x" width="30"/></span></span>  Parámetros climáticos
promedio de
Observatorio de <a href="/wiki/Parque_del_Retiro_de_Madrid"
title="Parque del Retiro de Madrid">
```

Observación

A veces es difícil orientarse en el código HTML mostrado en Python. Los creadores de BeautifulSoup han pensado en todo con el método `prettify()`*, que hace que el código sea mucho más fácil de leer para los humanos.*

El contenido es lo que nos interesa. Ahora vamos a usar pandas para leer esta tabla usando el método `read_html()`.

```
import requests
from io import StringIO
import pandas as pd
from bs4 import BeautifulSoup

URL = "https://es.wikipedia.org/wiki/Madrid"

resp = requests.get(URL, timeout=10)
resp.raise_for_status()

soup   = BeautifulSoup(resp.text, "lxml")
tables = soup.find_all("table", class_="wikitable collapsible")

pd.set_option("display.max_rows",    None)
pd.set_option("display.max_columns", None)
pd.set_option("display.width",       None)


with open("madrid_wikitables.txt", "w", encoding="utf-8") as txt:

    for idx, tbl in enumerate(tables, start=1):
```

```
        df = pd.read_html(StringIO(str(tbl)))[0]     # convert HTML ? DataFrame


        header = f"\n???????? Table {idx} (shape={df.shape}) ????????\n"
        body   = df.to_string(index=False) + "\n"

        # print to console
        print(header + body, end="")

        # write to file
.write(header + body)
```

Esto nos da la siguiente tabla:

```
Mes          Ene.          Feb.          Mar.          Abr.          May.          Jun.
Jul.         Ago.          Sep.          Oct.          Nov.          Dic.          Anual
Temp. máx. abs. (°C)           19.9          22.0          26.7          30.9          35.5
      40.7          40.7       40.7       38.9        30.1          22.7          18.6          40.7

Mes          Ene.          Feb.          Mar.          Abr.          May.          Jun.
Jul.         Ago.          Sep.          Oct.          Nov.          Dic.          Anual
Temp. máx. abs. (°C)           19.9          22.0          26.7          30.9          35.5
      40.7          40.7       40.7       38.9        30.1          22.7          18.6          40.7

Temp. máx. media (°C)           10.0          12.2          16.2          18.9          23.2
    28.9          32.8          32.0          26.5          19.7          13.5
10.3          20.4

Temp. media (°C)          6.5          8.0          11.3          13.6          17.5
22.8          26.2          25.7          21.0          15.4          10.0          7.0          15.4

Temp. mín. media (°C)          3.0          3.7          6.3          8.2          11.9
16.5          19.5          19.3          15.5          11.1          6.4          3.7          10.4

Temp. mín. abs. (°C)          -10.1          -9.1          -5.1          -1.6          0.6
    4.4          8.5          9.2          4.0          -0.4          -3.4          -9.2          -10.1

Precipitación total (mm)          32          33          35          46          48          20
      9          10          24          64          52          42          417

Días de precipitaciones (≥ 1 mm)          5.5          5.1          5.4          6.7
6.8          3.3          1.5          1.5          3.5          7.2          6.7          5.9
    59.1

Días de nevadas (≥ 0,01 mm)          0.9          1.0          0.2          0.2          0.0
      0.0          0.0          0.0          0.0          0.0          0.1          0.5          2.9

Humedad relativa (%)          72          64          57          56          54          45
    39          42          51          66          72          75          58
2          17,0          8
3          27,0          1
4          28,0          51
5          12,0          76
6          31,0          69
```

Eso está mucho mejor. Todavía hay algunas cosas que hacer si deseamos manipular los datos. Por ejemplo, se nota un espacio separando los millares, lo que causará problemas cuando por ejemplo se quiera convertir las columnas de tipo `objet` a `int` o `float`. Para ello, utilizaremos los argumentos `thousands =' '` y `decimal=','` en el método `read_html()`. Ahora el arreglo es perfectamente utilizable, solo queda convertir los tipos de datos.

8.4 Web Scraping con selenium

Requests y BeautifulSoup pueden ayudarnos de muchas maneras. Sin embargo, algunas fuentes HTML no son accesibles a través de peticiones. Esto puede deberse a varias razones:

- El sitio web utiliza técnicas de protección contra el scraping. Estas técnicas pueden incluir el uso de CAPTCHA, cookies o JavaScript.
- La página web está protegida por un firewall. En este caso, las peticiones no podrán acceder al código HTML de la página web.
- La página web es dinámica. Esto significa que el código HTML de la página web se genera en función de la interacción del usuario. En este caso, las peticiones solo podrán recuperar el código HTML estático de la página web.

Para acceder a estas fuentes HTML, es necesario utilizar una biblioteca para controlar un navegador web. La biblioteca selenium es una opción muy utilizada, pero existen otras alternativas interesantes, como playwright.

La biblioteca selenium puede utilizarse para lanzar un navegador web (Chrome, Firefox, etc.) y controlar su interfaz gráfica. Esto permite navegar por un sitio web, interactuar con elementos (botones, menús desplegables, etc.) y recuperar el código HTML de la página web que se está mostrando en ese momento.

En general, el procedimiento de extracción de datos es el siguiente:

- instalar el controlador de su elección (geckodriver.exe para Firefox o chromedriver.exe para Chrome, por ejemplo);
- navegar e interactuar con la página web para acceder al contenido;

– recuperar el contenido HTML a través del atributo `page_source` del controlador.

A continuación, se puede cerrar el controlador y utilizar el contenido a través de Beautifulsoup:

```
from selenium import webdriver
from selenium.webdriver.common.keys import Keys
from bs4 import BeautifulSoup

# URL of the page to scrape
url = 'https://example.com'

# Make sure you have the corresponding driver installed
driver = webdriver.Firefox()

driver.get(url)

# Retrieving HTML content after dynamic loading
html_content = driver.page_source

# Closing the automated browser
driver.quit()

# Parsing HTML content with BeautifulSoup
soup = BeautifulSoup(html_content, 'html.parser')

# Example: Extracting the page title
title = soup.title.text
print(f'Page Title (with Selenium): {title}')
```

Se trata de un ejemplo sencillo, pero es posible seleccionar categorías de listas desplegables y aplicar filtros pulsando botones, tal y como haría un usuario normal. Una de las principales limitaciones de selenium es la velocidad, por lo que no puede utilizarse para acceder a un gran volumen de datos, a menos que deje su script ejecutándose durante días. Es posible, por ejemplo, cambiar la configuración del navegador para evitar que se carguen las imágenes, lo que permite ahorrar un poco de tiempo:

```
from selenium import webdriver
from selenium.webdriver.firefox.options import Options

options_firefox = Options()
```

```
# Disabling image loading
options_firefox.add_argument('--blink-
settings=imagesEnabled=false')

driver = webdriver.Firefox(options=options_firefox)
driver.get(url)
```

Otro punto problemático: las ventanas emergentes de descarga. Si desea descargar un archivo CSV haciendo clic en un enlace, por ejemplo, el navegador abrirá una ventana emergente preguntándole dónde guardar el archivo. Esta ventana emergente ya no puede ser controlada por su script selenium. Para automatizar este tipo de tareas, hay que ser ingenioso. Una solución es crear un perfil de usuario que le permita especificar varios elementos:

- la carpeta de descarga por defecto (opcional);
- el inicio directo de la descarga sin pasar por la ventana emergente.

El primer paso es abrir el navegador, aplicar estas opciones y guardar las preferencias. A continuación, debe introducir la ruta del archivo de preferencias que se utilizará en el script:

```
from selenium import webdriver
from selenium.webdriver.firefox.options import Options

options_firefox = Options()
options_firefox.set_preference("browser.download.manager.showWhenStarting",
                               False)
options_firefox.set_preference("browser.helperApps.neverAsk.saveToDisk",
                               "application/octet-stream")

driver = webdriver.Firefox(options=options_firefox)

# Open page
driver.get(URL)
```

Observación

¿Desea practicar? Hay muchos sitios web que ofrecen datos ficticios y páginas que le ayudarán a cogerle el truco:
https://webscraper.io/test-sites/e-commerce/allinone y
https://pythonprogramming.net/parsememcparseface/

Capítulo 3
Preparar sus datos para sacarles todo su potencial

1. La calidad de los datos: un recordatorio

La calidad de los datos es un elemento fundamental que hay que tener en cuenta antes de abordar técnicas de limpieza y procesamiento de datos. Para cualquier organización que quiera tomar decisiones con conocimiento de causa y sacar el máximo partido de su información, este aspecto no puede pasarse por alto. Todos los procedimientos que examinaremos en este capítulo tienen un único objetivo: proporcionar a los distintos equipos datos fiables.

1.1 ¿Qué es la calidad de los datos?

La calidad de los datos refleja la capacidad de una organización para mantener la exactitud y sostenibilidad de su información a lo largo del tiempo. Como expertos en la materia, debemos ofrecer datos irreprochables, basados en indicadores claros y fácilmente interpretables. Empezaremos por examinar en detalle los seis criterios que definen las dimensiones de calidad de los datos (DQD).

Esta noción engloba tanto las características intrínsecas de los datos como los métodos aplicados para garantizarlas. En esencia, la calidad de los datos se define por su capacidad para servir a los fines previstos.

Una iniciativa de calidad de datos es un proceso a largo plazo, integrado en todo el ciclo de vida de los datos. Requiere un cambio cultural en la forma en que la organización gestiona sus datos. Es un enfoque global que afecta a toda la empresa y a sus prácticas cotidianas.

Es importante señalar que la introducción de datos erróneos en un proceso producirá inevitablemente datos inexactos en la salida. Por consiguiente, una estrategia basada en datos de mala calidad dará lugar a decisiones ineficaces, con consecuencias directas en el retorno de la inversión.

AS YOU CAN SEE, OUR TOP MARKETS ARE UNITED STATES, CANADA, USA AND THE U.S.

Dataedo /cartoon Piotr@Dataedo

Créditos: https://dataedo.com/

1.2 ¿Por qué es importante la DQD?

La calidad de los datos suele verse comprometida por diversos factores. Entre ellos se encuentra el error humano en el momento de su introducción inicial. Errores tipográficos, diferentes convenciones de nomenclatura entre fuentes de datos o abreviaturas incorrectas son una fuente frecuente de problemas. Además, una información inicialmente exacta puede quedar obsoleta con el tiempo, al cambiar el contexto.

Si la calidad de los datos se ve comprometida, habrá consecuencias costosas para las empresas. He aquí algunos ejemplos concretos de problemas frecuentes y sus repercusiones:

- Errores de introducción de datos: en 2018, un empleado de Samsung Securities cometió un monumental error de introducción de datos al distribuir dividendos, emitiendo inadvertidamente 2.800 millones de acciones «fantasmas», unas treinta veces el número total de acciones existentes. Este error provocó una perturbación masiva del mercado y una pérdida de confianza en la gestión de la empresa, lo que obligó a adoptar costosas medidas correctoras. [Fuente: https://www.sirfull.com/en/blog/poor-data-quality-impacts/]
- Incoherencias en los datos: en 2022, Unity Technologies se enfrentó a un grave problema con su herramienta de publicidad dirigida Pinpointer. Los datos inexactos de un cliente importante corrompieron los modelos de IA, lo que provocó una pérdida de ingresos de 110 millones de dólares y una caída del 37 % en el valor de las acciones de la empresa. [Fuente: https://zeenea.com/what-are-the-most-common-data-quality-issues-and-how-can-you-solve-them/]

- Datos obsoletos: Tesco, el gigante británico de la distribución, tuvo problemas de inexactitud en sus datos de existencias, lo que provocó frecuentes desabastecimientos en sus tiendas. Estas imprecisiones provocaron pérdidas de ventas, insatisfacción de los clientes y un impacto negativo directo en el volumen de negocios de la empresa. [Fuente: https://www.sirfull.com/en/blog/poor-data-quality-impacts/]
- Errores críticos en los datos: entre marzo y julio de 2017, Equifax generó puntuaciones crediticias incorrectas para millones de consumidores debido a datos erróneos. La empresa se enfrentó a multas reglamentarias, demandas judiciales y una pérdida de credibilidad, lo que puso en peligro las decisiones de concesión de préstamos y erosionó la confianza del público. [Fuente en francés: https://www.datagalaxy.com/fr/blog/big-data-attention-aux-donnees-de-mauvaise-qualite/]
- Datos de localización inexactos: Royal Dutch Shell tuvo errores en los datos de localización de sus pozos petrolíferos, lo que provocó una perforación ineficaz. Estos errores supusieron millones de dólares en costes adicionales y una considerable pérdida de tiempo debido a una perforación incorrecta. [Fuente en francés: https://solutions-business-intelligence.fr/data-quality-enjeux-et-bonnes-pratiques/]

Cada uno de estos problemas de calidad de datos tuvo un impacto significativo en las operaciones, la reputación y los resultados financieros de las empresas implicadas. Estos ejemplos ponen de relieve la importancia de invertir en procesos sólidos de gestión de la calidad de los datos para evitar estos costosos escollos.

1.3 Los principales criterios de la DQD

Veamos los principales criterios de la DQD, núcleo de cualquier estrategia eficaz de gestión de datos.

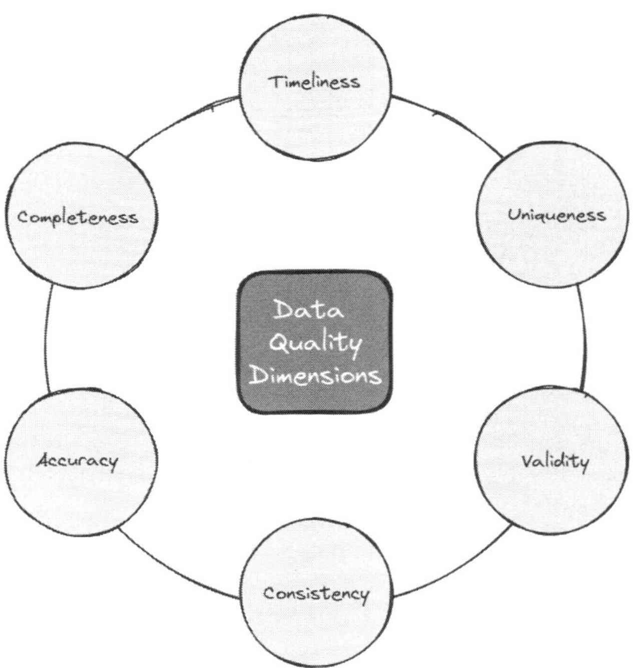

1.3.1 Precisión (accuracy)

La precisión es el grado en que los datos almacenados se ajustan a los valores reales que deben representar. Mide lo cerca que está el valor almacenado del valor real correcto o aceptado.

En el sector bancario, imaginemos un error en el cálculo de los intereses de un préstamo hipotecario. Si el tipo de interés se registra incorrectamente como 3,5 % en lugar de 3,05 %, esto podría dar lugar a que se cobrara de más a miles de clientes. No solo podría acarrear importantes pérdidas financieras para el banco en caso de reembolso, sino que también podría dañar gravemente su reputación y dar lugar a posibles sanciones.

Para garantizar la exactitud, las empresas pueden poner en marcha procesos de validación de datos, comprobaciones cruzadas automatizadas y auditorías periódicas. El uso de inteligencia artificial para detectar anomalías también puede ser eficaz.

1.3.2 Integridad (completeness)

La integridad es el grado de presencia de todos los elementos de datos necesarios en un conjunto de datos concreto. Evalúa el grado en que se incluyen todos los valores requeridos y están presentes todos los registros que deberían estarlo.

En el campo de la investigación médica, imaginemos un estudio sobre la eficacia de un nuevo tratamiento contra el cáncer. Si los datos de seguimiento posteriores al tratamiento están incompletos para un grupo significativo de pacientes, las conclusiones del estudio podrían estar distorsionadas. Las decisiones cruciales sobre si aprobar o rechazar el tratamiento podrían basarse en información parcial, lo que podría afectar a la vida de muchos pacientes.

El uso de campos obligatorios en los formularios de introducción de datos, la creación de alertas para los datos que faltan y la aplicación de procesos sistemáticos de recopilación de datos pueden mejorar la exhaustividad.

1.3.3 Coherencia (consistency)

La coherencia se refiere a la ausencia de contradicciones en los datos dentro de un conjunto de datos o entre distintos conjuntos de datos. Garantiza que los datos sean uniformes y lógicamente compatibles en todos los sistemas, aplicaciones y procesos de la organización.

En una empresa multinacional, imagine que el departamento de recursos humanos y el de finanzas utilizan sistemas diferentes para gestionar la información de los empleados. Si un empleado cambia de trabajo y esta información solo se actualiza en el sistema de recursos humanos, podrían producirse errores en las nóminas, las prestaciones e incluso en la planificación estratégica de recursos humanos.

El uso de un sistema de información integrado, la aplicación de procesos automáticos de sincronización entre distintos sistemas y el establecimiento de normas coherentes de gestión de datos en toda la empresa pueden mejorar la coherencia.

1.3.4 Vigencia (timeliness)

La vigencia mide el grado en que los datos están actualizados y disponibles en el plazo requerido para su uso previsto. Evalúa la frescura de los datos en relación con el momento en que se crearon o actualizaron por última vez, así como su disponibilidad en el momento en que se necesitan para los procesos empresariales.

En el trading de alta frecuencia, donde las decisiones de compra y venta se toman en milisegundos, la vigencia de los datos es fundamental. Un retraso de solo unos segundos en la actualización de los precios de las acciones puede acarrear considerables pérdidas financieras. Por ejemplo, si un acontecimiento importante afecta a la cotización de una acción, pero esta información no se refleja inmediatamente en los datos utilizados por los algoritmos de negociación, podrían tomarse decisiones de inversión desastrosas.

El uso de sistemas de procesamiento en tiempo real, la implantación de procesos automáticos de actualización de datos y la optimización de los flujos de datos pueden mejorar la puntualidad.

1.3.5 Validez (validity)

La validez es la medida en que los datos se ajustan a las normas empresariales definidas, los formatos especificados y las restricciones del dominio. Garantiza que los valores de los datos cumplen los criterios sintácticos y semánticos establecidos para el tipo de datos en cuestión.

En el sector de la aviación, imaginemos un sistema de reservas que acepte una fecha de vuelo anterior a la actual. Esto podría acarrear graves problemas en la planificación de vuelos, la gestión de tripulaciones y, potencialmente, comprometer la seguridad si estos datos no válidos se utilizan en otros sistemas críticos.

La aplicación de controles de validación estrictos en las interfaces de entrada, el uso de restricciones a nivel de base de datos y el establecimiento de procesos periódicos de limpieza de datos pueden mejorar la validez.

1.3.6 Singularidad (uniqueness)

La singularidad es la propiedad de que cada entidad distinta del mundo real se represente una y solo una vez en el conjunto de datos. Garantiza que no haya duplicados involuntarios ni redundancias en los registros de datos.

En el sector sanitario, imagine un paciente con varios historiales médicos debido a duplicados en la base de datos. Esto podría dar lugar a graves errores en el tratamiento si un médico no tiene acceso al historial médico completo del paciente. Por ejemplo, podrían pasarse por alto alergias o interacciones entre medicamentos, poniendo en riesgo la salud del paciente.

El uso de identificadores únicos, la aplicación de procesos de desduplicación y la implantación de controles estrictos a la hora de crear nuevos registros pueden mejorar la singularidad de los datos.

2. Depuración de datos

2.1 Primeros pasos con la biblioteca pandas

pandas es una potente y versátil biblioteca de Python diseñada para la manipulación y el análisis de datos. Fue desarrollada por Wes McKinney, un investigador que empezó a construir lo que se convertiría en pandas. El nombre «pandas» deriva de «Panel Data», un término econométrico para conjuntos de datos que incluyen observaciones a lo largo de varios periodos.

pandas es particularmente adecuada para trabajar con datos tabulares, similares a una hoja de cálculo de Excel o una tabla SQL. Las principales estructuras de datos gestionadas por esta biblioteca son series, que almacenan datos a lo largo de una dimensión, y DataFrames, que lo hacen a lo largo de dos dimensiones (filas y columnas). Estas estructuras de datos facilitan su manipulación, así como su limpieza, preprocesamiento, análisis y visualización.

pandas es muy utilizada en el análisis de datos. A menudo se presenta como la herramienta ideal para manipular datos que pueden organizarse en filas y columnas. Es más, dominar pandas es una habilidad muy buscada por los reclutadores, ya que muchas empresas de todos los sectores recurren cada vez más a la ciencia de datos.

Existen varias alternativas a pandas, entre ellas polars, dask y cudf. Cada una de estas soluciones tiene sus ventajas, en particular la velocidad de procesamiento en comparación con pandas. No las trataremos en este libro, ya que pandas sigue siendo la librería más utilizada para el análisis de datos en Python. Su riqueza y versatilidad, así como su amplia adopción en la comunidad de análisis de datos, la convierten en una herramienta esencial.

2.2 Presentación de nuestro conjunto de datos

En este capítulo, trabajaremos con un conjunto de datos que está disponible gratuitamente en la plataforma Kaggle.

El comercio electrónico se ha convertido en un nuevo canal de apoyo al desarrollo empresarial. A través del comercio electrónico, las empresas pueden acceder a un mercado más amplio y establecer una mayor presencia proporcionando canales de distribución más baratos y eficientes para sus productos o servicios. El comercio electrónico también ha cambiado la forma en que las personas compran y consumen productos y servicios. Muchas personas recurren a sus ordenadores o dispositivos inteligentes para encargar productos, que pueden recibir fácilmente en sus domicilios.

Se trata de un conjunto de datos de un año de transacciones de ventas en el Reino Unido para el comercio electrónico (venta minorista en línea). Esta tienda londinense vende regalos y artículos para el hogar para adultos y niños en su sitio web desde 2007. Sus clientes proceden de todo el mundo y suelen hacer compras directas para ellos mismos. También hay pequeñas empresas que compran al por mayor y venden a otros clientes a través de canales minoristas.

El conjunto de datos contiene 500.000 filas y 8 columnas. A continuación, se describe cada columna:

- `TransactionNo`: un número único de seis dígitos que define cada transacción. La letra `C` en el código indica una cancelación.
- `Date`: fecha en la que se generó cada transacción.
- `ProductNo`: referencia única utilizada para identificar un producto específico.
- `Product`: nombre del producto / artículo.
- `Price`: el precio de cada producto por unidad en libras esterlinas (£).
- `Quantity`: la cantidad de cada producto por transacción. Los valores negativos corresponden a transacciones canceladas.
- `CustomerNo`: un número único de cinco dígitos que identifica a cada cliente.
- `Country`: nombre del país en el que reside el cliente.

Le invito a descargarlo y practicar a medida que avanza en este capítulo. Es importante manipularlo para comprender mejor la lógica y los principales métodos de pandas. Está disponible en esta URL https://www.kaggle.com/datasets/gabrielramos87/an-online-shop-business/download?datasetVersionNumber=7.

2.3 Manipulación básica de un conjunto de datos

Comencemos ahora una de las partes más importantes de nuestro viaje al país de los datos: la limpieza de datos. La limpieza de datos es un aspecto fundamental del ciclo de análisis de datos, esencial para liberar todo el potencial de los conocimientos basados en datos. Al invertir tiempo (a menudo mucho) y recursos en prácticas rigurosas de limpieza de datos, las organizaciones pueden aprovechar sus datos para tomar decisiones relevantes. Empecemos por las técnicas básicas para manipular nuestro primer conjunto de datos.

En el capítulo anterior, vimos varias formas de conectarnos a una fuente de datos y nos aseguramos de que estos datos se almacenaran en un DataFrame. A partir de ahora, no importa de dónde vengan nuestros datos, tenemos un objeto común para manipularlos.

2.3.1 Método head()

Una vez que los datos están disponibles, podemos empezar a explorar nuestro conjunto de datos. Uno de los primeros métodos a utilizar es `head()`. Este método proporciona una vista previa de las primeras filas de nuestro DataFrame. Como argumento, puede especificar el número de filas que quiera mostrar (por defecto `n=5`).

Del mismo modo, podemos previsualizar las últimas filas de nuestro conjunto de datos utilizando el método `tail()`. Funciona de forma similar a `head()`, con el número de filas a mostrar pasado como argumento.

Cuando el conjunto de datos tiene muchas columnas, más de las que se pueden mostrar utilizando el método `head()` (las columnas del centro se sustituirán por `'...'`), existen algunos trucos para mostrarlas. El más sencillo, que le ayudará en el 80 % de los casos, es simplemente transponer el DataFrame utilizando el método `transpose()`.

```
import pandas as pd

# Read the input data
dataframe = pd.read_csv('./Sales Transaction v.4a.csv')
```

El resultado es el siguiente:

	Transaction No	Date	Product No	ProductName	Price	Quantity	Customer No	Country
0	581482	12/9/2019	22485	Set Of 2 Wooden Market Crates	21.47	12	17490.0	United Kingdom
1	581475	12/9/2019	22596	Christmas Star Wish List Chalkboard	10.65	36	13069.0	United Kingdom
2	581475	12/9/2019	23235	Storage Tin Vintage Leaf	11.53	12	13069.0	United Kingdom

	TransactionNo	Date	ProductNo	ProductName	Price	Quantity	CustomerNo	Country
3	581475	12/9/2019	23272	Tree T-Light Holder Willie Winkie	10.65	12	13069.0	United Kingdom
4	581475	12/9/2019	23239	Set Of 4 Knick Knack Tins Poppies	11.94	6	13069.0	United Kingdom

Esta tabla también puede transponerse para facilitar su lectura:

```
# Display dataframe's head
dataframe.head().tranpose()
```

	0	1	2	3	4
TransactionNo	581482	581475	581475	581475	581475
Date	12/9/2019	12/9/2019	12/9/2019	12/9/2019	12/9/2019
ProductNo	22485	22596	23235	23272	23239
ProductName	Set Of 2 Wooden Market Crates	Christmas Star Wish List Chalk-board	Storage Tin Vintage Leaf	Tree T-Light Holder Willie Winkie	Set Of 4 Knick Knack Tins Poppies
Price	21.47	10.65	11.53	10.65	11.94
Quantity	12	36	12	12	6
CustomerNo	17490.0	13069.0	13069.0	13069.0	13069.0
Country	United King-dom	United King-dom	United King-dom	United Kingdom	United Kingdom

Las columnas se convierten en filas y viceversa, y se muestran todas las columnas (hasta 50). Si aún no es suficiente, puede cambiar las opciones de visualización:

```
# Let's unlock max_columns options
pd.set_option('display.max_columns', None)

# To reset max_columns parameter
pd.reset_option('max_columns')
```

2.3.2 Atributo shape

Puede ser interesante conocer las dimensiones de nuestro DataFrame. Esto es posible con el atributo shape. Devuelve una tupla que contiene el número de filas y el número de columnas:

```
# Get dataframe dimensions
dataframe.shape
>>> (536350, 8)

# Display the number of rows
dataframe.shape[0]
>>> 536350
```

2.3.3 Atributo columns

El atributo columns devuelve la lista de nombres de columnas. También puede especificar el índice deseado para obtener el nombre de la nenésima columna.

```
# Print dataframe columns
dataframe.columns
>>> Index(['TransactionNo', 'Date', 'ProductNo', 'ProductName',
'Price',
       'Quantity', 'CustomerNo', 'Country'],
      dtype='object')

# Get first column name
dataframe.columns[0]
>>> 'TransactionNo'

# It is not possible to change only one value
dataframe.columns[0] = 'new_col1'
>>> TypeError: Index does not support mutable operations
```

La operación más común en las columnas es renombrar los campos. Esto puede hacerse de dos maneras diferentes. La primera es cambiar el valor de nuestro atributo suministrando una nueva lista de idéntico tamaño.

La segunda forma es utilizar el método `rename()`, pasando como argumento un diccionario cuya clave es el nombre actual de la columna y cuyo valor es el nuevo nombre que se quiere. Con este método es posible modificar solo una columna sin tener que devolver también las demás.

```
# First method
dataframe.columns = ['transaction_no', 'date', 'product_no',
'product_name', 'price', 'quantity',
'customer_no', 'country']

# Second method
dataframe = dataframe.rename({'TransactionNo':'transaction_no'})
```

Para terminar con el atributo `columns`, vamos a ver una manipulación bastante común que consiste en formatear los nombres de las columnas para respetar cualquier regla de nomenclatura.

Supongamos que queremos poner en minúsculas todos los caracteres y sustituir los espacios por guiones bajos. Podríamos, por ejemplo, utilizar el método `apply()` seguido de una función `lambda()`. La forma más sencilla de hacerlo es entender la lista.

```
# Clean column names
dataframe.columns = [col.lower().replace(' ', '_') for col in
dataframe.columns]
```

2.4 Creación de subconjuntos

En muchos casos, es necesario filtrar el conjunto de datos original para conservar solo un subconjunto del mismo. En esta subsección, veremos cómo seleccionar un subconjunto utilizando uno o más comandos, y cómo realizar selecciones más complejas utilizando los métodos `loc()` e `iloc()` (columnas y/o filas).

2.4.1 Selección de columnas

Es posible seleccionar solo una columna. En este caso, ya no se trata de un DataFrame, sino de un objeto de la clase `Series`. Para ello, utilice el nombre de la columna entre corchetes:

```
my_first_col = dataframe['TransactionNo']

print(type(my_first_col))
>>> pd.Series
```

También es posible acceder a una columna utilizando el punto como un atributo, pero esto se complica pronto cuando el nombre contiene espacios:

```
my_first_col = dataframe.TransactionNo
```

Imaginemos ahora que hemos utilizado determinadas columnas para filtrar nuestros datos de entrada, y que solo queremos conservar ciertas columnas de interés. Para ello, utilizaremos la misma técnica que antes, pero en lugar de suministrar una cadena que contenga el nombre, utilizaremos una lista.

```
selected_cols = dataframe[['TransactionNo', 'Price']]

print(type(selected_cols))
>>> pd.DataFrame
```

Observación

Hay algunos métodos que pueden facilitar el trabajo de seleccionar y transformar nuestro DataFrame. Por ejemplo, `select_dtypes()` puede utilizarse para mantener o excluir columnas en función de su tipo. Si se quiere dar formato a columnas de `category`, basta con incluir el tipo en el argumento `include`. A la inversa, también existe un argumento `exclude`.

```
# Select only column with category dtype
cat_feature = dataframe.select_dtypes(include=['category'])
```

Las técnicas anteriores son útiles para selecciones básicas, pero es posible ir más allá integrando también una selección en las líneas.

2.4.2 Selecciones mediante los métodos loc e iloc

Ahora queremos seleccionar algunas de las filas del conjunto de datos original. Hay varias formas de hacerlo, a continuación veremos las principales.

Método loc

`loc()` es un método poco habitual, ya que los argumentos van entre corchetes en lugar de entre paréntesis. Su uso es similar a la indexación de listas.

Para recuperar varias líneas, podemos:

- utilizar una lista de índices;
- en cuanto a una lista, utilizar el «slicing».

Por el momento, no es posible explotar nuestro DataFrame de forma inteligente. Para utilizar `loc()` e `iloc()`, el índice debe ser filtrable. Por el momento, es solo un entero que se incrementa a medida que aumenta el número de filas. El primer paso es utilizar la columna `TransactionNo` como índice. Esto se hace utilizando el método `set_index()`.

Ahora es posible utilizar `loc()`. Supongamos que queremos conocer el importe total asociado a la transacción `'581475'`. Necesitamos varios elementos:

- las distintas entradas con la referencia `"581475"`;
- las columnas `Quantity` y `Price`.

```
# Set TransactionNo as index
dataframe.set_index('TransactionNo', inplace=True)

# Same thing slicing TransactionNo instead of filter
dataframe.loc['581475', ['TransactionNo', 'Quantity',
'Price']].head()
```

TransactionNo	ProductNo	Quantity	Price
581475	23235	12	11.53
581475	23272	12	10.65
581475	23239	6	11.94
581475	21705	24	10.65

Para ahorra espacio, aquí solo mostramos las primeras líneas de nuestra selección.

Observación

Tenga cuidado con el tipo de datos: no es lo mismo filtrar un número entero 581475 que una cadena de caracteres `"581475"`*. Un consejo: si su selección no devuelve nada, compruebe que está utilizando el tipo correcto.*

Método iloc

El método `iloc()` funciona del mismo modo que `loc()` pero se basa en los índices de las filas y columnas:

```
# Same selection with iloc method
dataframe.iloc[1:19, [1,4,5]].head()
```

TransactionNo	ProductNo	Quantity	CustomerNo
581475	22596	36	13069.0
581475	23235	12	13069.0
581475	23272	12	13069.0
581475	23239	6	13069.0
581475	21705	24	13069.0

Y ya está. Puede ver que el resultado es idéntico. Un recordatorio rápido sobre el uso de índices en Python. Si quiere el elemento 19, use [1:20] y no [1:19].

2.4.3 Selecciones condicionales

Otra forma de hacer una selección con pandas es utilizar la indexación condicional.

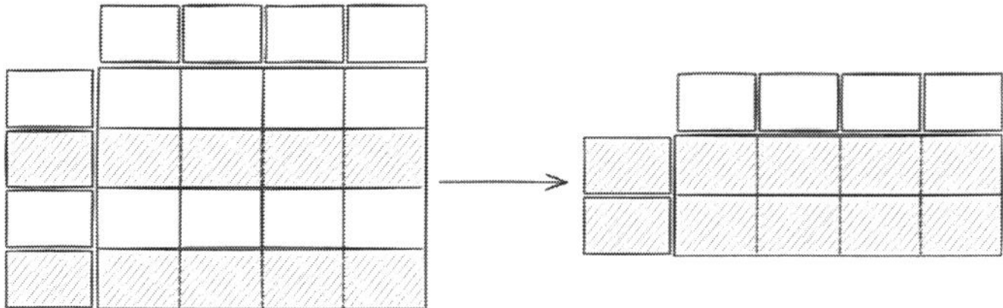

Queremos encontrar todos los artículos asociados a la transacción '581475' y calcular el importe total de esta transacción (columnas `'Quantity'` y `'Price'` para el cálculo). Empezaremos creando un filtro. Se trata de una prueba lógica para ver si el valor del campo `'TransactionNo'` es igual a `581475`.

Este filtro devolverá un vector que contiene el resultado de la prueba (`True/False`), que utilizaremos para identificar las filas apropiadas. Tenga en cuenta que, con este tipo de selección condicional, ya no estamos obligados a utilizar la columna `TransactionNo` como índice.

```
import pandas as pd

# Read the input data
dataframe = pd.read_csv('./Sales Transaction v.4a.csv')

# Create a filter on transcation id 581475
filtre_581475 = dataframe['TransactionNo'] == '581475'

# Let's have a look to this array
filtre_581475

>>> 0          False
    1           True
    2           True
    3           True
    4           True
               ...
    536345    False
    536346    False
    536347    False
    536348    False
    536349    False
    Name: TransactionNo, Length: 536350, dtype: bool

# Apply filters and selections, let's look at the 5 first rows
dataframe.loc[filter_581475, ['TransactionNo', 'Quantity',
'Price']].head()
```

	TransactionNo	Quantity	Price
1	581475	36	10.65
2	581475	12	11.53
3	581475	12	10.65
4	581475	6	11.94
5	581475	24	10.65

Hay dos formas de indexar condicionalmente un DataFrame:

```
# Selection of rows where my_column is 1
# First method
df[df['my_column'] == 1]

# Second method
df.loc[df['my_column'] == 1]
```

Si queremos asignar otro valor a estas entradas, tenemos que utilizar el método `loc()`.

La indexación con la sintaxis `df[df['my_colum'] == 1]` devuelve una copia de estas entradas y no permite acceder a la posición de memoria donde se encuentran los datos. De hecho, si realiza una asignación de esta forma, recibirá un aviso `SettingWithCopyWarning`:

```
SettingWithCopyWarning:
A value is trying to be set on a copy of a slice from a
DataFrame.
Try using .loc[row_indexer,col_indexer] = value instead
```

Para conjuntos de datos grandes (más de 10 millones de filas), es mejor usar otra librería: NumPy. El método `where()` nos puede ahorrar mucho tiempo, porque es más rápido que los métodos incorporados en pandas.

```
import numpy as np
import pandas as pd

complex_filter = np.where((dataframe['TransactionNo']=='581475') &
                          (dataframe['Price']*dataframe['Quantity']>=500)

dataframe.loc[complex_filter]
```

2.5 Limpieza del conjunto de datos

Ya hemos visto las operaciones básicas para seleccionar la información que nos interesa de un conjunto de datos más amplio. Ahora que disponemos de la materia prima, podemos empezar la tarea más importante, que es limpiar el conjunto de datos.

Las primeras operaciones consistirán en gestionar de forma inteligente los valores que faltan y deshacerse de los duplicados. Se trata de problemas a los que se enfrentan a diario los distintos agentes que intervienen en la gestión de datos. En esta sección también veremos cómo formatear nuestros datos para normalizarlos. Utilizaremos los métodos siguientes:

- gestión de duplicados: `duplicated()` y `drop_duplicates()`;
- modificar elementos: `replace()`, `rename()` y `astype()`;
- operaciones sobre valores: funciones `apply()` y funciones `lambda()`.

2.5.1 Gestión de duplicados

Los duplicados son entradas idénticas que aparecen varias veces en un conjunto de datos. Cuando exploramos un conjunto de datos por primera vez, es muy importante comprobar desde el principio que no hay duplicados.

La presencia de duplicados puede dar lugar a muchos errores en el proceso de tratamiento de datos, como al calcular estadísticas o trazar gráficos.

Volvamos a nuestro conjunto de datos y comprobemos si hay duplicados. Aplicamos el método `duplicated()`, que devuelve un objeto de la clase `Series` de pandas (que contiene los valores `True` si una entrada está duplicada, `False` en caso contrario).

Si quiere hacerse una idea del número de duplicados, puede completar nuestra línea de código con el método `sum()`, con el valor booleano `True` contando como `1`.

```
import pandas as pd

# Read dataset
dataframe = pd.read_csv('./Sales Transaction v.4a.csv')

# Print number of duplicated rows
print(dataframe.duplicated().sum())
>>> 5200
```

Ahora sabemos que nuestro conjunto de datos contiene datos faltantes. El siguiente paso es eliminar estos valores superfluos. Para ello, utilizaremos el método `drop_duplicates()`, que tiene tres argumentos:

- El argumento `subset`, que especifica la columna o lista de columnas que se deben tener en cuenta al eliminar duplicados. Por defecto, este método considera todas las columnas del DataFrame.
- El argumento `keep`, que indica qué entrada debe conservarse:
  - `first`: nos quedamos con la primera ocurrencia.
  - `last`: nos quedamos con la última ocurrencia.
  - `false`: no nos quedamos con ninguna ocurrencia.
- El argumento `inplace` indica si el DataFrame se modifica directamente (`True`) o si el método devuelve una copia (`False`).

Observación

Hay que tener cuidado al utilizar el parámetro `inplace`. Una buena práctica es olvidar este parámetro y asignar el DataFrame devuelto por el método a un nuevo DataFrame.

He aquí una ilustración rápida para ayudarle a comprender los usos del parámetro `keep`. Tenemos un DataFrame de cuatro líneas que contiene una transacción duplicada:

	ProductName	Price	Quantity
0575889			
0575885			
0575889			
0575887			

Si el argumento `keep` toma el valor `first`, se conserva la primera entrada y se borran las siguientes:

	ProductName	Price	Quantity
0575889			
0575885			
0575889			
0575887			

Si el argumento `keep` toma esta vez el valor `last`, será al revés:

	ProductName	Price	Quantity
0575889			
0575885			
0575889			
0575887			

Por último, si el valor es `false`, se eliminarán todas las entradas con al menos una ocurrencia:

	ProductName	Price	Quantity
0575889			
0575885			
0575889			
0575887			

Ahora que ya ha visto la teoría, pasemos a la práctica y eliminemos los duplicados de nuestro conjunto de datos. Solo queremos conservar una ocurrencia, la última.

```
# Drop duplicates and keep last
dataframe = dataframe.drop_duplicates(keep='last')
```

2.5.2 Valores perdidos

Antes de aplicar otras operaciones, como el cambio de tipo (que no suele funcionar bien con los valores faltantes), nos detendremos un momento en este aspecto del tratamiento.

¿Qué es un valor perdido? Hay dos posibilidades:

- Un valor desconocido.
- Un valor que no existe. Por ejemplo, el resultado de dividir por cero.

Un valor omitido se suele denominar NaN (*Not a Number*). La documentación de pandas contiene la lista por defecto de valores perdidos (que no es exhaustiva):
`" "`, `"#N/A"`, `"#N/A N/A"`, `"#NA"`, `"-1.#IND"`, `"-1.#QNAN"`, `"-NaN"`, `"-nan"`, `"1.#IND".#IND"`, `"-1.#QNAN"`, `"-NaN"`, `"-nan"`, `"1.#IND"`, `"1.#QNAN"`, `"NA>"`, `"N/A"`, `"NA"`, `"NULL"`, `"NaN"`, `"None"`, `"n/a"`, `"nan"`, `"null"`.

En esta subsección, utilizaremos varios métodos para:

- Identificarlos, contarlos y representarlos.
- Substituir valores. Veremos que hay muchas formas de imputar los valores que faltan.
- Borrar valores (eliminación de una entrada) o borrar directamente la columna si se dispone de muy poca información.

¿Qué es un valor perdido?

En 1987, Little y Rubin establecieron una clasificación de los datos que faltaban, dividiéndolos en tres categorías:

- Datos perdidos completamente aleatorios (*Missing Completely At Random*, MCAR): se dice que los datos faltan completamente al azar cuando la probabilidad de que falte un dato es la misma para todas las observaciones. Esto significa que los datos que faltan no están relacionados ni con las variables observadas ni con las variables no observadas. Por ejemplo, si durante una encuesta se pierden algunos cuestionarios debido a un problema técnico, los datos que faltan son MCAR.
- Datos perdidos aleatorios (*Missing At Random*, MAR): se dice que los datos faltan al azar cuando la probabilidad de que falte un dato depende de las variables observadas, pero no de las variables no observadas. Por ejemplo, en una encuesta sanitaria, si es menos probable que los hombres revelen su peso, pero esta tendencia no está relacionada con su estado de salud (variable no observada), entonces los datos son MAR.
- Datos perdidos no aleatorios (*Missing Not At Random*, MNAR): se dice que los datos faltan de forma no aleatoria cuando la probabilidad de que falte un dato depende de las variables no observadas. Por ejemplo, si en una encuesta sobre salud mental, las personas que sufren depresión tienen menos probabilidades de revelar su estado de salud mental, entonces los datos son MNAR. En este caso, la probabilidad de que falten datos depende del estado de salud mental, que es la variable no observada. Otro ejemplo son los datos censurados.

Según el tipo de datos que falten y la proporción que representen, podemos eliminarlos o imputar nuevos valores.

Identificar los valores perdidos

Hay tres métodos principales que se pueden utilizar para identificar los datos perdidos en pandas:

Métodos	Descripción
`isna()`	Esta función devuelve un DataFrame, donde cada valor es un valor booleano: `True` si falta el valor, `False` en caso contrario.
`isnull()`	Es similar a `isnull` y `notnull`. Sin embargo, solo muestra `True` cuando el valor que falta es de tipo `NaN`.
`info()`	Esta función genera tres columnas principales, incluyendo el «número de valores distintos de cero», que indica el número de valores presentes en cada columna.

El método `isna()` de un DataFrame detecta sus valores perdidos. Este método no necesita argumentos.

Este método devuelve un DataFrame de las mismas dimensiones, pero con los siguientes valores:

- `True` si la celda del DataFrame es un valor perdido (`np.nan`).
- `False` en caso contrario.

Como el método `isna()` devuelve un DataFrame, puede utilizarse con otros métodos de la clase `DataFrame` para obtener información más precisa, como:

- El método `sum()`, que cuenta el número de valores que faltan por columna o fila (especificando el argumento `axis`). Pueden utilizarse otros métodos estadísticos, como `mean()`, `max()`, etc.
- El método `any()` con su argumento `axis` se utiliza para determinar qué columnas (`axis = 0`) o filas (`axis = 1`) contienen al menos un valor omitido.

El indicador más relevante no es necesariamente el número absoluto de valores perdidos. La información más relevante es la proporción de valores perdidos por columna, que permite identificar rápidamente las columnas que requerirán un tratamiento posterior (o las que son inutilizables porque contienen muy poca información aprovechable).

```
import pandas as pd

dataframe = pd.read_csv('./Sales Transaction v.4a.csv')

# Let's print our DataFrame information
print(dataframe.info())
Copier
<class 'pandas.core.frame.DataFrame'>
RangeIndex: 536350 entries, 0 to 536349
Data columns (total 8 columns):
 #   Column         Non-Null Count   Dtype
---  ------         --------------   -----
 0   TransactionNo  536350 non-null  object
 1   Date           536350 non-null  object
 2   ProductNo      536350 non-null  object
 3   ProductName    536350 non-null  object
 4   Price          536350 non-null  float64
 5   Quantity       536350 non-null  int64
 6   CustomerNo     536295 non-null  float64
 7   Country        536350 non-null  object
dtypes: float64(2), int64(1), object(5)
memory usage: 32.7+ MB
# Sum of NaN for each column
# dataframe.isna().sum()

# Sum of NaN for each row
# dataframe.isna().sum(axis=1)

# Fraction of NaN for each column
def calculate_nan_percentage_per_column(df):
    # Calculate the total number of elements in the DataFrame
    total_elements = df.size
    nan_count = df.isnull().sum()

    return nan_count/total_elements*100

print(calculate_nan_percentage_per_column(dataframe))
```

```
Copier
TransactionNo     0.000000
Date              0.000000
ProductNo         0.000000
ProductName       0.000000
Price             0.000000
Quantity          0.000000
CustomerNo        0.001282
Country           0.000000
dtype: float64
```

Además de estos resultados iniciales, existe una biblioteca de Python que ofrece una forma sencilla de visualizar los valores que faltan: missingno (https://github.com/ResidentMario/missingno). Puede ser útil para detectar cualquier patrón en los datos que faltan (tal vez vinculado a una categoría particular en el conjunto de datos, etc.).

▶Para instalar esta biblioteca, utilice el siguiente comando:

```
pip install missingno
```

Esta biblioteca tiene un método `matrix()` que se puede utilizar para mostrar un gráfico 2D que muestre los valores que faltan:

```
import pandas as pd
import missingno as msno

# Read a toy dataset from missingno Github repository
collisions = pd.read_csv("https://raw.githubusercontent.com/
ResidentMario/missingno-data/master/nyc_collision_factors.csv")

# Display 250 randoms rows
msno.matrix(collisions.sample(250))
```

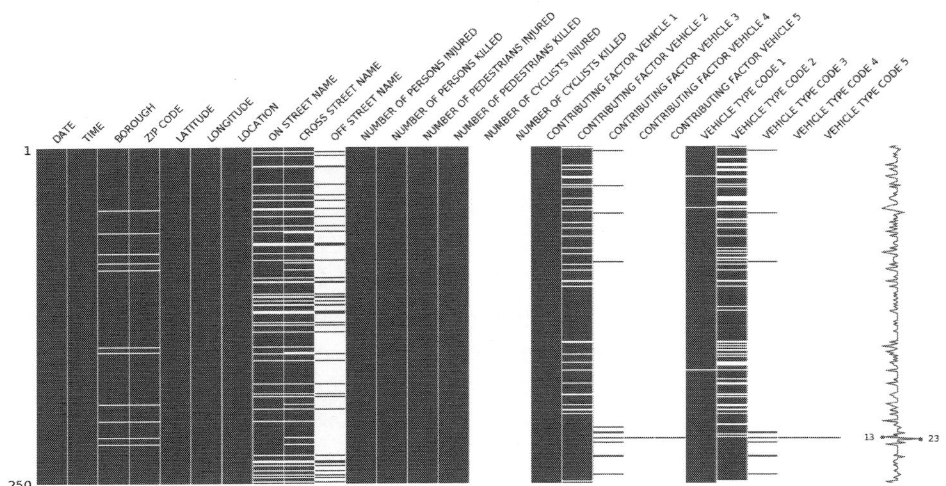

Eliminación de valores perdidos

En general, se acepta que, si los valores que faltan representan menos del 5 % del conjunto de datos, pueden suprimirse sin demasiado impacto en los resultados. Por otro lado, si tenemos más de un 30 % de valores perdidos, es más razonable eliminar la columna por completo. Para ello, utilizaremos el método `dropna()` de pandas, que tiene tres argumentos principales:

- `axis` que determina si se eliminan las filas o columnas que contienen valores omitidos. Si el argumento es `0`, o `index`, se eliminan las filas que contienen valores omitidos. Si el argumento es `1`, o `columns`, se eliminarán las columnas que contengan valores omitidos. Este método solo puede utilizarse para un eje a la vez.
- `how` que determina si se borra una fila o columna del DataFrame, cuando tenemos al menos un `NaN` o todos los `NaNs`. Si el argumento es `any`, esta fila o columna se borra si hay valores `NaN` presentes. Si el argumento es `all`, esta fila o columna se borra solo si todos los valores son `NaN`.
- `subsetEtiquetas` a lo largo del otro eje a considerar, por ejemplo, si borrar filas, esto sería una lista de columnas para incluir.

```
# Delete all rows with at least one NaN
dataframe_cleaned = dataframe.dropna()
```

```
# Delete all rows with at least one NaN in one column
dataframe_cleaned = dataframe.dropna(axis=0, how='any')

# Only delete NaN from TransactionNo column
dataframe_cleaned = dataframe.dropna(subset=['TransactionNo'])
```

Ya hemos visto cómo eliminar los valores que faltan. Sin embargo, esta operación debe realizarse con moderación. Si un dato es importante para conversar, pero sigue habiendo una cantidad no despreciable de `NaN`, nos preguntaremos si no es posible recuperar los valores o al menos utilizar otros, lo menos falsos posibles.

Imputación de valores perdidos

Existen varias estrategias de imputación, que no deben utilizarse a ciegas. Adoptar el enfoque adecuado puede evitar introducir sesgos en los datos y tomar decisiones equivocadas.

La siguiente tabla ilustra el método de imputación que debe utilizarse en función del tipo de datos que faltan. La lista de métodos no es exhaustiva, pero son los más comunes. Como mínimo, esto le proporcionará un conjunto de datos utilizable para el futuro.

Tipo de datos perdidos	Método de imputación
MCAR	Media, mediana, moda o cualquier otro método complejo de imputación
MAR	Imputaciones múltiples, regresión
MNAR	Imputaciones múltiples, regresión

Imputaciones simples

En el caso de datos perdidos MCAR, podemos utilizar imputaciones simples: media, mediana o moda. La biblioteca pandas dispone de un método `fillna()` para reemplazar los valores perdidos en un DataFrame por valores de nuestra elección.

Es práctica habitual sustituir los valores que faltan en una columna numérica por estadísticas como:

- la media: `mean`;
- la mediana: `median`;
- el mínimo/máximo: `mín/máx`.

Para columnas categóricas, sustituya los valores perdidos por:

- la moda, es decir, la modalidad más frecuente: `mode`;
- una constante o categoría arbitraria para poder identificarlos posteriormente: 0, -1.

Para evitar cometer errores de sustitución y aplicar las operaciones correctas en el lugar adecuado, le recomendamos encarecidamente que seleccione las columnas correctas antes de utilizar el método `fillna()`.

```
import pandas as pd

dataframe = pd.read_csv('./Sales Transaction v.4a.csv')

# Fill NaN with 0
zero_imputation = dataframe.fillna(0)

# Fill NaN with mean value of each column
mean_value = dataframe.mean()
mean_imputation = dataframe.fillna(mean_value)
```

Observación

Es posible utilizar bibliotecas como scikit-learn y el método `sklearn.impute.SimpleImputer()`.

Imputación múltiple

Se trata de una técnica de imputación multivariante, lo que significa que la información que falta se rellena teniendo en cuenta la información de las otras columnas.

Por ejemplo, si falta el valor de los ingresos de una persona, no es seguro que tenga o no una hipoteca. Por lo tanto, para determinar el valor correcto, es necesario evaluar otras características como la calificación crediticia, la ocupación y si el individuo posee o no una vivienda.

La imputación múltiple por ecuaciones encadenadas (abreviado MICE) es uno de los métodos de imputación más populares en el campo de la imputación multivariante. Para entender mejor el método MICE, consideremos todas las variables, algunas de las cuales tienen valores perdidos.

Vamos a utilizar la biblioteca `miceforest`.

▶Para instalarlo, utilice el siguiente comando:

```
pip install miceforest
```

La idea es inicializar el kernel de imputación mediante el método `ImputationKernel()`. Este kernel toma varios argumentos:

- `data`: su DataFrame.
- `random_state`: es un parámetro que ayuda a controlar la aleatoriedad en los procesos de modelización para garantizar resultados reproducibles.

Como este método es iterativo, elegiremos un cierto número de iteraciones (por ejemplo 2) y aplicaremos el núcleo a nuestro DataFrame para obtener el DataFrame completado.

```
from miceforest import ImputationKernel

mice_kernel = ImputationKernel(data=dataframe,
                               save_all_iterations=True,
                               random_state=42)


mice_kernel.mice(2)
mice_imputation = mice_kernel.complete_data()
```

Sea cual sea la opción elegida, es importante explicar y documentar claramente los distintos métodos utilizados. No hay una única forma de abordar un problema, y a menudo se trata de un proceso iterativo. Lo más importante es decir lo que se está haciendo, para que los procesos sean transparentes, y compartir la información con el personal y otras partes interesadas.

2.5.3 Modificación de elementos

Modificación del tipo de datos mediante el método astype

A veces es necesario cambiar no solo el nombre de una columna, sino también su tipo.

Por ejemplo, al importar una base de datos, una variable puede ser de tipo cadena cuando en realidad es de tipo numérico. Si una de las entradas de la columna se reconoce incorrectamente, pandas considerará que la columna es una cadena.

Esto es posible gracias al método `astype()`.

En el resto de nuestra limpieza, vamos a continuar con los tipos de datos. Cada columna tiene su propio tipo. He aquí algunos ejemplos:

Tipo	Descripción
int64	Números enteros
float64	Números decimales
string	Texto
object	Tipo estándar en pandas, a menudo asociado con columnas que contienen texto o una mezcla de varios tipos
category	Categorías
datetime64	Fecha y hora
timedelta[ns]	Diferencia entre dos fechas
bool	Booleano `True/False`

Al igual que el método `rename()`, `astype()` puede tomar como argumento un diccionario cuyas claves son los nombres de las columnas en cuestión y cuyos valores son los nuevos tipos a asignar. Esto resulta útil si quiere cambiar el tipo de varias columnas al mismo tiempo.

En la mayoría de los casos, querrá seleccionar directamente la columna cuyo tipo quiera cambiar y sobrescribirla aplicando el método `astype()`.

¿Para qué sirve la conversión al tipo correcto? Para evitar que se produzcan errores cuando realizamos cálculos en los campos o, por ejemplo, trazamos gráficos. Tener el tipo correcto para cada columna también ayuda a optimizar la cantidad de memoria utilizada para almacenar su DataFrame (se pueden obtener fácilmente ganancias de hasta el 50 %, lo que no es insignificante si está trabajando en un ordenador portátil de oficina).

También es posible utilizar tipos de otras bibliotecas como NumPy.
Por ejemplo, si tiene una columna de `edad`, el tipo `int64` no es adecuado porque los límites son [-9.223.372.036.854.775.808, 9.223.372.036.854.775.807]. int8 [-128; 128] es más que suficiente (al menos en 2024).

El primer paso es averiguar el tipo de los campos del DataFrame. Podemos obtener esta información utilizando el atributo `dtypes`. Alternativamente, el método `info()` también indica los tipos junto con otro dato importante, el espacio de memoria utilizado por el DataFrame.

Luego, hay varias formas de convertir nuestros tipos:

- El método `convert_dtypes()`, que optimizará la mayoría de los campos, pero no todos.
- El método `astype()`, que se aplicará manualmente en función de los campos. Este paso personalizado garantiza el mejor rendimiento posible.

Empecemos con el método `astype()`:

```
# Method 1: Create a dictionnary to use in astype
diccionario = {'col_1': 'int',
               col_2': 'float'}
df = df.astype(diccionario)

# Method 2: Apply astype method on Series
df['col_1'] = df['col_1'].astype('int')
Copiar
# No optimization
dataframe.info()
```

La salida será:

```
<class 'pandas.core.frame.DataFrame'>
RangeIndex: 536350 entries, 0 to 536349
Data columns (total 8 columns):
 #   Column         Non-Null Count   Dtype
---  ------         --------------   -----
 0   TransactionNo  536350 non-null  object
 1   Date           536350 non-null  object
 2   ProductNo      536350 non-null  object
 3   ProductName    536350 non-null  object
 4   Price          536350 non-null  float64
 5   Quantity       536350 non-null  int64
 6   CustomerNo     536295 non-null  float64
 7   Country        536350 non-null  object
dtypes: float64(2), int64(1), object(5)
memory usage: 32.7+ MB
```

Ahora comparémoslo con el método `convert_dtypes()`:

```
# Automatic type convertion
dataframe = dataframe.convert_dtypes()
dataframe.info()
Copiar
```

La salida será:

```
<class 'pandas.core.frame.DataFrame'>
RangeIndex: 536350 entries, 0 to 536349
Data columns (total 8 columns):
 #   Column         Non-Null Count   Dtype
---  ------         --------------   -----
 0   TransactionNo  536350 non-null  string
 1   Date           536350 non-null  string
 2   ProductNo      536350 non-null  string
 3   ProductName    536350 non-null  string
 4   Price          536350 non-null  Float64
 5   Quantity       536350 non-null  Int64
 6   CustomerNo     536295 non-null  Int64
 7   Country        536350 non-null  string
dtypes: Float64(1), Int64(2), string(5)
memory usage: 34.3 MB
```

Este ejemplo demuestra que la conversión automática da peores resultados.

Con los tipos optimizados, el resultado es muy diferente:

```
type_dict = {'TransactionNo':'string',
             'ProductNo':'category',
             'ProductName':'category',
             'Price':'float16',
             'Quantity':'int32',
             'CustomerNo':'int16',
             'Country':'category'}

dataframe = dataframe.astype(type_dict)
dataframe['Date'] = pd.to_datetime(dataframe['Date'])

dataframe.info()
```

La salida es:

```
<class 'pandas.core.frame.DataFrame'>
RangeIndex: 536350 entries, 0 to 536349
Data columns (total 8 columns):
 #   Column         Non-Null Count   Dtype
---  ------         --------------   -----
 0   TransactionNo  536350 non-null  string
 1   Date           536350 non-null  datetime64[ns]
 2   ProductNo      536350 non-null  category
 3   ProductName    536350 non-null  category
 4   Price          536350 non-null  float16
 5   Quantity       536350 non-null  int32
 6   CustomerNo     536350 non-null  int16
 7   Country        536350 non-null  category
dtypes: category(3), datetime64[ns](1), float16(1), int16(1),
int32(1), string(1)
memory usage: 15.1 MB
```

En esta fase, tenemos un DataFrame sin valores perdidos y con un formato y valores coherentes. Ahora podemos añadir nuevas dimensiones para facilitar el análisis posterior. En el resto de este capítulo veremos una serie de métodos, siendo los principales `replace()`, `apply()` y `map()`.

Empecemos con una nueva característica de la versión 2.2.0 de pandas, el método `case_when()`.

Tenemos precios en la columna `Price` de nuestro DataFrame y queremos crear categorías: `Cheap`, `Moderate`, `Expensive`. Hay al menos tres formas de hacerlo, pero utilizaremos el nuevo método `case_when()` dentro de una función `lambda()`. Vamos a probar el precio y establecer dos umbrales (`50`, `20`):

```
dataframe = dataframe.assign(Price_Cat=lambda df:
df['Price'].case_when(
                                        [(df['Price']>50, 'Expensive'),
                                         (df['Price']>20, 'Moderate'),
                                         (pd.Series(True,
index=df.index), 'Cheap')]
))

print(dataframe[['Price', 'Price_Cat']].head())
Copiar
```

La salida es:

```
   Price Price_Cat
0  21.47  Moderate
1  10.65     Cheap
2  11.53     Cheap
3  10.65     Cheap
4  11.94     Cheap
```

Esta nueva función sustituye a una función personalizada que se habría aplicado a nuestro DataFrame mediante `apply()`.

Imaginemos que más adelante queremos cambiar el nombre de sus categorías. Otro método (`replace()`) se utiliza para sustituir uno o varios valores de una columna de un DataFrame. Los argumentos principales son los siguientes:

- El parámetro `to_replace` contiene el valor o la lista de valores que deben sustituirse. Puede ser una lista de enteros, cadenas, booleanos, etc.
- El parámetro `value` contiene el valor o la lista de valores de sustitución. También puede ser una lista de enteros, cadenas de caracteres, booleanos, etc.

```
new_categories = {
                  'Cheap':'cheap',
                  'Moderate':'moderate',
                  'Expensive':'expensive'
```

```
}

dataframe = dataframe.replace({'Price_Cat':new_categories})

print(dataframe[['Price', 'Price_Cat']].head())
```

La salida es:

```
   Price Price_Cat
0  21.47  moderate
1  10.65     cheap
2  11.53     cheap
3  10.65     cheap
4  11.94     cheap
```

Operaciones en un DataFrame mediante métodos apply() y funciones lambda

A menudo resulta útil modificar o agregar la información de las columnas de un DataFrame mediante una operación o función.

Estas operaciones pueden ser cualquier tipo de función que tome una columna como argumento. El módulo NumPy es perfectamente adecuado para realizar operaciones sobre este tipo de objetos.

El método utilizado para realizar una operación en una columna es el método `apply()`, cuyos argumentos son:

- `func` que representa la función que se aplicará a la columna;
- `axis` que indica la dimensión a la que debe aplicarse la operación.

Empecemos con un ejemplo sencillo. Para cada columna numérica, queremos calcular la suma de todas las filas. Utilizamos el método `apply()` con la función `sum()` de NumPy como argumento. Como vamos a realizar una operación sobre las filas, necesitamos especificar el argumento `axis = 0` en el método `apply()`.

```
# Sum all rows
total = dataframe.apply(np.sum, axis = 0)
```

El resultado es el siguiente:

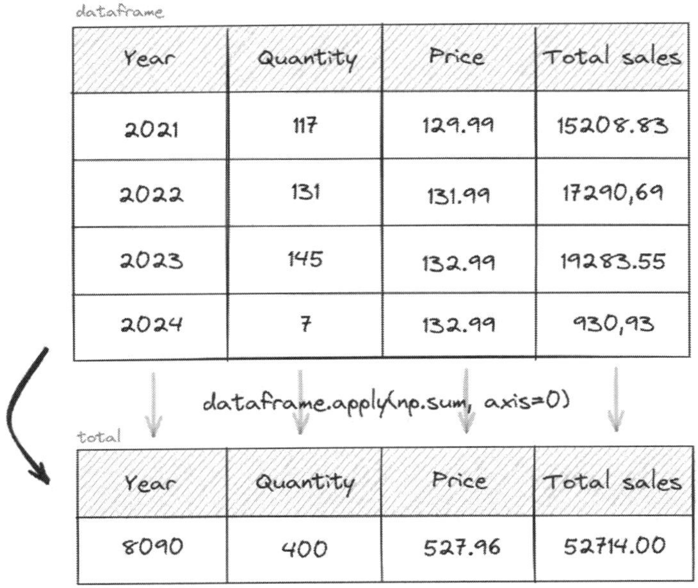

dataframe

Year	Quantity	Price	Total sales
2021	117	129.99	15208.83
2022	131	131.99	17290,69
2023	145	132.99	19283.55
2024	7	132.99	930,93

dataframe.apply(np.sum, axis=0)

total

Year	Quantity	Price	Total sales
8090	400	527.96	52714.00

En segundo lugar, queremos calcular la suma de todas las columnas para cada fila. Vamos a realizar esta operación en las columnas, por lo que necesitamos especificar el argumento `axis = 1` en el método `apply()`.

```
# Sum on columns
total_columns = dataframe.apply(np.sum, axis = 1)
```

El resultado es el siguiente:

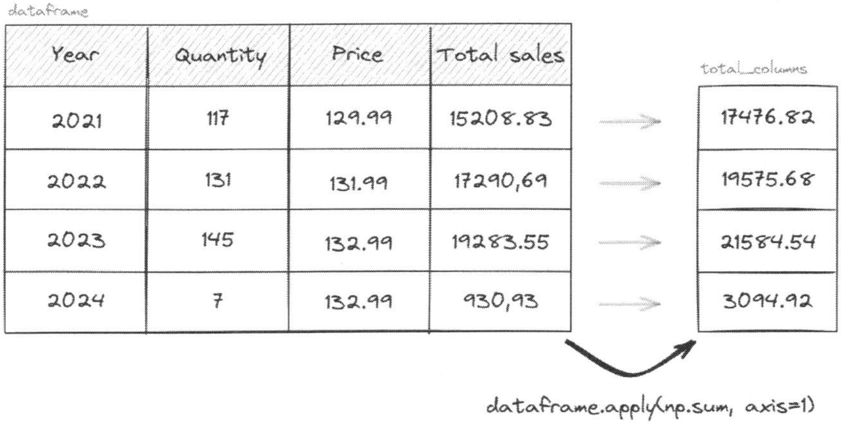

dataframe

Year	Quantity	Price	Total sales
2021	117	129.99	15208.83
2022	131	131.99	17290,69
2023	145	132.99	19283.55
2024	7	132.99	930,93

total_columns

17476.82
19575.68
21584.54
3094.92

dataframe.apply(np.sum, axis=1)

Si volvemos al ejemplo anterior (usando `replace`), podemos ver que esta solución no es la más optimizada en cuanto al número de líneas de código. Por ejemplo, se podría utilizar el método `apply()` y un método `lower` que se aplique a las cadenas para poner todo en minúsculas:

```
dataframe.loc[:,'Price_Cat'] = \
dataframe.loc[:,'Price_Cat'].apply(lambda x: x.lower())

print(dataframe[['Price', 'Price_Cat']].head())
```

El resultado será:

```
   Price Price_Cat
0  21.47  moderate
1  10.65     cheap
2  11.53     cheap
3  10.65     cheap
4  11.94     cheap
```

Utilicemos ahora el método `apply()` para realizar algunas operaciones un poco más complejas. Vamos a crear una función que calcule la facturación por transacción multiplicando los campos `Price` y `Quantity`.

```
def calculate_sales_revenue(df: pd.DataFrame=dataframe)-
>pd.DataFrame:
    """return sales revenue based per transaction"""
```

```
    df['Sales_Revenue'] = df['Quantity']*df['Price']
    return df

dataframe = dataframe.apply(calculate_sales_revenue, axis=1)
```

2.6 Procesamientos avanzados

2.6.1 Valores atípicos

Los valores atípicos en los datos pueden ser un arma de doble filo. Por un lado, pueden representar valiosos extremos o anomalías que contienen información significativa. Por otro, pueden distorsionar el análisis y dar lugar a resultados menos precisos. Esto suele ocurrir cuando la información se introduce manualmente o procede de sensores físicos.

Sin embargo, es muy común que los términos "valor extremo" y "valor atípico" (*outlier* en inglés) se utilicen indistintamente, pero hay que distinguir claramente entre estos dos términos.

Un valor atípico es un valor que no debería existir o que no debería formar parte de la distribución. Por ejemplo, si estudiamos la altura de los individuos de una población, un individuo con una altura negativa es claramente un valor atípico. Si, por error, el conjunto de datos contiene mediciones de la altura de perros o caballos (por ejemplo), estos valores también son valores atípicos, porque no deberían estar en la distribución que queremos estudiar, pero estos valores no serán necesariamente extremos.

Un valor extremo es aquel que es significativamente superior o inferior a otros valores, pero no es necesariamente atípico. En el mismo ejemplo, un adulto podría medir 2,50 m o 1,10 m, pero estos valores son posibles y realistas.

En todos los casos, queremos eliminar los valores extremos de nuestro conjunto de datos para no distorsionar nuestras estadísticas. Sin embargo, en algunos casos, querremos mantener los valores extremos, porque son valores reales y eliminarlos distorsionaría nuestras estadísticas.

El reto consiste en discernir cuándo ajustar, cuándo retener y cómo tratar eficazmente estos valores atípicos, lo cual no es tarea fácil. Esta subsección presenta las mejores prácticas para gestionar los valores atípicos, garantizando que sus esfuerzos de preprocesamiento de datos conduzcan a datos más fiables.

¿Qué es un valor atípico?

Un valor atípico es una observación que se desvía significativamente de otras observaciones del conjunto de datos. Pueden producirse como resultado de errores de medición, errores en la introducción de datos o variabilidad real en el conjunto de datos.

Identificar los valores atípicos es el primer paso para gestionarlos, lo que puede lograrse utilizando una variedad de métodos estadísticos y técnicas de visualización como gráficos de caja, gráficos de dispersión y puntuaciones Z.

Algunas estrategias para gestionar los valores atípicos

La forma de gestionar los valores atípicos depende de su naturaleza y de su impacto en los datos. He aquí varias estrategias:

- Supresión de valores atípicos: este método es adecuado cuando los valores atípicos se identifican como ruido. Imagínese un error unitario al rellenar un campo en el CRM, y que acabe con una pérdida abismal o una venta récord. En este caso (y a la espera de que se tomen medidas para corregir la fuente), lo más sencillo es borrar los datos.
- Limitación: mediante la aplicación de un umbral, los valores por encima de ciertos límites se limitan a un valor máximo o mínimo. Este método mantiene los valores atípicos en el conjunto de datos, al tiempo que limita su influencia.
- Transformación: aplicar transformaciones como logarítmica, raíz cuadrada o Box-Cox puede reducir el efecto de los valores atípicos ajustando la escala de los puntos de datos. En nuestro caso, este tipo de transformación será útil para optimizar las visualizaciones (por ejemplo, escala logarítmica para datos muy dispersos).
- Imputación: en algunos casos, sustituir los valores atípicos por valores medios o medianos (para esa característica) puede resultar eficaz, sobre todo si se supone que los valores atípicos son errores.

Estas estrategias ofrecen distintos enfoques para gestionar los valores atípicos, en función de su impacto en el análisis. ¿Cómo pueden traducirse estos distintos enfoques en Python?

Eliminación de valores atípicos

Empecemos por el caso más sencillo, la eliminación. Basta con filtrar los valores en función de un umbral. Se trata de un filtro condicional, como vimos al principio de este capítulo, en la subsección Selecciones condicionales:

```
THRESHOLD = 50
filtered_dataframe = dataframe[dataframe['Price']<=THRESHOLD]
```

Es preferible hacer una copia de los datos originales, sin procesar, para poder probar otros umbrales o técnicas. Este consejo se aplica a todos los tratamientos, así que recuerde guardar una copia de los datos originales.

¿Cuál es el límite entre los valores atípicos y el resto? Se trata de una pregunta compleja. Si no sabe cuál es el umbral pertinente para juzgar si sus datos son un valor atípico, existen varios métodos:

- valor basado en el rango intercuartílico IQR (generalmente 1,5 x IQR);
- basado en el Z-Score;
- técnicas de machine learning como el modelo Isolation Forest.

Un diagrama de caja (o *boxplot* en inglés) es una representación visual de una distribución mediante indicadores de posición y dispersión. Los indicadores representados en un boxplot son los siguientes:

- position: el primer cuartil $Q1$, la mediana o segundo cuartil $Q2$ y el tercer cuartil $Q3$;
- dispersion: el rango intercuartílico IQR.

A continuación, se muestra un diagrama explicativo del diagrama de caja y la distribución asociada para una observación de nuestro conjunto de datos para la que queremos estudiar los valores atípicos:

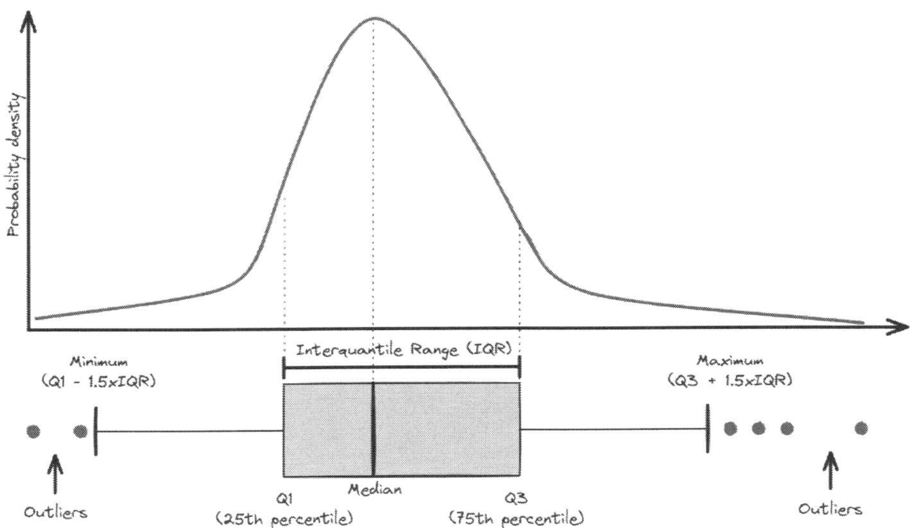

Cualquier valor que supere los umbrales se considera un valor atípico:

– Q3 + 1,5 x IQR

– Q1 - 1,5 x IQR

Así que lo único que tenemos que hacer es filtrar nuestra dimensión en función de estos dos límites:

```
import pandas as pd
import numpy as np

def filter_outliers(df, column_name):
    data = df[column_name]
    Q1 = np.percentile(data, 25)
    Q3 = np.percentile(data, 75)
    IQR = Q3 - Q1
    lower_bound = Q1 - 1.5 * IQR
   upper_bound = Q3 + 1.5 * IQR
    filtered_data = (
```

```
        df[(df[column_name] >= lower_bound) &
        (df[column_name] <= upper_bound)]
    )
    return filtered_data
```

Veamos el segundo método. El principio del filtrado de valores atípicos basado en la Z-score se basa en el uso de desviaciones estándar para determinar a qué distancia se encuentra cada valor de un conjunto de datos de la media de dicho conjunto. Calculando la Z-score de un valor, podemos evaluar si ese valor es significativamente diferente de los demás valores del conjunto. La Z-score se calcula mediante la siguiente fórmula:

$$z = \frac{(X - \mu)}{\sigma}$$

donde:

- X es el valor individual de los datos.
- μ es la media del conjunto de datos.
- σ es la desviación estándar del conjunto de datos.

Una Z-score superior a 3 (o inferior a -3) suele utilizarse como umbral para identificar valores atípicos, ya que indica valores muy alejados de la media y se consideran valores atípicos.

```
import pandas as pd
import numpy as np

def filter_outliers_zscore(df, column_name):
    data = df[column_name]
    mean = np.mean(data)
    std = np.std(data)
    threshold = 3
    z_scores = [(x - mean) / std for x in data]
    filtered_data = df[abs(z_scores) <= threshold]
    return filtered_data
```

Limitación

Si ahora queremos sustituir los valores extremos por un umbral relevante en lugar de filtrarlos, podemos utilizar el método pandas `clip()`. Este método toma dos valores como argumentos: `lower` y `upper`.

Todos los valores por debajo de `lower` se sustituirán por `lower` y todos los valores por encima de `upper` se sustituirán por `upper`. Los valores entre: `lower` y `upper` no cambian. Esta técnica también se conoce como *winsorización*.

```
import pandas as pd

def cap_missing_values(column, lower_cap, upper_cap):
    """
    Apply capping to missing values based on specified lower and
upper caps using Pandas clip method.

    Parameters:
    - column: pandas Series representing a column of numerical data
    - lower_cap: Value to cap below
    - upper_cap: Value to cap above

    Returns:
   - capped_column: Column with missing values capped based on
lower and upper caps
    """
    # Apply clip method to cap values
    capped_column = column.clip(lower=lower_cap, upper=upper_cap)

    return capped_column
```

Imputación

Para la imputación, utilizaremos las mismas técnicas que para el caso de los valores nulos.

2.6.2 Valores aproximados

Los datos categóricos son habituales en muchas tareas de análisis de datos y aprendizaje automático. Sin embargo, a menudo surgen incoherencias en los datos categóricos debido a diversos problemas como errores tipográficos, abreviaturas, diferentes convenciones de nomenclatura, etc. Para resolver estos problemas, las bibliotecas de Python como thefuzz y record-linkage ofrecen funciones interesantes que le ahorrarán tiempo de procesamiento.

Thefuzz (FuzzyWuzzy)

Thefuzz (antes FuzzyWuzzy) es una biblioteca de Python utilizada para la comparación de cadenas. Utiliza la distancia de Levenshtein para calcular las diferencias entre secuencias en un package fácil de usar. Esta medida es una solución para tratar inconsistencias en datos categóricos.

Hay varios métodos, los veremos en detalle:

- `extract(query, choices, processor=default_processor, scorer=default_scorer, limit=5)`: el método `extract()` devuelve una lista de las mejores coincidencias con la consulta dada a partir de `choices`, utilizando el scorer suministrado. Los argumentos son:
  - `query`: cadena de caracteres de entrada.
  - `choices`: lista de posibles candidatos para comparar.
  - `processor`: una función opcional que puede transformar la consulta y las opciones de entrada.
  - `scorer`: una función opcional que toma una consulta y una opción como argumentos y devuelve un ratio. El valor predeterminado es `fuzzywuzzy.fuzz.WRatio`.
  - `limit (int)`: número máximo de mejores coincidencias a devolver; por defecto 5.
- `ratio(s1, s2)`: el método `ratio()` calcula la relación de similitud estándar de Levenshtein entre dos secuencias. Los argumentos son `s1` la primera cadena de entrada y `s2` la segunda.

- `token_sort_ratio(s1, s2, force_ascii=True, full_process=True)`: el método `token_sort_ratio()` calcula la relación de ordenación de los tokens de dos cadenas, después de ordenar todas las palabras de cada cadena por orden alfabético. Los argumentos son:
  - `s1`: primera cadena de caracteres de entrada.
  - `s2`: segunda cadena de caracteres de entrada.
  - `force_ascii`: un parámetro opcional para forzar la codificación ASCII. El valor predeterminado es `True`.
  - `full_process`: un parámetro opcional para ejecutar el proceso completo (minúsculas la cadena, eliminar la puntuación). El valor predeterminado es `True`.
- `token_set_ratio(s1, s2, force_ascii=True, full_process=True)`: el método token_set_ratio() calcula la relación entre todos los símbolos de dos cadenas. Utiliza operaciones de conjunto en las palabras de las cadenas para generar una puntuación. Los argumentos son:
  - `s1`: primera cadena de caracteres de entrada.
  - `s2`: segunda cadena de caracteres de entrada.
  - `force_ascii`: un parámetro opcional para forzar la codificación ASCII. El valor predeterminado es `True`.
  - `full_process`: un parámetro opcional para ejecutar el proceso completo (minúsculas la cadena, eliminar la puntuación). El valor predeterminado es `True`.

Esta biblioteca se instala con el siguiente comando:

```
pip install thefuzz python-Levenshtein
```

Vamos a utilizar esta biblioteca con un conjunto de datos ficticio para concretar los posibles usos. No hay ningún método predefinido para resaltar valores potencialmente problemáticos en una columna, así que vamos a tener que diseñar una función personalizada.

Nuestra función `fuzzy_grouping()` toma como entrada un DataFrame inicial (`df`), el nombre de la columna que hay que limpiar (`nom_col`), una lista de valores de referencia (`lista_ref`) y un umbral opcional (`umbral`). Para cada valor de referencia, busca valores similares (por encima del umbral) en la columna especificada del DataFrame. A continuación, crea una nueva columna (`corrected_value`) que contiene el valor de referencia correspondiente para cada valor en `nom_col` , y agrupa los valores según el valor de referencia. La función devuelve un nuevo DataFrame con dos columnas: `'value'` (que es el valor de referencia) y `'mispelled_values'` (que es una tabla de valores mal escritos que coinciden con `'value'`).

```
import pandas as pd
from thefuzz import fuzz, process

df = pd.DataFrame({
    'country': ['USA', 'US', 'USA', 'usa', 'France', 'FRANCE',
'fraNce', 'SpAIn', 'Spain','spain', 'SPAIN', 'CaNAda', 'canada',
'CANADA']
})

ref_list = ['France', 'USA', 'Canada', 'Spain']

def fuzzy_grouping(df, col_name, ref_list=ref_list,
threshold=80):
    mappings = {}

    for ref_val in ref_list:
        close_matches = process.extract(ref_val,
                                        df[col_name].unique(),
                                        scorer=fuzz.token_set_ratio,
                                        limit=None)
        close_matches = [matches[0] for matches in close_matches
if matches[1] >= threshold]

        for matches in close_matches:
            mappings[matches] = ref_val

    df['corrected_value'] = df[col_name].map(mappings)
    df_grouped =
df.groupby('corrected_value')[col_name].unique().reset_index()
    df_grouped.columns = ['value', 'mispelled_values']

    return df_grouped

grouped_df = fuzzy_grouping(df, 'country', threshold=60)
print(grouped_df)
```

La salida será:

```
     value                    mispelled_values
0   Canada         [CaNAda, canada, CANADA]
1   France         [France, FRANCE, fraNce]
2    Spain  [SpAIn, Spain, spain, SPAIN]
3      USA                   [USA, US, usa]
```

En este ejemplo, utilizamos la función para agrupar los errores tipográficos. Este caso de uso es un posible ejemplo de cómo puede utilizar thefuzz para mejorar aún más la calidad de su conjunto de datos.

Record-linkage

El record-linkage, también conocido como «cotejo de datos» o «enlace de registros», consiste en identificar registros coincidentes entre diferentes conjuntos de datos. En esta subsección, utilizaremos la biblioteca de vinculación de registros de Python para realizar este tipo de referencias cruzadas entre dos tablas.

Esta biblioteca es especialmente útil para resolver incoherencias en conjuntos de datos categóricos en los que la misma categoría puede haberse introducido de forma diferente en los distintos registros.

▶Instale record-linkage con el siguiente comando:

```
pip install recordlinkage
```

El primer paso consiste en cargar las dos tablas que se van a vincular. Antes de realizar la vinculación de registros, suele ser una buena práctica inspeccionar los datos y realizar algunas tareas básicas de limpieza y preparación de datos.

Por ejemplo, se pueden normalizar todas las columnas de texto para que estén en minúsculas y eliminar los espacios superfluos. Esto aumenta la precisión de la coincidencia. En nuestro ejemplo, utilizaremos las funciones de Pandas `str.lower()` y `str.strip()`.

A continuación, debe inicializarse un «indexador». Este objeto especifica cómo se forman los pares candidatos. Estos pares candidatos se comparan para ver si coinciden o no. El tipo de indexador más sencillo es un indexador de `bloc`, que agrupa los registros en bloques según una clave determinada, y forma los pares candidatos solo dentro de estos bloques.

Luego tenemos que utilizar el objeto `Compare` para comparar realmente los pares candidatos. Podemos especificar diferentes métodos de comparación para diferentes columnas. Por ejemplo, podemos utilizar una comparación de cadenas basada en el algoritmo Jaro-Winkler. Realizamos esta operación para las diferentes columnas de interés.

Ahora que hemos calculado las características de comparación, tenemos que tomar una decisión sobre cada par: ¿coinciden o no? Una forma sencilla de hacerlo es establecer un umbral en la suma de las puntuaciones de las características.

Por último, podemos fusionar los dos datasets. Los índices de las coincidencias devueltas por la función de clasificación son los índices de las filas correspondientes de los dos datasets. Podemos utilizar estos índices para fusionar los dos datasets.

```
# Import libraries
import pandas as pd
import recordlinkage

# Load datasets
df1 = pd.read_csv('datasets1.csv')
df2 = pd.read_csv('datasets2.csv')

# Create an indexer
indexer = recordlinkage.Index()
indexer.block('client_index') # Column used for linkage
candidate_links = indexer.index(df1, df2)

# Create compare object
compare = recordlinkage.Compare()

# Agregar columnas para comparar - Repita este paso para cada
columna que quiera utilizar en la comparación
compare.string('client_phone_number',
               'client_phone_number',
               method='jarowinkler',
               threshold=0.85)

# Compare datasets
features = compare.compute(candidate_links, df1, df2)
```

```
# Find matches
matches = features[features.sum(axis=1) >= 3]

# Transform indexes into a dataframe and merge them with the
# original dataframes
matches.reset_index(inplace=True)
final_df = (
            pd.merge(matches,
                    df1,
                    how='left',
                    left_on=['client_phone_number'],
                    right_on = ['client_phone_number'])
              .merge(df2,
                     how='left',
                     left_on=['client_phone_number'],
                     right_on = ['client_phone_number'])
```

Observación

Tenga en cuenta que el record linkage es un campo complejo y que existen muchas otras técnicas y métodos que podría utilizar en función de sus datos y de sus necesidades específicas.

2.6.3 Series temporales

Para preprocesar datos temporales en Python, utilizaremos datos diarios como ejemplo concreto. Aquí están los pasos y el código Python correspondiente para cada etapa en la preparación de datos temporales.

Conversión de fechas y definición de índices

El primer paso es convertir los datos de texto o numéricos en fechas y definir estas fechas como índices. Para ello, utilizamos la función `to_datetime()` de pandas, que toma como argumento un objeto `Serie` o `DataFrame`. También es posible especificar el formato de origen de la serie (por ejemplo `%d/%m/%Y %H:%M:%s`). A continuación, utilizamos la función `set_index()` para convertir la Serie en un índice.

```
import pandas as pd# Let's assume we have a DataFrame 'df' with a
'date' column
# in text format
df['date'] = pd.to_datetime(df['date'], format="%d/%m/%Y")
df = df.set_index('date')
```

Asignación de frecuencias y gestión de los valores perdidos

Es importante que los datos temporales tengan una frecuencia constante y, por tanto, que haya continuidad. Para los datos diarios, podemos utilizar el método `as_freq()` para asignar una frecuencia diaria y manejar los valores perdidos. Además de las distintas técnicas de imputación que hemos estudiado, también podemos utilizar otras estrategias como `ffil` y `bfil` con el método `fillna()`. He aquí algunas explicaciones de estos parámetros:

- `ffill` (relleno hacia adelante o *forward fill* en inglés): propaga la última observación válida hacia adelante a lo largo del índice. En el contexto de los datos de series temporales, `ffill` rellena los valores que faltan con el último valor conocido. Si hay valores `NaN` consecutivos, propagará el último valor `no-NaN` hacia adelante hasta que se encuentre un nuevo valor `no-NaN`.
- `bfill` (relleno hacia atrás o *backward fill* en inglés): propaga la siguiente observación válida hacia atrás a lo largo del índice. En el contexto de los datos de series temporales, `bfill` rellena los valores que faltan con el siguiente valor conocido. Si hay valores `NaN` consecutivos, propagará el siguiente valor `no-NaN` hacia atrás hasta que se encuentre un nuevo valor `no-NaN`.

```
# set freq and use forward fill method to fill NaN
df = df.as_freq('D').fillna(method='ffil')
```

Extracción de características (features)

La extracción de características es esencial para preparar los datos temporales para su análisis. Por ejemplo, podríamos querer extraer un año, mes, día, etc. de nuestra fecha. Es muy fácil hacer este tipo de extracción en pandas con los atributos de nuestra Serie en formato `datetime`.

```
# Extract some features from date field
df['year'] = df['date'].dt.year # year
df['month'] = df['date'].dt.month # month
...
df['day_of_week'] = df['date'].dt.dayofweek # day of week
(monday=0)
```

La lista completa de características está disponible en la documentación de pandas.

Comprobar la continuidad

Es importante comprobar la continuidad de los datos temporales para evitar modelos inexactos.

```
# Checking continuity by examining the time intervals between
data points

gaps = df.index.to_series().diff().dt.days > 1

# Here, 'gaps' is a boolean series indicating where there are
discontinuities
```

3. Los cuatro pilares del manejo de datos con pandas

Filtrar, unir, ordenar y agrupar: estas cuatro operaciones constituyen la base de la manipulación de datos con pandas. Permiten explorar, transformar y sintetizar conjuntos de datos de forma eficiente, abriendo la puerta al análisis en profundidad y al descubrimiento de conocimiento.

- Filtrado: afine su enfoque seleccionando subconjuntos precisos de datos relevantes para su análisis.
- Unión: combine varios conjuntos de datos para obtener una visión holística y explorar las relaciones entre distintas fuentes de información.
- Clasificación: organice y priorice los datos para facilitar su análisis y visualización.
- Agrupamiento: agrupe datos por similitudes y explore tendencias y agregaciones a diferentes niveles de granularidad.

Estas cuatro operaciones esenciales le permitirán modelar fácilmente sus conjuntos de datos y sacar el máximo partido de ellos para extraer información valiosa.

3.1 Filtrado avanzado de un DataFrame con operadores binarios

El filtrado consiste en seleccionar un subconjunto de filas de un DataFrame que verifiquen una condición. El filtrado corresponde a lo que antes se llamaba indexación condicional, pero el término « filtrado» es el más utilizado en la gestión de bases de datos.

No podemos utilizar los operadores lógicos and y or para filtrar varias condiciones. Esto se debe a que estos operadores crean una ambigüedad que pandas es incapaz de manejar al filtrar filas.

Los operadores binarios son adecuados para filtrar con varias condiciones:

- el operador "y": &
- el operador "o": |
- el operador "no": - o ~.

Estos operadores son similares a los operadores lógicos, pero sus métodos de evaluación no son los mismos.

El operador &

El operador `&` se utiliza para filtrar un DataFrame en función de varias condiciones que deben comprobarse simultáneamente.

Considere el siguiente DataFrame `df` que contiene información sobre los empleados de una empresa:

	employee	team	salary
1	Melissa	HR	55
2	Madison	Data	72
3	Johan	Sales	60
4	Santiago	Data	51

Si queremos encontrar un empleado en el equipo Data con un salario superior a 60k€, podemos filtrar las líneas `df` con el siguiente código:

```
# Filtrar el DataFrame con las 2 condiciones anteriores
print(df[(df['team'] == 'Data') & (df['salary'] > 60)])

>>>>

      employee  team   salary
0     Madison   Data       72
```

Las distintas condiciones deben ir entre paréntesis para indicar el orden en que se evalúan. Si las condiciones no se separan correctamente, obtendrá el siguiente error:

```
print(df[df['team'] == 'Data' & df['salary'] > 60])

>>> ValueError: The truth value of a Series is ambiguous. Use
a.empty, a.bool(), a.item(), a.any() or a.all().
```

Si quiere comprobar si un valor pertenece a una lista, intuitivamente tenderá a utilizar `in` como lo haría con una simple prueba lógica. Sin embargo, esto no funciona para filtrar:

```
team_to_keep = ['Sales', 'Data']
print(df[df['team'] in team_to_keep])

>>> ValueError: The truth value of a Series is ambiguous. Use
a.empty, a.bool(), a.item(), a.any() or a.all().
```

Obtenemos el mismo error que antes. Para que funcione correctamente, necesitamos utilizar el método `isin()` en pandas:

```
team_to_keep = ['Sales', 'Data']
print(df[df['team'].isin(team_to_keep)])
>>>
   employee   team  salary
1   Madison   Data      72
2     Johan  Sales      60
3  Santiago   Data      51
```

El operador |

El operador | se utiliza para filtrar un DataFrame en función de varias condiciones, de las que al menos una debe verificarse. Consideremos el mismo DataFrame df:

	employee	team	salary
1	Melissa	HR	55
2	Madison	Data	72
3	Johan	Sales	60
4	Santiago	Data	51

Si queremos encontrar un empleado que gane más de 70k€ o que trabaje en el equipo de Datos, podemos filtrar las líneas df con el siguiente código:

```
# Filtrage du DataFrame sur les 2 conditions précédentes
print(df[(df['salary'] > 70) | (df['team'] == 'Data')])

>>>
   employee  team  salary
1   Madison  Data      72
3  Santiago  Data      51
```

El operador - o ~

El operador – se utiliza para filtrar un DataFrame en función de una condición cuya negación debe verificarse. Consideremos el mismo DataFrame df:

employee	team	salary
Melissa	HR	55
Madison	Data	72
Johan	Sales	60
Santiago	Data	51

Si queremos todos los empleados excepto los del equipo de Sales, filtramos df de la siguiente manera:

```
# Filter the DataFrame on the 2 previous conditions
print(df[-(df['team'] == 'Sales')])

   employee  team  salary
0   Melissa    HR      55
1   Madison  Data      72
3  Santiago  Data      51
```

3.2 Unir DataFrames con concat y merge

La función concat() en pandas se puede utilizar para ensamblar varios DataFrames yuxtaponiéndolos horizontal o verticalmente. Esto se conoce como concatenación. Esta operación se realiza mediante la función concat(), que tiene dos argumentos:

- El parámetro objs contiene la lista de DataFrames a concatenar.
- El parámetro axis especifica si se concatena verticalmente (axis = 0) u horizontalmente (axis = 1).

Cuando el número de filas o columnas de los DataFrames no coinciden, la función concat() rellena las celdas vacías con NaN, como se muestra en la siguiente ilustración.

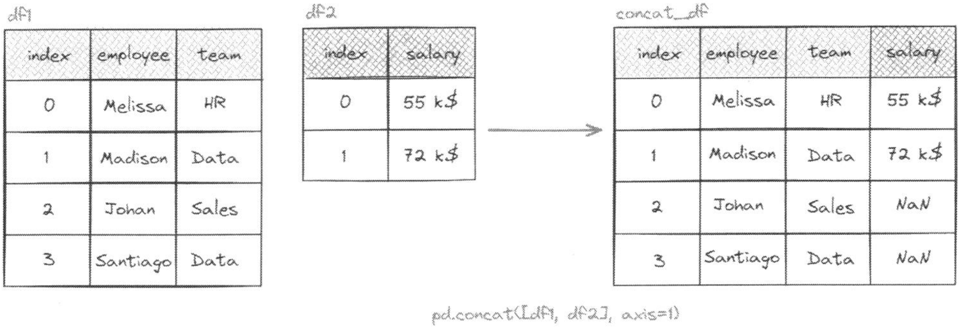

df1

index	employee	team
0	Melissa	HR
1	Madison	Data
2	Johan	Sales
3	Santiago	Data

df2

index	salary
0	55 k$
1	72 k$

concat_df

index	employee	team	salary
0	Melissa	HR	55 k$
1	Madison	Data	72 k$
2	Johan	Sales	NaN
3	Santiago	Data	NaN

pd.concat([df1, df2], axis=1)

3.3 Fusión de DataFrames con el método merge

Dos DataFrames pueden fusionarse si tienen una columna en común. Para ello se utiliza el método `merge()` de la clase `DataFrame`. Los argumentos son:

- El parámetro `right` es el DataFrame que se fusionará con el DataFrame que llama al método.
- El parámetro `on` es el nombre de las columnas de los DataFrames que se utilizarán como referencia para la fusión. Deben ser comunes a ambos DataFrames.
- El parámetro `how` se utiliza para seleccionar el tipo de unión que se realizará al fusionar DataFrames. Los valores de este parámetro se basan en uniones en sintaxis SQL.

El parámetro `how` puede tomar cuatro valores (`'inner'`, `'outer'`, `'left'`, `'right'`) que ilustraremos con los siguientes dos DataFrames llamados `teams` y `mean_salary`:

Tabla `teams`

employee	team
Melissa	HR
Madison	Data
Johan	Sales
Santiago	Data
Cassie	Executive
Yann	Strategy

Tabla `mean_salary`

team	mean_salary
HR	50
Data	65
Operations	55

team	mean_salary
Sales	50
Executive	90

La unión interna devuelve las filas cuyos valores en columnas comunes están presentes en ambos DataFrames. Este tipo de unión no suele ser recomendable, ya que puede provocar la pérdida de muchas entradas. Por otro lado, la unión interna no produce ningún `NaN`.

El resultado de la unión interna `teams.merge(right = mean_salary, on = 'team', how = 'inner')` será:

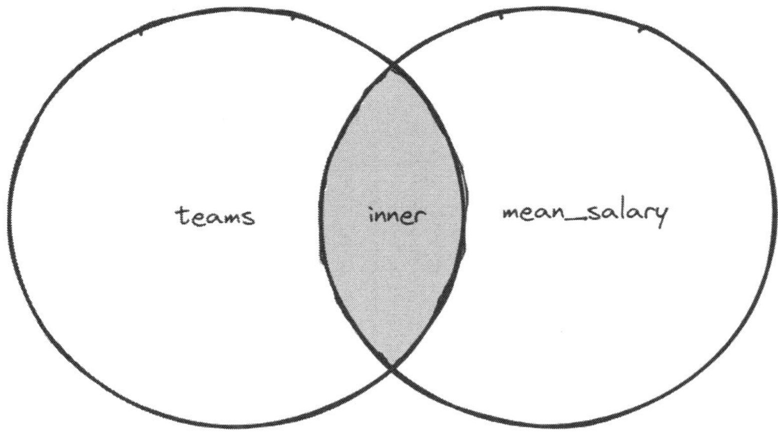

El resultado:

```
   employee       team  mean_salary
0   Melissa         HR           50
1   Madison       Data           65
2  Santiago       Data           65
3     Johan      Sales           50
4    Cassie  Executive           90
```

La unión externa fusiona la totalidad de los dos DataFrames sin eliminar ninguna fila. Este método puede generar muchos `NaN`. El resultado de la unión externa `teams.merge(right = mean_salary, on = 'teams', how = 'outer')` será:

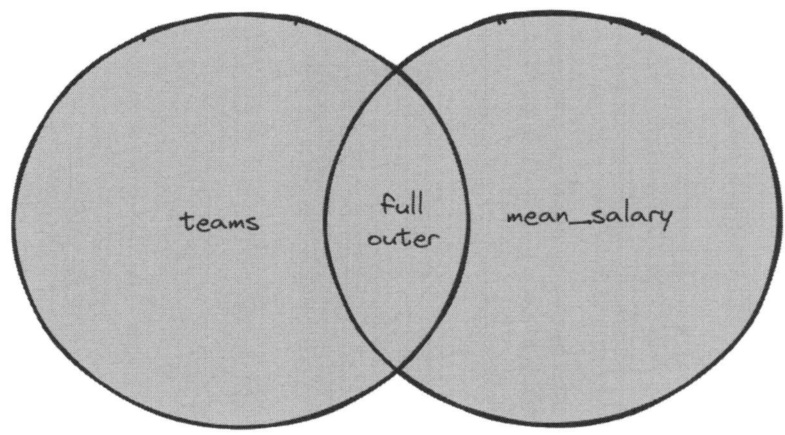

El resultado:

```
   employee        team  mean_salary
0   Melissa          HR         50.0
1   Madison        Data         65.0
2  Santiago        Data         65.0
3     Johan       Sales         50.0
4    Cassie   Executive         90.0
5      Yann    Strategy          NaN
6       NaN  Operations         55.0
```

La unión izquierda devuelve todas las filas del DataFrame izquierdo, y las completa con las filas del segundo DataFrame que coinciden según los valores de la columna común. Este es el valor por defecto del parámetro `how`. El resultado de la unión izquierda `teams.merge(right = mean_salary, on = 'teams', how = 'left')` será:

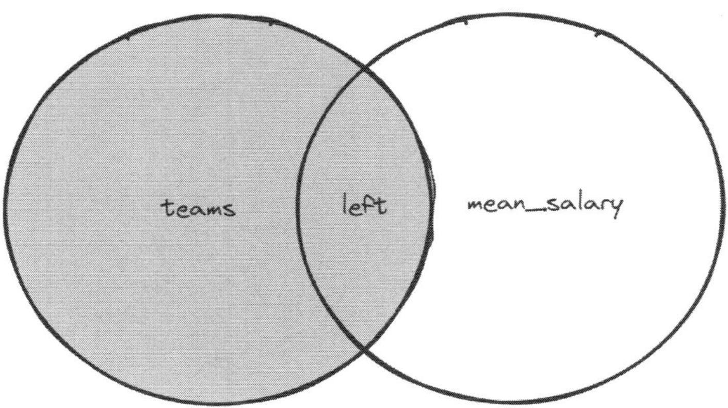

El resultado:

```
   employee       team  mean_salary
0   Melissa         HR         50.0
1   Madison       Data         65.0
2     Johan      Sales         50.0
3  Santiago       Data         65.0
4    Cassie  Executive         90.0
5      Yann   Strategy          NaN
```

La unión a la derecha devuelve todas las filas del DataFrame de la derecha y las completa con las filas del DataFrame de la izquierda que coinciden según los índices de la columna común. El resultado de la unión a la derecha `teams.merge(right = mean_salary, on = 'team', how = 'right')` será:

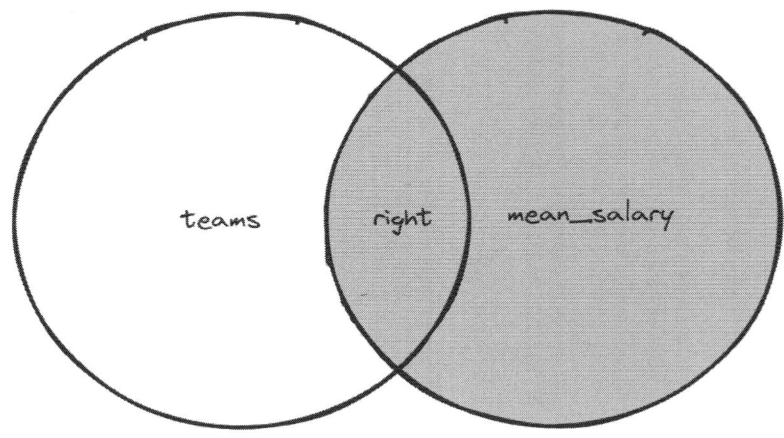

El resultado:

```
   employee        team  mean_salary
0   Melissa          HR           50
1   Madison        Data           65
2  Santiago        Data           65
3       NaN  Operations           55
4     Johan       Sales           50
5    Cassie   Executive           90
```

3.4 Clasificación y ordenación de los valores de un DataFrame: métodos sort_values y sort_index

El método `sort_values()` se utiliza para ordenar las filas de un DataFrame en función de los valores de una o varias columnas. Los argumentos principales son:

- El parámetro `by` se utiliza para especificar en cuál(es) columna(s) se realiza la ordenación.
- El parámetro `ascending` es un booleano (`True` o `False`) que determina el orden ascendente/descendente de la ordenación. El valor por defecto es `True`.

En primer lugar, vamos a ordenar una sola columna, por ejemplo, la columna de `salary` en nuestro `df` DataFrame. También añadiremos un nuevo empleado, Mark, con el mismo salario que Melissa. El resultado es el siguiente:

```
# Ordenamos el DataFrame df en la columna 'salary'
df_sorted = df.sort_values(by = 'salary', ascending = True)

>>>
   employee        team  salary
3  Santiago        Data      51
0   Melissa          HR      55
4      Mark  Operations      55
2     Johan       Sales      60
1   Madison        Data      72
```

Por lo tanto, las filas del DataFrame `df_sorted` están ordenadas en orden ascendente en relación con la columna `salary`. Sin embargo, si nos fijamos en la columna `employee`, vemos que no está ordenada por orden alfabético para valores de `salary` idénticos.

Esto puede remediarse ordenando también por la columna de `employee`:

```
# We sort the DataFrame df by the 'Points_bonus' column and in
case of a tie, by the 'Note' column.

df_sorted = df.sort_values(by=['salary', 'employee'],
ascending=True)
```

El resultado es el siguiente :

```
3  Santiago        Data      51
4      Mark  Operations      55
0   Melissa          HR      55
2     Johan       Sales      60
1   Madison        Data      72
```

El método `sort_index()` se utiliza para ordenar un DataFrame según su índice. Si el índice es el que viene por defecto (numeración), este método no es muy útil. Por eso se suele combinar con el método pandas `set_index()` que acabamos de ver.

Supongamos que utilizamos la columna `employee` como `index`.

```
# Define column employee as new index and then sort values
df_sorted = (
    df.set_index('employee')
      .sort_index()
)
```

Esto produce el siguiente DataFrame:

employee	team	salary
Johan	Sales	60
Madison	Data	72
Mark	Operations	55
Melissa	HR	55
Santiago	Data	51

3.5 Agrupación de elementos en un DataFrame: métodos groupby, agg y crosstab

El método `groupby()` se utiliza para agrupar filas en un DataFrame que comparten un valor común en una columna. Tenga en cuenta que este método no devuelve un `DataFrame`, sino un objeto de la clase `DataFrame-GroupBy`.

Esta clase puede utilizarse para realizar operaciones como el cálculo de estadísticas (suma, media, máximo, etc.) para cada modo de la columna en la que se agrupan las filas. Todos los métodos estadísticos habituales (`count()`, `mean()`, `max()`, etc.) pueden utilizarse como sufijo del método `groupby()`, incluso las funciones personalizadas que defina previamente. Estas funciones solo se ejecutarán en columnas de tipo compatible.

Para especificar diferentes funciones para cada columna, utilizamos el método `agg()` de la clase `DataFrameGroupBy`, llenándolo con un diccionario donde cada clave es el nombre de una columna y el valor es la función que se debe aplicar.

Volvamos al DataFrame inicial de nuestro archivo CSV Sales Transaction v.4a.csv:

	Transact. No	Date	Product No	Product Name	Price	Quantity	Customer No	Country
0	581482	2019-12-09	22485	Set Of 2 Wooden Market Crates	21.47	12	17490	United Kingdom
1	581475	2019-12-09	22596	Christmas Star Wish List Chalkboard	10.65	36	13069	United Kingdom
2	581475	2019-12-09	23235	Storage Tin Vintage Leaf	11.53	12	13069	United Kingdom
3	581475	2019-12-09	23272	Tree T-Light Holder Willie Winkie	10.65	12	13069	United Kingdom
4	581475	2019-12-09	23239	Set Of 4 Knick Knack Tins Poppies	11.94	6	13069	United Kingdom

Para cada cliente (`CustomerNo`), queremos calcular una columna `total_amt` para averiguar el importe total gastado (producto línea por línea de `Price` y `Quantity`). A continuación, calcularemos los importes `min`, `mean` et `max`. También queremos saber cuántos productos diferentes compró el cliente por transacción (columna `ProductName`).

Para ayudarnos, vamos a crear las funciones necesarias. Para encontrar el número de modos tomados por la columna `ProductName`, vamos a utilizar una función `lambda`.

- La función `lambda` debe tomar una columna como argumento y devolver un número.
- La función `np.unique()` determina los modos únicos que aparecen en una secuencia.
- La función `len()` cuenta el número de elementos de una secuencia.

```
import numpy as np

dataframe['total_amt'] = dataframe['Price']*['Quantity']

num_prod = lambda x: len(np.unique(x))
```

Esta función nos permitirá determinar el número de modos únicos para la columna `ProductName`.

Para aplicar estas funciones en la operación `groupby`, utilizaremos un diccionario cuyas claves son las columnas que se deben procesar y cuyos valores son las funciones que se deban utilizar.

```
functions_to_apply = {
    'total_amt': ['min', 'mean', 'max'],
    'ProductName': num_prod
}
```

Este diccionario puede utilizarse ahora con el método `agg()`:

```
(
    df.groupby('CustomerNo')
      .agg(functions_to_apply)
      .round(2)
)
```

El método `round(2)` se utiliza para indicar el número de decimales en el DataFrame. Mostramos dos dígitos después del punto decimal para simplificar la representación. Esto produce el siguiente DataFrame:

	total_amt			ProductName
	min	mean	max	<lambda>
CustomerNo				
12004	7.24	26.96	136.20	56
12006	24.76	24.76	24.76	1
12008	7.24	28.03	572.16	203
12013	69.96	69.96	69.96	1
12024	10.68	29.90	42.72	5
...	...	...	...	...
18280	22.98	62.33	106.16	10
18281	27.62	82.37	128.16	7
18282	-52.75	76.32	506.40	12
18283	5.55	16.07	149.89	262
18287	56.36	259.14	704.40	59

Capítulo 4
Analizar y comprender sus datos

1. Introducción

El análisis estadístico es un pilar fundamental de la Business Intelligence, ya que transforma los datos brutos en información para la toma de decisiones. Esta sección sienta las bases esenciales para comprender y aplicar los métodos estadísticos en un contexto empresarial.

En primer lugar, exploraremos la importancia del análisis estadístico en BI, destacando su papel en la toma de decisiones basadas en información y la detección de tendencias. A continuación, estudiaremos los conceptos clave de la estadística, incluidos los tipos de variables, las nociones de población y muestra y las leyes fundamentales de la probabilidad.

Este capítulo no pretende ser un curso exhaustivo de estadística, sino más bien una guía práctica para ingenieros y analistas de Business Intelligence. Nuestro objetivo es proporcionarle un conjunto de herramientas y técnicas esenciales que pueda aplicar fácilmente en su trabajo diario. Comenzaremos con un breve repaso de los conceptos teóricos fundamentales, para centrarnos después en su aplicación concreta con Python a través de casos prácticos reales.

Este enfoque pragmático le permitirá dominar rápidamente los métodos estadísticos más relevantes para el análisis de datos en un contexto profesional.

1.1 Tipos de variables

En esta subsección definiremos los conceptos clave que utilizaremos en el resto de nuestro viaje por el análisis de datos. Existen varios tipos de variables. Dependiendo de su tipo, no utilizaremos las mismas herramientas para analizarlas y/o cruzarlas. Nos encontramos con dos tipos de variables:

- Variable cualitativa: una variable cualitativa, también conocida como variable categórica, es una variable que describe una característica o cualidad no numérica. Suele expresarse en términos de categorías o grupos y no puede medirse numéricamente. Las variables cualitativas pueden ser nominales u ordinales:
  - variable nominal: color de ojos (azul, marrón, verde);
  - variable ordinal: nivel de educación (primaria, secundaria, universitaria).
- Variable cuantitativa: una variable cuantitativa es una variable que se mide numéricamente y expresa una cantidad o medida. Puede ser discreta o continua:
  - Variable cuantitativa discreta: toma valores distintos y aislados, a menudo números enteros. Ejemplo: el número de hermanos y hermanas que tiene una persona (1, 2, 3, etc.).
  - Variable cuantitativa continua: puede tomar cualquier valor dentro de un intervalo determinado. Puede medirse con precisión. Ejemplo: la estatura de una persona (puede ser cualquier número dentro de un intervalo, por ejemplo, 1,76 metros).

Para realizar un análisis descriptivo de una variable numérica, utilizamos:

- indicadores de posición (media, mediana, cuantiles, etc.) que permiten situar los valores que debe tomar la variable estudiada;
- indicadores de dispersión (desviación estándar, varianza, etc.) que describen la distribución de los valores que toma la variable estudiada.

1.2 Nociones de población y muestra

Los conceptos de población y muestra son fundamentales en estadística y especialmente cruciales para la inferencia estadística en Business Intelligence. Comprender estos conceptos es esencial para realizar análisis precisos y extraer conclusiones válidas de los datos disponibles.

La población representa el conjunto completo de individuos u objetos de interés para un estudio determinado. En el contexto de la Business Intelligence, podría tratarse, por ejemplo, de todos los clientes potenciales de una empresa, de todas las transacciones realizadas en una plataforma de comercio electrónico o de todos los productos confeccionados por una fábrica. Aunque la población es el principal objeto de interés, a menudo es demasiado vasta para estudiarla en su totalidad, ya sea por razones de tiempo, coste o viabilidad práctica.

Aquí es donde entra en juego la noción de muestra. Una muestra es un subconjunto de la población seleccionado para el estudio. Por ejemplo, como parte de una encuesta de satisfacción del cliente, una empresa puede optar por entrevistar a 1.000 clientes de su base total de clientes. Una muestra es una forma más eficaz y rentable de obtener información sobre la población. Sin embargo, para que las conclusiones extraídas de la muestra sean válidas para toda la población, es fundamental que la muestra sea representativa.

La representatividad de la muestra depende en gran medida del método de muestreo utilizado. Existen varios tipos de muestreo, cada uno con sus propias ventajas y limitaciones. El muestreo aleatorio simple es uno de los métodos más básicos y comunes. En este método, cada elemento de la población tiene las mismas posibilidades de ser seleccionado. En Python, el muestreo aleatorio simple puede simularse utilizando la biblioteca NumPy:

```
import numpy as np

population = np.arange(1, 10001)  # Population of 10000 elements
sample_size = 1000
sample = np.random.choice(population, size=sample_size,
replace=False)
```

El muestreo estratificado es un método más sofisticado, especialmente útil cuando la población puede dividirse en distintos subgrupos o estratos. Por ejemplo, si una empresa quiere estudiar la satisfacción de los clientes según distintos grupos de edad, podría utilizar el muestreo estratificado para asegurarse de que cada grupo de edad está proporcionalmente representado en la muestra.

El muestreo por conglomerados, por su parte, consiste en seleccionar grupos naturales dentro de la población y luego incluir a todos los miembros de estos grupos en la muestra. Este método puede ser especialmente eficaz cuando resulta difícil o costoso tomar muestras de individuos aislados, pero puede introducir sesgos si los conglomerados no son representativos del conjunto de la población.

En Business Intelligence, el muestreo desempeña un papel crucial, ya que permite estudiar eficazmente grandes poblaciones de datos. Sin embargo, es importante tener en cuenta que el uso de una muestra introduce inevitablemente un margen de error que debe cuantificarse y tenerse en cuenta a la hora de interpretar los resultados. Por ejemplo, al estimar una proporción a partir de una muestra, puede calcularse un intervalo de confianza para indicar el rango probable del valor verdadero en la población.

```
import numpy as np
from scipy import stats

# Let's assume we observed 300 successes in a sample of 1000
n = 1000
p_sample = 0.3

# Calculating the 95% confidence interval
margin_error = stats.norm.ppf(0.975) * np.sqrt(p_sample *
(1 - p_sample) / n)
confidence_interval = (p_sample - margin_error, p_sample +
margin_error)

print(f"95% confidence interval: {confidence_interval}")
```

La salida es:

```
95% confidence interval: (0.27159742349106747, 0.3284025765089325)
```

Comprender los conceptos de población y muestra, así como los distintos métodos de muestreo, es esencial para realizar análisis estadísticos sólidos en Business Intelligence. Estos conceptos no solo permiten obtener información valiosa a partir de grandes conjuntos de datos, sino también evaluar la fiabilidad y posibilidad de generalizar los resultados obtenidos.

1.3 Leyes estadísticas de probabilidad

En estadística, una ley de probabilidad describe cómo se distribuyen los valores de una variable aleatoria. Existen varios tipos de leyes de probabilidad, cada una con sus propias características y ámbitos de aplicación. En esta subsección, presentamos cinco leyes de probabilidad de uso común: la ley uniforme, la binomial, la de Poisson, la ley normal y la exponencial.

Ley uniforme

La ley uniforme es una ley de probabilidad discreta o continua que asigna una probabilidad igual a cada valor de un intervalo dado. Tiene dos parámetros: el límite inferior `a` y el límite superior `b`. Para una variable aleatoria `X` distribuida según una distribución uniforme, `X ~ U(a,b)`.

Supongamos que lanza un dado equilibrado de seis caras. La probabilidad de obtener cada cara es la misma y es 1/6. En este caso, decimos que el resultado del lanzamiento sigue una distribución uniforme discreta sobre el intervalo {1,2,3,4,5,6}.

```
import matplotlib.pyplot as plt
import numpy as np

# Simulation of 1000 rolls of a 6-sided die
rolls = np.random.randint(1, 7, size=1000)

# Creating the histogram
plt.figure(figsize=(10, 6))
plt.hist(rolls, bins=np.arange(1, 8) - 0.5, density=True,
alpha=0.7, color='blue')
plt.title('Distribution of 1000 die rolls')
plt.xlabel('Die value')
plt.ylabel('Relative frequency')
```

```
# Adding a grid for better readability
plt.grid(True, alpha=0.3)

# To clearly show discrete values
plt.xticks(range(1, 7))

plt.show()
```

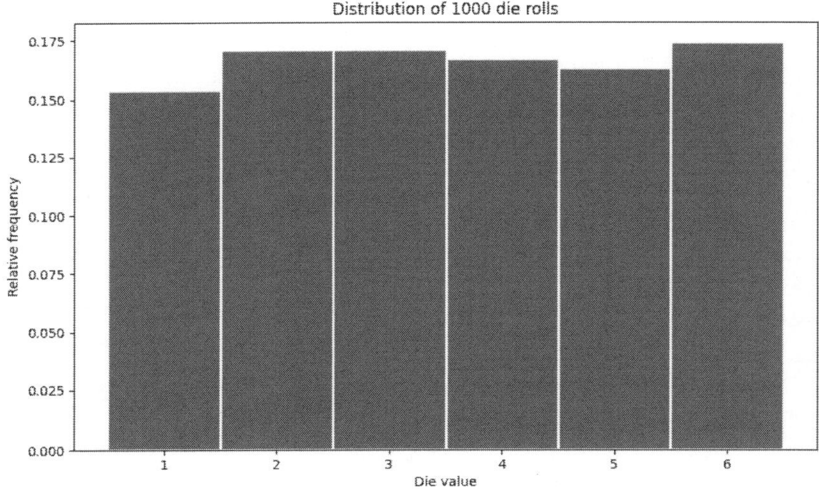

Ley binomial

La ley binomial es una ley de probabilidad discreta que describe el número de éxitos en un número fijo de ensayos independientes, cada uno con dos resultados posibles (éxito o fracaso). Tiene dos parámetros: `n`, el número de ensayos, y `p`, la probabilidad de éxito en cada ensayo. Para una variable aleatoria `X` distribuida según una distribución binomial, `X ~ B(n,p)`.

Supongamos que lanzamos diez veces un dado equilibrado de seis caras, y queremos calcular la probabilidad de obtener el número 6 exactamente tres veces. En este caso, decimos que el resultado del lanzamiento sigue una distribución binomial B(10,1/6).

```
import matplotlib.pyplot as plt
from scipy.stats import binom
```

```
# Calculate the probability of getting exactly 3 sixes when
rolling a six-sided die 10 times
probability = binom.pmf(k=3, n=10, p=1/6)
print("Probability:", probability)

# Generate 1000 samples distributed according to a binomial
distribution B(10,1/6)
samples = binom.rvs(n=10, p=1/6, size=1000)

# Plot the histogram of the samples
plt.hist(samples, bins=range(min(samples), max(samples)+2),
density=True)

# Display the plot
plt.show()
```

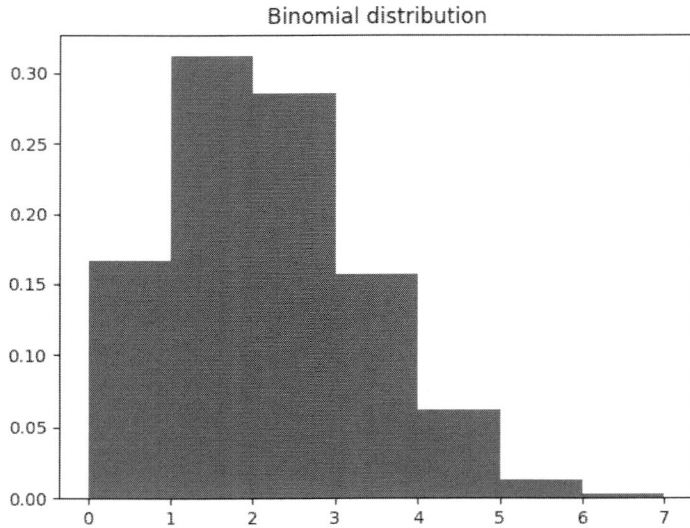

Ley de Poisson

La ley de Poisson es una ley de probabilidad discreta que describe el número de eventos que ocurren en un intervalo de tiempo o espacio, cuando estos eventos ocurren con una frecuencia media constante y son independientes entre sí. Tiene un parámetro: λ, la media del número de eventos. Para una variable aleatoria `X` distribuida según una distribución de Poisson, `X ~ P(λ)`.

Supongamos que recibe una media de tres llamadas telefónicas por hora y quiere calcular la probabilidad de recibir exactamente cinco llamadas en una hora determinada. En este caso, decimos que el número de llamadas sigue una distribución de Poisson P(3).

```
import matplotlib.pyplot as plt
from scipy.stats import poisson

# Calculate the probability of receiving exactly 5 calls during
a given hour, with an average of 3 calls per hour
probability = poisson.pmf(k=5, mu=3)
print("Probability:", probability)

# Generate 1000 samples distributed according to a Poisson
distribution P(3)
samples = poisson.rvs(mu=3, size=1000)

# Plot the histogram of the samples
plt.hist(samples, bins=range(min(samples), max(samples)+2),
density=True)

# Display the plot
plt.show()
```

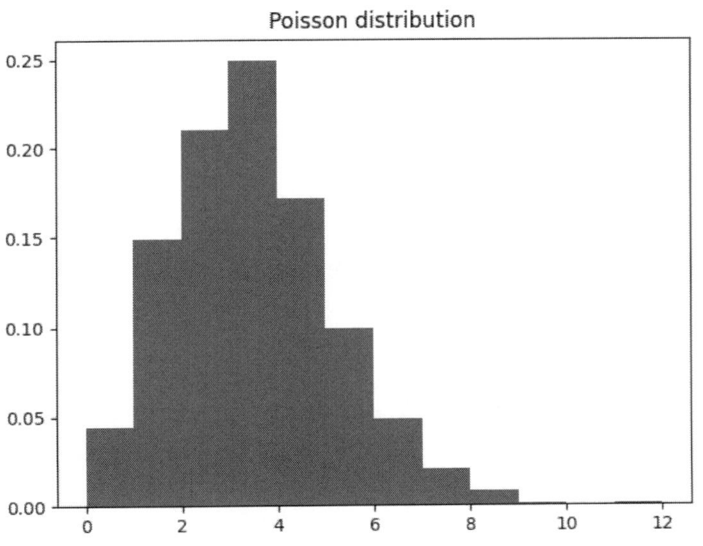

Ley normal

La ley normal es una ley de probabilidad continua que describe la distribución de una variable aleatoria real cuyos valores se distribuyen simétricamente en torno a una media y tienen desviaciones estándar constantes. Tiene dos parámetros: μ, la media, y σ, la desviación estándar. Para una variable aleatoria X distribuida según una distribución normal, $X \sim N(\mu, \sigma^2)$.

Supongamos que las puntuaciones estandarizadas de los alumnos de un centro siguen una distribución aproximadamente normal. Usted quiere calcular la probabilidad de que un alumno elegido al azar tenga una puntuación superior a 110, si la puntuación media es 100 y la desviación estándar es 15. En este caso decimos que la puntuación sigue una distribución normal N(100,15^2).

```
import matplotlib.pyplot as plt
from scipy.stats import norm

# Calculate the probability that a randomly chosen student scores
above 110, if the average score is 100 and the standard deviation is 15
probability = 1 - norm.cdf(x=110, loc=100, scale=15)
print("Probability:", probability)

# Generate 1000 samples distributed according to a normal
distribution N(100, 15^2)
samples = norm.rvs(loc=100, scale=15, size=1000)

# Plot the histogram of the samples
plt.hist(samples, bins=50, density=True)

# Display the plot
plt.show()
```

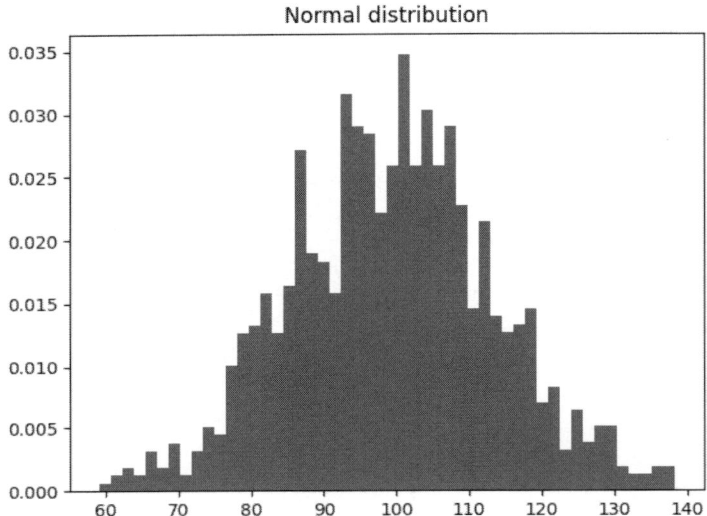

Ley exponencial

La ley exponencial es una ley de probabilidad continua que describe la distribución de intervalos entre sucesos en un proceso puntual homogéneo, cuando estos sucesos ocurren con frecuencia constante y son independientes entre sí. Tiene un parámetro: λ, la frecuencia de los sucesos. Para una variable aleatoria `X` distribuida según una ley exponencial,`X ~ Exp(λ)`.

Supongamos que recibimos una media de tres llamadas telefónicas por hora y queremos calcular el tiempo medio de espera hasta la siguiente llamada. En este caso, decimos que el tiempo de espera sigue una ley exponencial Exp(3).

```
import matplotlib.pyplot as plt
from scipy.stats import expon

# Calculate the expected waiting time until the next call, if you
receive an average of 3 calls per hour
mean = 1 / 3
print("Mean:", mean)

# Generate 1000 samples distributed according to an exponential
distribution Exp(3)
```

```
samples = expon.rvs(loc=0, scale=1/3, size=1000)

# Plot the histogram of the samples
plt.hist(samples, bins=50, density=True)

# Display the plot
plt.show()
```

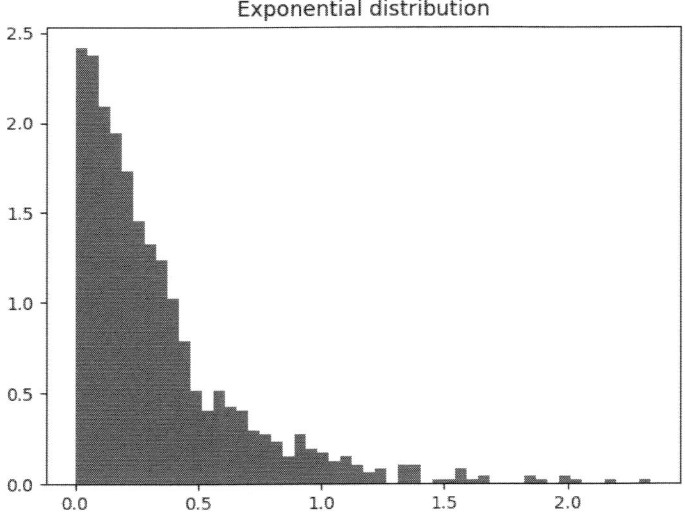

2. Estadística descriptiva

La exploración estadística es un paso crucial en el análisis de datos, ya que proporciona una visión esencial de las características numéricas subyacentes. En esta sección, nos sumergiremos en el análisis descriptivo de las variables numéricas de un conjunto de datos, profundizando en los indicadores estadísticos de series, posición y dispersión. También exploraremos la distribución normal y las técnicas de simulación de datos para comprender mejor su naturaleza. Se prestará especial atención a la evaluación de la normalidad de los datos y la correlación entre dos variables numéricas, lo que proporcionará una base sólida para análisis estadísticos más avanzados.

2.1 Análisis univariante

2.1.1 Indicadores de posición

Media

Entremos un poco más en detalle. La estimación de localización más básica es la media. La media es la suma de todos los valores, dividida por el número de valores. Encontrará el símbolo (que se pronuncia «x-barra») utilizado para representar la media de una muestra extraída de una población. La fórmula para calcular la media de un conjunto de valores es la siguiente $Media = \bar{x} = \frac{\sum_{i=1}^{n} x_i}{n}$.

Una variación de la media es la media truncada. Para calcularla, primero ordenamos los valores y, a continuación, eliminamos un número fijo de valores en cada extremo antes de calcular la media de los valores restantes. Si denominamos x_1 al valor más pequeño y $x_n$al valor más grande de nuestro conjunto ordenado, la fórmula de la media truncada (en la que se omiten k valores en cada extremo) es $\bar{x} = \frac{\sum_{i=p+1}^{n-p} x_i}{n-2p}$.

La ventaja de la media truncada es que limita la influencia de los valores extremos. Otro tipo de media es la media ponderada, que se calcula multiplicando cada valor de los datos por un peso especificado por el usuario y dividiendo después su suma por la suma de los pesos. La fórmula de la media ponderada es $\bar{x}_w = \frac{\sum_{i=1}^{n} w_i x_i}{\sum_{i=1}^{n} w_i}$.

Mediana y estimadores robustos

La robustez de los indicadores estadísticos es un aspecto crucial del análisis de datos, sobre todo en Business Intelligence, donde los datos a menudo pueden contener valores atípicos o extremos. Aquí es donde entran en juego la mediana y otros estimadores robustos.

La mediana, definida como el valor que separa la mitad inferior de la mitad superior de un conjunto de datos, tiene la considerable ventaja de ser mucho menos sensible a los valores extremos que la media aritmética. Esta característica la convierte en un indicador de posición especialmente fiable en muchas situaciones prácticas.

Pongamos un ejemplo concreto para ilustrar esta solidez. Imaginemos que analizamos los ingresos mensuales de los clientes de una empresa:

```
import numpy as np
import matplotlib.pyplot as plt

# Income data (in thousands of euros)
incomes = [30, 35, 40, 45, 50, 55, 60, 1000]

mean = np.mean(incomes)
median = np.median(incomes)

print(f"Mean: {mean:.2f}")
print(f"Median: {median:.2f}")
```

La salida es:

```
Mean: 164.38
Median: 47.50
```

En este ejemplo, la presencia de un valor extremo (1 000 k€) afecta considerablemente a la media, tirando de ella hacia arriba, mientras que la mediana permanece estable y representativa de la tendencia central de la mayoría de los datos.

2.1.2 Indicadores de dispersión

Los indicadores de dispersión son medidas estadísticas utilizadas para evaluar la variación o dispersión de los datos en torno a su valor central (media, mediana, etc.).

Desviación estándar

La desviación estándar es una medida estadística fundamental que cuantifica la dispersión de los datos en torno a su media. Definida como la raíz cuadrada de la varianza, tiene la ventaja de expresarse en la misma unidad que los datos originales, lo que la convierte en un indicador intuitivo muy utilizado en el análisis de datos y la Business Intelligence.

Las principales características de la desviación estándar son que su unidad es idéntica a la de la variable estudiada, que su valor es siempre positivo o cero y que es sensible a los valores extremos. En el caso de una distribución normal, alrededor del 68 % de las observaciones se encuentran dentro de una desviación t estándar de la media, lo que la convierte en una valiosa herramienta para interpretar los datos.

La desviación estándar de una muestra se calcula mediante la fórmula:

$$s = \sqrt{\frac{\Sigma(x - \bar{x})^2}{n - 1}}$$

donde $\bar{x}$ es la media muestral y n es el tamaño de la muestra. Esta fórmula corrige el sesgo asociado al uso de una muestra en lugar de toda la población.

Para ilustrar el uso de la desviación estándar en Python, considere el siguiente ejemplo:

```
import numpy as np

# Scores data
scores = np.array([80, 75, 90, 82, 86, 78, 88, 92, 85, 79])

mean = np.mean(scores)
std_dev = np.std(scores, ddof=1)

print(f"Mean of the scores: {mean:.2f}")
print(f"Standard deviation of the scores: {std_dev:.2f}")
```

```
interval_68 = (mean - std_dev, mean + std_dev)
print("Interval containing about 68% of the scores: {:.2f},
{:.2f}".format(*interval_68))
```

La salida es:

```
Mean of the scores: 83.50
Standard deviation of the scores: 5.58
Interval containing about 68% of the scores: 77.92, 89.08
```

Estos resultados muestran que la puntuación media es de 83,50 y que alrededor de dos tercios de los alumnos (68 %) obtuvieron una puntuación entre 77,92 y 89,08 puntos. Esta distribución muestra un rendimiento global homogéneo por parte de la clase, con una desviación estándar relativamente baja de 5,58 puntos.

La desviación estándar desempeña un papel crucial en diversos ámbitos. Puede utilizarse para evaluar la volatilidad de los indicadores de rendimiento (KPI), detectar valores atípicos que podrían influir en los análisis, comparar la dispersión entre distintos conjuntos de datos y establecer intervalos de confianza para estimaciones y previsiones.

En resumen, la desviación estándar es una herramienta esencial para cuantificar y comunicar eficazmente la variabilidad de los datos. Su comprensión y uso juicioso son esenciales para extraer perspectivas fiables de Business Intelligence, que permitan a los responsables tomar decisiones fundamentadas basadas en una interpretación sólida de la dispersión de los datos.

Varianza

La varianza es una medida estadística fundamental que desempeña un papel central en el análisis de la dispersión de los datos. Cuantifica la desviación media al cuadrado de cada valor de un conjunto de datos con respecto a su media, lo que proporciona una valiosa indicación de la variabilidad de esos datos.

Esta medida presenta varias características distintivas.

En primer lugar, se expresa en términos de la unidad al cuadrado de la variable que se mide, lo que a veces puede hacer que su interpretación sea menos intuitiva que la de la desviación estándar.

La varianza es siempre positiva o nula, propiedad que se desprende directamente de su definición matemática. Cabe destacar que es especialmente sensible a los valores extremos, lo que puede ser tanto una ventaja como un inconveniente según el contexto del análisis.

La varianza es la base de muchas otras medidas estadísticas, la más conocida de las cuales es la desviación estándar. Para una muestra, se calcula mediante la fórmula: $s^2 = \Sigma(x - \bar{x})^2 / (n - 1)$, donde $\bar{x}$ es la media muestral y n es el tamaño de la muestra. Esta fórmula, que divide por (n-1) en lugar de por n, se utiliza para corregir el sesgo asociado a la estimación de la varianza de una población a partir de una muestra.

Ejemplo de uso en Python:

```
import numpy as np

# Scores data
scores = np.array([80, 75, 90, 82, 86, 78, 88, 92, 85, 79])

mean = np.mean(scores)
variance = np.var(scores, ddof=1)  # ddof=1 for sample variance

print(f"Mean of the scores: {mean:.2f}")
print(f"Variance of the scores: {variance:.2f}")
```

La salida es:

```
Mean of the scores: 83.50
Variance of the scores: 31.17
```

La puntuación media es de 83,50, con una varianza de 31,17. Esta varianza indica una dispersión moderada de las puntuaciones en torno a la media. Este valor relativamente bajo sugiere que las puntuaciones de los alumnos están bastante agrupadas en torno a la media, lo que indica cierto grado de homogeneidad en el rendimiento de la clase.

La interpretación de la varianza es crucial para comprender la distribución de los datos. Una varianza elevada indica una amplia dispersión de los valores en torno a la media, lo que sugiere una heterogeneidad significativa en el conjunto de datos. Por el contrario, una varianza baja revela que los datos están muy agrupados en torno a la media, lo que indica una mayor homogeneidad.

En el caso extremo de que la varianza sea cero, significaría que todos los valores del conjunto de datos son idénticos y coinciden con la media. Esta comprensión de la varianza permite a los analistas de Business Intelligence evaluar rápidamente la coherencia o la variabilidad de los indicadores clave de rendimiento, lo que facilita la toma de decisiones fundamentadas en función de la estabilidad o la volatilidad de los datos observados.

Aunque fundamental, la interpretación de la varianza puede ser menos intuitiva que la de la desviación estándar, que se expresa en la misma unidad que los datos originales. Por eso, en la práctica se suele preferir la desviación estándar (raíz cuadrada de la varianza) para comunicar la dispersión de los datos.

Mean Absolute Deviation

La desviación media absoluta (MAD - *Mean Absolute Deviation*) es una medida robusta de dispersión que cuantifica la desviación media de cada valor de un conjunto de datos respecto a su media. A diferencia de la varianza o la desviación estándar, la MAD ignora el signo de las desviaciones, lo que ofrece una interpretación más intuitiva de la variabilidad de los datos.

La MAD tiene varias ventajas. Se expresa en las mismas unidades que los datos originales, lo que facilita su interpretación. Además, su valor es siempre positivo o cero. Su robustez frente a los valores atípicos la convierte en una herramienta valiosa en presencia de datos extremos o atípicos.

Para ilustrar su uso, consideremos un ejemplo concreto del ámbito de la educación. Imaginemos que un profesor analiza las notas de un examen de matemáticas. El cálculo de la MAD proporcionará una estimación de la diferencia media entre cada nota y la media de la clase, lo que ofrece una visión general de la homogeneidad de los resultados.

He aquí cómo calcular la MAD en Python:

```
import numpy as np

# Scores data
scores = np.array([80, 75, 90, 82, 86, 78, 88, 92, 85, 79])
mad = np.mean(np.abs(scores - np.mean(scores)))

print(f"Mean of the scores: {np.mean(scores):.2f}")
print(f"Mean Absolute Deviation (MAD): {mad:.2f}")
```

La salida es:

```
Mean of the scores: 83.50
Mean Absolute Deviation (MAD): 4.70
```

La puntuación media es de 83,50 puntos, con una desviación media absoluta (MAD) de 4,70 puntos. Esto significa que, en promedio, las puntuaciones de los alumnos difieren en 4,70 puntos de la media de la clase, lo que indica una distribución relativamente uniforme de los resultados. Este valor MAD, expresado en la misma unidad que las puntuaciones, es fácil de interpretar y confirma una baja dispersión de las puntuaciones en torno a la media.

La interpretación de la MAD es relativamente sencilla. Una MAD alta indica una gran dispersión de los datos en torno a la media, mientras que una MAD baja sugiere que los datos están muy agrupados. Una MAD cero significaría que todos los valores son idénticos a la media.

Aunque menos utilizada que la desviación estándar, la MAD presenta ciertas ventajas, en particular su solidez frente a los valores extremos. Sin embargo, en muchos análisis estadísticos se sigue prefiriendo la desviación estándar por sus propiedades matemáticas bien establecidas.

En Business Intelligence, la MAD puede ser especialmente útil para analizar la variabilidad de los indicadores de rendimiento, evaluar la coherencia de los datos de los clientes o detectar anomalías en las series temporales. Su sencillez de interpretación la convierte en una valiosa herramienta para comunicar la dispersión de datos a partes interesadas no técnicas.

Estimadores basados en percentiles

Los cuantiles son medidas estadísticas esenciales utilizadas para dividir un conjunto de datos en proporciones iguales. Un cuantil de orden α representa un valor numérico mayor que una proporción α de los datos. Por ejemplo, si el cuantil de orden 0,10 es 100, significa que el 10 % de los datos es inferior a 100. Del mismo modo, un cuantil de orden 0,33 de 13200 significa que el 33 % de los datos es inferior a este valor.

Entre los cuantiles, los cuartiles ocupan un lugar especial. Se trata de tres cuantiles especiales que dividen una distribución en cuatro intervalos, cada uno de los cuales contiene el 25 % de los datos. Se denominan Q1, Q2 y Q3, que corresponden al primer, segundo y tercer cuartil, respectivamente. El primer cuartil (Q1) es superior al 25 % de los datos, el segundo cuartil (Q2), también conocido como mediana, es superior al 50 % de los datos, y el tercer cuartil (Q3) es superior al 75 % de los datos.

El rango intercuartílico (IQR - *Interquartile Range*) es una medida de dispersión definida como la diferencia entre Q3 y Q1. Representa el intervalo que contiene el 50 % de los datos centrales. Esta medida es especialmente útil para identificar valores extremos, también conocidos como valores atípicos. En general, se considera valor extremo cualquier valor superior a Q3 + 1,5 IQR o inferior a Q1 - 1,5 IQR.

Para ilustrar estos conceptos, he aquí un ejemplo en Python utilizando la biblioteca NumPy:

```
import numpy as np

# Generate a dataset
data = np.random.normal(loc=100, scale=20, size=1000)

# Calculate quartiles and IQR
Q1 = np.percentile(data, 25)
Q2 = np.percentile(data, 50)  # median
Q3 = np.percentile(data, 75)
IQR = Q3 - Q1

# Identify outliers
lower_bound = Q1 - 1.5 * IQR
upper_bound = Q3 + 1.5 * IQR
```

```
outliers = data[(data < lower_bound) | (data > upper_bound)]

print(f"Q1: {Q1:.2f}")
print(f"Median: {Q2:.2f}")
print(f"Q3: {Q3:.2f}")
print(f"IQR: {IQR:.2f}")
print(f"Number of outliers: {len(outliers)}")
```

La salida es:

```
Q1: 87.14
Median: 100.93
Q3: 113.61
IQR: 26.46
Number of outliers: 8
```

Los métodos de laclases `Series` que permiten calcular estos indicadores se resumen en la siguiente tabla:

Método	Indicador	Ejemplo
`Mean`	Media	`df['columna'].mean()`
`Min`	Mínimo	`df['columna'].min()`
`Max`	Máximo	`df['columna'].max()`
`Median`	Mediana	`df['columna'].median()`
`Quantile`	Cuantil	`df['columna'].quantile(q=0.75)` (devuelve el tercer cuartil) `df['columna'].quantile(q=[0.1, 0.9])` (devuelve el cuantil 0.1 y el cuantil 0.9)

2.2 Análisis bivariante

2.2.1 Correlación entre variables cuantitativas

El análisis de la relación entre dos variables cuantitativas es crucial en la investigación estadística y la minería de datos, ya que revela información esencial sobre la naturaleza de su interacción. Este análisis proporciona información valiosa sobre tendencias y patrones ocultos, lo que permite comprender mejor cómo evolucionan conjuntamente las variables.

Al determinar el grado y la dirección de la correlación entre estas variables, es posible identificar los factores que influyen en el comportamiento de la otra, ofreciendo pistas importantes para la toma de decisiones. Además, este análisis a menudo permite construir modelos predictivos que permiten estimar o anticipar los valores de una variable en función de la otra.

He aquí algunas pruebas de correlación utilizadas habitualmente:

- Pearson
- Spearman
- Kendall

Prueba de correlación de Pearson

La técnica de análisis de correlación más habitual es el cálculo del coeficiente de correlación de Pearson, a menudo denominado simplemente "correlación de Pearson". Este coeficiente mide la fuerza y la dirección de la relación lineal entre dos variables cuantitativas.

Varía entre -1 y 1:

- Un coeficiente de correlación de 1 indica una correlación positiva perfecta, lo que significa que las dos variables se mueven en la misma dirección con una relación lineal perfecta.
- Un coeficiente de correlación de -1 indica una correlación negativa perfecta, lo que significa que las dos variables se mueven en direcciones opuestas con una relación lineal perfecta.
- Un coeficiente de correlación de 0 indica que no existe correlación lineal entre las variables.

La correlación de Pearson se utiliza mucho porque es fácil de interpretar y calcular. Resulta especialmente útil cuando los datos se distribuyen de forma continua y la relación entre las variables parece ser lineal. Sin embargo, es importante señalar que la correlación de Pearson solo mide las relaciones lineales y no capta necesariamente las relaciones no lineales entre variables. Para explorar dichas relaciones, pueden utilizarse otras técnicas de correlación, como la correlación de rangos de Spearman o la correlación de rangos de Kendall.

```
import numpy as np
import matplotlib.pyplot as plt
from scipy import stats

# Generate data
np.random.seed(0)
x = np.random.rand(50)
y = 2 * x + np.random.normal(0, 0.1, 50)

# Calculate Pearson correlation
r, p_value = stats.pearsonr(x, y)

# Visualize the data
plt.figure(figsize=(10, 6))
plt.scatter(x, y)
plt.title(f"Pearson Correlation: r = {r:.2f}, p-value = 
{p_value:.4f}")
plt.xlabel("Variable X")
plt.ylabel("Variable Y")
plt.show()

print(f"Pearson correlation coefficient: {r:.2f}")
print(f"P-value: {p_value:.4f}")
```

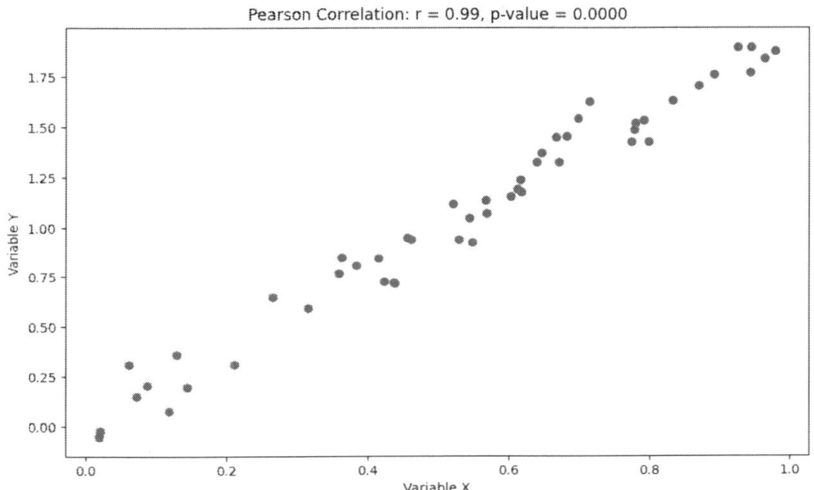

Prueba de correlación de Spearman

La correlación de Spearman es una medida de la correlación entre dos variables basada en los rangos de los datos y no en los valores brutos. A diferencia de la correlación de Pearson, que evalúa la correlación lineal entre dos variables cuantitativas, la correlación de Spearman puede utilizarse para evaluar la correlación entre variables que no siguen necesariamente una relación lineal.

Para calcular la correlación de Spearman, a cada valor de cada variable se le asigna un rango, de menor a mayor. A continuación, en lugar de utilizar los valores brutos, utilizamos estos rangos para calcular la correlación. La correlación de Spearman se basa en la diferencia entre los rangos de los pares de datos, en lugar de en las diferencias entre los valores brutos.

La correlación de Spearman también varía entre -1 y 1, donde:

- Un coeficiente de correlación de 1 indica una correlación positiva perfecta entre los rangos de los datos.
- Un coeficiente de correlación de -1 indica una correlación negativa perfecta entre los rangos de los datos.
- Un coeficiente de correlación de 0 indica que no existe correlación entre los rangos de los datos.

La correlación de Spearman es una medida de la correlación entre los rangos de los datos y puede utilizarse para evaluar relaciones entre variables que no siguen necesariamente una relación lineal.

```
import numpy as np
import matplotlib.pyplot as plt
from scipy import stats

# Generate data
np.random.seed(0)
x = np.random.rand(50)
y = np.exp(x) + np.random.normal(0, 0.1, 50)

# Calculate Spearman correlation
rho, p_value = stats.spearmanr(x, y)

# Visualize the data
plt.figure(figsize=(10, 6))
plt.scatter(x, y)
plt.title(f"Spearman Correlation: ρ = {rho:.2f}, p-value =
{p_value:.4f}")
plt.xlabel("Variable X")
plt.ylabel("Variable Y")
plt.show()

print(f"Spearman correlation coefficient: {rho:.2f}")
print(f"P-value: {p_value:.4f}")
```

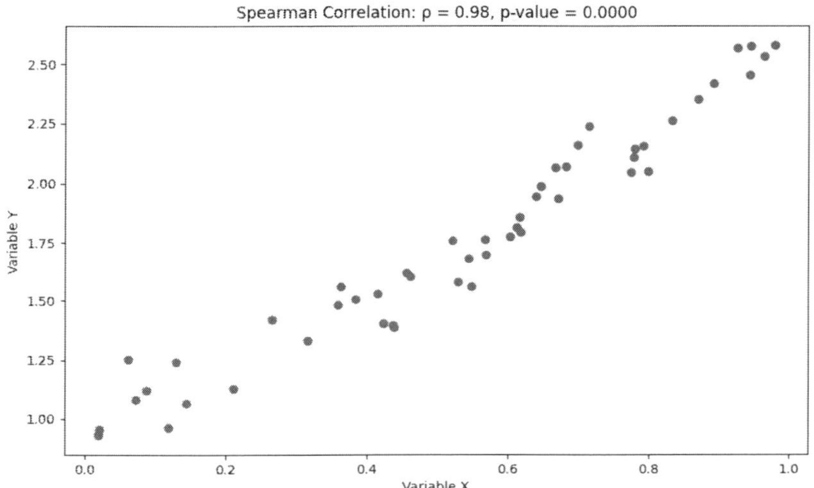

Pearson frente a Spearman

El código siguiente pretende ilustrar de forma concreta la diferencia entre las correlaciones de Pearson y de Spearman en el contexto de una relación no lineal.

Utilizando un ejemplo de una relación de ley de potencia, destacamos los puntos fuertes y las limitaciones de cada método. El objetivo es mostrar por qué la correlación de Spearman puede ser más adecuada para detectar determinados tipos de relaciones no lineales, mientras que la correlación de Pearson, aunque muy utilizada, a veces puede subestimar la fuerza de dichas relaciones.

Haremos lo siguiente:

- Importación de bibliotecas: el script comienza importando NumPy para la manipulación de datos, Matplotlib para la visualización y SciPy para los cálculos estadísticos.

- Generación de datos: se establece una semilla (*seed* en inglés) aleatoria para la reproducibilidad. La semilla aleatoria es un número que inicializa el generador de números pseudoaleatorios: es como definir un punto de partida fijo para la generación de números. Al utilizar la misma semilla, siempre se obtiene la misma secuencia de números «aleatorios», lo que significa que se pueden reproducir exactamente los mismos resultados cada vez que se ejecuta el código. Se crea una serie de 100 valores x comprendidos entre 0,1 y 10. Los valores y se generan según una ley de potencia (3^x) con ruido añadido proporcional a x. Los valores y se hacen positivos tomando su valor absoluto.
- Cálculo de la correlación: la correlación de Pearson y su valor p se calculan con `stats.pearsonr()`. La correlación de Spearman y su valor p se calculan con `stats.spearmanr()`.
- Visualización de datos: se crea una figura con dos subgráficos. El primer gráfico muestra la relación directa entre x e y, ilustrando la naturaleza no lineal de la relación. El segundo gráfico muestra el logaritmo de y en función de x, lo que linealiza la relación en una ley de potencias.
- Mostrar resultados: se imprimen los coeficientes de correlación y los valores p de Pearson y Spearman.

```
import numpy as np
import matplotlib.pyplot as plt
from scipy import stats

# Generate power-law distributed data
np.random.seed(0)
x = np.linspace(0.1, 10, 100)
y = 3**x + np.random.normal(0, x, 100)  # Power-law with noise
proportional to x

# Ensure all y values are positive
y = np.abs(y)

# Calculate Pearson and Spearman correlations
r_pearson, p_pearson = stats.pearsonr(x, y)
rho_spearman, p_spearman = stats.spearmanr(x, y)

# Visualize the data
plt.figure(figsize=(12, 6))

plt.subplot(1, 2, 1)
```

```
plt.scatter(x, y)
plt.title("Power-law Relationship between X and Y")
plt.xlabel("Variable X")
plt.ylabel("Variable Y")

plt.subplot(1, 2, 2)
plt.scatter(x, np.log(y))
plt.title("Log(Y) as a function of X")
plt.xlabel("Variable X")
plt.ylabel("Log(Variable Y)")

plt.tight_layout()
plt.show()

print(f"Pearson correlation coefficient: {r_pearson:.2f}")
print(f"P-value (Pearson): {p_pearson:.4f}")
print(f"Spearman correlation coefficient: {rho_spearman:.2f}")
print(f"P-value (Spearman): {p_spearman:.4f}")
```

La salida es:

```
Pearson correlation coefficient: 0.67
P-value (Pearson): 0.0000
Spearman correlation coefficient: 1.00
P-value (Spearman): 0.0000
```

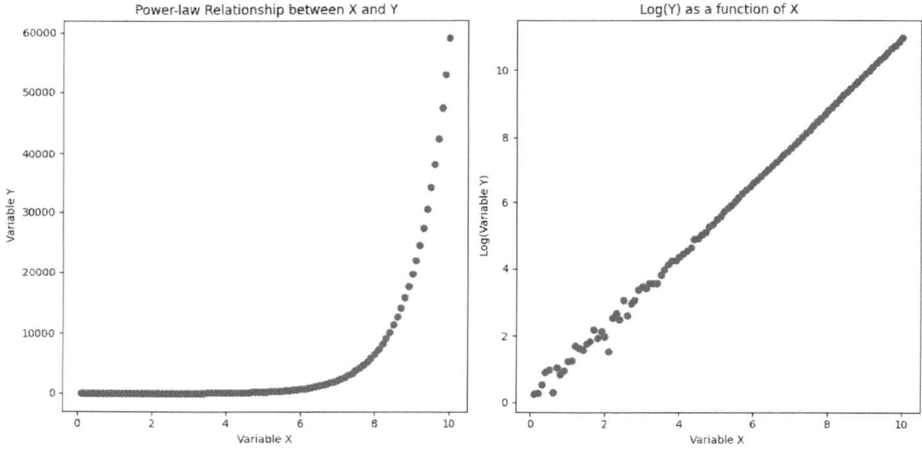

Esta breve demostración permite comparar la eficacia de los dos métodos de correlación tanto visual como numéricamente:

- La correlación de Pearson, optimizada para las relaciones lineales, puede subestimar la fuerza de la relación.
- La correlación de Spearman, basada en rangos, debería captar mejor esta relación monótona no lineal.

Al examinar los gráficos y los coeficientes de correlación, podemos ver cómo Spearman puede ser más adecuado para detectar relaciones no lineales, mientras que Pearson puede no reflejar adecuadamente la fuerza de la relación en este caso.

2.2.2 Asociación entre variables cualitativas

Tabla de contingencias

La tabla de contingencia es una herramienta estadística fundamental para analizar las relaciones entre variables categóricas. Proporciona una representación visual clara de la distribución conjunta de dos o más variables categóricas, lo que permite detectar rápidamente patrones o posibles asociaciones entre estas variables.

En el contexto de la Business Intelligence, las tablas de contingencia son especialmente útiles para explorar cuestiones como la relación entre las categorías de productos y los segmentos de clientes, el impacto de las campañas de marketing en las conversiones o la asociación entre la satisfacción del cliente y la fidelidad a la marca.

Construir una tabla de contingencia implica cruzar las modalidades de dos variables categóricas, creando una matriz en la que cada celda contiene el número de observaciones correspondientes a la combinación específica de modalidades. Además de mostrar frecuencias brutas, esta representación puede utilizarse para calcular proporciones y porcentajes, que pueden revelar tendencias importantes.

Para ilustrar la creación y el uso de una tabla de contingencia en Python, veamos un ejemplo concreto del ámbito del comercio electrónico. Imaginemos que queremos analizar la relación entre el tipo de dispositivo utilizado (móvil, tableta, ordenador) y la tasa de conversión (compra o no) en un sitio web.

```
import pandas as pd
import numpy as np
import matplotlib.pyplot as plt
import seaborn as sns

# Generate synthetic data
np.random.seed(0)
n_observations = 1000
devices = np.random.choice(['Mobile', 'Tablet', 'Desktop'],
n_observations, p=[0.5, 0.2, 0.3])
conversions = np.random.choice(['Yes', 'No'], n_observations,
p=[0.1, 0.9])

# Create DataFrame
df = pd.DataFrame({'Device': devices, 'Conversion': conversions})

# Create contingency table
contingency_table = pd.crosstab(df['Device'], df['Conversion'])

print("Contingency Table:")
print(contingency_table)

# Visualize contingency table
plt.figure(figsize=(10, 6))
sns.heatmap(contingency_table, annot=True, fmt='d', cmap='YlGnBu')
plt.title('Contingency Table: Device vs Conversion')
plt.show()

# Calculate conversion rates by device
conversion_rates = contingency_table['Yes'] /
(contingency_table['Yes'] + contingency_table['No']) * 100
print("\nConversion rates by device:")
print(conversion_rates)
```

El resultado es el siguiente:

```
Contingency Table:

Conversion   No  Yes
Device
Desktop     262   29
Mobile      473   44
Tablet      170   22
```

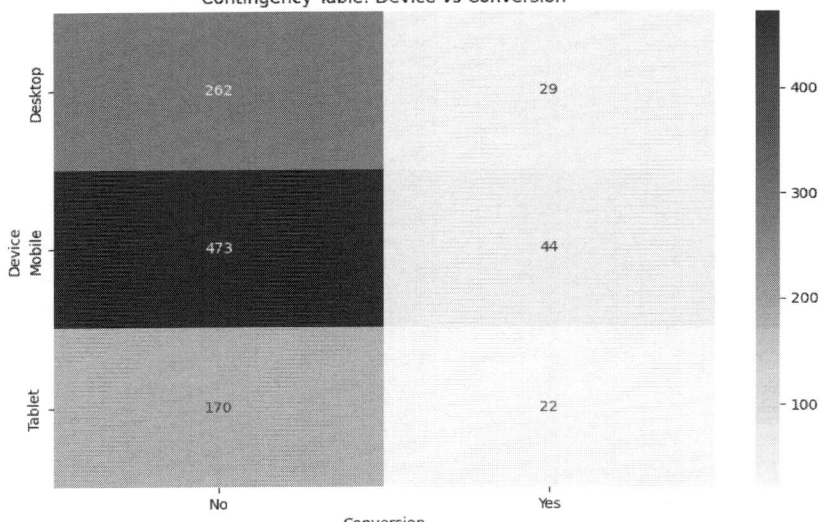


```
Conversion rates by device:
Device
Desktop     9.965636
Mobile      8.510638
Tablet     11.458333
```

Este código genera en primer lugar datos sintéticos y, a continuación, crea una tabla de contingencia utilizando la función `pd.crosstab()`. Después, visualiza esta tabla en forma de heatmap para una interpretación más intuitiva. Por último, calcula las tasas de conversión para cada tipo de dispositivo.

El análisis de esta tabla de contingencia podría revelar, por ejemplo, que los usuarios de tabletas tienen una mayor tasa de conversión que los de móviles o equipos de sobremesa. Esta información puede orientar decisiones estratégicas, como optimizar la experiencia del usuario en determinados dispositivos o asignar recursos de marketing.

Es importante señalar que, aunque las tablas de contingencia son extremadamente útiles para la exploración inicial de los datos, a menudo es necesario complementarlas con pruebas estadísticas más rigurosas, como la prueba chi-cuadrado de independencia, para confirmar la significación estadística de las asociaciones observadas.

En conclusión, las tablas de contingencia son una herramienta potente y accesible para analizar las relaciones entre variables categóricas en Business Intelligence. Su uso juicioso puede revelar patrones importantes en los datos, orientando la toma de decisiones basada en datos y el desarrollo de estrategias empresariales eficaces.

Prueba chi-cuadrado de independencia

La prueba chi-cuadrado de independencia es una herramienta estadística esencial en Business Intelligence para evaluar la asociación entre dos variables categóricas. Se utiliza para determinar si la distribución observada en una tabla de contingencia difiere significativamente de lo que cabría esperar si las variables fueran independientes. Esta prueba es especialmente útil en contextos como el análisis de la eficacia de las campañas de marketing, el estudio de las preferencias de los consumidores o la evaluación del impacto de las estrategias comerciales en distintos segmentos de clientes.

Implementar la prueba chi-cuadrado en Python es relativamente sencillo, gracias a la función `chi2_contingency()` de la biblioteca scipy.stats. He aquí un ejemplo concreto:

```
import numpy as np
from scipy.stats import chi2_contingency

# Create a contingency table
contingency_table = np.array([[100, 50], [80, 70]])

# Perform the chi-squared test
statistic, p_value, degrees_of_freedom, expected_values =
```

```
chi2_contingency(contingency_table)

print(f"Chi-squared statistic: {statistic:.2f}")
print(f"P-value: {p_value:.4f}")
print(f"Degrees of freedom: {degrees_of_freedom}")
```

La salida es:

```
Chi-squared statistic: 5.01
P-value: 0.0251
Degrees of freedom: 1
```

La interpretación de los resultados de la prueba se basa principalmente en el valor p. Un valor p inferior al umbral elegido (generalmente 0,05) indica una asociación significativa entre las variables. Sin embargo, es fundamental no limitarse únicamente a este valor y tener en cuenta también el tamaño del efecto y el contexto del estudio.

Es importante tener presentes ciertas limitaciones y consideraciones a la hora de utilizar la prueba chi-cuadrado. En primer lugar, es sensible al tamaño de la muestra: con muestras muy grandes, incluso las asociaciones débiles pueden parecer estadísticamente significativas. En segundo lugar, la prueba supone que los números teóricos de cada celda son suficientemente grandes (generalmente superiores a 5). Para muestras pequeñas o tablas que contengan celdas con números bajos, pueden ser más apropiadas otras pruebas, como la prueba exacta de Fisher.

En conclusión, la prueba de independencia chi-cuadrado es una potente herramienta para analizar las relaciones entre variables categóricas en Business Intelligence. Su uso prudente, combinado con una interpretación crítica de los resultados, puede aportar información valiosa para la toma de decisiones estratégicas. No obstante, es esencial considerarla como parte de un conjunto más amplio de análisis estadísticos, y contextualizar siempre sus resultados en el marco de la empresa y el mercado estudiado.

2.2.3 Relación entre las variables cualitativas y cuantitativas

Análisis de la varianza (ANOVA)

El análisisdela varianza (en inglés *Analysis of Variance* o ANOVA) es un método estadístico fundamental en Business Intelligence, especialmente útil para comparar las medias de tres o más grupos. Esta técnica se utiliza para determinar si estos grupos difieren significativamente entre sí, comprobando así la hipótesis nula de que las medias de varios grupos son iguales. El ANOVA tiene muchas aplicaciones en el mundo empresarial, ya sea para comparar la eficacia de distintas estrategias de marketing, evaluar el rendimiento de distintos productos o analizar las diferencias en la satisfacción de los clientes entre distintos segmentos.

Para ilustrar el uso de ANOVA en Python, veamos un ejemplo concreto. Supongamos que queremos comparar las ventas medias de tres regiones distintas para ver si hay diferencias significativas entre ellas. He aquí como podríamos hacerlo utilizando la función `f_oneway()` de la biblioteca scipy.stats:

```
import numpy as np
import matplotlib.pyplot as plt
from scipy import stats

# Generate simulated data for three regions
np.random.seed(0)
region1 = np.random.normal(100, 15, 50)
region2 = np.random.normal(110, 15, 50)
region3 = np.random.normal(95, 15, 50)

# Perform ANOVA
f_statistic, p_value = stats.f_oneway(region1, region2, region3)

print(f"F-statistic: {f_statistic:.4f}")
print(f"P-value: {p_value:.4f}")

# Interpretation of results
alpha = 0.05
if p_value < alpha:
   print("There are significant differences between the means of 
the regions.")
else:
   print("There is not enough evidence to conclude differences
```

```
between the regions.")

# Visualize the data
plt.figure(figsize=(10, 6))
plt.boxplot([region1, region2, region3], labels=['Region 1',
'Region 2', 'Region 3'])
plt.title("Comparison of Sales by Region")
plt.ylabel("Sales")
plt.show()
```

La salida es:

```
F-statistic: 6.5499
P-value: 0.0019
There are significant differences between the means of the regions.
```

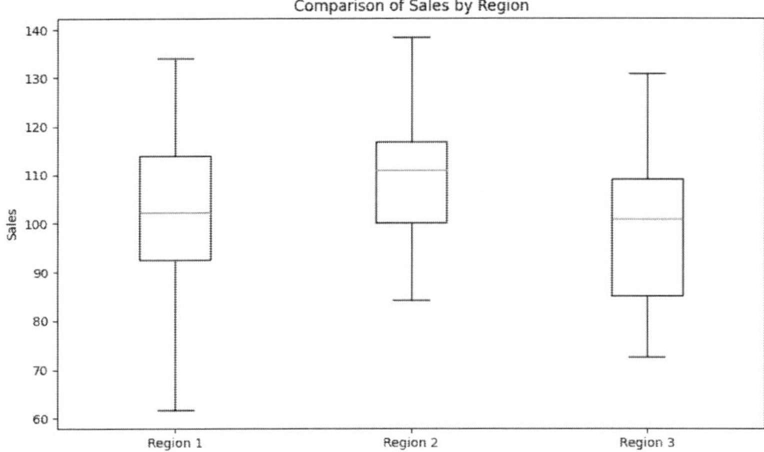

Este script no solo realiza el ANOVA, sino que también proporciona una visualización de los datos en forma de cajas de bigotes, lo que ayuda a interpretar visualmente las diferencias entre los grupos.

Es fundamental tener en cuenta que el ANOVA se basa en determinados supuestos, en particular la homogeneidad de las varianzas y la normalidad de los residuos. En un contexto de Business Intelligence, es importante comprobar estos supuestos antes de sacar conclusiones. Además, si el ANOVA revela diferencias significativas, a menudo es necesario realizar análisis post-hoc, como la prueba de Tukey, para identificar con precisión qué grupos difieren entre sí.

La interpretación de los resultados del ANOVA debe tener siempre en cuenta el contexto del estudio y los objetivos comerciales. Por ejemplo, las diferencias estadísticamente significativas entre las ventas en distintas regiones podrían dar lugar a ajustes en las estrategias regionales de distribución o comercialización.

El ANOVA es una poderosa herramienta en la caja de herramientas del analista de datos. Permite ir más allá de las simples comparaciones por pares y obtener una visión general de las diferencias entre varios grupos. Sin embargo, para utilizarlo con buen criterio es necesario conocer a fondo no solo la técnica en sí, sino también los datos que se analizan y el contexto empresarial en el que se enmarcan. Si se utiliza correctamente, el ANOVA puede proporcionar información valiosa para orientar la toma de decisiones empresariales.

3. Inferencia estadística

3.1 Noción de intervalo de confianza

El intervalo de confianza es un concepto fundamental de la estadística inferencial, que desempeña un papel crucial en la estimación de parámetros poblacionales a partir de muestras. En el contexto de la Business Intelligence, proporciona un medio riguroso de cuantificar la incertidumbre asociada a las estimaciones, permitiendo una toma de decisiones basada en una mejor información.

Un intervalo de confianza es un rango de valores, calculado a partir de los datos de una muestra, que tiene una probabilidad determinada de contener el verdadero valor del parámetro poblacional. Por ejemplo, un intervalo de confianza del 95 % para la media de una población significa que, si repitiéramos muchas veces el muestreo y el cálculo del intervalo, alrededor del 95 % de estos intervalos contendrían la verdadera media de la población.

Para ilustrar este concepto, veamos un ejemplo concreto en Python. Supongamos que queremos estimar la facturación media por cliente de una empresa de comercio electrónico:

```
import numpy as np
from scipy import stats

# Simulate revenue data per client
np.random.seed(0)
revenues = np.random.normal(loc=100, scale=20, size=1000)

# Calculate the sample mean and standard deviation
sample_mean = np.mean(revenues)
sample_std_dev = np.std(revenues, ddof=1)

# Calculate the 95% confidence interval
sample_size = len(revenues)
margin_of_error = stats.t.ppf((1 + 0.95) / 2, df=sample_size-1) *
(sample_std_dev / np.sqrt(sample_size))
confidence_interval = (sample_mean - margin_of_error, sample_mean
+ margin_of_error)

print(f"Sample mean: {sample_mean:.2f}")
print(f"95% confidence interval: {confidence_interval}")
```

La salida es:

```
Sample mean: 99.09
95% confidence interval: 97.87, 100.32
```

En el ejemplo, calculamos un intervalo de confianza del 95 % para los ingresos medios por cliente. La interpretación correcta de este intervalo es crucial: no significa que haya un 95 % de probabilidades de que la verdadera media de la población se encuentre dentro de este intervalo, sino que, si repitiéramos este procedimiento muchas veces, alrededor del 95 % de los intervalos calculados contendrían la verdadera media.

El uso de los intervalos de confianza en Business Intelligence es muy amplio. Pueden utilizarse para estimar métricas clave como la tasa de conversión media, la cesta media o la vida útil del cliente. También pueden utilizarse para comparar grupos, por ejemplo, evaluando si los intervalos de confianza de las tasas de retención de distintos segmentos de clientes se solapan.

Es importante señalar que la amplitud del intervalo de confianza está influida por varios factores. Un mayor tamaño de la muestra tiende a reducir la amplitud del intervalo, proporcionando una estimación más precisa. Del mismo modo, un nivel de confianza más alto (por ejemplo, 99 % en lugar de 95 %) ampliará el intervalo. La elección del nivel de confianza suele depender del contexto del análisis y de las posibles consecuencias de un error de estimación.

En conclusión, los intervalos de confianza son una poderosa herramienta de la Business Intelligence para cuantificar la incertidumbre de las estimaciones. Su uso juicioso no solo permite evitar conclusiones precipitadas basadas en estimaciones puntuales, sino también comunicar de forma más transparente la fiabilidad de las percepciones generadas a partir de los datos. En un entorno empresarial en el que la toma de decisiones basada en datos es crucial, dominar los intervalos de confianza se convierte en una baza importante para cualquier analista o responsable de la toma de decisiones.

3.2 Principios de las pruebas de hipótesis

La comprobación de hipótesis es un pilar fundamental de la inferencia estadística, que proporciona un marco riguroso para la toma de decisiones basada en datos en Business Intelligence. Este proceso implica la formulación y evaluación sistemática de hipótesis sobre los parámetros de la población, lo que permite extraer conclusiones sólidas a partir de muestras.

En el núcleo de cada prueba de hipótesis se encuentran la hipótesis nula (H0) y la hipótesis alternativa (H1). La hipótesis nula suele representar el statu quo o la ausencia de un efecto, mientras que la hipótesis alternativa propone un cambio o un efecto. Por ejemplo, en el contexto de una campaña de marketing, H0 podría afirmar que la nueva campaña no tiene ningún impacto en las ventas, mientras que H1 afirmaría lo contrario.

La toma de decisiones en las pruebas de hipótesis no está exenta del riesgo de error. El error de tipo I, o falso positivo, se produce cuando se rechaza erróneamente la hipótesis nula. La probabilidad de cometer este error se denota mediante α, el nivel de significación de la prueba. Un error de tipo II, o falso negativo, se produce cuando no se rechaza una hipótesis nula que en realidad es falsa. La probabilidad de cometer este error se denota mediante β, y su complemento (1-β) representa la potencia de la prueba.

El valor p desempeña un papel crucial en la interpretación de los resultados de una prueba de hipótesis. Representa la probabilidad de obtener un resultado al menos tan extremo como el observado, bajo la hipótesis nula. Un valor p inferior al nivel de significación preestablecido α (a menudo 0,05) conduce al rechazo de la hipótesis nula en favor de la hipótesis alternativa.

Para ilustrar estos conceptos, veamos un ejemplo concreto en Python. Supongamos que queremos probar si el tiempo medio de permanencia en un sitio web nuevo es muy diferente a 10 minutos. Utilizamos tres bibliotecas de Python dedicadas a la estadística: NumPy para la manipulación de datos y la generación aleatoria, scipy.stats para realizar la prueba t de Student y statsmodels para el análisis de potencia. Los principales métodos utilizados generan una muestra siguiendo una distribución normal (random.normal), prueban si su media difiere significativamente de un valor de referencia (ttest_1samp) y evalúan la fiabilidad de esta prueba mediante un análisis de potencia (solve_power).

```
import numpy as np
from scipy import stats
from statsmodels.stats.power import TTestIndPower

# Simulate data: time spent on the site (in minutes)
np.random.seed(0)
time_on_site = np.random.normal(loc=11, scale=2, size=100)

# Define hypotheses
# H0: The mean time is 10 minutes
# H1: The mean time is different from 10 minutes

# Perform the t-test
t_stat, p_value = stats.ttest_1samp(time_on_site, popmean=10)
```

```
# Interpret the results
alpha = 0.05
print(f"T-statistic: {t_stat:.4f}")
print(f"P-value: {p_value:.4f}")

if p_value < alpha:
    print("Reject the null hypothesis: The mean time is
significantly different from 10 minutes.")
else:
    print("Fail to reject the null hypothesis: Not enough
evidence to conclude that the mean time is different from 10
minutes.")

# Calculate the power of the test
effect_size = (np.mean(time_on_site) - 10) / np.std(time_on_site,
ddof=1)
power_analysis = TTestIndPower()
power = power_analysis.solve_power(effect_size=effect_size,
nobs1=len(time_on_site), alpha=alpha)
print(f"Power of the test: {power:.4f}")
```

La salida es:

```
T-statistic: 5.5265
P-value: 0.0000
Reject the null hypothesis: The mean time is significantly
different from 10 minutes.
Power of the test: 0.9731
```

Los datos muestran una diferencia estadísticamente significativa entre el tiempo medio pasado in situ y el valor de referencia de 10 minutos (p-value < 0,05). El elevado estadístico t (5,5265) indica una desviación significativa de la hipótesis nula. La potencia de la prueba es muy elevada (0,9731 o 97, 31 %), lo que significa que la prueba fue especialmente fiable para detectar esta diferencia. Esta elevada potencia nos permite estar muy seguros de rechazar la hipótesis nula.

Este script ilustra una prueba t de una muestra, comparando el tiempo medio pasado en el sitio con un valor hipotético de 10 minutos. Calcula el estadístico t, el valor p e interpreta los resultados según el nivel de significación α. También calcula la potencia de la prueba, proporcionando una visión global de la solidez de nuestras conclusiones.

En Business Intelligence, dominar las pruebas de hipótesis permite evaluar con rigor la eficacia de las estrategias de marketing, el impacto de los cambios operativos o la pertinencia de los nuevos productos. Sin embargo, es crucial no fiarse ciegamente de los valores p y tener siempre en cuenta el tamaño del efecto y el contexto empresarial a la hora de interpretar los resultados.

En conclusión, los principios de las pruebas de hipótesis proporcionan un marco metodológico sólido para la toma de decisiones basada en datos en Business Intelligence. Un conocimiento profundo de las hipótesis nula y alternativa, los errores de tipo I y II y la interpretación de los valores p permite a los analistas navegar con confianza por el complejo panorama de la inferencia estadística, sin dejar de ser conscientes de las limitaciones y matices de estos métodos.

3.3 Pruebas paramétricas

Las pruebas paramétricas son potentes herramientas estadísticas muy utilizadas en Business Intelligence para extraer conclusiones a partir de datos muestreados. Estas pruebas se basan en supuestos específicos sobre la distribución de los datos, en particular la normalidad y la homogeneidad de las varianzas. Aunque estos supuestos pueden parecer restrictivos, estas pruebas ofrecen una gran potencia estadística cuando se cumplen.

3.3.1 Prueba de normalidad

La prueba de normalidad se utiliza para determinar si una muestra de datos sigue una distribución normal o gaussiana. Se trata de un paso importante en muchos análisis estadísticos, ya que muchos métodos suponen que los datos se distribuyen normalmente. La prueba de normalidad puede ayudar a verificar este supuesto.

En este ejemplo, utilizaremos la prueba de normalidad de Shapiro-Wilk de la biblioteca scipy.stats para evaluar la normalidad de una muestra de datos.

```
from scipy.stats import shapiro
import numpy as np

# Example data
data = np.random.normal(loc=0, scale=1, size=100)
```

```
# Apply the Shapiro-Wilk normality test
statistic, p_value = shapiro(data)

# Interpret the results
if p_value > 0.05:
    print("The data follows a normal distribution (p-value =",
p_value, ")")
else:
    print("The data does not follow a normal distribution
(p-value =", p_value, ")")
```

La salida es:

```
The data does not follow a normal distribution (p-value =
0.04156432925499036 )
```

Asegúrese de que dispone de una muestra suficientemente grande para obtener resultados fiables.

Tenga en cuenta que la prueba de normalidad puede ser sensible al tamaño de la muestra. Con muestras de gran tamaño, incluso pequeñas desviaciones de la normalidad pueden detectarse como significativas.

Utilice la prueba de normalidad como herramienta exploratoria y no como paso obligatorio. A veces, aunque los datos no sean perfectamente normales, los análisis paramétricos pueden seguir siendo apropiados si se cumplen las demás condiciones.

Si los datos no siguen una distribución normal, considere alternativas como métodos no paramétricos o transformaciones de los datos para cumplir las hipótesis de las pruebas estadísticas.

La prueba de normalidad es un paso importante en el análisis de datos. Comprendiendo cómo funciona y siguiendo las buenas prácticas, los analistas pueden interpretar mejor los resultados de sus análisis estadísticos.

3.3.2 Prueba t de Student

La prueba t de Student es una de las pruebas paramétricas más utilizadas. Se utiliza para comparar las medias de dos grupos y determinar si existe una diferencia significativa entre ellos. En el contexto de la Business Intelligence, esta prueba puede aplicarse para comparar la eficacia de dos estrategias de marketing, evaluar el impacto de un cambio de proceso o analizar las diferencias de rendimiento entre dos segmentos de clientes.

He aquí un ejemplo de la prueba t de Student en Python. Usamos NumPy para generar datos aleatorios siguiendo una distribución normal usando el método random.normal, y scipy.stats para realizar una prueba t de Student comparando las medias de dos grupos independientes usando el método ttest_ind. La prueba determinará si la diferencia entre las medias de los dos grupos es estadísticamente significativa:

```
import numpy as np
from scipy import stats

# Simulate data for two groups
np.random.seed(0)
group1 = np.random.normal(loc=100, scale=15, size=50)
group2 = np.random.normal(loc=110, scale=15, size=50)

# Perform the Student's t-test
t_statistic, p_value = stats.ttest_ind(group1, group2)

print(f"T-statistic: {t_statistic:.4f}")
print(f"P-value: {p_value:.4f}")

if p_value < 0.05:
    print("There is a significant difference between the means of
the two groups.")
else:
    print("There is not enough evidence to conclude a difference
between the means of the groups.")
```

La salida es:

```
T-statistic: -2.4889
P-value: 0.0145
There is a significant difference between the means of the two
groups.
```

La comparación de los dos grupos muestra una diferencia estadísticamente significativa (valor p = 0,0145 < 0,05). El valor negativo del estadístico t (-2,4889) indica que la media del grupo 1 es inferior a la del grupo 2, lo que corresponde a nuestra simulación en la que habíamos definido medias de 100 y 110 respectivamente. Esta diferencia es lo suficientemente grande como para considerarla estadísticamente significativa al nivel convencional del 5 %.

3.3.3 ANOVA unidireccional

El análisis de varianza (ANOVA) unidireccional es una extensión de la prueba t que compara las medias de tres o más grupos. Esta técnica es especialmente útil en Business Intelligence cuando se evalúa el impacto de distintas estrategias, se comparan varios segmentos de mercado o se analiza el rendimiento de múltiples productos o servicios.

He aquí un ejemplo de uso de ANOVA de un factor en Python. Utilizamos la biblioteca NumPy para generar datos aleatorios siguiendo una distribución normal mediante `random.normal`y scipy.stats para realizar un análisis de varianza (ANOVA) utilizando la función `f_oneway`:

```
import numpy as np
from scipy import stats

# Simulate data for three groups
np.random.seed(0)
group1 = np.random.normal(loc=100, scale=15, size=50)
group2 = np.random.normal(loc=105, scale=15, size=50)
group3 = np.random.normal(loc=110, scale=15, size=50)

# Perform ANOVA
f_statistic, p_value = stats.f_oneway(group1, group2, group3)

print(f"F-statistic: {f_statistic:.4f}")
print(f"P-value: {p_value:.4f}")

if p_value < 0.05:
    print("There are significant differences between the means of
the groups.")
else:
    print("There is not enough evidence to conclude differences
between the means of the groups.")
```

La salida es:

```
F-statistic: 8.0647
P-value: 0.0005
There are significant differences between the means of the groups.
```

El ANOVA mostró una diferencia altamente significativa entre las medias de los tres grupos (p-value = 0,0005 << 0,05). El elevado valor del estadístico F (8,0647) sugiere una variación significativa entre los grupos en comparación con la variación dentro de los grupos. Las diferencias observadas entre las medias simuladas (100, 105 y 110) son, por tanto, estadísticamente significativas al nivel del 5 %.

Siempre hay que tener cuidado al interpretar los resultados de estas pruebas paramétricas. Un valor p inferior al umbral elegido (generalmente 0,05) indica diferencias estadísticamente significativas, pero es crucial considerar también el tamaño del efecto y la relevancia práctica de estas diferencias en el contexto específico del análisis.

Es importante señalar que tanto la prueba t de Student como el ANOVA se basan en supuestos de normalidad y homogeneidad de varianzas. En la práctica de la Business Intelligence, estos supuestos no siempre se respetan estrictamente. Por ello, a menudo es aconsejable comprobarlos y, si es necesario, considerar alternativas no paramétricas o transformaciones de datos.

La prueba t de Student y el ANOVA unidireccional son potentes herramientas estadísticas que, cuando se utilizan adecuadamente, pueden proporcionar valiosos conocimientos de Business Intelligence. Pueden utilizarse para detectar diferencias significativas entre grupos y orientar la toma de decisiones estratégicas. Sin embargo, su uso requiere un conocimiento profundo de sus supuestos y limitaciones subyacentes, así como una interpretación matizada de sus resultados en el contexto específico del análisis empresarial.

3.4 Pruebas no paramétricas

Las pruebas no paramétricas son un conjunto esencial de herramientas estadísticas en Business Intelligence, especialmente útiles cuando no se cumplen los supuestos de las pruebas paramétricas tradicionales. Estos métodos son robustos ante distribuciones no normales y muestras pequeñas, lo que ofrece una valiosa flexibilidad en el análisis de datos reales que suelen ser complejos e irregulares.

3.4.1 Prueba de Mann-Whitney

La prueba de Mann-Whitney, también conocida como prueba de Wilcoxon-Mann-Whitney, es una de las pruebas no paramétricas más utilizadas. Se utiliza para comparar dos grupos independientes sin hacer ninguna suposición sobre la normalidad de sus distribuciones. En el contexto de la Business Intelligence, esta prueba puede ser especialmente útil para comparar, por ejemplo, el rendimiento de dos grupos de clientes, la eficacia de dos estrategias de marketing diferentes o los niveles de satisfacción entre dos segmentos de mercado.

He aquí un ejemplo de aplicación de la prueba de Mann-Whitney en Python. NumPy se utiliza para el cálculo numérico y la generación de datos aleatorios. La biblioteca scipy proporciona las herramientas estadísticas necesarias, en particular la prueba de Mann-Whitney. El código simula dos grupos de 100 valores que siguen una distribución exponencial con parámetros de escala de 2,0 y 2,5 respectivamente, y luego aplica la prueba de Mann-Whitney con la opción `'two-sided'` para detectar cualquier diferencia significativa entre las distribuciones, sin presuponer ninguna dirección en particular – este enfoque es particularmente relevante en un contexto empresarial para comparar objetivamente dos grupos o estrategias.

```
import numpy as np
from scipy import stats

# Simulate data for two groups
np.random.seed(0)
group1 = np.random.exponential(scale=2, size=100)
group2 = np.random.exponential(scale=2.5, size=100)

# Perform the Mann-Whitney test
```

```
statistic, p_value = stats.mannwhitneyu(group1, group2,
alternative='two-sided')

print(f"Test statistic: {statistic:.4f}")
print(f"P-value: {p_value:.4f}")

if p_value < 0.05:
    print("There is a significant difference between the two groups.")
else:
    print("There is not enough evidence to conclude a difference
between the groups.")
```

La salida es:

```
Test statistic: 3856.0000
P-value: 0.0052
There is a significant difference between the two groups.
```

Los resultados del análisis revelan una diferencia estadísticamente significativa entre los dos grupos, con un estadístico de prueba de 3856,0000 y un valor p de 0,0052, significativamente más bajo que el umbral de diferencia. En un contexto empresarial, este hallazgo estadístico podría justificar decisiones estratégicas, como la adopción de un nuevo enfoque de marketing o la confirmación de diferencias de comportamiento entre segmentos de clientes.

3.4.2 Prueba de Kruskal-Wallis

La prueba de Kruskal-Wallis es una ampliación de la prueba de Mann-Whitney a tres o más grupos. Se utiliza para determinar si existen diferencias estadísticamente significativas entre varios grupos independientes. Esta prueba es especialmente útil en Business Intelligence cuando se comparan varios segmentos de mercado, diferentes categorías de productos o la eficacia de varias campañas de marketing.

He aquí un ejemplo de utilización de la prueba de Kruskal-Wallis en Python. Utilizamos la biblioteca NumPy para generar datos numéricos y la biblioteca scipy.stats para el análisis estadístico, en particular la prueba de Kruskal-Wallis. Simulamos tres grupos de 50 valores, cada uno de los cuales sigue una distribución normal con medias ligeramente diferentes (100, 105 y 95) y una desviación estándar idéntica de 15. A continuación, aplicamos la prueba de Kruskal-Wallis `mediante stats.kruskal()` para detectar cualquier diferencia significativa entre estas tres distribuciones.

Este enfoque no paramétrico es especialmente adecuado cuando no puede garantizarse la normalidad de los datos o la igualdad de varianzas entre grupos, lo que suele ocurrir cuando se analizan datos empresariales.

```
import numpy as np
from scipy import stats

# Simulate data for three groups
np.random.seed(0)
group1 = np.random.normal(loc=100, scale=15, size=50)
group2 = np.random.normal(loc=105, scale=15, size=50)
group3 = np.random.normal(loc=95, scale=15, size=50)

# Perform the Kruskal-Wallis test
statistic, p_value = stats.kruskal(group1, group2, group3)

print(f"Test statistic: {statistic:.4f}")
print(f"P-value: {p_value:.4f}")

if p_value < 0.05:
    print("There are significant differences between the
groups.")
else:
    print("There is not enough evidence to conclude differences
between the groups.")
```

La salida es:

```
Test statistic: 3.5537
P-value: 0.1692
There is not enough evidence to conclude differences between
the groups.
```

El análisis estadístico arroja un estadístico de prueba de 3,5537 y un valor p de 0,1692, por encima del nivel de significación convencional de 0,05. Esto nos lleva a concluir que no hay pruebas estadísticas suficientes para afirmar la existencia de diferencias significativas entre los tres grupos. En un contexto empresarial, este resultado podría sugerir que las distintas estrategias o segmentos estudiados no producen efectos significativamente diferentes, lo que nos invitaría a reconsiderar la pertinencia de las distinciones realizadas o a profundizar en el análisis con otros métodos o métricas.

Los resultados de estas pruebas no paramétricas deben interpretarse siempre en el contexto específico del análisis. Un valor p inferior al umbral elegido (generalmente 0,05) indica diferencias significativas entre los grupos, pero es crucial considerar también el tamaño del efecto y la relevancia práctica de estas diferencias.

En conclusión, las pruebas no paramétricas como la prueba de Mann-Whitney y la prueba de Kruskal-Wallis ofrecen alternativas sólidas a las pruebas paramétricas tradicionales. Su uso en Business Intelligence permite analizar eficazmente datos que no cumplen los supuestos de normalidad, abriendo el camino a valiosas perspectivas incluso en situaciones en las que los datos son irregulares o el tamaño de las muestras es reducido. El dominio de estos instrumentos enriquece considerablemente la caja de herramientas del analista, permitiendo análisis más flexibles y mejor adaptados a la complejidad de los datos reales que se encuentran en el mundo empresarial.

4. Técnicas avanzadas de análisis estadístico

4.1 Regresión lineal simple y múltiple

La regresión lineal es una técnica fundamental en estadística y aprendizaje automático, utilizada para modelizar la relación entre una variable dependiente y una o más variables independientes. Se aplica ampliamente en campos como la economía, la biología, la psicología y la ingeniería para predecir y comprender fenómenos lineales.

4.1.1 Regresión lineal simple

La regresión lineal simple consiste en que una única variable independiente (x) predice una variable dependiente (y). El modelo trata de establecer una relación lineal entre estas dos variables, expresada mediante la ecuación:

$$y = \beta_0 + \beta_1 x + \varepsilon$$

Donde y es la variable dependiente (a predecir), x es la variable independiente (predictora), β_0 es la intersección (intercepto), β_1 es la pendiente de la recta (coeficiente de regresión) y ε es el término de error.

El objetivo es estimar los parámetros β_0 y β_1 de forma que se minimice la suma de los cuadrados de los residuos (diferencias entre los valores observados y previstos). Este método se conoce como método de mínimos cuadrados ordinarios (MCO).

Estimación de parámetros

Para estimar β_0 y β_1, utilizamos las siguientes fórmulas:

$$\beta_1 = \frac{\sum_{i=1}^{n}(x_i - \bar{x})(y_i - \bar{y})}{\sum_{i=1}^{n}(x_i - \bar{x})^2}$$

$$\beta_0 = \bar{y} - \beta_1\bar{x}$$

Donde $\bar{x}$ y $\bar{y}$ son las medias de x e y respectivamente.

4.1.2 Interpretación de los coeficientes

En el contexto de las regresiones lineales, la interpretación de los coeficientes depende de dos parámetros fundamentales de la ecuación y = ax + b. El coeficiente "a" (la pendiente) nos proporciona información crucial sobre la relación entre nuestras variables: representa el cambio medio en nuestra variable dependiente y por cada incremento unitario en nuestra variable independiente x. Para ilustrarlo, si tenemos una pendiente a = 2, significa que, por término medio, y aumentará dos unidades cada vez que x aumente una unidad. El coeficiente "b" (la intersección y) representa el valor teórico de y cuando x es cero. Es importante señalar que la interpretación del intercepto no siempre es relevante en un contexto práctico, sobre todo en situaciones en las que la variable x nunca puede tomar el valor cero en el contexto del estudio.

He aquí un ejemplo en Python que utiliza la biblioteca scikit-learn para realizar una regresión lineal simple:

```
import numpy as np
from sklearn.linear_model import LinearRegression
import matplotlib.pyplot as plt
from sklearn.metrics import mean_squared_error, r2_score

# Generate data
np.random.seed(0)
X = np.linspace(0, 10, 100).reshape(-1, 1)
y = 2 * X + 1 + np.random.normal(0, 1, (100, 1))

# Create and fit the model
model = LinearRegression()
model.fit(X, y)

# Display the results
print(f"Pente (β1): {model.coef_[0][0]:.4f}")
print(f"Ordonnée à l'origine (β0): {model.intercept_[0]:.4f}")

# Predictions
y_pred = model.predict(X)

# Calculate metrics
mse = mean_squared_error(y, y_pred)
r2 = r2_score(y, y_pred)

print(f"Mean Squared Error: {mse:.4f}")
print(f"Coefficient of Determination (R²): {r2:.4f}")

# Visualize the results
plt.figure(figsize=(10, 6))
plt.scatter(X, y, color='blue', alpha=0.5, label='Observed data')
plt.plot(X, y_pred, color='red', linewidth=2, label='Linear
regression') plt.xlabel('X')
plt.ylabel('y')
plt.title('Simple Linear Regression')
plt.legend()
plt.show()
```

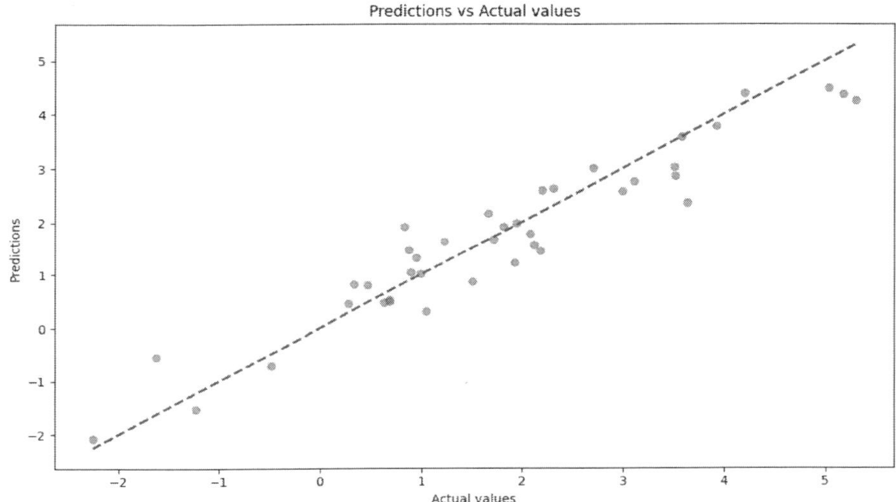

Este script genera datos con una relación lineal y algo de ruido, realiza una regresión lineal, muestra los coeficientes y las métricas de evaluación, y visualiza los resultados.

4.2 Regresión lineal múltiple

La regresión lineal múltiple amplía el concepto de regresión simple incluyendo varias variables independientes.

El modelo se expresa entonces como:

$$y = \beta_0 + \beta_1 x_1 + \beta_2 x_2 + \cdots + \beta_n x_n + \varepsilon$$

Donde x_1, x_2, ..., x_n son las variables independientes y, β_1 β_2 , ..., βn son sus coeficientes respectivos.

4.2.1 Estimación de parámetros

En el caso de la regresión múltiple, los parámetros suelen estimarse mediante el método de mínimos cuadrados ordinarios, pero los cálculos son más complejos e implican álgebra matricial. La solución puede expresarse en forma matricial de la siguiente manera:

$$\beta = (X^T X)^{-1} X^T y$$

Donde X es la matriz de variables independientes,$y$es el vector de la variable dependiente y β es el vector de coeficientes a estimar.

4.2.2 Interpretación de los coeficientes

Cada coeficiente β_1 representa el cambio medio en y para un aumento de una unidad en x_1, manteniendo el resto de variables constantes. Esta interpretación de «el resto de cosas son iguales» es crucial en la regresión múltiple. Por ejemplo, si β_2 =3, significa que, por término medio, y aumenta tres unidades por cada aumento de una unidad en x_2, suponiendo que todas las demás variables independientes permanecen constantes.

He aquí un ejemplo de regresión lineal múltiple en Python:

```
import numpy as np
from sklearn.linear_model import LinearRegression
from sklearn.datasets import make_regression
from sklearn.model_selection import train_test_split
from sklearn.metrics import mean_squared_error, r2_score

# Generar los datos
X, y = make_regression(n_samples=1000, n_features=5, noise=0.1,
random_state=42)

# Dividir los datos en conjuntos de entrenamiento y prueba
X_train, X_test, y_train, y_test = train_test_split(X, y,
test_size=0.2, random_state=42)

# Crear y ajustar el modelo
model = LinearRegression()
model.fit(X_train, y_train)

# Mostrar resultados
```

```
print("Coefficients:")
for i, coef in enumerate(model.coef_):
   print(f"β{i+1}: {coef:.4f}")
print(f"Intercepto(β0): {model.intercept_:.4f}")

# Predicciones sobre el conjunto de pruebas
y_pred = model.predict(X_test)

# Evaluar el modelo
mse = mean_squared_error(y_test, y_pred)
r2 = r2_score(y_test, y_pred)

print(f"\nError cuadráticodemedia: {mse:.4f}")
print(f"Coeficiente de determinación(R²):{r2:.4f}")

# Importancia relativa de las variables
importance = np.abs(model.coef_) / np.sum(np.abs(model.coef_))
for i, imp in enumerate(importance):
   print(f"Importancia relativa de x{i+1}: {imp:.4f}")
```

Este script genera un conjunto de datos con varias variables independientes, divide los datos en conjuntos de entrenamiento y de prueba, realiza una regresión lineal múltiple y evalúa el modelo en el conjunto de prueba.

4.3 Evaluación en profundidad del modelo

Para evaluar la calidad de un modelo de regresión lineal suelen utilizarse varias métricas y técnicas. El coeficiente de determinación (R^2) mide la proporción de la varianza de la variable dependiente explicada por el modelo. Varía de 0 a 1, donde 1 indica un ajuste perfecto. La fórmula de R^2 viene dada por:

$$R^2 = 1 - \frac{\sum_{i=1}^{n}(y_i - \hat{y}_i)^2}{\sum_{i=1}^{n}(y_i - \bar{y})^2}$$

Donde $\hat{y}_i$ son los valores predichos y $\bar{y}$ es la media de y.

La R^2 ajustada es una versión modificada de la R^2 que tiene en cuenta el número de variables independientes del modelo. Resulta especialmente útil para comparar modelos con distintos números de predictores. Su fórmula es:

$$R^2_{adj} = 1 - \left(\frac{1 - R^2}{n - k - 1}\right)(n - 1)$$

Donde n es el número de observaciones y k es el número de variables independientes.

El error cuadrático medio (*Mean Squared Error* en inglés o MSE) es la media de los cuadrados de las diferencias entre los valores predichos y observados. Viene dado por:

$$MSE = \frac{1}{n}\sum_{i=1}^{n}(y_i - \hat{y}_i)^2$$

La raíz del error cuadrático medio (*Root Mean Square Error*en inglés o RMSE) es la raíz cuadrada del MSE, expresada en la misma unidad que la variable dependiente:

$$RMSE = \sqrt{MSE}$$

El error absoluto medio (*Mean Absolute Error* en inglés o MAE) es la media de los valores absolutos de las diferencias entre los valores predichos y observados:

$$MAE = \frac{1}{n}\sum_{i=1}^{n}|y_i - \hat{y}_i|$$

La prueba de Fisher (F-test) evalúa la significación global del modelo comparando la varianza explicada con la varianza no explicada. Las pruebas t evalúan la significación individual de cada coeficiente de regresión. El análisis de los residuos, que incluye un examen gráfico y estadístico de los mismos, es crucial para verificar los supuestos del modelo, como la normalidad, la homocedasticidad y la independencia.

4.4 Límites y consideraciones

La regresión lineal se basa en una serie de supuestos que, si se incumplen, pueden afectar a la validez y fiabilidad del modelo. La linealidad presupone una relación lineal entre las variables. La no linealidad puede detectarse mediante gráficos de dispersión parciales o pruebas estadísticas como la prueba RESET de Ramsey. La independencia de las observaciones se viola a menudo en las series temporales. En estos casos, técnicas como la regresión con errores autocorrelacionados (por ejemplo, los modelos ARIMA) pueden ser más apropiadas.

La homocedasticidad, o varianza constante de los residuos, puede verificarse mediante pruebas como las de Breusch-Pagan o White. En caso de heterocedasticidad, pueden utilizarse técnicas como la regresión ponderada o los errores estándar robustos. La normalidad de los residuos puede verificarse mediante pruebas como Shapiro-Wilk o gráficos Q-Q. En caso de no normalidad, puede considerarse la transformación de las variables o el uso de modelos de regresión robustos.

La ausencia de multicolinealidad es un supuesto importante en la regresión múltiple. Puede detectarse mediante elfactor de inflación delavarianza (*Variance Inflation Factor*en inglés o VIF). La presencia de multicolinealidad puede dificultar la interpretación de los coeficientes y aumentar la inestabilidad del modelo. Los valores atípicos y los puntos influyentes pueden tener un impacto desproporcionado en los resultados de la regresión. Pueden identificarse mediante medidas como la distancia de Cook o los residuos estudiados. En estos casos, el uso de técnicas robustas o de regresión cuantílica puede ser beneficioso.

En conclusión, aunque la regresión lineal es una herramienta potente y muy utilizada, es fundamental comprender sus hipótesis y limitaciones para aplicarla con sensatez e interpretar correctamente sus resultados. Para garantizar la validez y fiabilidad de las conclusiones extraídas de un modelo de regresión lineal, es esencial realizar un análisis minucioso de los datos y comprobar cuidadosamente las hipótesis.

4.5 Predictive Power Score

El Predictive Power Score(PPS) es una medida estadística avanzada conmuc has aplicaciones prácticas en Business Intelligence. En el análisis de clientes, puede utilizarse para identificar qué características demográficas o de comportamiento son más predictivas del comportamiento de compra, mientras que, en el análisis de ventas, puede ayudar a determinar qué indicadores tempranos son más relevantes para predecir el rendimiento futuro, como la relación entre las visitas en tienda y las conversiones, o entre las interacciones en redes sociales y las ventas online.

Para aplicaciones empresariales más profundas: PPS se diferencia de las correlaciones tradicionales (Pearson, Spearman) en que evalúa específicamente la capacidad predictiva de las variables. Esto la hace especialmente valiosa en contextos como la optimización del marketing (identificación de los canales más influyentes), el análisis de la satisfacción del cliente (detección de factores predictivos de la fidelidad) o la gestión de existencias (previsión de la demanda basada en diversos indicadores). Su capacidad para captar relaciones no lineales y complejas lo convierte en una poderosa herramienta para comprender la sutil dinámica del mercado y el comportamiento de los clientes.

Para utilizar este indicador en Python, deberá instalar la biblioteca ppscore:

```
pip install ppscore
```

Veamos ahora el valor añadido que aporta este indicador en un caso concreto. El siguiente código ilustra el uso del Predictive Power Score a través de una demostración práctica que comienza con la creación de un conjunto de datos simulado compuesto por tres variables: una variable predictora "x" generada uniformemente entre -2 y 2, un término de error aleatorio que sigue una distribución normal y una variable objetivo "y" que presenta una relación cuadrática con "x". A continuación, el código utiliza la biblioteca ppscore para calcular varias métricas, incluida la puntuación PPS individual entre "x" e "y", una matriz completa de puntuaciones PPS entre todos los pares de variables, produce visualizaciones utilizando seaborn en forma de gráfico de barras para los predictores individuales y un mapa de calor para la matriz de puntuaciones PPS, lo que permite un análisis visual inmediato de la capacidad predictiva de las variables.

```
import pandas as pd
import numpy as np
import ppscore as pps
import seaborn as sns

# Sample Data Creation
df = pd.DataFrame()
df["x"] = np.random.uniform(-2, 2, 1000)  # Predictor variable
df["error"] = np.random.normal(0, 0.5, 1000) # Random noise
df["y"] = df["x"]**2 + df["error"]        # Target variable
(quadratic relationship with x)

# Calculate PPS for a single predictor
ppscore_result = pps.score(df, "x", "y")
print(f'PPS of x predicting y: {ppscore_result["ppscore"]:.3f}')

# Calculate PPS for all predictors against a target
predictors_df = pps.predictors(df, y="y")
print(predictors_df)

# Calculate PPS matrix for all pairs of columns
matrix_df = pps.matrix(df)
print(matrix_df)

# Visualize PPS predictors
sns.barplot(data=predictors_df, x="x", y="ppscore")
sns.plt.title("Predictive Power Scores")
sns.plt.show()

# Visualize PPS matrix (requires reshaping for seaborn)
matrix_df = matrix_df[['x', 'y', 'ppscore']].pivot(columns='x',
index='y', values='ppscore')
sns.heatmap(matrix_df, vmin=0, vmax=1, cmap="Blues", linewidths=0.5,
annot=True)
sns.plt.title("PPS Matrix")
sns.plt.show()
```

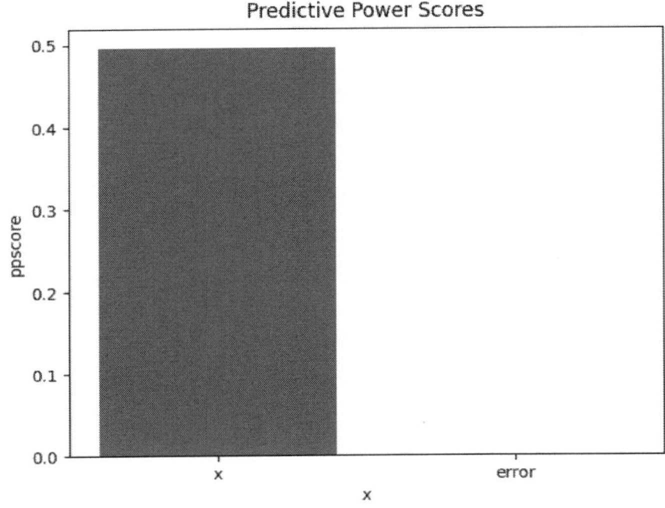
Predictive Power Scores
ppscore
0.0
0.1
0.2
0.3
0.4
0.5
x
error
x

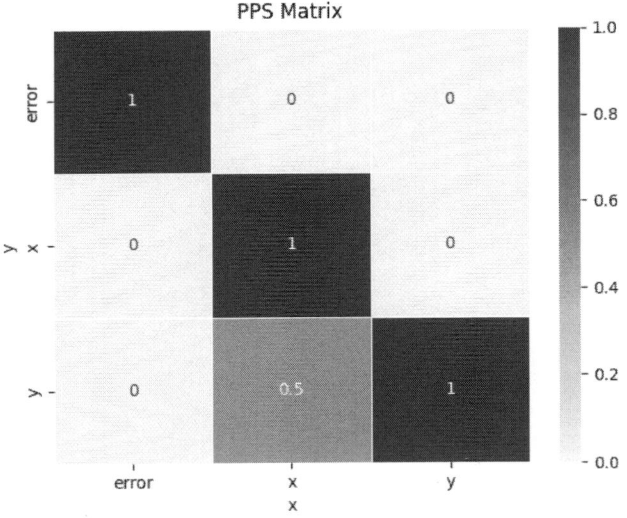
PPS Matrix
error
x
y
1
0
0
0
1
0
0
0.5
1
y
error
x
y
x
1.0
0.8
0.6
0.4
0.2
0.0

5. Caso de estudio: A/B testing en marketing

5.1 Presentación del contexto y de los objetivos

En el complejo mundo del marketing digital, las empresas buscan constantemente formas de optimizar sus campañas publicitarias. Para ello, recurren a una poderosa técnica: las pruebas A/B. Este método consiste en realizar un experimento aleatorio en el que se presentan simultáneamente dos o más versiones de una variable a diferentes segmentos de audiencia (una página web, un elemento de página, un banner, etc.). El objetivo es determinar qué versión tiene mayor impacto y estimula mejor los indicadores comerciales.

Las empresas de marketing suelen interesarse por dos cuestiones fundamentales:

- ¿Será un éxito la campaña?
- Si la campaña tiene éxito, ¿qué parte de ese éxito puede atribuirse a la publicidad?

En este estudio de caso, analizaremos un conjunto de datos de un experimento de pruebas A/B en marketing. Nuestro objetivo será determinar si los anuncios fueron eficaces, estimar los ingresos potenciales generados por estos anuncios y evaluar si la diferencia entre los grupos es estadísticamente significativa.

5.2 Diseño del experimento A/B

El experimento se diseñó de la siguiente manera:

- Grupo experimental (tratamiento): la mayoría de las personas fueron expuestas a las publicidades.
- Grupo de control: una pequeña proporción de personas vio un*anunciode*servicio público (PSA - *Public Service Announcement*) o nada en absoluto, en el lugar exacto donde normalmente se habría mostrado el anuncio.

Esta configuración permite comparar directamente el efecto de la publicidad con una situación en la que no se muestra ninguna.

5.3 Recogida y preparación de datos

Los datos recogidos para este experimento incluyen las siguientes variables:

– `Index`: número de línea;
– `user id`: identificador único para el usuario;
– `test group`: grupo de prueba al que se ha asignado el usuario ("ad" o "psa");
– `converted`: indica si el usuario ha comprado el producto (`TrueoFalse`);
– `total ads`: número total de anuncios vistos por el usuario;
– `most ads day`: día en el que el usuario ha visto el mayor número de anuncios;
– `most ads hour`: hora del día en la que el usuario ha visto un mayor número de anuncios.

Empecemos por importar las bibliotecas necesarias y cargar los datos. En esta primera parte, simplemente realizaremos algo de formateo y limpieza de los datos de entrada:

```
import numpy as np
import pandas as pd
import seaborn as sns
import matplotlib.pyplot as plt
from scipy import stats

# Load the data
df = pd.read_csv('marketing_AB.csv')

# Data cleaning
df = df.drop(["Unnamed: 0"], axis=1)

# Clean column names by removing leading/trailing spaces and
replacing spaces with underscores
df.rename(columns=lambda x: x.strip().replace(" ", "_"),
inplace=True)

# Create a new column 'converted_int' to represent conversions as
1 (True) or 0 (False)
df["converted_int"] = df['converted'].apply(lambda x: 1 if x else 0)
```

```
# Print information about the DataFrame
print(f'Rows: {df.shape[0]}')                    # Number of rows
print(f'Columns: {df.shape[1]}')                 # Number of columns
print(f'Missing Values: {df.isnull().values.sum()}') # Total
count of missing values
print(f'Unique Values: \n{df.nunique()}')  # Count of unique
values in each column
```

Como salida, mostramos alguna información descriptiva sobre nuestro conjunto de datos:

```
Rows: 588101
Columns: 7
Missing Values: 0
Unique Values:
user_id          588101
test_group            2
converted             2
total_ads           807
most_ads_day          7
most_ads_hour        24
converted_int         2
dtype: int64
```

5.4 Análisis estadístico de los resultados

5.4.1 Estadísticas descriptivas

Empecemos por ver algunas estadísticas descriptivas de nuestros datos:

- Muestre la descripción de los datos mediante el método `describe()`.
- Calcule y muestre la tasa de conversión media.
- Calcule y muestre el índice de conversión por grupo.

```
print(df.describe())

# Overall conversion rate
print(f"Overall conversion rate: {df['converted'].mean():.2%}")

# Conversion rate by group
conversion_rates = df.groupby('test_group')['converted'].mean()
print("\nConversion rates by group:")
print(conversion_rates)
```

Salida:

```
user_id      total_ads  most_ads_hour  converted_int
count  5.881010e+05  588101.000000  588101.000000  588101.000000
mean   1.310692e+06      24.820876      14.469061       0.025239
std    2.022260e+05      43.715181       4.834634       0.156850
min    9.000000e+05       1.000000       0.000000       0.000000
25%    1.143190e+06       4.000000      11.000000       0.000000
50%    1.313725e+06      13.000000      14.000000       0.000000
75%    1.484088e+06      27.000000      18.000000       0.000000
max    1.654483e+06    2065.000000      23.000000       1.000000
Overall conversion rate: 2.52%

Conversion rates by group:
test_group
ad     0.025547
psa    0.017854
Name: converted, dtype: float64
```

5.4.2 Pruebas de hipótesis para comparaciones de grupos

Para comparar los grupos y determinar si la diferencia observada es estadísticamente significativa, utilizaremos dos pruebas: la prueba t de Student y la prueba chi-cuadrado.

Prueba t de Student

```
ad_group = df[df['test_group'] == 'ad']['converted_int']
psa_group = df[df['test_group'] == 'psa']['converted_int']

t_statistic, p_value = stats.ttest_ind(ad_group, psa_group)
print("Student's t-test:")
print(f"t-statistic: {t_statistic:.4f}")
print(f"p-value: {p_value:.4f}")
```

Salida:

```
Student's t-test:
t-statistic: 7.3704
p-value: 0.0000
```

La prueba t de Student compara las medias de los dos grupos. Si el p-value es inferior a 0,05, podemos concluir que existe una diferencia significativa entre las medias de los dos grupos.

Los resultados de la prueba t de Student muestran una diferencia altamente significativa entre los grupos de publicidad y control, con un estadístico t de 7,3704 y un valor p inferior a 0,0001; esto indica inequívocamente que la exposición a los anuncios generó un impacto estadísticamente significativo en los índices de conversión en comparación con el grupo expuesto a los anuncios de servicio público o sin anuncios, lo que valida la eficacia de la campaña publicitaria probada.

Prueba Chi-cuadrado

```
contingency_table = pd.crosstab(df['test_group'],
df['converted'])
chi2, p_value, dof, expected =
stats.chi2_contingency(contingency_table)
print("\nChi-squared test:")
print(f"Chi-squared statistic: {chi2:.4f}")
print(f"p-value: {p_value:.4f}")
```

La salida:

```
Chi-squared test:
Chi-squared statistic: 54.0058
p-value: 0.0000
```

La prueba chi-cuadrado evalúa si existe una asociación significativa entre el grupo de prueba y la conversión. Si el valor p es inferior a 0,05, podemos concluir que existe una asociación significativa.

En nuestro caso, el análisis mediante la prueba chi-cuadrado confirma la existencia de una asociación estadísticamente significativa entre el tipo de exposición y el índice de conversión, con un estadístico de prueba de 54,0058 y un valor p inferior a 0,0001. Este segundo enfoque estadístico refuerza las conclusiones de la prueba t al demostrar una fuerte dependencia entre la pertenencia a un grupo publicitario y el comportamiento de conversión, lo que sugiere que la elección entre publicidad comercial y PSA/sin publicidad tiene un impacto decisivo en las acciones de los usuarios.

5.4.3 Cálculo e interpretación del tamaño del efecto

Para medir la magnitud del efecto observado, podemos calcular la diferencia absoluta y relativa de los índices de conversión:

```
diff_abs = conversion_rates['ad'] - conversion_rates['psa']
diff_rel = (conversion_rates['ad'] - conversion_rates['psa'])
/ conversion_rates['psa']


print(f"Absolute diference in conversion rates: {diff_abs:.2%}")
print(f"Relative diference in conversion rates: {diff_rel:.2%}")
Copy


Absolute diference in conversion rates: 0.77%
Relative diference in conversion rates: 43.09%
```

El análisis de los tamaños del efecto en nuestra prueba A/B revela dos medidas complementarias importantes:

- El efecto en términos absolutos muestra un aumento de 0,77 puntos porcentuales en la tasa de conversión entre el grupo expuesto a la publicidad y el grupo de control. Aunque esta diferencia pueda parecer modesta en términos absolutos, representa una mejora concreta y significativa en el contexto de las conversiones publicitarias, donde cada fracción de punto porcentual puede tener un impacto sustancial en los resultados comerciales.
- El efecto relativo ofrece una perspectiva aún más reveladora, con un aumento del 43,09 % de la tasa de conversión en el grupo de publicidad en comparación con el grupo de control. Esta considerable mejora relativa subraya la notable eficacia de la campaña publicitaria, demostrando que los anuncios consiguieron aumentar la tasa de conversión casi a la mitad en comparación con la situación de partida, lo que representa un éxito significativo en términos de resultados de marketing.

5.5 Visualización de los resultados

Veamos ahora nuestros resultados para comprender mejor las diferencias entre los grupos:

```
plt.figure(figsize=(10, 6))
sns.barplot(x='test_group', y='converted', data=df)
plt.title('Conversion Rate by Group')
plt.ylabel('Conversion Rate')
plt.show()

# Distribution of conversions by day and group
plt.figure(figsize=(12, 6))
sns.countplot(data=df, x='most_ads_day', hue='test_group')
plt.title('Distribution of Conversions by Day and Group')
plt.xlabel('Day with Most Ads')
plt.ylabel('Number of Conversions')
plt.xticks(rotation=45)
plt.legend(title='Test Group')
plt.show()
```

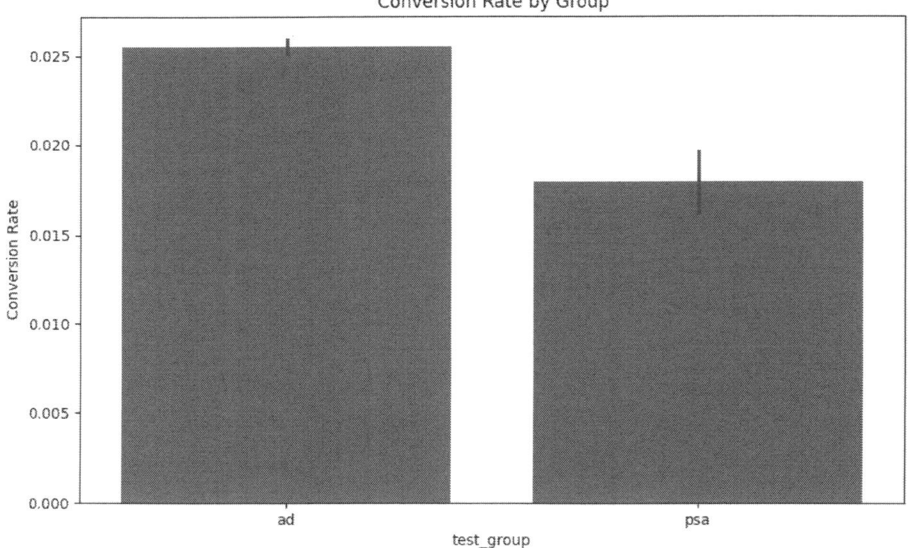

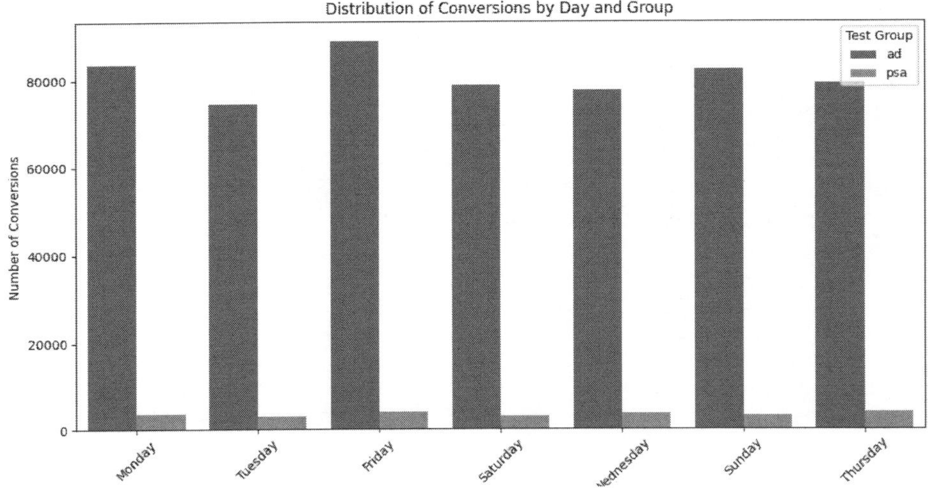

5.6 Interpretación y toma de decisiones basadas en datos

A partir de nuestros análisis estadísticos y visualizaciones, podemos extraer las siguientes conclusiones:

- Si la prueba t de Student y la prueba chi-cuadrado muestran valores p inferiores a 0,05, podemos concluir que existe una diferencia significativa entre los grupos `ad` y `psa`.
- La diferencia absoluta y relativa de los índices de conversión nos da una idea de la magnitud del efecto de la publicidad.
- Las visualizaciones nos permiten comprender mejor la distribución de las conversiones entre grupos y a lo largo del tiempo.

A partir de estos resultados, la empresa puede tomar decisiones informadas sobre la eficacia de su campaña publicitaria y decidir si sigue invirtiendo en este tipo de publicidad o busca otras alternativas.

5.7 Limitaciones y consideraciones para futuras pruebas

Aunque este análisis nos proporciona información valiosa, es importante señalar ciertas limitaciones:

- Tamaño de la muestra: debemos asegurarnos de que el tamaño de la muestra es lo suficientemente grande como para detectar efectos significativos.
- Duración de la prueba: una prueba A/B realizada durante un periodo corto puede no captar los efectos a largo plazo.
- Segmentación: un análisis más detallado podría revelar efectos diferentes para distintos segmentos de usuarios.
- Factores externos: otros factores no tenidos en cuenta en este análisis podrían influir en los resultados. Por ejemplo, variaciones estacionales (periodos de rebajas, días festivos), campañas de marketing de la competencia, acontecimientos económicos importantes (inflación, poder adquisitivo), etc.

Las pruebas futuras podrían incluir:

- una segmentación más fina de los usuarios para identificar subgrupos que puedan ser más sensibles a la publicidad;
- un análisis temporal para evaluar los cambios en el impacto de la publicidad a lo largo del tiempo;
- la inclusión de otras variables que podrían influir en la conversión, como los datos demográficos del usuario o el contenido específico de los anuncios;
- pruebas multivariantes para comparar varias versiones de anuncios simultáneamente.

En conclusión, las pruebas A/B son una poderosa herramienta para tomar decisiones de marketing basadas en datos. Comprendiendo y aplicando correctamente estos métodos estadísticos, podemos obtener información valiosa para optimizar nuestras estrategias publicitarias y mejorar las tasas de conversión.

Capítulo 5
Crear un Data Warehouse

1. Introducción

Tras haber preparado y depurado cuidadosamente nuestros datos en el capítulo Preparar sus datos para sacarles todo su potencial, estamos listos para dar un paso decisivo: construir un modelo de datos sólido y eficiente dentro de nuestro *Data Warehouse* (DWH). Esta fase es crucial, porque transforma nuestros datos brutos en un recurso estratégico que permite realizar análisis en profundidad y tomar decisiones basadas en información fiable y estructurada.

En este capítulo exploraremos los fundamentos teóricos y prácticos del modelado de datos, centrándonos en las técnicas específicas de los Data Warehouses. Examinaremos distintos enfoques de modelización, como el esquema en estrella y el esquema en copo de nieve, y hablaremos de su pertinencia en distintos contextos de uso.

También examinaremos conceptos clave como las tablas de hechos y las tablas de dimensiones, esenciales para organizar los datos de forma eficiente y facilitar los análisis multidimensionales. Se prestará especial atención a la optimización del rendimiento de las consultas y a la escalabilidad de los modelos, aspectos cruciales para gestionar grandes volúmenes de datos.

La última parte del capítulo (sección Proyecto Data Warehouse) se dedicará a poner en práctica estos conceptos. Le guiaremos a través de un proyecto concreto para crear un Data Warehouse, utilizando Python para la manipulación de datos, PostgreSQL como sistema de gestión de bases de datos y SQL para la consulta y el análisis. Este proyecto le permitirá aplicar los conocimientos adquiridos y desarrollar habilidades prácticas esenciales en el campo de la ciencia de datos.

Al final de este capítulo, será capaz de diseñar e implantar un modelo de datos eficaz, allanando el camino para el análisis posterior y el uso óptimo de sus datos.

1.1 Definiciones preliminares

OLTP Online Transaction Processing	OLAP Online Analytical Processing
Handles recent operational data	Handles all historical data
Smaller size (100 Mb to 10 Gb)	Larger size (1 Tb to 100 Pb)
Perform day-to-day operations	Goal is to make decisions from large data sources
Uses simple queries	Uses complex queries
Faster Processing speeds	Slower processing speeds
Requires read/write operations	Requires only read operations

1.1.1 OLTP (Online Transaction Processing)

El procesamiento de transacciones en línea (OLTP) es un tipo de sistema de gestión de bases de datos diseñado para procesar rápidamente un gran número de pequeñas transacciones individuales, como operaciones bancarias, reservas de viajes, compras en línea, etc. Los sistemas OLTP están optimizados para ser eficientes y fiables, garantizando que los datos se procesen con rapidez y precisión.

1.1.2 OLAP (Online Analytical Processing)

El procesamiento analítico en línea (OLAP) es un tipo de sistema de gestión de bases de datos diseñado para el análisis y la elaboración de informes de datos históricos. Los sistemas OLAP están optimizados para consultar y analizar grandes volúmenes de datos, lo que permite a los usuarios identificar tendencias, patrones y relaciones en ellos. Suelen utilizarse para la toma de decisiones estratégicas y la planificación empresarial.

1.2 ¿Qué es un Data Warehouse?

Un Data Warehouse es una sofisticada infraestructura de almacenamiento de datos diseñada específicamente para el análisis y la toma de decisiones estratégicas. A diferencia de las bases de datos operativas (OLTP), que gestionan las transacciones cotidianas, el DWH se centra en agregar y analizar enormes volúmenes de datos históricos procedentes de diversas fuentes.

En el centro de su arquitectura, el Data Warehouse se basa en la tecnología OLAP (*Online Analytical Processing*), que permite modelizar los datos por dimensiones. Este enfoque, que suele estructurarse según diagramas de estrella o de copo de nieve, optimiza el rendimiento de las consultas analíticas complejas al tiempo que facilita la comprensión de las relaciones entre las distintas dimensiones de la información. Esta forma de organizar los datos permite a los usuarios empresariales navegar intuitivamente por los datos y realizar análisis multidimensionales en profundidad.

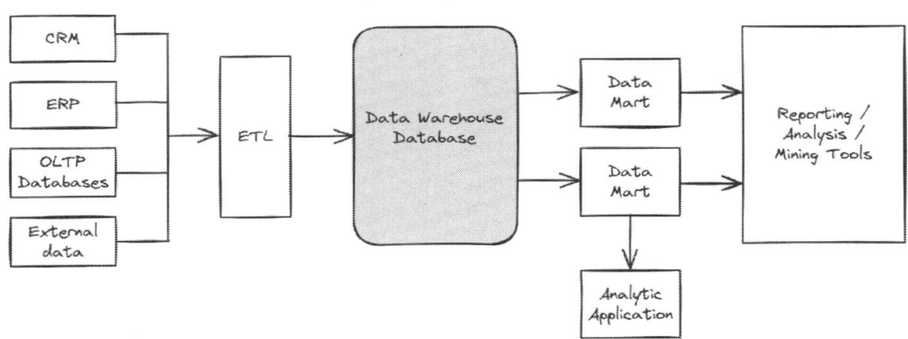

La orientación al negocio es una característica fundamental del Data Warehouse. Su diseño se guía por las necesidades específicas de análisis y elaboración de informes de la empresa. Proporciona indicadores clave de rendimiento (KPI), cuadros de mando personalizados y vistas empresariales relevantes, ofreciendo a los responsables de la toma de decisiones un acceso rápido a la información que necesitan para impulsar su negocio. Este enfoque centrado en el negocio garantiza que el DWH siga siendo una herramienta estratégica alineada con los objetivos de la organización.

Un aspecto crucial del Data Warehouse es su separación de los sistemas operativos. Al mantener una infraestructura separada para el análisis, el DWH evita perturbar el rendimiento de los sistemas transaccionales críticos. Esta separación también permite aplicar sofisticados procesos de extracción, transformación y carga, garantizando así la calidad, coherencia e integridad de los datos de análisis. Los datos se limpian, armonizan y validan antes de integrarlos en el DWH, lo que garantiza una base fiable para la toma de decisiones.

La escalabilidad y el rendimiento son atributos esenciales de un Data Warehouse moderno. Diseñado para manejar volúmenes masivos de datos, a menudo en el rango de terabytes o petabytes, el DWH utiliza técnicas avanzadas como la partición, la indexación sofisticada y el procesamiento paralelo para ejecutar rápidamente consultas complejas en vastos conjuntos de datos. Esta capacidad de procesar Big Data de forma eficiente permite a las empresas explotar todo el valor de su información, sea cual sea su escala.

Por último, la flexibilidad es una característica clave que distingue a un Data Warehouse de alto rendimiento. En un entorno empresarial en constante cambio, el DWH debe ser capaz de adaptarse rápidamente a las nuevas necesidades analíticas. Esto significa poder integrar nuevas fuentes de datos, modificar el modelo de datos o incorporar nuevas herramientas de análisis sin interrumpir los procesos existentes. Esta adaptabilidad permite que el Data Warehouse siga siendo relevante y eficaz frente a los cambiantes requisitos empresariales y tecnológicos.

El Data Warehouse es mucho más que un simple almacén de datos. Es un sistema complejo y dinámico que transforma los datos brutos en conocimiento procesable, proporcionando a las empresas una poderosa palanca para la innovación, la competitividad y el crecimiento en la actual economía digital.

2. Las características y ventajas de un Data Warehouse

2.1 Las principales características

Un Data Warehouse tiene cuatro características clave que lo convierten en una potente herramienta de análisis y toma de decisiones:

- Orientado a un tema: a diferencia de las bases de datos transaccionales centradas en las operaciones cotidianas, un DWH está diseñado para responder a preguntas analíticas específicas de un ámbito empresarial. Almacena datos vinculados a un tema concreto (clientes, productos, ventas, etc.), excluyendo la información que no es relevante para el análisis. Este enfoque temático permite visualizar los datos de forma simple y concisa, optimizándolos para responder a las necesidades de toma de decisiones.
- Integrado: un DWH centraliza los datos procedentes de distintas fuentes de la organización, ya sean internas (sistemas CRM, ERP) o externas. Establece una convención de nombres y atributos comunes para garantizar la coherencia y normalización de los datos. Este proceso de integración facilita la búsqueda, recuperación y análisis de la información, proporcionando una visión unificada y fiable de todos los datos de la empresa.
- Varía con el tiempo: un DWH conserva un historial completo de los datos, lo que permite analizar las tendencias y los cambios durante largos periodos. Los datos se organizan en periodos de tiempo (día, mes, año, etc.) para facilitar el análisis cronológico. Esta dimensión temporal es esencial para comprender los acontecimientos pasados, identificar las tendencias emergentes y anticipar la evolución futura.
- No volátil: los datos almacenados en un DWH son permanentes e inmutables. No pueden modificarse ni borrarse, lo que garantiza la integridad y fiabilidad del historial de la empresa. Solo están autorizadas las operaciones de carga y los accesos de lectura. Esta no volatilidad es crucial para preservar la trazabilidad de los datos y garantizar la coherencia de los análisis a lo largo del tiempo.

2.2 Ventajas de un Data Warehouse

Un Data Warehouse ofrece una serie de ventajas que repercuten positivamente en distintos aspectos de la empresa. En primer lugar, permite conservar un historial completo de los datos, lo que facilita el análisis de las tendencias pasadas y la evaluación de los resultados a largo plazo. Esta capacidad ayuda a los responsables de la toma de decisiones a basarse en la experiencia acumulada para orientar sus decisiones.

La organización estructurada y la indexación de los datos en un DWH permiten procesar rápidamente las consultas analíticas. Así, los usuarios pueden acceder rápidamente a la información que necesitan, lo que mejora la eficacia general de los procesos de toma de decisiones.

Los DWH modernos ofrecen flexibilidad de infraestructura y pueden implantarse in situ o en la nube, en función de las necesidades y limitaciones específicas de cada empresa. Esta adaptabilidad significa que las organizaciones pueden elegir la solución más adecuada para su contexto.

El proceso de integración y depuración de datos inherente a la implantación de un DWH contribuye a mejorar la calidad de la información almacenada. Además, se refuerza la trazabilidad del origen y la transformación de los datos (*lineage*), lo que aumenta la fiabilidad de los análisis realizados.

La seguridad de los datos es un aspecto importante de los DWH. Incorporan mecanismos de protección contra accesos no autorizados, filtraciones y alteraciones, garantizando así la confidencialidad e integridad de la información sensible de la empresa.

Al centralizar los datos y automatizar determinados procesos de análisis, un DWH permite a los equipos concentrarse en tareas de mayor valor. Esta optimización del tiempo y los recursos contribuye a mejorar la eficacia operativa.

Los DWH están diseñados para gestionar grandes volúmenes de datos y escalar con las crecientes necesidades de la empresa. Esta escalabilidad proporciona una plataforma para el análisis de datos a gran escala que puede seguir el ritmo de crecimiento de una organización.

Por último, la explotación de un DWH permite a las empresas desarrollar soluciones avanzadas de Business Intelligence. Estas herramientas ayudan a comprender mejor a los clientes, optimizar las operaciones y tomar decisiones estratégicas con conocimiento de causa, contribuyendo así a reforzar la posición competitiva de la empresa en su mercado.

3. Los componentes de una arquitectura analítica

Los componentes de una arquitectura analítica moderna forman un ecosistema complejo e interconectado, cada uno de los cuales desempeña un papel crucial en el tratamiento y la explotación de los datos. Entre estos componentes destacan tres elementos clave: el Data Lake, el Staging Area y el Data Warehouse, a los que se añaden conceptos complementarios como los Data Marts y metodologías de modelización como Data Vault.

El Data Lake representa una evolución significativa en el almacenamiento de datos. A diferencia de los enfoques tradicionales, permite almacenar volúmenes masivos de datos en su formato bruto, ya sean estructurados, semiestructurados o no estructurados. Esta flexibilidad es especialmente valiosa en la era del Big Data, en la que la diversidad de fuentes y formatos de datos no deja de crecer. El Data Lake ofrece una notable escalabilidad, pudiendo albergar datos tan variados como transacciones, registros de aplicaciones, archivos multimedia o datos IoT.

Una de las principales ventajas del Data Lake es su enfoque *schema-on-read*, que permite almacenar los datos sin necesidad de transformación previa. Esta característica facilita la rápida ingestión de grandes cantidades de datos, lo que permite procesarlos y analizarlos bajo demanda. Esto ofrece una gran agilidad a los científicos y analistas de datos, que pueden explorar los datos en bruto según sus necesidades específicas, sin verse limitados por un esquema predefinido.

Sin embargo, esta flexibilidad del Data Lake conlleva retos en términos de gobernanza y seguridad de los datos. Es crucial poner en marcha estrategias sólidas para garantizar la calidad, trazabilidad y protección de la información almacenada, cumpliendo a la vez con la normativa vigente.

Entre el Data Lake y el Data Warehouse se encuentra el Staging Area, un componente esencial en una arquitectura analítica de tipo Three Tier. Esta capa actúa como un búfer y prepara los datos. Recibe los datos brutos del Data Lake y los prepara para su integración en el Data Warehouse. Los procesos ETL (*Extract, Transform, Load*) o ELT (*Extract, Load, Transform*) suelen implementarse en este nivel.

El Staging Area permite llevar a cabo operaciones cruciales como la limpieza de datos, la detección de cambios y las transformaciones iniciales. Proporciona un espacio para validar y armonizar los datos antes de cargarlos en el Data Warehouse, garantizando así la coherencia y calidad de la información que se utilizará para el análisis.

El Data Warehouse sigue siendo un elemento central de la arquitectura analítica, a pesar de la aparición del Data Lake. Mientras que el Data Lake está diseñado para almacenar todos los datos de la empresa en bruto, el Data Warehouse está optimizado para el análisis y la elaboración de informes. Almacena los datos en un formato estructurado, a menudo utilizando modelos dimensionales, lo que facilita las consultas complejas y el análisis rápido.

Es importante señalar que el coste de almacenamiento en un Data Warehouse suele ser más alto que en un Data Lake. Esto se debe a la naturaleza estructurada y optimizada de los datos en el Data Warehouse, que requiere recursos de almacenamiento y procesamiento más sofisticados. Esta diferencia de costes justifica a menudo el uso combinado de un Data Lake para el almacenamiento masivo de datos brutos y un Data Warehouse para los datos procesados listos para el análisis.

Para satisfacer necesidades analíticas concretas, entran en juego los Data Marts. Estos subconjuntos del Data Warehouse están orientados a áreas o procesos de negocio específicos. Permiten organizar los datos de forma que respondan eficazmente a las necesidades de análisis de departamentos o funciones específicas de la organización. Por lo general, los Data Marts se conectan directamente a las herramientas de Business Intelligence, proporcionando una visión a medida y de alto rendimiento a los usuarios finales.

En cuanto a la metodología de modelización, merece especial mención el concepto de Data Vault. Este enfoque de modelización, especialmente adaptado a los entornos de Big Data, ofrece una mayor flexibilidad y escalabilidad que los modelos dimensionales tradicionales. La Data Vault gestiona eficazmente los cambios frecuentes en las fuentes de datos y facilita la integración de nuevas fuentes, lo que la convierte en una opción atractiva para las arquitecturas analíticas modernas.

La arquitectura analítica moderna se caracteriza por su complejidad y flexibilidad. La integración armoniosa del Data Lake, el Staging Area, el Data Warehouse y los Data Marts, combinada con enfoques de modelización innovadores como el Data Vault, permite a las organizaciones sacar el máximo partido de sus datos. Esta arquitectura multicapa ofrece un equilibrio entre el almacenamiento masivo y flexible de datos en bruto, la preparación y transformación de datos y la optimización para el análisis y la elaboración de informes. Permite a las empresas responder eficazmente a sus necesidades analíticas y adaptarse al panorama de datos en constante evolución.

4. Los diferentes tipos de arquitectura de un proyecto analítico

4.1 Arquitectura Single Tier

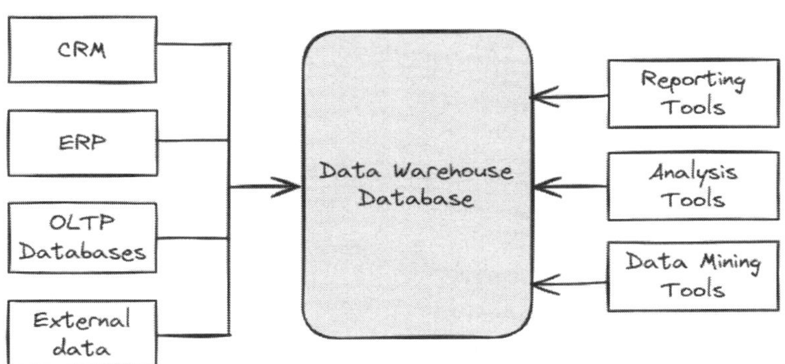

La arquitectura Single Tier o One Tier, también conocida como arquitectura de un solo nivel, representa la configuración más básica de un Data Warehouse. Este enfoque simplista reúne todos los componentes esenciales – almacenamiento, procesamiento y presentación de datos– en un único sistema o servidor. Aunque esta configuración puede parecer atractiva por su aparente sencillez, tiene importantes limitaciones que la convierten en una opción subóptima para la mayoría de los proyectos analíticos modernos.

En esta configuración, los datos se extraen directamente de sus fuentes originales y se copian tal cual en el Data Warehouse, sin pasar por ninguna etapa intermedia de transformación u optimización. Este enfoque «en bruto» significa que los datos no se preparan específicamente para las necesidades analíticas, lo que puede complicar su posterior explotación. Las herramientas de Business Intelligence se conectan directamente a este Data Warehouse centralizado para generar informes y paneles de control. Esta conexión directa, aunque sencilla de configurar, puede crear una carga de trabajo considerable en el sistema único, sobre todo cuando se ejecutan consultas complejas o se generan visualizaciones elaboradas.

A pesar de sus inconvenientes, la arquitectura One Tier tiene ciertas ventajas que pueden hacerla atractiva en contextos específicos. Su sencillez de implantación es innegable: con todos los componentes en un único sistema, la instalación y configuración iniciales son relativamente sencillas. Este enfoque también puede dar lugar a costes iniciales más bajos, ya que el uso de un único servidor limita la inversión en hardware y software al inicio del proyecto. Para las organizaciones pequeñas o los proyectos de tamaño modesto, la centralización también puede simplificar el mantenimiento y la administración del sistema, ofreciendo una facilidad de gestión significativa.

Sin embargo, las limitaciones de esta arquitectura se ponen rápidamente de manifiesto a medida que los requisitos analíticos se hacen más complejos. La falta de separación de funciones crea un cuello de botella, especialmente perceptible cuando aumenta el volumen de datos o el número de usuarios. Esta arquitectura tiene dificultades para adaptarse al crecimiento de las necesidades analíticas de la empresa y carece cruelmente de escalabilidad. Centralizar los datos y el acceso en un único sistema también puede aumentar los riesgos de seguridad, haciendo que toda la infraestructura sea más vulnerable a posibles amenazas.

Una de las principales desventajas de la arquitectura One Tier es que representa un único punto de fallo. El fallo de un solo servidor puede hacer que todo el Data Warehouse resulte inaccesible, afectando a todas las operaciones analíticas de la empresa. Esta dependencia de un único sistema puede ser especialmente problemática en entornos en los que la continuidad del acceso a los datos analíticos es crítica.

La ausencia de capas intermedias en esta arquitectura también dificulta la optimización de los datos para diferentes casos de uso analítico. Los procesos de extracción, transformación y análisis de datos compiten por los mismos recursos del sistema, lo que puede provocar importantes ralentizaciones y una degradación general del rendimiento.

A pesar de estas limitaciones, la arquitectura One Tier puede encontrar su lugar en determinados contextos específicos. Puede ser pertinente para proyectos piloto o pruebas de concepto, permitiendo validar rápidamente la viabilidad de una solución analítica antes de invertir en una infraestructura más sólida. Las pequeñas empresas con necesidades analíticas limitadas también pueden encontrar en esta arquitectura una solución adaptada a su escala, al menos temporalmente. Por último, puede utilizarse de forma eficaz en entornos de desarrollo y prueba, donde puede simular un Data Warehouse, sin las limitaciones de rendimiento de un entorno de producción.

A medida que crecen las necesidades analíticas de una organización, resulta crucial plantearse la migración a arquitecturas más sofisticadas. Las arquitecturas de Two Tier o Three Tier ofrecen una mejor separación de responsabilidades, lo que permite una optimización más precisa del rendimiento, una mejor escalabilidad y una mayor resistencia a los fallos. Estas arquitecturas más avanzadas introducen capas intermedias dedicadas al tratamiento y la optimización de los datos, así como a la gestión de las consultas analíticas. También permiten una mejor distribución de la carga de trabajo, reduciendo el riesgo de cuellos de botella y mejorando el rendimiento global del sistema analítico.

Aunque la arquitectura One Tier puede utilizarse como punto de partida para pequeños proyectos o iniciativas piloto, no suele recomendarse para entornos de producción a largo plazo o proyectos analíticos a gran escala. La transición a arquitecturas más robustas y flexibles suele ser necesaria para soportar eficazmente el crecimiento y la evolución de las necesidades analíticas de una empresa. En las siguientes secciones, exploraremos en detalle las ventajas y características de las arquitecturas de Two Tier y Three Tier, proporcionando una perspectiva completa de las opciones disponibles para diseñar una infraestructura de Data Warehouse adaptada a los retos analíticos modernos.

4.2 Arquitectura Two Tier

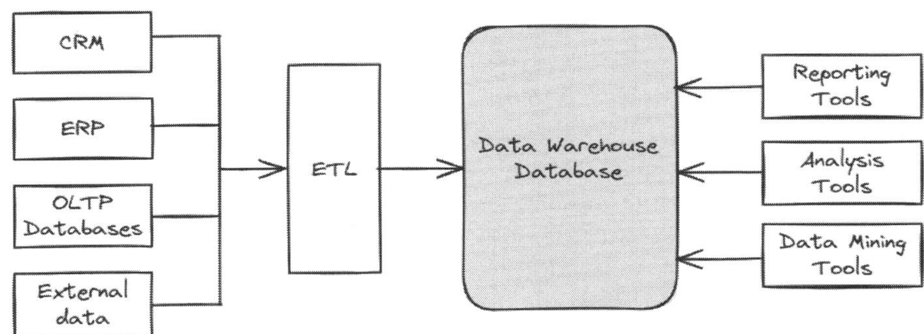

La arquitectura Two Tier representa una evolución significativa con respecto al enfoque One Tier. Esta configuración más sofisticada introduce una clara separación entre componentes, dividiéndolos en dos capas distintas: la capa cliente y la capa servidor.

La capa cliente actúa como interfaz entre el usuario final y el sistema analítico. Se encarga de gestionar la interfaz de usuario y procesar las consultas. Aquí es donde los usuarios interactúan con los datos, formulan sus peticiones de análisis y visualizan los resultados. Esta capa suele incluir herramientas de elaboración de informes, paneles interactivos e interfaces de consulta fáciles de usar, que permiten a los usuarios explotar eficazmente los datos del warehouse sin necesidad de conocimientos técnicos profundos.

Por otro lado, la capa del servidor constituye el corazón operativo de la Data Warehouse. No solo alberga el almacenamiento de datos estructurados, sino también todas las herramientas y procesos necesarios para procesar estos datos. Esta centralización de los recursos de almacenamiento y tratamiento en servidores dedicados permite una gestión más eficaz de las cargas de trabajo intensivas características de las operaciones analíticas complejas.

Un elemento crucial de la arquitectura Two Tier es la introducción del Staging Area. Esta zona intermedia desempeña un papel fundamental en el proceso de integración de datos. Actúa como un buffer donde los datos se limpian, transforman y validan antes de ser cargados en el Data Warehouse. Este proceso, a menudo conocido por las siglas ETL, es esencial para garantizar la calidad y coherencia de los datos analíticos. En el Staging Area se realizan varias operaciones críticas con los datos brutos: se identifican y eliminan los duplicados, se corrigen los errores y se resuelven las incoherencias entre las distintas fuentes de datos.

La arquitectura Two Tier ofrece una serie de ventajas significativas. Ofrece una mejor separación de responsabilidades, lo que permite una optimización más fina del rendimiento. La introducción del Staging Area mejora considerablemente la calidad y coherencia de los datos, lo que se traduce en análisis más fiables. Esta arquitectura también proporciona una mayor escalabilidad que la arquitectura One Tier, ofreciendo una mayor flexibilidad para adaptarse a las crecientes necesidades analíticas. También facilita la integración de un Data Lake en la infraestructura analítica, ofreciendo una mayor flexibilidad en la gestión de datos no estructurados y semiestructurados.

Sin embargo, la arquitectura Two Tier no está exenta de inconvenientes. El servidor único en la capa de servidor puede seguir siendo un posible punto de fallos, lo que plantea riesgos para la disponibilidad y resiliencia del sistema. Además, la comunicación intensiva entre las capas de cliente y servidor puede generar un tráfico de red considerable, lo que puede afectar al rendimiento general del sistema, especialmente durante los picos de uso o las solicitudes complejas que implican grandes volúmenes de datos.

A pesar de estas consideraciones, la arquitectura Two Tier es cada vez más popular, sobre todo en entornos en los que se integra un Data Lake a la infraestructura analítica, ya que ofrece un equilibrio entre la relativa sencillez de implantación y las importantes ventajas en términos de rendimiento, calidad de datos y escalabilidad, lo que la convierte en una elección acertada para muchas organizaciones que buscan desarrollar sus capacidades analíticas.

4.3 Arquitectura Three Tier

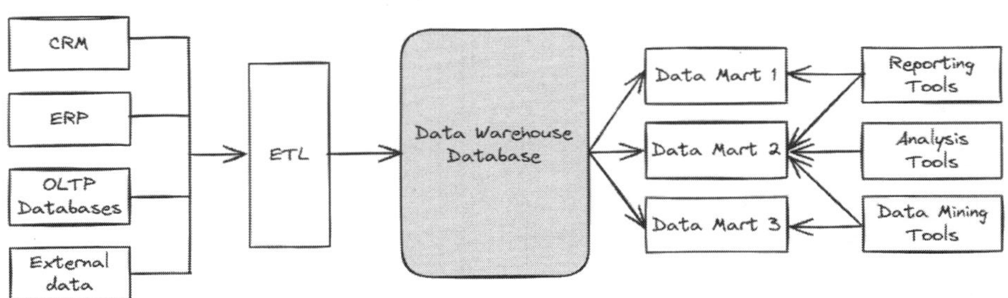

La arquitectura Three Tier representa una configuración avanzada y sofisticada para un Data Warehouse. Este enfoque, diseñado para optimizar el rendimiento y la escalabilidad, distribuye juiciosamente las responsabilidades en tres capas distintas, cada una de las cuales desempeña un papel crucial en el proceso analítico global.

La capa inferior, la base de esta arquitectura, alberga el Data Warehouse propiamente dicho. Aquí es donde se almacenan y organizan los datos para facilitar su posterior análisis. Por lo general, esta capa se implementa mediante robustos sistemas de gestión de bases de datos capaces de gestionar eficazmente grandes volúmenes de datos estructurados y semiestructurados. La optimización de esta capa suele incluir técnicas avanzadas como la partición de datos, la indexación inteligente y la compresión, destinadas a maximizar el rendimiento del almacenamiento y la recuperación de la información.

La capa intermedia, verdadero corazón analítico de la arquitectura, está dedicada al procesamiento analítico en línea (OLAP). Esta capa utiliza herramientas especializadas para analizar los datos almacenados en la capa inferior, generando agregaciones complejas, cubos multidimensionales y resultados de análisis avanzados. Es en este nivel donde se realizan los cálculos intensivos, la modelización estadística y las transformaciones de datos necesarias para satisfacer las necesidades analíticas de la empresa. La potencia de cálculo concentrada en esta capa permite procesar rápidamente consultas complejas sin afectar al rendimiento del almacenamiento de datos subyacente.

La capa superior es la interfaz de usuario, el punto de contacto entre los usuarios finales y la potencia analítica del sistema. Esta capa ofrece diversas herramientas de elaboración de informes, paneles interactivos y soluciones de visualización de datos. Permite a los usuarios acceder intuitivamente a los resultados de los análisis, personalizar sus vistas y navegar interactivamente por los datos. Se hace hincapié en la ergonomía y la facilidad de uso, para que incluso los usuarios sin conocimientos técnicos puedan explotar eficazmente la riqueza de los datos analíticos.

La arquitectura Three Tier ofrece una serie de ventajas que la convierten en la opción preferida de las empresas con necesidades analíticas complejas y cambiantes. Su escalabilidad es uno de sus principales activos: cada capa puede adaptarse y escalarse de forma independiente en función de las necesidades específicas. El rendimiento se optimiza gracias a la clara separación de responsabilidades, evitando los cuellos de botella que suelen producirse en arquitecturas más monolíticas. Esta arquitectura también ofrece una gran flexibilidad tecnológica, ya que permite a cada capa utilizar las herramientas y tecnologías más adecuadas para su función específica. Por último, se facilita el mantenimiento, ya que los cambios realizados en una capa no afectan necesariamente a las otras.

Sin embargo, la arquitectura Three Tier también presenta ciertos retos. Su implantación es más compleja y requiere profundos conocimientos técnicos en diversos campos. Los costes iniciales suelen ser más elevados debido a que es necesaria una mayor infraestructura. Además, la gestión de esta arquitectura requiere muchas competencias y muy distintas, abarcando aspectos de almacenamiento, procesamiento analítico e interfaz de usuario.

A pesar de estas consideraciones, la arquitectura de tres niveles destaca por su flexibilidad y su capacidad para adaptarse a necesidades analíticas complejas y cambiantes. Proporciona una base sólida para crear soluciones de inteligencia empresarial sofisticadas que puedan adaptarse a los rápidos cambios de las necesidades analíticas y los volúmenes de datos en un entorno empresarial cada vez más orientado a la información.

4.4 Conclusión

Elegir la arquitectura de un proyecto analítico es un proceso decisivo que depende de varios factores: las necesidades específicas de la empresa, la complejidad de los datos, los recursos disponibles y las previsiones de crecimiento. La evolución de una arquitectura analítica puede ser gradual, pasando de una estructura sencilla a modelos más sofisticados a medida que los requisitos se hacen más complejos.

La arquitectura One Tier, aunque limitada, puede ser adecuada para proyectos piloto o estructuras pequeñas. La arquitectura Two Tier ofrece un buen equilibrio entre rendimiento y complejidad, adecuado para muchas organizaciones en crecimiento. La arquitectura Three Tier cumple los requisitos más exigentes en términos de rendimiento, escalabilidad y flexibilidad.

El objetivo principal es crear una infraestructura analítica capaz no solo de satisfacer las necesidades actuales, sino también de adaptarse a los retos futuros del análisis de datos. Por tanto, la elección y evolución de la arquitectura deben formar parte de una visión estratégica a largo plazo, alineada con las ambiciones analíticas de la empresa.

5. Normalización/desnormalización

La normalización y la desnormalización son dos enfoques fundamentales del diseño de bases de datos, ofreciendo cada uno de los cuales ventajas específicas en función del contexto de uso. La normalización es un proceso de estructuración de datos diseñado para eliminar la redundancia y garantizar la integridad de los mismos. Consiste en descomponer tablas complejas en tablas más pequeñas y específicas, cada una de las cuales conteniendo únicamente información directamente relacionada con su tema principal. Este proceso, generalmente aplicado hasta la tercera forma normal (3NF), que garantiza que todas las dependencias entre datos están directamente vinculadas a la clave principal de la tabla y que no existen dependencias transitivas, reduce la duplicación de datos, facilita las actualizaciones y minimiza las anomalías. Sin embargo, en un contexto de análisis en el que el rendimiento de lectura es crucial, la normalización puede dar lugar a una multiplicación de las uniones, lo que puede ralentizar las consultas complejas.

Por el contrario, la desnormalización es una técnica que consiste en combinar tablas o añadir datos redundantes para optimizar el rendimiento de la lectura. Este enfoque es especialmente pertinente en los entornos de Data Warehousing y análisis de datos, donde la velocidad de acceso a ellos es primordial. La desnormalización puede implicar la creación de tablas de hechos con dimensiones incorporadas, la adición de campos calculados o la duplicación de cierta información para evitar costosas uniones. Aunque este método puede acelerar significativamente las consultas analíticas, introduce retos en términos de mantenimiento e integridad de los datos, exigiendo una gestión de las actualizaciones más cuidadosa.

Por tanto, la elección entre normalización y desnormalización depende en gran medida del caso de uso. En los sistemas transaccionales (OLTP), en los que la integridad de los datos y la flexibilidad de actualización son esenciales, se suele preferir la normalización. En cambio, en los sistemas analíticos (OLAP), donde el rendimiento de las solicitudes de lectura es crítico, se suele adoptar un enfoque desnormalizado o parcialmente normalizado. Por tanto, los arquitectos de datos deben sopesar cuidadosamente las ventajas e inconvenientes de cada enfoque, teniendo en cuenta las necesidades específicas de la aplicación, los volúmenes de datos, los patrones de acceso y los requisitos de rendimiento y mantenimiento.

6. Diferentes métodos de diseño de DWH

6.1 Metodología de diseño Inmon

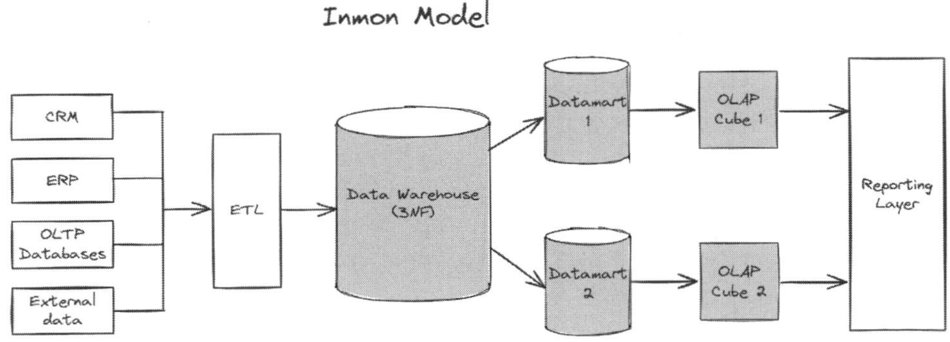

La metodología Inmon, también conocida como enfoque *top-down*, es una estrategia de diseño de Data Warehouse que aboga por una visión holística e integrada de los datos corporativos. Desarrollada por Bill Inmon, considerado el «padre del data warehousing», este enfoque se caracteriza por su voluntad de crear una única fuente de verdad para toda la organización.

En el corazón de la metodología de Inmon se encuentra el concepto de Enterprise Data Warehouse (EDWH), un repositorio centralizado que agrega y normaliza los datos de todos los sistemas operativos de la empresa. El EDWH se diseña de acuerdo con un modelo de datos de empresa estandarizado, generalmente hasta la tercera forma normal (3NF), que garantiza una estructura coherente y minimiza la redundancia de datos.

A partir de este EDWH, se derivan Data Marts temáticos para satisfacer las necesidades específicas de los distintos departamentos o áreas de actividad. Estos Data Marts se consideran subconjuntos del Data Warehouse central, lo que garantiza la coherencia general de los datos en toda la organización.

Una de las principales ventajas de la metodología Inmon es su capacidad para proporcionar una visión unificada y coherente de los datos de la empresa. Este enfoque facilita enormemente la toma de decisiones estratégicas al proporcionar una comprensión exhaustiva y fiable de las actividades de la organización. Además, la normalización de los datos en el EDWH permite una gestión eficaz de las actualizaciones y modificaciones, al tiempo que optimiza el espacio de almacenamiento.

Sin embargo, la aplicación de la metodología de Inmon puede resultar compleja y costosa, sobre todo para organizaciones de tamaño medio o proyectos que deban ponerse en marcha rápidamente. El tiempo y los recursos necesarios para definir un modelo completo de datos empresariales e implantar un EDWH a gran escala pueden ser considerables. Además, este enfoque requiere un profundo conocimiento de los procesos de negocio de la empresa desde el inicio del proyecto, lo que puede limitar su flexibilidad ante los rápidos cambios organizativos.

La metodología de Inmon es especialmente adecuada para grandes organizaciones con necesidades analíticas complejas y diversas, y un fuerte deseo de centralizar y normalizar sus datos. También se recomienda cuando una organización quiere implantar una gobernanza de datos rigurosa y garantizar la coherencia de la información en todas sus actividades.

Es importante señalar que la elección entre la metodología Inmon y otros enfoques, como la metodología Kimball, depende en gran medida del contexto específico de la empresa. Mientras que Inmon favorece un enfoque global y centralizado, Kimball propone un método más iterativo centrado en las necesidades empresariales inmediatas. Las organizaciones deben evaluar cuidadosamente sus necesidades, recursos y limitaciones antes de elegir la metodología más adecuada para su proyecto de Data Warehouse.

La metodología Inmon ofrece un enfoque sólido y coherente para el diseño de Data Warehouses, especialmente adecuado para grandes organizaciones con necesidades analíticas complejas y una visión a largo plazo de su infraestructura de datos. Aunque su aplicación puede resultar más exigente al principio, puede reportar importantes beneficios en términos de coherencia de los datos y apoyo a la toma de decisiones estratégicas.

6.2 Metodología de diseño Kimball

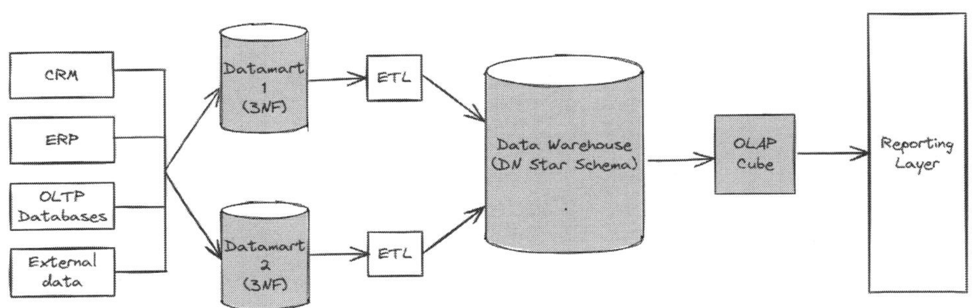

La metodología Kimball, también conocida como enfoque *bottom-up*, es una estrategia de diseño de almacenes de datos desarrollada por Ralph Kimball, que se caracteriza por su enfoque iterativo centrado en las necesidades específicas de la empresa. A diferencia de la metodología Inmon, que adopta una visión global de la empresa, el enfoque Kimball se centra en la construcción de Data Marts independientes, cada uno de los cuales responde a las necesidades de un área de actividad concreta.

El núcleo de la metodología Kimball es el concepto de modelización dimensional. Cada Data Mart se diseña según un esquema de estrella o copo de nieve, compuesto por tablas de hechos rodeadas de tablas de dimensiones. Estos esquemas están optimizados para las consultas analíticas, lo que permite un alto rendimiento de las operaciones de elaboración de informes y análisis.

Una de las principales ventajas de la metodología Kimball es su rapidez de implantación. Al centrarse en Data Marts más pequeños y específicos, es posible ofrecer rápidamente resultados tangibles a los usuarios empresariales. Este enfoque iterativo permite validar los conceptos en una fase temprana y adaptarlos continuamente a las necesidades cambiantes de la empresa.

Además, la metodología Kimball está intrínsecamente orientada a temas concretos, lo que significa que no es necesario conocer al detalle todos los procesos de negocio de la empresa antes de empezar a construir el Data Warehouse. Esto confiere al proyecto una gran agilidad y permite adaptarlo mejor a las necesidades específicas de cada departamento.

Otra ventaja notable es la facilitación del self-service reporting. Los esquemas dimensionales, diseñados para ser intuitivos y fáciles de entender para los usuarios empresariales, les permiten crear sus propios informes y análisis sin pasar necesariamente por intermediarios técnicos. Esto fomenta la autonomía del usuario y puede acelerar el proceso de toma de decisiones.

Sin embargo, la metodología Kimball no está exenta de inconvenientes. La creación de esquemas dimensionales puede ser compleja y requerir conocimientos técnicos específicos, sobre todo en ETL. El diseño de dimensiones conformes, esenciales para garantizar la coherencia entre distintos Data Marts, también puede representar un reto técnico y organizativo.

La ausencia de un modelo de datos de empresa centralizado puede provocar a veces problemas de cobertura temática. Ciertas áreas de actividad pueden quedar desatendidas o insuficientemente representadas en los Data Marts iniciales, lo que exige ajustes posteriores. Además, aunque la integración de los Data Marts para formar un Data Warehouse distribuido, conceptualmente es sencilla, puede resultar compleja en la práctica, sobre todo en lo que respecta a la gestión de metadatos y la sincronización de datos.

La metodología Kimball se adapta especialmente bien a las pequeñas y medianas empresas, o a los proyectos que requieren una aplicación rápida y un alto nivel de implicación de los usuarios empresariales. Destaca en situaciones en las que las necesidades analíticas están bien definidas y circunscritas a ámbitos de actividad específicos. Este enfoque también es pertinente para las organizaciones que dan prioridad a la agilidad y flexibilidad de su infraestructura analítica.

En cambio, para las grandes organizaciones con necesidades analíticas complejas y variadas, o que deseen implantar una gobernanza de datos rigurosa en toda la empresa, la metodología de Inmon puede ser más apropiada. La elección entre estos dos enfoques depende en gran medida del contexto específico de la organización, sus objetivos de gestión de datos a largo plazo y sus limitaciones de recursos y tiempo.

La metodología Kimball ofrece un enfoque pragmático y orientado a los resultados para el diseño de Data Warehouses. Su flexibilidad y capacidad para ofrecer resultados con rapidez la convierten en una opción atractiva para muchas organizaciones. Sin embargo, como ocurre con cualquier metodología, es crucial evaluar cuidadosamente las necesidades específicas de la empresa y las compensaciones necesarias antes de elegir este enfoque.

6.3 Metodología de diseño de OBT simple

La metodología de diseño OBT (*Operational Business Tier*), también conocida como arquitectura Staging Area, representa un enfoque pragmático y simplificado para el diseño de Data Warehouses. Esta metodología se caracteriza por su flexibilidad y orientación práctica, ofreciendo una solución intermedia entre los enfoques más tradicionales de Inmon y Kimball.

Una de las principales ventajas de la metodología OBT es su sencillez y rapidez de aplicación. Al centrarse en la creación de un Staging Area eficaz, evita la complejidad inherente a la modelización de Data Warehouse completo desde el inicio del proyecto. Este enfoque permite dar una respuesta rápida a las necesidades analíticas urgentes de los usuarios empresariales, conservando a la vez la flexibilidad necesaria para perfeccionar y ampliar el Data Warehouse con el paso del tiempo.

El Staging Area también proporciona un entorno controlado y seguro para llevar a cabo las transformaciones de datos necesarias. Este aspecto es especialmente importante para garantizar la calidad y fiabilidad de la información que finalmente se cargará en el Data Warehouse. Los procesos de limpieza, normalización y enriquecimiento de datos pueden llevarse a cabo de forma sistemática y trazable en esta zona intermedia.

Sin embargo, la metodología OBT no está exenta de dificultades. La ausencia de un modelo de datos empresariales claramente definido desde el principio puede acarrear dificultades a largo plazo, sobre todo en términos de mantenimiento y escalabilidad del sistema. Sin una visión global de la arquitectura de datos, puede resultar complejo garantizar la coherencia e integridad de la información en todo el Data Warehouse a medida que se amplía.

Además, el propio Staging Area puede convertirse en un cuello de botella si no está correctamente dimensionado y optimizado. Los procesos de extracción, transformación y carga pueden ser especialmente exigentes en cuanto a recursos, sobre todo cuando los volúmenes de datos son grandes o las transformaciones necesarias son complejas. Por lo tanto, es crucial diseñar cuidadosamente esta área, teniendo en cuenta las necesidades actuales y futuras de procesamiento de datos.

La aplicación eficaz de la metodología OBT también requiere competencias técnicas específicas, sobre todo en el ámbito de la ETL. Los equipos encargados de diseñar y aplicar los procesos de transformación de datos deben ser capaces de gestionar flujos de datos complejos, optimizar el rendimiento del tratamiento y garantizar la calidad de los datos a lo largo de todo el proceso.

A pesar de estos retos, la sencilla metodología de diseño OBT se adapta especialmente bien a determinados contextos. Conviene especialmente a empresas con necesidades analíticas cambiantes que quieren crear un Data Warehouse de forma rápida, sin tener que invertir en una modelización completa desde el principio. Este enfoque también se recomienda cuando las fuentes de datos son heterogéneas y requieren una transformación significativa antes de poder explotarlas en un contexto analítico.

La metodología OBT también puede representar un excelente compromiso para las organizaciones que vacilan entre los enfoques Inmon y Kimball. Al combinar elementos de ambas metodologías, ofrece una flexibilidad considerable que permite adaptarla a las particularidades de cada proyecto y a la evolución de las necesidades de la empresa.

En conclusión, la metodología simple de diseño de OBT ofrece un enfoque pragmático y flexible para el diseño de Data Warehouses. Permite una implantación rápida, al tiempo que conserva la opción de evolucionar hacia una arquitectura más compleja en caso necesario. Sin embargo, como ocurre con cualquier enfoque, es crucial evaluar cuidadosamente las necesidades específicas de la empresa, sus recursos disponibles y sus objetivos a largo plazo antes de elegir esta metodología. La planificación cuidadosa y la atención a la escalabilidad y la gobernanza de los datos siguen siendo esenciales para garantizar el éxito a largo plazo de un proyecto de Data Warehouse basado en OBT.

6.4 Metodología de diseño Data Vault

La metodología Data Vault representa un enfoque innovador y sólido de la modelización de Data Warehouses, que la distingue claramente de metodologías tradicionales como Inmon y Kimball. Desarrollado por Dan Linstedt a principios de la década de 2000, este enfoque se centra en la auditabilidad, trazabilidad y adaptabilidad de los datos en un entorno en constante cambio.

En el corazón de la metodología de Data Vault se encuentra un modelo de datos único, diseñado para capturar y almacenar datos en bruto procedentes de fuentes heterogéneas, a la vez que se documenta meticulosamente su procedencia y evolución en el tiempo. A diferencia de los enfoques tradicionales, centrados en la modelización de las relaciones empresariales, esta metodología favorece una estructura flexible capaz de adaptarse rápidamente a los cambios en los sistemas de origen y las necesidades analíticas.

La metodología Data Vault se basa en tres componentes principales:

- Los hubs: representan entidades empresariales clave y almacenan sus identificadores únicos.
- Los links: recogen las relaciones entre Hubs, lo que permite una gran flexibilidad a la hora de modelar las asociaciones.
- Los satellites: contienen los atributos descriptivos de Hubs y Links, incluida la información horaria y los metadatos.

Esta estructura modular ofrece una notable flexibilidad, lo que facilita la integración de nuevas fuentes de datos y la modificación de las estructuras existentes sin alterar todo el modelo. Esta adaptabilidad es especialmente valiosa en entornos en los que los sistemas fuente y los requisitos empresariales cambian con frecuencia.

Uno de los principales puntos fuertes de esta metodología reside en su riguroso planteamiento de la auditabilidad y trazabilidad de los datos. Cada dato se asocia sistemáticamente a metadatos detallados, incluidos su origen, fecha de inserción y cualquier transformación aplicada. Esta trazabilidad granular facilita enormemente la comprensión del origen de los datos y refuerza su fiabilidad para el análisis y la toma de decisiones.

Además, la metodología Data Vault destaca en la gestión de datos históricos. Permite capturar y conservar el historial completo de cambios, lo que proporciona una visión detallada de la evolución de los datos a lo largo del tiempo. Esta capacidad es especialmente valiosa para el análisis longitudinal y el cumplimiento de la normativa.

Sin embargo, la aplicación de la metodología Data Vault presenta ciertos retos. Su complejidad intrínseca exige una comprensión profunda de los conceptos de modelización específicos de este enfoque. Los equipos de desarrollo deben formarse en estos principios y equiparse con las herramientas adecuadas para gestionar eficazmente los metadatos y los historiales de datos.

La estructura Data Vault también puede resultar menos intuitiva para los usuarios empresariales acostumbrados a los modelos dimensionales tradicionales. El acceso a los datos para análisis ad hoc puede requerir consultas más complejas, que a menudo implican numerosas uniones entre Hubs, Links y Satellites. Esta complejidad puede afectar al rendimiento de las consultas, especialmente en el caso de los análisis en tiempo real o los paneles interactivos.

Para superar estos inconvenientes, es práctica común combinar la metodología de la bóveda de datos con capas de presentación más tradicionales, como los Data Marts dimensionales, proporcionando así una interfaz más accesible para los usuarios finales y conservando al mismo tiempo las ventajas de flexibilidad y trazabilidad del modelo subyacente.

La metodología Data Vault es más pertinente en entornos caracterizados por:

- una amplia variedad de fuentes de datos heterogéneas;
- cambios frecuentes en los sistemas de origen o en los requisitos empresariales;
- requisitos estrictos en materia de auditabilidad y trazabilidad de los datos;
- proyectos a gran escala que requieren una flexibilidad y escalabilidad considerables;
- sectores muy regulados en los que es crucial la conservación de un historial de datos completo.

Por otra parte, para proyectos más pequeños o empresas con necesidades analíticas bien definidas y estables, los enfoques tradicionales como Inmon o Kimball pueden ser más apropiados y sencillos de aplicar.

La metodología Data Vault ofrece una solución potente y flexible para modelar Data Warehouses en entornos complejos y dinámicos. Su enfoque único de la gestión de datos históricos y la trazabilidad la convierten en la opción preferida de las organizaciones que se enfrentan a retos de gestión de datos a gran escala y en constante evolución. Sin embargo, como ocurre con cualquier metodología, es crucial evaluar cuidadosamente las necesidades específicas de la empresa, sus recursos disponibles y sus objetivos a largo plazo antes de optar por este enfoque.

6.5 El ciclo de vida de un proyecto de Data Warehouse

El ciclo de vida de un proyecto de Data Warehouse es un proceso complejo e iterativo, una de cuyas etapas cruciales es la modelización dimensional. Esta fase tiene lugar una vez recopilados e integrados los datos, pero antes de cargarlos en el Data Warehouse. Su principal objetivo es estructurar los datos para optimizar su análisis y comprensión por parte de los usuarios empresariales, facilitando así la toma de decisiones basada en datos.

La modelización dimensional puede dividirse en cuatro etapas fundamentales, cada una de las cuales desempeña un papel esencial en la construcción de un modelo de datos eficaz y pertinente:

- Selección de*procesos empresariales* (*business processes*): esta primera etapa consiste en identificar las actividades empresariales clave que deben analizarse y medirse. Se trata de conocer a fondo el funcionamiento de la empresa y determinar los indicadores clave de rendimiento (KPI) que permitirán evaluar y controlar el rendimiento operativo. Estos procesos y KPI constituirán la base de las tablas de hechos, elementos centrales de la modelización dimensional. Esta etapa requiere una estrecha colaboración con los expertos de la empresa para garantizar que los procesos seleccionados sean realmente representativos de las actividades críticas de la empresa.
- Declaración de granularidad: una vez identificados los procesos de negocio, es crucial definir la granularidad de los datos, es decir, el nivel más fino de detalle que representará cada fila de la tabla de hechos. Esta decisión tiene implicaciones importantes para la capacidad de análisis y el volumen de datos del Data Warehouse. Por ejemplo, en un contexto minorista, la granularidad podría definirse a nivel de cada transacción individual, cada producto vendido o incluso cada línea de cada transacción. La elección de la granularidad debe equilibrar la necesidad de detalle con las limitaciones de rendimiento y almacenamiento.
- Identificación de las dimensiones: las dimensiones son los elementos que contextualizan los hechos y permiten analizarlos en función de diferentes ejes. Responden a las preguntas fundamentales de «quién», «qué», «cuándo», «dónde», «cómo» y «por qué» asociadas a los hechos. Las dimensiones más habituales son el tiempo (para el análisis temporal), el lugar (para el análisis geográfico), el producto (para el análisis de categorías o marcas) y el cliente (para el análisis demográfico o de comportamiento). Determinar las dimensiones adecuadas es crucial para garantizar la flexibilidad y profundidad de los futuros análisis.

– Identificación de los hechos: los hechos son las medidas cuantitativas que queremos analizar. Generalmente representan medidas clave de la empresa, como el importe de las ventas, la cantidad vendida, el coste o el beneficio. Estas medidas se almacenan en la tabla de hechos y se asocian a las dimensiones pertinentes. La identificación de los hechos debe estar impulsada por las necesidades analíticas de la empresa y debe incluir todas las medidas necesarias para responder a las preguntas críticas de la empresa.

Una herramienta especialmente útil en este proceso es la*bus matrix o matriz de bus*. Esta matriz visual mapea las relaciones entre los procesos de negocio (representados por tablas de hechos) y las dimensiones. Proporciona una visión clara de la estructura del Data Warehouse, lo que facilita la identificación de las dimensiones compartidas entre distintos procesos y garantiza un diseño coherente y completo del modelo dimensional.

Es importante señalar que la modelización dimensional, aunque estructurada, no es un proceso lineal fijo. Forma parte de un proceso iterativo que permite perfeccionar y mejorar el modelo a lo largo del tiempo. A medida que evolucionan las necesidades de la empresa o se dispone de nuevas fuentes de datos, el modelo puede ajustarse para incorporar estos cambios.

Una vez definido el modelo dimensional, los datos pueden cargarse en el Data Warehouse. Este proceso de carga, que se realiza a menudo mediante procedimientos ETL, debe respetar la estructura definida por el modelo dimensional. Una vez cargados, los datos se ponen a disposición de los usuarios para su análisis y la toma de decisiones.

El éxito de un proyecto de Data Warehouse depende en gran medida de la calidad de su modelización dimensional. Un modelo bien diseñado no solo facilita el análisis de los datos, sino que también mejora el rendimiento de las consultas, la comprensión del modelo por parte de los usuarios empresariales y la flexibilidad ante futuros cambios en los requisitos analíticos de la empresa.

En conclusión, la modelización dimensional es una etapa crítica en el ciclo de vida de un proyecto de Data Warehouse. Requiere una comprensión profunda de los procesos empresariales, una visión clara de los requisitos analíticos y un enfoque metódico para estructurar los datos de la mejor manera posible. Aunque compleja, esta etapa es esencial para transformar los datos brutos en información procesable, permitiendo a la empresa tomar decisiones basadas en análisis fiables y pertinentes.

7. Los distintos tipos de tablas en un Data Warehouse

7.1 Las tablas de hechos (fact tables)

Las tablas de hechos son el corazón de la modelización dimensional y contienen las medidas cuantitativas generadas por los sistemas operativos de la empresa. Estas medidas son esenciales para el análisis y la toma de decisiones, ya que permiten crear agregaciones y responder a preguntas clave sobre el rendimiento de la empresa.

Las tablas de hechos se identifican generalmente mediante una clave primaria compuesta, formada por la combinación de las claves externas de las tablas de dimensiones asociadas. Esta clave compuesta garantiza la unicidad de cada registro de la tabla de hechos y permite vincular las medidas a las dimensiones correspondientes.

Tipos de columnas de datos:

- Aditivos: estas medidas pueden sumarse en todas las dimensiones. Por ejemplo, la cantidad de productos vendidos puede sumarse en todas las dimensiones (tiempo, producto, cliente, etc.).
- Semi-aditivos: estas medidas pueden sumarse en algunas dimensiones, pero no en todas. Por ejemplo, las existencias de un producto pueden sumarse en la dimensión producto, pero no en la dimensión tiempo (porque las existencias varían con el tiempo).
- No aditivas: estas medidas no pueden sumarse en ninguna dimensión. Por ejemplo, el precio unitario de un producto o el tipo de descuento no pueden sumarse.

Tipos de tablas de hechos:

- Tablas de hechos transaccionales: estas tablas capturan datos a nivel de la transacción individual, ofreciendo la mayor granularidad. Por ejemplo, una tabla de hechos de transacciones de ventas registraría cada venta individual con detalles como el producto vendido, la cantidad, el precio y la fecha.
- Tablas de hechos periódicos: estas tablas agregan datos a un nivel periódico, como el día, la semana o el mes. Pueden utilizarse para analizar las tendencias y la evolución durante un periodo determinado. Por ejemplo, una tabla de hechos periódicos podría registrar el número total de ventas por producto y mes.
- Tablas de hechos acumulativos: estas tablas siguen el ciclo de vida de un evento o proceso a lo largo de varias etapas. Por ejemplo, una tabla de hechos acumulativos podría registrar las diferentes etapas de un pedido de un cliente, desde su creación hasta su entrega y envío.

7.2 Las tablas de dimensiones (dimension tables)

Las tablas de dimensiones proporcionan el contexto para las medidas almacenadas en las tablas de hechos. Contienen atributos descriptivos que permiten clasificar y analizar los hechos según distintos criterios. Por ejemplo, una tabla de dimensiones de `Producto` puede contener atributos como categoría, marca, modelo y precio.

Las tablas de dimensiones se identifican generalmente mediante una clave primaria única, que se utiliza como clave ajena en las tablas de hechos para establecer relaciones entre hechos y dimensiones.

Las tablas de dimensiones pueden jerarquizarse para permitir el análisis a diferentes niveles de detalle. Por ejemplo, una tabla de dimensiones de `Tiempo` podría tener una jerarquía que fuera del año al día, pasando por el trimestre y el mes.

Las tablas de hechos y dimensiones son los dos pilares de la modelización dimensional. Las tablas de hechos contienen las medidas cuantitativas, mientras que las tablas de dimensiones proporcionan el contexto para estas medidas. Juntas, crean un modelo de datos flexible y potente para el análisis y la toma de decisiones.

8. Esquemas

8.1 Star Schema (esquema en estrella)

*El Star Schema*es el esquema más utilizado en la modelización dimensional. Su estructura sencilla e intuitiva facilita la organización de los datos en el Data Warehouse. Consta de una tabla de hechos central, rodeada de tablas de dimensiones vinculadas a ella mediante claves externas.

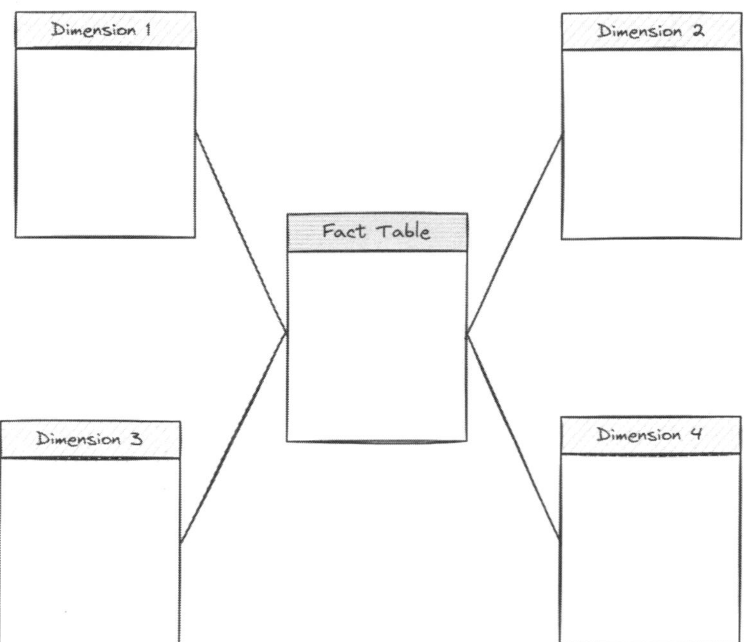

Esta forma de construir su base tiene varias ventajas:

- Sencillez: el Star Schema es fácil de entender y utilizar, por lo que resulta ideal para usuarios empresariales que no son necesariamente expertos en bases de datos.
- Rendimiento: las consultas en un Star Schema suelen ser más rápidas que en otros esquemas, ya que implican menos uniones entre tablas.
- Fácil de consultar: la sencilla estructura del Star Schema facilita la escritura de consultas SQL para extraer y analizar datos.

Sin embargo, esta estructura no está exenta de posibles problemas:

- Redundancia de datos: el Star Schema puede provocar cierta redundancia de datos en las tablas de dimensiones, lo que puede aumentar el espacio de almacenamiento necesario.
- Limitaciones de modelización: el Star Schema puede no ser adecuado para modelizar relaciones complejas entre dimensiones.

8.2 Snowflake Schema (esquema de copo de nieve)

El Snowflake Schema es una extensión del Star Schema que normaliza las tablas de dimensiones en tercera forma normal (3NF). Esto significa que los atributos de las dimensiones se descomponen en varias tablas vinculadas entre sí por claves externas.

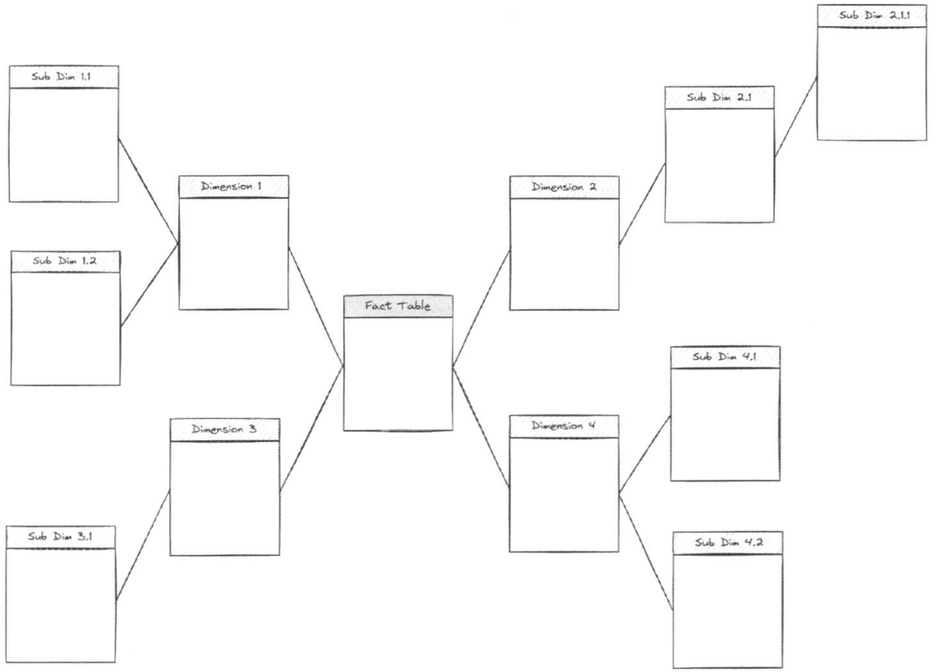

Ventajas:

- Reducción de la redundancia: la normalización de las tablas de dimensiones reduce la redundancia de datos, lo que ahorra espacio de almacenamiento.
- Facilidad de mantenimiento: la estructura normalizada facilita la actualización y el mantenimiento de las tablas de dimensiones.

Desventajas:

- Complejidad: el Snowflake Schema es más complejo que el Star Schema, lo que puede dificultar su comprensión y uso.
- Rendimiento: las consultas de Snowflake Schema pueden ser más lentas que las de Star Schema, ya que implican más uniones entre tablas.

– La siguiente tabla resume las diferencias entre el Star Schema y el Snowflake Schema:

Características	Star Schema	Snowflake Schema
Estructura	Simple, desnormalizada	Compleja, normalizada
Almacenamiento	Más espacio de almacenamiento	Menos espacio de almacenamiento
Redundancia	Más redundancia	Menos redundancia
Rendimiento	Más rápido	Más lento
Facilidad de consulta	Más fácil	Más difícil

La elección entre el Star Schema y el Snowflake Schema depende de las necesidades específicas de la empresa. En general, se prefiere el Star Schema por su sencillez y rendimiento, mientras que el Snowflake Schema se elige por su capacidad para reducir la redundancia de datos y facilitar el mantenimiento.

9. Proyecto Data Warehouse

En este proyecto, creará un Data Warehouse de la A a la Z usando Python y PostgreSQL. Utilizaremos un conjunto de datos de Kaggle suministrado por una cadena de supermercados brasileña (Olist). Hay dos versiones de este conjunto de datos, el modelo relacional en forma de archivo SQLite y un conjunto de archivos CSV.

Su cliente quiere crear informes semanales sobre el seguimiento de los pedidos. La idea es utilizar este modelo relacional como punto de partida y formatearlo para crear un DWH tipo Kimball centrado en los pedidos.

9.1 Requisitos previos

Lo primero que hay que hacer para crear este datawarehouse es instalar PostgreSQL y crear una base de datos en blanco. En el momento de escribir este libro, la última versión de PostgreSQL es la 17, que es la que utilizaremos en este proyecto.

Llevaremos a cabo las siguientes acciones:

- Instale postgreSQL.
- Cree un usuario.
- Cree una base de datos.

9.1.1 Ubuntu

Paso 1: descarga e instalación de PostgreSQL 17

El primer paso es ejecutar el siguiente comando:

```
sudo apt-get -y install postgresql-17
```

Observación

Puede comprobar que la instalación funciona correctamente ejecutando el siguiente comando: `sudo su - postgres` *then* `psql`.

Paso 2: añadir un usuario

Pasando a la segunda etapa, tenemos que crear un usuario.

```
postgres=# CREATE USER user WITH PASSWORD 'contraseña';
```

Paso 3: añadir una base de datos

Por último, podemos crear nuestra base de datos.

```
postgres=# CREATE DATABASE projet OWNER user;
```

Ahora podemos comprobar que la base de datos ha sido creada. El comando`\l`muestra la lista de bases de datos existentes:

```
postgres=# \l

  Name     |  Owner    | Encoding |   Collate    |    Ctype     |
Access privileges
-----------+----------+----------+-------------+-------------+
-----------------------
postgres   | postgres | UTF8     | fr_FR.UTF-8 | fr_FR.UTF-8 |
projet     | user     | UTF8     | fr_FR.UTF-8 | fr_FR.UTF-8 |
template0 | postgres | UTF8     | fr_FR.UTF-8 | fr_FR.UTF-8 |
=c/postgres          +
           |          |          |             |             |
postgres=CTc/postgres
template1 | postgres | UTF8     | fr_FR.UTF-8 | fr_FR.UTF-8 |
=c/postgres          +
           |          |          |             |             |
postgres=CTc/postgres
(4 rows)
```

9.1.2 Windows

Paso 1: descarga e instalación de PostgreSQL 17

- Vaya a la página de descarga de PostgreSQL: https://www.postgresql.org/download/windows/
- Seleccione la versión 17 y haga clic en el botón **Download the installer** correspondiente a la arquitectura de su sistema (32 o 64 bits).
- Ejecute el archivo de instalación descargado.

Siga las instrucciones del asistente de instalación:

- Elija el directorio de instalación.
- Seleccione los componentes que quiere instalar (deje las opciones por defecto si no está seguro).
- Establezca una contraseña para el superusuario `postgres` (la necesitará más adelante).
- Elija el puerto de escucha (**5432** por defecto).
- Seleccione la configuración regional (por ejemplo **es_ES.UTF8**).

Paso 2: añadir un usuario

- Abra el símbolo del sistema de Windows (cmd.exe) como administrador.
- Conéctese a PostgreSQL con el superusuario `postgres`.

```
psql -U postgres
```

- Introduzca la contraseña que estableció durante la instalación. Cree un nuevo `user` con la contraseña que desee.

```
CREATE USER user WITH PASSWORD 'contraseña';
```

Paso 3: añadir una base de datos

- Cree una nueva base de datos de `projet` y asígnela al `user`.

```
CREATE DATABASE projet OWNER user;
```

- Salga de psql.

```
\q
```

Ahora que ha creado la base de datos, puede crear las primeras tablas para diseñar nuestro DWH.

9.1.3 Windows

Paso 1: descarga e instalación de PostgreSQL 17

Vaya a la página de descarga de PostgreSQL:
https://www.postgresql.org/download/windows/

- Seleccione la versión 17 y haga clic en el botón **Download the installer** correspondiente a la arquitectura de su sistema (32 o 64 bits).
- Ejecute el archivo de instalación descargado.

Siga las instrucciones del asistente de instalación:

- Elija el directorio de instalación.
- Seleccione los componentes que quiere instalar (deje las opciones por defecto si no está seguro).

- Establezca una contraseña para el superusuario postgres (la necesitará más adelante).
- Elija el puerto de escucha (**5432** por defecto).
- Seleccione la configuración regional (por ejemplo **fr_FR.UTF8**).

Paso 2: añadir un usuario

- Abra el símbolo del sistema de Windows (cmd.exe) como administrador.
- Conéctese a PostgreSQL con el superusuario `postgres`.

```
psql -U postgres
```

- Introduzca la contraseña que estableció durante la instalación. Cree un nuevo `user` con la contraseña que desee.

```
CREATE USER user WITH PASSWORD 'contraseña';
```

Paso 3: añadir una base de datos

- Cree una nueva base de datos de `projects` y asígnela al.

```
CREATE DATABASE projet OWNER user;
```

- Salga de psql.

```
\q
```

Ahora que ha creado la base de datos, puede crear las primeras tablas para diseñar nuestro DWH.

9.2 Script en Python

Antes de sumergirse en el código, aquí tiene los pasos a seguir para desarrollar su primer DWH. Los archivos CSV utilizados en este proyecto se colocan en un directorio `'./data'`. Los archivos están disponibles aquí:
https://github.com/gpenessot/business_intelligence_with_python/tree/main/Chapter05/data

- Prepare el entorno.

- Comience cargando las distintas librerías que necesitaremos para este proyecto:
  - pandas (pd): para manipular datos en forma de tabla (DataFrames).
  - sqlalchemy: para interactuar con la base de datos PostgreSQL. También podríamos haber utilizado la librería psycopg2, pero SQLAlchemy no está restringida a Postgres y permite conectarse con la misma facilidad a otros gestores de bases de datos como MySQL, SQLite, etc.
- Cargue los datos CSV.
  - Se crea un diccionario`dataframe`, asociando el nombre de cada archivo CSV con su contenido cargado en un DataFrame de pandas.
  - La función `pd.read_csv()` se utiliza para leer cada archivo CSV y almacenar su contenido en un DataFrame.
- Conéctese a la base de datos.

Creación del motor SQLAlchemy:

- La función `create_engine()` establece una conexión con su base de datos PostgreSQL.
- Debe sustituir `"user:password"` por sus credenciales (nombre de usuario y contraseña) y `"localhost:5432/project"` por la dirección, el puerto y el nombre de su base de datos.

- Defina la estructura del almacén de datos.

Creación de un objeto `MetaData`:

- El objeto `MetaData` de SQLAlchemy actuará como contenedor para organizar la estructura de su almacén de datos.
- Definición de las tablas: tabla de hechos (order_fact). Esta tabla central almacenará los datos de los pedidos (ID, estado, fechas, etc.). También se definen claves foráneas para vincular esta tabla a las distintas dimensiones.

- Cree las tablas de dimensiones:
  - `products_dimension` (información sobre el producto);
  - `customers_dimension` (información sobre clientes);
  - `sellers_dimension` (información sobre vendedores);
  - `geolocation_dimension` (información geográfica).

Para cada tabla, especifique su nombre, las columnas (con su tipo de datos) y las claves externas.

▶ Cree las tablas en la base de datos:

El método `metadata.create_all(engine)` envía las definiciones de las tablas a PostgreSQL, que las crea físicamente en la base de datos. En esta fase también se establecen las relaciones entre las tablas (claves externas).

▶ Cargue los datos en el almacén de datos.

Conexión a la base de datos:

- Un bloque`with` se utiliza para abrir una conexión (conn) a la base de datos, garantizando el cierre automático una vez finalizadas las operaciones.
- Un diccionario `dataframe_to_table` asocia los nombres de DataFrames (es decir, archivos CSV) con las tablas correspondientes del almacén.

▶ Introduzca los datos.

Un bucle recorre cada DataFrame del diccionario `dataframes`.

Para cada DataFrame:

- La tabla`SQLAlchemy` correspondiente se recupera del diccionario`dataframe_to_table`.
- El método`df.to_sql()` inserta el contenido del DataFrame en la tabla, especificando `if_exists='append'`para añadir los datos si la tabla ya existe, e`index=False` para no incluir el índice del DataFrame como columna.

Pasemos al código:

```
# Import necessary libraries
import pandas as pd
from sqlalchemy import create_engine, MetaData, Table, Column,
Integer, String, Float, ForeignKey

# Load data into pandas dataframes
dataframes = {
   'olist_orders_dataset.csv': pd.read_csv('./data/
olist_orders_dataset.csv'),
   'olist_order_items_dataset.csv':
 pd.read_csv('./data/olist_order_items_dataset.csv'),
   'olist_order_payments_dataset.csv': pd.read_csv('./data/
olist_order_payments_dataset.csv'),
   'olist_products_dataset.csv': pd.read_csv('./data/
olist_products_dataset.csv'),
   'product_category_name_translation.csv':
pd.read_csv('./data/product_category_name_translation.csv'),
   'olist_customers_dataset.csv': pd.read_csv('./data/
olist_customers_dataset.csv'),
   'olist_sellers_dataset.csv':
pd.read_csv('./data/olist_sellers_dataset.csv'),
   'olist_geolocation_dataset.csv': pd.read_csv('./data/
olist_geolocation_dataset.csv')
}

# Create SQLAlchemy engine
engine = create_engine('postgresql://utilisateur:projet_
DWHh@localhost:5432/projet')

# Create MetaData object
metadata = MetaData()

# Create fact table (order_fact) with foreign keys
order_fact = Table(
   'order_fact', metadata,
   Column('order_id', String, primary_key=True),
   Column('customer_id', String,
ForeignKey('customers_dimension.customer_id')),
   Column('order_status', String),
   Column('order_purchase_timestamp', String),
   Column('order_approved_at', String),
   Column('order_delivered_carrier_date', String),
   Column('order_delivered_customer_date', String),
   Column('order_estimated_delivery_date', String),
```

```
    Column('order_item_id', Integer),
    Column('product_id', String,
ForeignKey('products_dimension.product_id')),
    Column('seller_id', String,
ForeignKey('sellers_dimension.seller_id')),
    Column('shipping_limit_date', String),
    Column('price', Float),
    Column('freight_value', Float),
    Column('payment_sequential', Integer),
    Column('payment_type', String),
    Column('payment_installments', Integer),
    Column('payment_value', Float),
    Column('customer_zip_code_prefix', String,
ForeignKey('geolocation_dimension.geolocation_zip_code_prefix')),
    Column('seller_zip_code_prefix', String,
ForeignKey('geolocation_dimension.geolocation_zip_code_prefix'))
)

# Create dimension table: products_dimension
products_dimension = Table(
    'products_dimension', metadata,
    Column('product_id', String, primary_key=True),
    Column('product_category_name', String),
    Column('product_name_lenght', Integer),
    Column('product_description_lenght', Integer),
    Column('product_photos_qty', Integer),
    Column('product_weight_g', Integer),
    Column('product_length_cm', Integer),
    Column('product_height_cm', Integer),
    Column('product_width_cm', Integer),
    Column('product_category_name_english', String)
)

# Create dimension table: customers_dimension
customers_dimension = Table(
    'customers_dimension', metadata,
    Column('customer_id', String, primary_key=True),
    Column('customer_unique_id', String),
    Column('customer_zip_code_prefix', String),
    Column('customer_city', String),
    Column('customer_state', String)
)

# Create dimension table: sellers_dimension
sellers_dimension = Table(
    'sellers_dimension', metadata,
```

```
    Column('seller_id', String, primary_key=True),
    Column('seller_zip_code_prefix', String),
    Column('seller_city', String),
    Column('seller_state', String)
)

# Create dimension table: geolocation_dimension
geolocation_dimension = Table(
    'geolocation_dimension', metadata,
    Column('geolocation_zip_code_prefix', String, primary_key=True),
    Column('geolocation_lat', Float),
    Column('geolocation_lng', Float),
    Column('geolocation_city', String),
    Column('geolocation_state', String)
)

# Create tables in the database
metadata.create_all(engine)

# Load data into tables
with engine.connect() as conn:
    # Create a dictionary mapping dataframes to table names
    dataframe_to_table = {
        'olist_orders_dataset.csv': order_fact,
        'olist_order_items_dataset.csv': order_fact,
        'olist_order_payments_dataset.csv': order_fact,
        'olist_products_dataset.csv': products_dimension,
        'product_category_name_translation.csv': products_dimension,
        'olist_customers_dataset.csv': customers_dimension,
        'olist_sellers_dataset.csv': sellers_dimension,
        'olist_geolocation_dataset.csv': geolocation_dimension
    }

    for table_name, df in dataframes.items():
        # Get the correct table object from the dictionary
        table_obj = dataframe_to_table[table_name]
        df.to_sql(table_obj.name, conn, if_exists='append',
index=False)
```

9.3 Creación del diagrama ERD

Ahora podemos comprobar la estructura de nuestra base de datos exportando el gráfico ERD. Podemos usar la librería sqlalchemy-schemadisplay y en particular la función `create_schema_graph()`.

```
from sqlalchemy_schemadisplay import create_schema_graph

# Create the schema graph
graph = create_schema_graph(
  engine=engine,
  metadata=metadata,
  show_datatypes=True,  # Show column data types
  show_indexes=True,  # Show indexes
  rankdir='LR',  # Graph orientation (left to right)
  concentrate=False  # Do not merge multiple relationships into one
)

# Generate the image file (e.g., in PNG format)
graph.write_png('schema_datawarehouse.png')
```

products_dimension

- product_id : VARCHAR
- product_category_name : VARCHAR
- product_name_lenght : INTEGER
- product_description_lenght : INTEGER
- product_photos_qty : INTEGER
- product_weight_g : INTEGER
- product_length_cm : INTEGER
- product_height_cm : INTEGER
- product_width_cm : INTEGER
- product_category_name_english : VARCHAR

+ product_id
+ product_id

order_fact

- order_id : VARCHAR
- customer_id : VARCHAR
- order_status : VARCHAR
- order_purchase_timestamp : VARCHAR
- order_approved_at : VARCHAR
- order_delivered_carrier_date : VARCHAR
- order_delivered_customer_date : VARCHAR
- order_estimated_delivery_date : VARCHAR
- order_item_id : INTEGER
- product_id : VARCHAR
- seller_id : VARCHAR
- shipping_limit_date : VARCHAR
- price : FLOAT
- freight_value : FLOAT
- payment_sequential : INTEGER
- payment_type : VARCHAR
- payment_installments : INTEGER
- payment_value : FLOAT
- customer_zip_code_prefix : VARCHAR
- seller_zip_code_prefix : VARCHAR

customers_dimension

- customer_id : VARCHAR
- customer_unique_id : VARCHAR
- customer_zip_code_prefix : VARCHAR
- customer_city : VARCHAR
- customer_state : VARCHAR

+ customer_id
+ customer_id

sellers_dimension

- seller_id : VARCHAR
- seller_zip_code_prefix : VARCHAR
- seller_city : VARCHAR
- seller_state : VARCHAR

+ seller_id
+ seller_id

+ seller_zip_code_prefix
+ customer_zip_code_prefix
+ geolocation_zip_code_prefix
+ geolocation_zip_code_prefix

geolocation_dimension

- geolocation_zip_code_prefix : VARCHAR
- geolocation_lat : FLOAT
- geolocation_lng : FLOAT
- geolocation_city : VARCHAR
- geolocation_state : VARCHAR

9.4 Solicitudes

Ahora que hemos creado nuestro DWH, vamos a probarlo con dos consultas SQL básicas:

- La primera solicitud recupera las tres primeras filas de la tabla de hechos (`order_fact`).
- La segunda solicitud realiza uniones entre tablas para recuperar información combinada sobre pedidos, clientes, productos y pagos.

Empecemos con una consulta básica:

```
query = """SELECT * FROM order_fact LIMIT 5"""
order_fact_data = pd.read_sql(query, engine)
order_fact_data.head(3).transpose()
```

Esta primera solicitud da el siguiente resultado (para facilitar la lectura, se ha transpuesto el DataFrame).

	0	1	2
`order_id`	e481f51cb-dc54678b7c-c49136f2d6af7	e481f51cb-dc54678b7c-c49136f2d6af7	e481f51cb-dc54678b7c-c49136f2d6af7
`customer_id`	9ef432eb62512973 04e76186b10a928d	9ef432eb62512973 04e76186b10a928d	9ef432eb62512973 04e76186b10a928d
`order_status`	delivered	delivered	delivered
`order_purchase_timestamp`	2017-10-02 10:56:33	2017-10-02 10:56:33	2017-10-02 10:56:33
`order_approved_at`	2017-10-02 11:07:15	2017-10-02 11:07:15	2017-10-02 11:07:15
`order_delivered_carrier_date`	2017-10-04 19:55:00	2017-10-04 19:55:00	2017-10-04 19:55:00
`order_delivered_customer_date`	2017-10-10 21:25:13	2017-10-10 21:25:13	2017-10-10 21:25:13
`order_estimated_delivery_date`	2017-10-18 00:00:00	2017-10-18 00:00:00	2017-10-18 00:00:00

	0	1	2
order_item_id	1	1	1
product_id	87285b34884572647811a353c7ac498a	87285b34884572647811a353c7ac498a	87285b34884572647811a353c7ac498a
seller_id	3504c0cb71d7fa48d967e0e4c94d59d9	3504c0cb71d7fa48d967e0e4c94d59d9	3504c0cb71d7fa48d967e0e4c94d59d9
shipping_limit_date	2017-10-06 11:07:15	2017-10-06 11:07:15	2017-10-06 11:07:15
price	29,99	29,99	29,99
freight_value	8,72	8,72	8,72
payment_sequential	1	3	2
payment_type	credit_card	voucher	voucher
payment_installments	1	1	1
payment_value	18,12	2,0	18,59

Veamos el resultado de nuestra segunda solicitud:

```
complex_query = """SELECT
                        o.order_id,
                        c.customer_city,
                        p.product_category_name,
                        op.payment_value
                   FROM order_fact AS o
                   JOIN customers_dimension AS c
                       ON o.customer_id = c.customer_id
                   JOIN products_dimension AS p
                       ON o.product_id = p.product_id
                   JOIN order_fact AS op
                       ON o.order_id = op.order_id
                   LIMIT 3"""

joined_data = pd.read_sql(query, engine)
print(joined_data)
```

	0	1	2
order_id	e481f51cb-dc54678b7c-c49136f2d6af7	e481f51cb-dc54678b7c-c49136f2d6af7	e481f51cb-dc54678b7c-c49136f2d6af7
customer_city	sao paulo	sao paulo	sao paulo
product_catego-ry_name	utilidades_do-mesticas	utilidades_do-mesticas	utilidades_do-mesticas
payment_value	18,12	2,0	18,59

Este ejemplo le ha permitido utilizar las tablas OLTP de su modelo relacional para construir un modelo OLAP.

Capítulo 6
Automatizar su pipeline

1. Introducción a los ETL y la automatización de pipelines de datos

1.1 Definición e importancia de los ETL

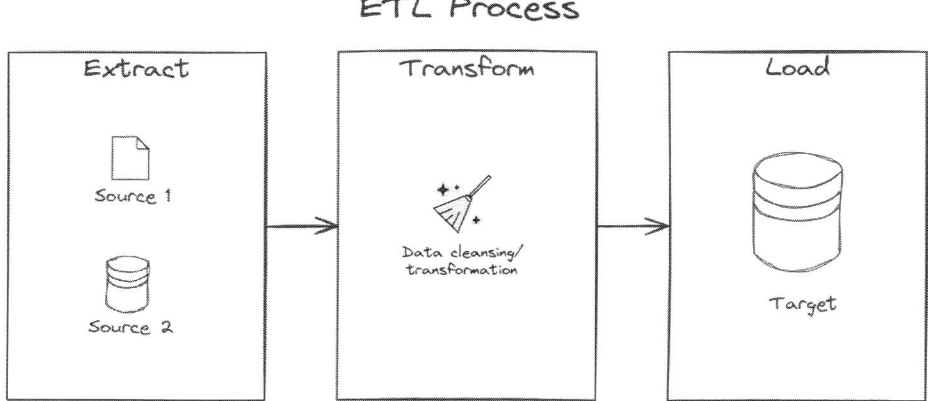

ETL, acrónimo de *Extract, Transform, Load(extraer, transformary cargar)*, es un proceso fundamental en el campo de la gestión y el análisis de datos. Desempeña un papel importante en la preparación e integración de datos procedentes de fuentes distintas para hacerlos utilizables y relevantes para el análisis y la toma de decisiones.

La fase de extracción implica la recopilación de datos en bruto de múltiples fuentes, pudiendo incluir bases de datos relacionales, archivos planos, API web o su CRM. Esta fase suele implicar la gestión de diferentes formatos de datos y protocolos de comunicación.

La transformación es la fase en la que los datos extraídos se limpian, normalizan y enriquecen. Esto puede implicar la corrección de errores, la gestión de los valores que faltan, la conversión de formatos, la agregación de datos o la aplicación de reglas de negocio complejas. El objetivo es preparar los datos para que sean coherentes, precisos y adecuados a las necesidades de análisis.

Por último, la carga consiste en insertar los datos transformados en un sistema de destino, generalmente un almacén de datos (Data Warehouse) o un lago de datos (Data Lake). Esta última etapa debe realizarse de forma eficiente y fiable, teniendo en cuenta las limitaciones de rendimiento e integridad de los datos.

1.2 Ventajas de la automatización de los pipelines de datos

Un pipeline de datos es una serie de pasos de procesamiento conectados que trasladan datos de un sistema a otro. Puede compararse con un sistema de fontanería que transporta agua: del mismo modo, el pipeline de datos transporta y transforma los datos a lo largo de su viaje desde su origen hasta su destino final. El proceso ETL descrito anteriormente es un ejemplo típico de pipelines de datos.

La automatización de estos conductos de datos, y de los procesos ETL en particular, aporta muchas ventajas a las organizaciones.

Otra gran ventaja es el ahorro de tiempo. Los procesos ETL automatizados pueden ejecutarse a horas programadas, fuera del horario de oficina, lo que permite un uso óptimo de los recursos informáticos. Es más, los ingenieros y analistas de datos pueden concentrarse en tareas de mayor valor añadido en lugar de en tediosas operaciones manuales.

La reproducibilidad es otro aspecto crucial. Los pipelines de datos automatizados pueden ejecutarse siempre de forma idéntica, lo que es esencial para la coherencia de los informes y análisis. Esto también facilita la depuración y auditoría de los procesos.

La automatización también ofrece una mayor escalabilidad. A medida que aumenta el volumen de datos, los conductos automatizados pueden ajustarse para gestionar cargas mayores sin requerir un aumento proporcional de los recursos humanos.

Por último, la automatización mejora la trazabilidad y la gobernanza de los datos. Los pipelines automatizados pueden generar registros detallados que permiten rastrear los datos desde su origen hasta su destino final. Esto es especialmente importante para el cumplimiento de la normativa y la auditoría de los procesos de datos.

1.3 Visión general de las herramientas de automatización: Airflow y Luigi

En el panorama de la automatización de pipelines de datos, destacan dos herramientas en particular: Apache Airflow y Luigi. Estos dos frameworks de código abierto ofrecen enfoques diferentes pero potentes para orquestar y automatizar los workflows (flujos) de datos.

Apache Airflow, desarrollado inicialmente por Airbnb, se convirtió después en un proyecto de la Apache Software Foundation. Se caracteriza por su flexibilidad y su capacidad para gestionar workflows complejos e interdependientes. Airflow utiliza *Directed Acyclic Graphs* (DAG) para representar pipelines de datos, lo que permite visualizar claramente las dependencias entre tareas. Ofrece una interfaz web intuitiva para supervisar y gestionar los workflows, así como una amplia gama de integraciones con otras herramientas y servicios.

Luigi, desarrollado por Spotify, adopta un enfoque diferente. Se centra en la creación de pipelines de datos en Python, haciendo especial hincapié en la simplicidad y la facilidad de uso. Luigi es especialmente apreciado por su capacidad para gestionar dependencias complejas entre tareas y por su sistema de *objetivos*(*targets*), que facilita la comprobación de si una tarea se ha completado con éxito. Luigi, a diferencia de Airflow, es compatible con Windows, por lo que también puede ser una solución alternativa si no se tiene acceso a una máquina virtual Linux.

Cada una de estas herramientas tiene sus propios puntos fuertes y casos de uso específicos. Airflow suele preferirse para entornos empresariales complejos que requieren una orquestación sofisticada, mientras que Luigi se valora por su sencillez y perfecta integración con el ecosistema de Python, lo que la hace ideal para proyectos de tamaño medio o equipos de ciencia de datos.

En las siguientes secciones de este capítulo, exploraremos estas dos herramientas en detalle, sus características y ventajas, y cómo utilizarlas eficazmente para automatizar sus pipelines de datos ETL.

2. Apache Airflow: una potente herramienta para orquestar workflows

2.1 Presentación de Airflow

Apache Airflow es una plataforma de gestión y orquestación de workflows de código abierto, desarrollada originalmente por Airbnb en 2014 y convertida en proyecto de la Apache Software Foundation en 2019. Diseñada para ser extensible, fácil de usar y flexible, Airflow se estableció rápidamente como una de las herramientas más populares para orquestar pipelines de datos complejas.

Airflow permite a los Data Engineers y a los Data Scientists programar, planificar y supervisar workflows de datos mediante programación. Ofrece una interfaz de usuario web intuitiva para visualizar los pipelines, supervisar su progreso y resolver cualquier problema. La fuerza de Airflow reside en su capacidad para gestionar dependencias complejas entre tareas, integrarse con multitud de sistemas externos y adaptarse a entornos de todos los tamaños, desde pequeños proyectos de ciencia de datos hasta infraestructuras empresariales a gran escala.

2.2 Conceptos clave: DAG, Tasks, Operators

Para entender Airflow, es esencial dominar sus conceptos fundamentales:

- DAG: un DAG es la representación conceptual de un workflow en Airflow. Es un grafo dirigido sin ciclos, donde cada nodo es una tarea y las aristas representan las dependencias entre estas tareas. Los DAG definen la estructura y el orden de ejecución de las tareas, así como su frecuencia de ejecución.
- Tasks: las tareas son unidades individuales de trabajo dentro de un DAG. Cada tarea representa una operación específica, como extraer datos de una fuente, realizar una transformación o cargarlos en un destino. Las tareas se organizan y conectan en el DAG para formar el workflow completo.
- Operators: los operadores son clases predefinidas que encapsulan la lógica para realizar un tipo específico de tarea. Airflow proporciona una serie de operadores listos para usar, como:
  - `PythonOperator`: para ejecutar funciones arbitrarias de Python;
  - `BashOperator`: para ejecutar comandos `Bash`;
  - `SqlOperator`: para ejecutar consultas SQL;
  - `EmailOperator`: para enviar correos electrónicos.

También es posible crear operadores personalizados para necesidades específicas.

2.3 Instalación y configuración básica (Linux)

Airflow necesita un directorio de inicio, por defecto ~/airflow (su carpeta de inicio seguida de airflow), pero puede elegir otra ubicación. La variable de entorno `AIRFLOW_HOME`se utiliza para indicar a Airflow el directorio que debe utilizar. Se recomienda configurar esta variable antes de la instalación para asegurarse de que los archivos se almacenan en la ubicación correcta.

– Abra un terminal e introduzca el siguiente comando, sustituyendo~ por su carpeta personal si es necesario.

```
export AIRFLOW_HOME=~/airflow
```

Airflow puede instalarse utilizando pip, el gestor de paquetes de Python. Estos son los pasos básicos para instalar y configurar Airflow:

▶ Instale Airflow.

```
pip install apache-airflow
```

▶ Inicialice la base de datos Airflow.

```
airflow db init
```

▶ Cree un usuario `admin`.

```
airflow users create --username admin --firstname Admin --lastname
User --role Admin --email admin@example.com
```

▶ Inicie el servidor web Airflow.

```
airflow webserver --port 8080
```

▶ En otro terminal, inicie el programador Airflow.

```
airflow scheduler
```

Una vez completados estos pasos, puede acceder a la interfaz web de Airflow abriendo un navegador y accediendo a http://localhost:8080.

Si todo funciona, su navegador debería mostrar la siguiente ventana:

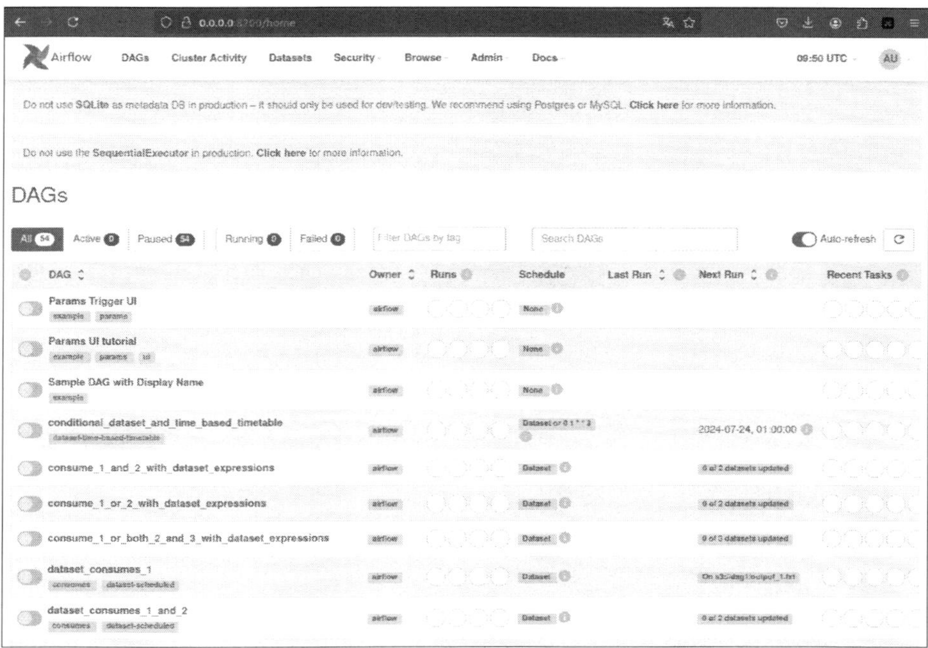

2.4 Cree un pipeline simple con Airflow

He aquí un ejemplo de código para crear un pipeline ETL sencillo con Airflow. Más adelante veremos (sección Caso práctico: creación de un pipeline ETL completo) cuáles son nuestras funciones `extract()`, `transform()`y `load()`:

```
from datetime import datetime, timedelta
from airflow import DAG
from airflow.operators.python_operator import PythonOperator

from utils import extract, transform, load

default_args = {
   'owner': 'airflow',
   'depends_on_past': False,
```

```
    'start_date': datetime(2024, 1, 1),
    'email_on_failure': False,
    'email_on_retry': False,
    'retries': 1,
    'retry_delay': timedelta(minutes=5),
}

dag = DAG(
    'olist_etl_dag',
    default_args=default_args,
    description='ETL pipeline for Olist dataset',
    schedule_interval=timedelta(days=1),
)

with dag:
    setup_logger_task = PythonOperator(
        task_id='extract_data',
        python_callable=extract,
        dag=dag,
    )

    extract_task = PythonOperator(
        task_id='transform_data',
        python_callable=transform,
        dag=dag,
    )

    transform_task = PythonOperator(
        task_id='load_data',
        python_callable=load,
        dag=dag,
    )

    extract_task >> transform_task >> load_task
```

Este código crea un DAG simple con tres tareas: `extract`, `transform`, y `load`que se ejecutan secuencialmente con t1 (`extract`) en primer lugar, t2 (`transform`) y, por último, t3 (`load`).

Observación

Aquí nos hemos limitado a la parte ETL, pero su orquestación puede cubrir, por supuesto, otras funciones como la fase de preparación de datos para el dashboard y su actualización.

2.5 Ventajas y casos de uso

Airflow ofrece una serie de ventajas que lo convierten en la opción preferida para la orquestación de workflows:

- Flexibilidad: Airflow puede utilizarse para crear workflows tan sencillos o complejos como sea necesario, adaptándose a una amplia variedad de casos de uso.
- Extensibilidad: gracias a su arquitectura basada en plugins, Airflow puede ampliarse para integrarse con casi cualquier sistema o servicio externo.
- Programabilidad: los workflows se definen en código Python, ofreciendo toda la potencia y flexibilidad de este lenguaje de programación.
- Interfaz de usuario robusta: la interfaz web de Airflow ofrece potentes herramientas para visualizar, supervisar y depurar los workflows.
- Amplia comunidad y ecosistema: como proyecto popular de código abierto, Airflow se beneficia de una comunidad amplia y activa y de un rico ecosistema de plugins e integraciones.

Airflow es especialmente adecuado para:

- la orquestación de pipelines ETL complejas;
- la automatización de tareas de Machine Learning, incluida la formación y el despliegue de modelos;
- la gestión de workflows de procesamiento de datos a gran escala;
- la integración de múltiples sistemas y servicios en un workflow unificado.

Apache Airflow ofrece muchas características que aquí no podemos explorar en detalle. Si quiere obtener más información, encontrará muchos recursos en línea que le ayudarán a descubrir esta potente herramienta.

3. Luigi: una alternativa ligera para la automatización de tareas

3.1 Introducción a Luigi

Luigi es un framework Python de código abierto desarrollado por Spotify para construir complejos pipelines de datos. Diseñado para ser sencillo y ligero, Luigi frece un enfoque intuitivo para crear y gestionar workflows de procesamiento de datos. A diferencia de Airflow, que se centra en la orquestación general de workflows, Luigi está más específicamente orientado a la construcción de pipelines de datos en Python.

El principal objetivo de Luigi es resolver dos problemas habituales en los workflows de datos:

- la gestión de las dependencias entre tareas;
- la elegancia con la que se gestionan los fallos.

Luigi permite a los profesionales de los datos definir cadenas de tareas interdependientes, en las que cada tarea produce un resultado que puede utilizarse como entrada para las tareas posteriores. Este enfoque fomenta la modularidad y la reutilización del código, a la vez que simplifica la gestión de pipelines complejos.

3.2 Conceptos fundamentales: Tasks, Targets, Parameters

Para entender a Luigi, es esencial dominar sus conceptos fundamentales:

- Tasks: las tareas son los componentes básicos de Luigi. Cada tarea es una unidad de trabajo que realiza una operación específica, como descargar datos, transformarlos o cargarlos en una base de datos. Las tareas se definen como clases Python que heredan de `luigi.Task`.

- Targets: los targets representan la salida de una tarea. Pueden ser archivos del sistema de archivos local, tablas de una base de datos o incluso recursos remotos. Los targets se utilizan para determinar si una tarea ya se ha ejecutado correctamente, evitando así cálculos redundantes.
- Parameters: los parámetros se utilizan para configurar dinámicamente las tareas. Pueden utilizarse para especificar fechas, rutas de archivos u otros valores que influyan en el comportamiento de una tarea. Los parámetros facilitan la reutilización de código y la creación de workflows flexibles.

Ahora podemos pasar a la instalación.

3.3 Instalación y configuración

La instalación de Luigi es simple y directa, utilizando pip:

```
pip install luigi
```

A diferencia de Airflow, Luigi no requiere para funcionar una configuración compleja ni una base de datos dedicada. Sin embargo, para proyectos más grandes, puede ser útil configurar un archivo luigi.cfg para centralizar los ajustes comunes:

```
[core]
default-scheduler-host=localhost
default-scheduler-port=8082

[scheduler]
record_task_history=True
state_path=/var/luigi/state.pickle

[task_history]
db_connection=sqlite:///luigi-task-hist.db
```

Puede encontrar todos los parámetros configurables aquí:
https://luigi.readthedocs.io/en/stable/configuration.html

3.4 Creación de un pipeline básico con Luigi

Para ilustrar la estructura de un DAG Luigi, vamos a crear un ETL pipeline simplificado para el conjunto de datos Olist. Este DAG se compondrá de cuatro clases principales, cada una heredando de `luigi.Task`:

- `DownloadOlistData`: esta clase simula la descarga de datos Olist. No depende de ninguna otra tarea y representa el punto de partida de nuestro pipeline.
- `ProcessOlistData`: esta clase simula el procesamiento de los datos descargados. Depende de `DownloadOlistData`, lo que ilustra cómo pueden vincularse las tareas Luigi.
- `LoadOlistData`: esta clase simula la carga de los datos procesados en una base de datos. Depende de `ProcessOlistData`, completando así nuestro flujo ETL.
- `OlistETLPipeline`: esta clase actúa como punto de entrada principal de nuestro pipeline. Depende de `LoadOlistData`, que permite a Luigi ejecutar automáticamente todas las tareas anteriores en el orden correcto.

Cada clase define dos métodos principales:

- `output()`: especifica el archivo que se creará cuando se complete la tarea, sirviendo como marcador para Luigi;
- `run()`: contiene el código que se ejecutará cuando se lance la tarea.

Las dependencias entre tareas se gestionan mediante el método `requires()`, que indica a Luigi qué tarea(s) debe(n) completarse antes de que la tarea actual pueda comenzar.

```
import luigi
import os

class DownloadOlistData(luigi.Task):
    """
    Task to simulate downloading Olist data.

    Returns:
        str: The path to the simulated downloaded data.
    """
    def output(self):
```

```
        return luigi.LocalTarget('data/raw/olist_data.txt')

    def run(self):
        with self.output().open('w') as f:
            f.write("Simulated Olist raw data")
        print("Olist data downloaded")

class ProcessOlistData(luigi.Task):
    """
    Task to simulate processing Olist data.

    Returns:
        str: The path to the simulated processed data.
    """
    def requires(self):
        return DownloadOlistData()

    def output(self):
        return luigi.LocalTarget('data/processed/
olist_data_processed.txt')

    def run(self):
        with self.input().open('r') as in_file,
self.output().open('w') as out_file:
            data = in_file.read()
            out_file.write(f"Processed: {data}")
        print("Olist data processed")

class LoadOlistData(luigi.Task):
    """
    Task to simulate loading processed Olist data into a database.

    Returns:
        str: The path to a file indicating the data has been loaded.
    """
    def requires(self):
        return ProcessOlistData()

    def output(self):
        return luigi.LocalTarget('data/loaded/
olist_data_loaded.txt')

    def run(self):
        with self.output().open('w') as f:
            f.write("Data loaded into database")
```

```
        print("Olist data loaded into database")

class OlistETLPipeline(luigi.Task):
    """
    Main task to run the entire Olist ETL pipeline.
    """
    def requires(self):
        return LoadOlistData()

    def run(self):
        print("Olist ETL pipeline completed successfully!")

if __name__ == '__main__':
    luigi.build([OlistETLPipeline()], local_scheduler=True)
```

Para ejecutar este pipeline, utilizaríamos el comando:

```
python luigi_olist_etl_illustration.py OlistETLPipeline
--local-scheduler
```

Si el proceso se ejecuta correctamente, debería ver el siguiente mensaje en el terminal:

```
===== Luigi Execution Summary =====

Scheduled 4 tasks of which:
* 4 ran successfully:
    - 1 DownloadOlistData()
    - 1 LoadOlistData()
    - 1 OlistETLPipeline()
    - 1 ProcessOlistData()

This progress looks :) because there were no failed tasks or
missing dependencies

===== Luigi Execution Summary =====

INFO: Informed scheduler that task   DownloadOlistData__99914b932b
has status   DONE
INFO: Informed scheduler that task   ProcessOlistData__99914b932b
has status   DONE
INFO: Informed scheduler that task   LoadOlistData__99914b932b
has status   DONE
INFO: Informed scheduler that task   OlistETLPipeline__99914b932b
has status   DONE
```

```
Olist data downloaded
Olist data processed
Olist data loaded into database
Olist ETL pipeline completed successfully!

INFO:
===== Luigi Execution Summary =====

Scheduled 4 tasks of which:
* 4 complete ones were encountered:
   - 1 DownloadOlistData()
   - 1 LoadOlistData()
   - 1 OlistETLPipeline()
   - 1 ProcessOlistData()

This progress looks :) because there were no failed tasks or missing
dependencies

===== Luigi Execution Summary =====
```

Luigi también tiene su propia interfaz web. Tiene que ejecutarla antes de lanzar su DAG:

```
luigid
```

◘ A continuación, vaya a http://localhost:8082.

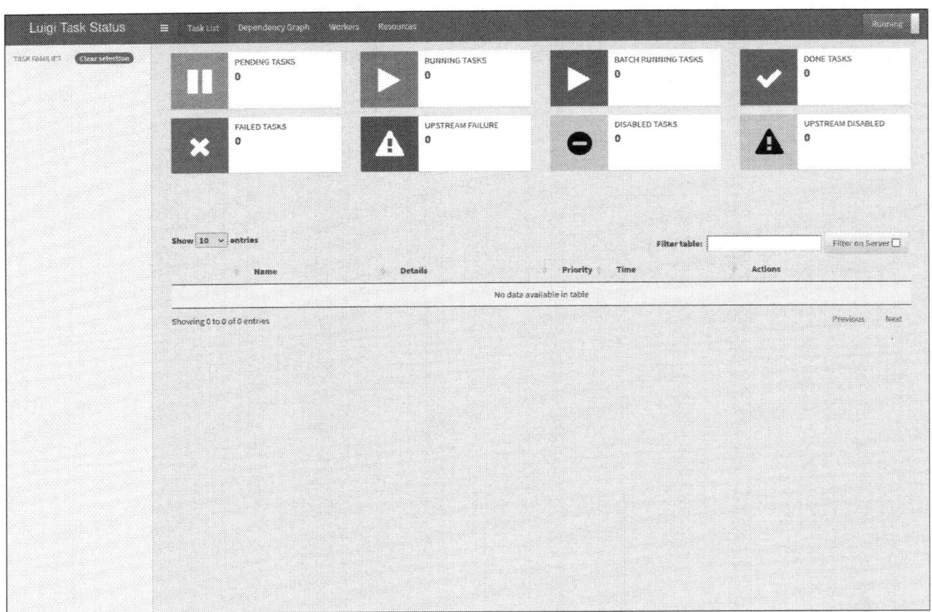

3.5 Principales ventajas y casos de uso

Luigi ofrece una serie de ventajas que lo convierten en una opción atractiva para automatizar pipelines de datos:

- Sencillez: tiene una curva de aprendizaje suave y es fácil de entender para los desarrolladores de Python.
- Ligero: no requiere una infraestructura compleja, lo que facilita su implantación y mantenimiento.
- Flexibilidad: puede adaptarse a una amplia variedad de tareas de procesamiento de datos y se integra bien con otras herramientas Python.
- Gestión eficaz de las dependencias: destaca en la gestión de las dependencias entre tareas, lo que resulta crucial para los pipelines de datos complejas.

– Reanudar en caso de error: Luigi gestiona los fallos de forma inteligente, permitiéndole reanudar la ejecución desde el punto de fallo sin tener que empezar de nuevo.

Luigi es especialmente adecuado para:

– ETL pipelines de tamaño medio;
– entornos en los que se prefiere una solución ligera y fácil de implantar;
– equipos que prefieren un enfoque puramente programático para definir sus workflows.

Luigi ofrece un enfoque sencillo pero potente para automatizar pipelines de datos. Su facilidad de uso, su flexibilidad y su eficaz gestión de dependencias lo convierten en una opción muy popular, sobre todo para los equipos que prefieren una solución ligera y estrechamente integrada en el ecosistema Python.

4. Comparación entre Airflow y Luigi

Airflow y Luigi son dos herramientas líderes para la automatización de pipelines de datos, cada una de las cuales ofrece un enfoque único a los retos de la orquestación de workflows. Aunque comparten el objetivo común de simplificar la gestión de tareas complejas de procesamiento de datos, sus filosofías de diseño y funcionalidad difieren considerablemente. Esta comparación en profundidad pretende destacar estas diferencias, ayudando a los equipos a elegir la herramienta que mejor se adapte a sus necesidades específicas.

4.1 Arquitectura y diseño

Airflow adopta una robusta arquitectura distribuida, diseñada para satisfacer las necesidades de los entornos empresariales a gran escala. En el corazón de su funcionamiento se encuentra un programador centralizado, que orquesta la ejecución de tareas a través de un clúster de máquinas. Este enfoque permite a Airflow gestionar eficazmente miles de tareas simultáneas, lo que lo hace especialmente adecuado para workflows complejos y grandes pipelines de datos. Para apoyar esta arquitectura, Airflow se basa en una base de datos central que almacena metadatos de trabajo, el estado de los workflows y la información de programación. Esta base de datos desempeña un papel crucial en la coordinación de los distintos componentes de Airflow y permite una rápida recuperación en caso de avería.

Luigi, en cambio, adopta un enfoque más ligero y flexible. Diseñado inicialmente como una herramienta de procesamiento de datos para los equipos de ciencia de datos de Spotify, Luigi se centra en la simplicidad y la facilidad de uso. Su arquitectura es menos compleja que la de Airflow, lo que se traduce en una instalación y configuración más sencillas. Por defecto, Luigi funciona principalmente en modo local, lo que lo hace especialmente adecuado para proyectos de tamaño medio o equipos que prefieren una solución más directa. Sin embargo, es importante señalar que Luigi también puede configurarse para funcionar en un entorno distribuido aunque, en comparación a Airflow, esta configuración requiere más esfuerzo por parte de los usuarios.

4.2 Definición y gestión de workflows

La forma en que Airflow y Luigi abordan la definición y gestión de los workflows ilustra sus diferencias fundamentales de enfoque. Airflow utiliza el concepto de DAG para representar los workflows. Un DAG en Airflow es una colección de tareas organizadas para reflejar sus relaciones y dependencias. Esta representación visual de los workflows proporciona una claridad excepcional, permitiendo a los usuarios comprender rápidamente la estructura y el flujo de sus pipelines de datos. Las tareas individuales de un DAG de Airflow se definen como «operadores», que son clases de Python que encapsulan una unidad de trabajo específica. Airflow proporciona una amplia gama de operadores predefinidos para tareas comunes, al tiempo que permite a los usuarios crear sus propios operadores personalizados para necesidades específicas.

Luigi, por su parte, adopta un enfoque más programático y orientado a objetos para definir los workflows. En Luigi, los workflows se construyen definiendo tareas en forma de clases Python que heredan de la clase `luigi.Task`. Cada tarea define sus propias dependencias a través del método `requires()`, creando un gráfico de dependencias implícito. Este enfoque ofrece una gran flexibilidad a los desarrolladores, permitiéndoles expresar la lógica del workflow complejo directamente en código Python. Aunque este método puede requerir más código para workflows complejos que el enfoque visual de Airflow, ofrece un control detallado sobre el comportamiento de cada tarea y se integra de forma natural en los proyectos Python existentes.

4.3 Planificación y ejecución

La planificación y ejecución de workflows son aspectos cruciales de cualquier sistema de orquestación de datos, y aquí es donde Airflow y Luigi muestran diferencias significativas en sus enfoques. Airflow destaca en este ámbito gracias a su sofisticado sistema de programación. Ofrece soporte nativo para expresiones cron, lo que permite una programación precisa y recurrente de los workflows. Además, Airflow permite que los DAG se activen en función de eventos externos, una característica especialmente útil en entornos en los que los pipelines de datos deben reaccionar a los cambios en tiempo real. La interfaz de usuario basada en web de Airflow desempeña un papel fundamental en la ejecución y supervisión de los workflows, ya que proporciona potentes herramientas para iniciar, detener y supervisar la ejecución de los DAG. Esta interfaz también proporciona visualizaciones detalladas del estado de ejecución, registros y métricas de rendimiento, lo que facilita enormemente la depuración y optimización de los workflows.

Luigi, fiel a su filosofía de simplicidad, adopta un enfoque más minimalista de la planificación y la ejecución. Por defecto, Luigi no proporciona un mecanismo de programación integrado tan avanzado como el de Airflow. La programación de trabajos de Luigi suele estar a cargo de herramientas externas como cron u orquestadores de tareas del sistema operativo. Este enfoque, aunque menos sofisticado, ofrece una gran flexibilidad y se integra bien en entornos en los que ya existen sistemas de programación. La ejecución de tareas en Luigi se inicia generalmente a través de la línea de comandos o mediante programación, lo que puede resultar más familiar a los desarrolladores acostumbrados a trabajar en entornos de scripting. Luigi ofrece una interfaz web básica para ver el estado de los trabajos en ejecución, pero es menos completa que Airflow en cuanto a funciones de supervisión y depuración.

4.4 Integración y escalabilidad

La integración con otras herramientas y sistemas es un aspecto crucial de las plataformas de orquestación de datos, y este es un ámbito en el que Airflow brilla especialmente. Airflow cuenta con un vasto ecosistema de conectores y operadores predefinidos, que abarca una amplia gama de servicios en la nube, bases de datos y herramientas de procesamiento de datos. Esta riqueza de integraciones listas para usar simplifica enormemente la creación de pipelines que interactúan con diversos sistemas externos. Además, la activa comunidad de Airflow contribuye regularmente a la expansión de este ecosistema, añadiendo constantemente nuevas integraciones y mejorando las ya existentes. La arquitectura modular de Airflow también facilita la creación de operadores personalizados, lo que permite a los equipos ampliar la funcionalidad de Airflow para satisfacer necesidades específicas.

Aunque Luigi ofrece menos integraciones predefinidas que Airflow, lo compensa con su flexibilidad y facilidad de integración con el ecosistema Python. La naturaleza orientada a objetos de Luigi permite a los desarrolladores encapsular fácilmente las interacciones con sistemas externos en tareas personalizadas. Este enfoque, aunque puede requerir más código personalizado en comparación con el uso de operadores predefinidos en Airflow, ofrece una gran libertad en la forma en que se implementan las integraciones. Luigi se integra especialmente bien con otras bibliotecas de Python utilizadas habitualmente en la ciencia de datos y el Machine Learning, lo que lo convierte en una opción popular para los equipos que trabajan principalmente en el ecosistema de Python.

4.5 Escalabilidad y rendimiento

La escalabilidad es un factor crítico a la hora de elegir una herramienta de orquestación de datos, especialmente para las organizaciones que gestionan grandes volúmenes de datos o workflows complejos. Airflow se diseñó desde el principio para ofrecer escalabilidad horizontal. Su arquitectura distribuida permite repartir la carga de trabajo entre varias máquinas, por lo que es capaz de gestionar miles de tareas y DAG simultáneamente. Esta escalabilidad convierte a Airflow en la opción preferida para grandes empresas y entornos de producción de alta carga. Además, Airflow ofrece funciones avanzadas de gestión de recursos, lo que permite un uso óptimo de la capacidad informática disponible.

Luigi, aunque menos centrado en la escalabilidad masiva por defecto, ofrece no obstante opciones para adaptarse a cargas de trabajo crecientes. En su configuración básica, Luigi es especialmente eficaz para proyectos y workflows de tamaño medio que se ejecutan principalmente en una sola máquina. Sin embargo, Luigi puede configurarse para ejecutarse en entornos distribuidos, incluido el uso de sistemas como Hadoop o Spark para el procesamiento distribuido. Esta flexibilidad permite a los equipos comenzar con una configuración sencilla y evolucionar gradualmente a configuraciones más complejas a medida que crecen sus necesidades. Es importante tener en cuenta que la configuración y mantenimiento de un entorno Luigi altamente distribuido puede requerir más esfuerzo que con Airflow.

En términos de rendimiento, ambos son capaces de gestionar eficientemente grandes cargas de trabajo, pero sus enfoques difieren. Airflow, con su programador centralizado y su gestión de recursos detallada, puede optimizar la ejecución de trabajos en todo el clúster. Luigi, con su enfoque más ligero, puede ofrecer ventajas de rendimiento para workflows menos complejos, sobre todo en entornos en los que no es necesaria la sobrecarga de un sistema distribuido.

4.6 Comunidad y soporte

El aspecto comunitario y el soporte disponible desempeñan un papel crucial en la adopción y el éxito a largo plazo de una herramienta de orquestación de datos. Airflow se beneficia de una comunidad amplia y activa, gracias en parte a su condición de proyecto de la Apache Software Foundation. Esta comunidad dinámica contribuye regularmente a mejorar la herramienta, desarrollar nuevas funciones y crear recursos educativos. El amplio abanico de colaboradores también garantiza la diversidad de experiencias y casos de uso, lo que enriquece el ecosistema de Airflow. Además, como proyecto ampliamente adoptado en la industria, Airflow se beneficia del apoyo comercial de varias empresas, ofreciendo opciones de soporte profesional a las organizaciones que lo necesiten.

Luigi, aunque tiene una comunidad más pequeña que Airflow, mantiene una base de usuarios activa y comprometida. Desarrollado inicialmente por Spotify, Luigi ha ganado popularidad entre científicos de datos e ingenieros, que aprecian su sencillez y flexibilidad. La comunidad de Luigi es particularmente fuerte en los campos de la ciencia de datos y el Machine Learning, donde la herramienta se utiliza a menudo para orquestar el procesamiento de datos y los conductos de formación de modelos. Aunque el apoyo comercial a Luigi está menos extendido que en el caso de Airflow, la naturaleza de código abierto del proyecto y su receptiva comunidad proporcionan una gran cantidad de recursos y foros para obtener ayuda y compartir conocimientos.

En conclusión, la elección entre Airflow y Luigi dependerá en gran medida de las necesidades específicas de su proyecto, la escala de sus operaciones y las competencias de su equipo. Airflow destaca por su potencia, escalabilidad y rico ecosistema, lo que lo hace ideal para entornos empresariales complejos y workflows a gran escala. Luigi, con su sencillez y flexibilidad, destaca en proyectos de tamaño medio y equipos que favorecen un enfoque programático directo. Sea cual sea su elección, ambas herramientas ofrecen soluciones sólidas a los retos de la orquestación moderna de pipelines de datos.

5. Buenas prácticas para diseñar pipelines de datos con Python

El diseño eficaz de pipelines de datos es un arte que combina principios de ingeniería de software, conocimientos de procesamiento de datos y comprensión de los requisitos empresariales. Tanto si utiliza Airflow, Luigi o cualquier otra herramienta de orquestación, ciertas prácticas recomendadas son universales y esenciales para crear pipelines sólidos, mantenibles y escalables. Esta sección explora estas prácticas clave en el contexto del uso de Python para ETL y la automatización de pipelines de datos.

5.1 Modularidad y reutilización del código

La modularidad es un principio fundamental en el desarrollo de software, y es especialmente relevante en el diseño de pipelines de datos. Un pipeline modular divide el proceso global en componentes más pequeños e independientes, cada uno de los cuales es responsable de una tarea específica. Este enfoque tiene varias ventajas. En primer lugar, mejora la legibilidad del código, permitiendo a los desarrolladores comprender rápidamente la función de cada parte del pipeline. Además, la modularidad facilita el mantenimiento y las actualizaciones, ya que pueden introducirse cambios en componentes específicos sin afectar a todo el sistema.

Para lograr una buena modularidad, empiece por identificar las distintas etapas de su proceso ETL. Cada paso importante, como extraer datos de una fuente específica, realizar una transformación concreta o cargarlos en un destino, debe encapsularse en su propia función o clase. Por ejemplo, podría tener clases separadas para `DataExtractor`, `DataTransformer`y `DataLoader`.

La reutilización va de la mano de la modularidad. Si diseña sus componentes de forma genérica y configurable, podrá reutilizarlos en diferentes contextos o pipelines. Por ejemplo, una función de limpieza de datos podría diseñarse para aceptar diferentes tipos de datos de entrada, lo que la haría reutilizable en diferentes escenarios.

He aquí un ejemplo sencillo que ilustra estos principios:

```
class DataExtractor:
   def extract(self, source):
       # Lógica de extracción genérica
       pass

class DataTransformer:
   def transform(self, data):
       # Lógica de transformación genérica
       pass

class DataLoader:
   def load(self, data, destination):
       # Lógica de carga genérica
       pass

def run_pipeline(source, destination):
   extractor = DataExtractor()
   transformer = DataTransformer()
   loader = DataLoader()

   raw_data = extractor.extract(source)
   transformed_data = transformer.transform(raw_data)
   loader.load(transformed_data, destination)
```

Esta estructura proporciona una gran flexibilidad y facilita la reutilización de componentes en distintos pipelines.

5.2 Gestión de errores y recuperación en caso de fallo

Una gestión eficaz de los errores es crucial en los pipelines de datos, donde los fallos pueden tener consecuencias importantes para los procesos empresariales. Una buena estrategia de gestión de errores no solo debe capturar y registrar los errores, sino también permitir la recuperación del pipeline en caso de problema.

- Empiece por aplicar una gestión sólida de las excepciones en todas las fases del pipeline.

- Capture excepciones específicas siempre que sea posible, en lugar de utilizar bloques try/except genéricos. Esto le permitirá reaccionar adecuadamente a diferentes tipos de error.
- El registro detallado de errores también es esencial. Asegúrese de registrar no solo el mensaje de error, sino también el contexto en el que se ha producido, como el estado del pipeline, los datos que se están procesando y cualquier otra información relevante para la depuración.
- Para la recuperación de fallos, considere la implementación de mecanismos de retry automático para errores transitorios, como problemas de red. Para errores más graves, diseñe su pipeline de forma que pueda reiniciarse desde el último punto de control válido, en lugar de empezar desde cero.

He aquí un ejemplo para ilustrar estos conceptos:

```
import logging
from tenacity import retry, stop_after_attempt, wait_exponential

logging.basicConfig(level=logging.INFO)
logger = logging.getLogger(__name__)

class DataPipeline:
   @retry(stop=stop_after_attempt(3),
wait=wait_exponential(multiplier=1, min=4, max=10))
   def extract_data(self, source):
       try:
           # Lógica de extracción
           data = self._extract_from_source(source)
           return data
       except ConnectionError as e:
           logger.error(f "Error de conexión al extraer
de {source}: {str(e)}")
               raise
       except Exception as e:
           logger.error(f "Error inesperado al extraer:
{str(e)}")
           raise

   def run(self, source, destination):
       try:
           data = self.extract_data(source)
           transformed_data = self.transform_data(data)
```

```
            self.load_data(transformed_data, destination)
            logger.info("Pipeline ejecutado con éxito")
        except Exception as e:
            logger.error(f "Pipeline fallo: {str(e)}")
            # Lógica de recuperación o notificación
```

En este ejemplo, utilizamos la biblioteca tenacity para implementar reintentos automáticos para la función de extracción, y hemos detallado la gestión de errores con el registro apropiado.

5.3 Logging y monitoring

El logging y monitoring eficaces son esenciales para mantener y optimizar los pipelines de datos. Proporcionan visibilidad del funcionamiento interno del pipeline, = lo que facilita la depuración, la optimización del rendimiento y la detección proactiva de problemas.

- Para el logging, adopte un enfoque estructurado y coherente. Utilice distintos niveles de registro (`DEBUG`, `INFO`, `WARNING`, `ERROR`, `CRITICAL`) para diferenciar la importancia de los mensajes. Asegúrese de que cada mensaje de registro contiene suficiente información contextual, como la marca de tiempo, el nombre de la función o clase y detalles relevantes sobre la operación actual.

El monitoring va más allá del simple registro. Implica recopilar y analizar métricas de rendimiento, como el tiempo de ejecución de las tareas, el volumen de datos procesados, las tasas de error, etc. Estas métricas pueden utilizarse para crear cuadros de mando y alertas, lo que permite supervisar en tiempo real el estado de sus pipelines.

He aquí un ejemplo de un enfoque básico de logging y de monitoring:

```
import logging
import time
from datadog import statsd  # Ejemplo de uso de Datadog para
monitoring

logging.basicConfig(
   level=logging.INFO,
   format='%(asctime)s - %(name)s - %(levelname)s - %(message)s'
)
```

```
logger = logging.getLogger(__name__)

class MonitoredPipeline:
   def __init__(self, name):
       self.name = name

   def run_step(self, step_name, func, *args, **kwargs):
       logger.info(f"Inicio de la etapa {step_name}")
       start_time = time.time()
       try:
           result = func(*args, **kwargs)
           execution_time = time.time() - start_time
           logger.info(f "Paso {step_name} completado en
{execution_time:.2f} segundos")

 statsd.gauge(f"{self.name}.{step_name}.execution_time",
execution_time)
           statsd.increment(f"{self.name}.{step_name}.success")
           return result
       except Exception as e:
          logger.error(f "Error en el paso {step_name}: {str(e)}")

           statsd.increment(f"{self.name}.{step_name}.error")
           raise
   def run(self):
       try:
           data = self.run_step("extraction", self.extract_data)
           transformed_data = self.run_step("transformation",
self.transform_data, data)
           self.run_step("carga", self.load_data,
transformed_data)
           logger.info("Pipeline ejecutado con éxito")
       except Exception as e:
           logger.error(f "Error en el pipeline: {str(e)}")

   # Métodos de extracción, transformación y carga a implementar
```

Este ejemplo muestra cómo integrar el logging y el monitoring básicos en un pipeline, utilizando la biblioteca de logging estándar de Python y un servicio de monitoring externo (en este caso, Datadog) para realizar un seguimiento de las métricas de rendimiento.

5.4 Control de versiones de pipelines

El control de versiones en los pipelines de datos es una práctica crucial que permite seguir la evolución de los procesos ETL a lo largo del tiempo. Este enfoque es especialmente importante en entornos en los que los requisitos cambian con frecuencia y la reproducibilidad de los resultados es esencial.

El control de versiones de los pipelines implica varios aspectos. En primer lugar, es esencial utilizar un sistema de control de versiones como Git para gestionar el código fuente de los pipelines. Esto permite hacer un seguimiento de los cambios, volver a versiones anteriores si es necesario y colaborar eficazmente con otros miembros del equipo.

Además del código fuente, considere la posibilidad de controlar las versiones de las configuraciones de sus pipelines. Esto puede incluir parámetros de conexión a fuentes de datos, reglas de transformación y configuraciones de destino. Un enfoque común es almacenar estas configuraciones en archivos separados (como YAML o JSON) que también están controlados.

También es importante considerar la posibilidad de controlar la versión de los propios datos, especialmente los conjuntos de datos críticos o los resultados intermedios importantes. Esto puede implicar la creación de un sistema de almacenamiento controlado para los datos, o la inclusión de metadatos de versión en los resultados del proceso.

He aquí un ejemplo sencillo de cómo podría implementar el versionado en su código de pipeline:

```
import yaml
from git import Repo

class VersionedPipeline:
   def __init__(self, config_path):
       self.config = self.load_config(config_path)
       self.version = self.get_current_version()

   def load_config(self, path):
       with open(path, 'r') as file:
           return yaml.safe_load(file)

   def get_current_version(self):
```

```
        repo = Repo(".")
        return repo.head.object.hexsha

    def run(self):
        print(f"Ejecución del pipeline version {self.version}")
        print(f"Configuracion: {self.config}")
        # Lógica del pipeline...

def save_output(self, data, output_path):
        versioned_path = f"{output_path}_v{self.version}"
        # Lógica para guardar los datos con la versión
        print(f "Datos guardados en {versioned_path}")

# Loading YAML configuration file
pipeline = VersionedPipeline("config.yaml")
pipeline.run()
```

En este ejemplo, cargamos una configuración desde un archivo YAML y utilizamos Git para obtener la versión actual del código. Este enfoque vincula cada ejecución del pipeline a una versión específica del código y la configuración.

5.5 Pruebas y validación de datos

Las pruebas y validación de datos son aspectos cruciales en el diseño de pipelines de datos fiables. Garantizan la integridad y calidad de los datos a lo largo de todo el proceso ETL, desde la extracción hasta la carga final.

- Empiece por implementar pruebas unitarias para cada componente de su pipeline. Estas pruebas deben comprobar que cada función o método produce los resultados esperados para diferentes entradas, incluyendo casos extremos y escenarios de error.

Además de las pruebas unitarias, las pruebas de integración son esenciales para comprobar que las distintas partes del pipeline funcionan correctamente. Estas pruebas deben simular la ejecución completa del pipeline utilizando datos de prueba representativos.

La validación de datos es un aspecto particular de las pruebas en el contexto de los pipelines ETL. Consiste en comprobar que los datos de cada etapa del proceso cumplen determinados criterios de calidad e integridad. Esto puede incluir:

- la comprobación de los tipos de datos;
- la validación de rangos de valores;
- la detección de valores atípicos o ausentes;
- la comprobación de la coherencia entre distintas fuentes de datos;
- el control de las restricciones de integridad (por ejemplo, claves únicas).

He aquí un ejemplo de cómo puede integrar las pruebas y la validación de datos en su pipeline:

```
import pandas as pd
from pydantic import BaseModel, validator
from typing import List

class DataValidationError(Exception):
   pass

class SalesRecord(BaseModel):
   id: int
   product: str
   quantity: int
   price: float

   @validator('quantity')
   def quantity_must_be_positive(cls, v):
       if v <= 0:
           raise ValueError('La cantidad debe ser positiva')
       return v
 @validator('price')
   def price_must_be_positive(cls, v):
       if v <= 0:
           raise ValueError('El precio debe ser positivo')
       raise ValueError('El precio debe ser positivo')
       return v

class SalesPipeline:
   def extract(self, source):
```

```
        # Vamos a simular la extracción de datos
        data = pd.read_csv(source)
        return data

    def transform(self, data):
        # Vamos a realizar algunas transformaciones
        data['total'] = data['quantity'] * data['price']
        return data

    def validate(self, data: pd.DataFrame) -> List[SalesRecord]:
        validated_records = []
        for _, row in data.iterrows():
            try:
                record = SalesRecord(
                    id=row['id'],
                    product=row['product'],
                    quantity=row['quantity'],
                    price=row['price']
                )
                validated_records.append(record)
            except ValueError as e:
                raise DataValidationError(f"Error de validación
para el registro {row['id']}: {str(e)}")
        return validated_records

    def load(self, data, destination):
        # Vamos a simular la carga de los datos
        data.to_csv(destination, index=False)

    def run(self, source, destination):
        try:
            data = self.extract(source)
            transformed_data = self.transform(data)
            validated_data = self.validate(transformed_data)
            self.load(pd.DataFrame([record.dict() for record in
validated_data]), destination)
            print("Pipeline ejecutado correctamente")
        except DataValidationError as e:
            print(f "Error de validación de datos: {str(e)}")
        except Exception as e:
            print(f "Error durante la ejecución del pipeline:
{str(e)}")

# Running pipeline
```

```
pipeline = SalesPipeline()
pipeline.run("sales_data.csv", "processed_sales_data.csv")
```

En este ejemplo, hemos integrado la validación de datos directamente en nuestro pipeline ETL. La clase `SalesRecord`utiliza la biblioteca Pydantic para definir un esquema de datos con validaciones integradas. El método `validate()` del pipeline comprueba cada registro con este esquema, asegurando que todos los datos respetan las restricciones definidas antes de ser cargados en el destino final.

Este enfoque de validación ofrece varias ventajas:

- Detección precoz de errores: los problemas de calidad de los datos se identifican antes de cargarlos en el sistema de destino, lo que evita la propagación de errores.
- Validación basada en reglas de negocio: los validadores de Pydantic permiten implementar reglas de negocio complejas directamente en el esquema de datos.
- Flexibilidad: es fácil añadir o modificar reglas de validación simplemente ajustando la definición del modelo `SalesRecord`.
- Trazabilidad: en caso de error de validación, obtenemos mensajes de error precisos que indican qué registro ha fallado y por qué.

Además de esta validación del pipeline, es fundamental aplicar una estrategia de pruebas más amplia para garantizar la fiabilidad y solidez de su pipeline de datos. He aquí algunas prácticas recomendadas:

- Pruebas unitarias: escriba pruebas unitarias para cada componente del proceso (`extract`, `transform`, `validate`, `load`).
- Pruebas de integración: cree pruebas que ejecuten todo el pipeline de principio a fin con datos de prueba representativos. Estas pruebas deben comprobar que todas las etapas del proceso funcionan correctamente.
- Pruebas de rendimiento: para los pipelines que manejan grandes volúmenes de datos, es importante probar el rendimiento con cargas de datos realistas. Esto puede incluir pruebas de carga para garantizar que el pipeline puede gestionar el volumen de datos previsto en el plazo requerido.

- Pruebas de resiliencia: compruebe cómo gestiona su pipeline los errores y las condiciones excepcionales. Esto puede incluir pruebas con datos malformados, simulaciones de fallos de red o interrupciones del servicio de sistemas externos.
- Validación continua de los datos: considere la posibilidad de realizar comprobaciones continuas de la calidad de los datos, incluso después de que se hayan cargado en el sistema de destino. Esto puede implicar comprobaciones periódicas de la integridad de los datos, análisis de tendencias para detectar anomalías o paneles de control de la calidad de los datos.
- Entorno de pruebas dedicado: mantenga un entorno de pruebas independiente que imite lo más fielmente posible el entorno de producción. Esto permite probar los pipelines en condiciones cercanas a las reales, sin riesgo de afectar a los datos de producción.

Aplicando estas prácticas de prueba y validación, puede mejorar significativamente la fiabilidad y solidez de sus pipelines de datos. Esto no solo ayuda a evitar errores y problemas de calidad de los datos, sino que también facilita el mantenimiento y la evolución de sus pipelines a lo largo del tiempo.

5.6 Documentación de códigos y procesos

A menudo se pasa por alto la documentación en el desarrollo de pipelines de datos, pero es crucial para el mantenimiento a largo plazo y la colaboración dentro de los equipos. Una documentación clara y completa permite a los nuevos miembros del equipo comprender rápidamente cómo funciona el pipeline, facilita la depuración y sirve de referencia para futuras actualizaciones o modificaciones.

Estas son algunas de las mejores prácticas para documentar eficazmente sus pipelines de datos:

- Documentación del código: utilice docstrings de Python para documentar cada clase, método y función. Explique claramente el propósito, los parámetros de entrada, los valores de retorno y el comportamiento esperado. Por ejemplo:

```
class SalesPipeline:
    """
    Proceso para procesar datos de ventas.

    Este pipeline extrae los datos de ventas de una fuente CSV,
    realiza transformaciones, valida los datos, y luego
    y los carga en un archivo CSV de destino.
    """

    def extract(self, source):
        """
        Extrae los datos de ventas de la fuente especificada.

        Args:
            source (str): Ruta al archivo CSV de origen.

        Returns:
            pandas.DataFrame: Datos extraídos en forma de un
DataFrame.
        """
        # Implementación...

    # Otros métodos...
```

- README del proyecto: cree un archivo README detallado que explique:
  - el objetivo general del pipeline;
  - los requisitos previos y dependencias;
  - las instrucciones de instalación y configuración;
  - cómo ejecutar el pipeline y las pruebas;
  - la estructura del proyecto y la organización de los expedientes.

- Documentación del workflow: cree diagramas o descripciones detalladas de los workflows a través del pipeline. Esto debe incluir:
  - las fuentes y formatos de datos;
  - las transformaciones aplicadas en cada etapa;
  - las normas de validación de datos;
  - el destino y formato de los datos.
- Control de versiones y registro de cambios: mantenga un registro de cambios (CHANGELOG) que documente las principales actualizaciones, las correcciones de bugs y las nuevas funciones añadidas al pipeline a lo largo del tiempo.
- Documentación de la configuración: si su pipeline utiliza archivos de configuración, documente claramente cada opción de configuración, su finalidad y los valores posibles.
- Ejemplos y casos de uso: proporcione ejemplos concretos de cómo se utilizará el pipeline, incluidos ejemplos de datos de entrada y salida previstos.
- Guía de resolución de problemas: cree una sección dedicada a la resolución de problemas en la que se enumeren los más comunes y sus soluciones.
- Documentación de API (si es aplicable): si su pipeline expone API, documéntelas de forma clara y completa, utilizando herramientas como Swagger o ReDoc.
- Comentarios en el código: además de docstrings, utilice comentarios en el código para explicar partes complejas o no evidentes de la lógica del pipeline.
- Documentación de los procesos operacionales: documente los procedimientos operativos vinculados al pipeline, como la planificación de la ejecución, el seguimiento y la gestión de errores.

He aquí un ejemplo de la estructura de la documentación de un proyecto de pipeline de datos:

```
project_root/
│
├── README.md              # Descripción del proyecto e instrucciones básicas
├── CHANGELOG.md           # Registro de cambios
├── docs/
│   ├── installation.md    # Guía detallada de instalación
│   ├── configuration.md   # Documentación de las opciones de configuración
│   ├── data_flow.md       # Descripción del flujo de datos
│   ├── api.md             # Documentación de la API (si es aplicable)
│   └── troubleshooting.md # Guía de resolución de problemas
│
├── src/
│   └── pipeline.py        # Código fuente del pipeline con docstrings
│
├── tests/
│   └── test_pipeline.py   # Pruebas unitarias y de integración
│
└── config/
   └── config.yaml         # Archivo de configuración con comentarios
```

Si mantiene la documentación completa y actualizada, no solo facilitará la comprensión y el mantenimiento de sus proyectos, sino que también mejorará la colaboración dentro del equipo y reducirá el tiempo necesario para integrar a nuevos miembros o resolver problemas.

6. Caso práctico: creación de un pipeline ETL completo

Para ilustrar de forma concreta la aplicación de los conceptos y buenas prácticas que hemos visto hasta ahora, vamos a desarrollar un caso práctico para la creación de un pipeline ETL completo. Este caso de uso nos permitirá comparar los enfoques utilizando Airflow y Luigi, a la vez que implementamos los principios de diseño robusto que hemos abordado.

6.1 Definición de requisitos y flujo de datos

En este caso práctico, exploraremos el diseño y la implementación de un pipeline ETL para procesar datos de Olist, un conjunto de datos de un e-commerce brasileño. El objetivo de este ejercicio es demostrar cómo utilizar Apache Airflow y Python para crear un canal de procesamiento de datos automatizado y robusto. Este pipeline está diseñado para ser ejecutado diariamente, asegurando que los datos estén siempre actualizados para su análisis. A través de este ejemplo concreto, exploraremos las mejores prácticas en ingeniería de datos y automatización de flujos de trabajo.

6.1.1 Estructura del código

El pipeline ETL se implementa a través de dos archivos principales:

- un archivo etl_functions.py que contiene las principales funciones para extraer, transformar y cargar datos;
- un archivo Airflow DAG que orquesta la ejecución de estas funciones en un pipeline automatizado.

6.1.2 Funciones ETL (etl_functions.py)

El archivo etl_functions.py define varias funciones clave:

- `extract()`: descarga el conjunto de datos Olist de Kaggle y lo extrae en una carpeta especificada;
- `clean_olist_data()`: realiza una limpieza básica de los datos de Olist, eliminando las columnas irrelevantes y convirtiendo las columnas de fecha;
- `transform()`: aplica la función de limpieza a cada archivo CSV del conjunto de datos Olist y guarda las versiones limpiadas;
- `load_processed_data()`: carga archivos CSV depurados en DataFrames pandas;
- `load_to_database()`: carga los datos transformados en una base de datos SQLite.

Estas funciones utilizan bibliotecas comunes de Python como pandas para la manipulación de datos, kaggle para la extracción de datos y sqlite3 para la interacción con bases de datos.

6.1.3 DAG Airflow

El DAG de Airflow define y orquesta la ejecución secuencial de las tareas ETL:

- La tarea `extract_data`utiliza la función `extract()` para descargar los datos.
- La tarea `transform_data`aplica la función `transform()` para limpiar y preparar los datos.
- La tarea `load_data`utiliza `load_to_database()` para cargar los datos transformados en la base de datos SQLite.

El DAG está configurado para funcionar diariamente, con parámetros de reintento en caso de fallo.

6.1.4 Ventajas de este enfoque

El enfoque adoptado en este pipeline ETL ofrece una serie de ventajas significativas. La automatización diaria del proceso garantiza que los datos estén siempre actualizados para su análisis, sin que sean necesarias intervenciones manuales repetitivas.

La modularidad del código, con la separación de las funciones ETL y la definición del DAG, facilita mucho el mantenimiento y la actualización del pipeline. Esta estructura permite a los desarrolladores modificar o ampliar la funcionalidad sin interrumpir todo el sistema.

La gestión de errores integrada de Airflow, con sus mecanismos de retry automatizados, refuerza la solidez del pipeline ante posibles fallos.

Por último, la flexibilidad inherente a este diseño permite adaptar fácilmente el pipeline para procesar otros datasets o incorporar nuevas etapas de transformación, lo que hace que esta solución sea versátil y ampliable.

6.2 Implementación con Airflow

Empecemos por implementar las funciones que utilizaremos en el DAG de Airflow:

```
import os
import pandas as pd
from kaggle.api.kaggle_api_extended import KaggleApi
from loguru import logger
import sqlite3

def extract(destination_folder="./data/raw/"):
   """Downloads the Olist dataset from Kaggle and extracts it to the
specified folder.

   Args:
       destination_folder (str, optional): The path to the folder where
the data should be stored. Defaults to "./data/raw/".

   Returns:
       str: The path to the folder where the data has been extracted.
   """
   api = KaggleApi()
   api.authenticate()

   os.makedirs(destination_folder, exist_ok=True)

   api.dataset_download_files('olistbr/brazilian-ecommerce',
path=destination_folder, unzip=True)

   logger.info(f"The Olist dataset has been downloaded and extracted
to {destination_folder}")
   return destination_folder

def clean_olist_data(df):
   """Performs basic cleaning on the Olist dataset for analysis
relevant to France or Europe.

   Args:
       df (pd.DataFrame): The Olist dataset as a Pandas DataFrame.

   Returns:
       pd.DataFrame: The cleaned DataFrame.
   """
   irrelevant_columns = [
       'seller_zip_code_prefix', 'customer_zip_code_prefix',
       'geolocation_zip_code_prefix', 'product_category_name_english'
```

```
    ]
    df = df.drop(columns=irrelevant_columns, errors='ignore')

    date_columns = ['order_purchase_timestamp', 'order_approved_at',
'order_delivered_carrier_date', 'order_delivered_customer_date',
'order_estimated_delivery_date']
    for col in date_columns:
        if col in df.columns:
            df[col] = pd.to_datetime(df[col], errors='coerce')

    return df

def transform(raw_data_dir="./data/raw", processed_data_dir="./data/
processed"):
    """Cleans the specified Olist CSV files and saves the cleaned versions.

    Args:
        raw_data_dir (str, optional): Directory containing the raw Olist
CSV files. Defaults to "./data/raw".
        processed_data_dir (str, optional): Directory to save the cleaned
CSV files. Defaults to "./data/processed".

    Returns:
        str: The path to the directory containing the processed data.
    """
    files_to_clean = [
        'olist_customers_dataset.csv',
        'olist_geolocation_dataset.csv',
        'olist_order_items_dataset.csv',
        'olist_order_payments_dataset.csv',
        'olist_order_reviews_dataset.csv',
        'olist_orders_dataset.csv',
        'olist_products_dataset.csv',
        'olist_sellers_dataset.csv'
    ]

    os.makedirs(processed_data_dir, exist_ok=True)

    for file_name in files_to_clean:
        raw_file_path = os.path.join(raw_data_dir, file_name)

        if os.path.exists(raw_file_path):
            logger.info(f"Cleaning {file_name}...")
            try:
                df = pd.read_csv(raw_file_path)
                df_cleaned = clean_olist_data(df)

                processed_file_path = os.path.join(processed_data_dir,
```

```
file_name)
                df_cleaned.to_csv(processed_file_path, index=False)
                logger.info(f"Cleaned {file_name} saved to
{processed_file_path}")
            except Exception as e:
                logger.error(f"Error cleaning {file_name}: {e}")
        else:
            logger.warning(f"File not found: {raw_file_path}")

    return processed_data_dir

def load_processed_data(processed_data_dir="./data/processed"):
    """Loads the cleaned Olist CSV files into a dictionary of Pandas
DataFrames.

    Args:
        processed_data_dir (str, optional): Directory containing
the cleaned CSV files. Defaults to "./data/processed".

    Returns:
        dict: A dictionary where keys are file names (without extension)
and values are the corresponding Pandas DataFrames.
    """
    data = {}
    for file_name in os.listdir(processed_data_dir):
        if file_name.endswith('.csv'):
            file_path = os.path.join(processed_data_dir, file_name)
            try:
                df = pd.read_csv(file_path)
                data[file_name[:-4]] = df
                logger.info(f"Loaded {file_name} into DataFrame.")
            except Exception as e:
                logger.error(f"Error loading {file_name}: {e}")
    return data

def load_to_database(processed_data_dir, db_name="olist.db"):
    """Loads the cleaned Olist data into a SQLite database.

    Args:
        processed_data_dir (str): Directory containing the cleaned CSV
files.
        db_name (str, optional): Name of the SQLite database file.
Defaults to "olist.db".
    """
    data = load_processed_data(processed_data_dir)
    conn = sqlite3.connect(db_name)

    for table_name, df in data.items():
```

```
        try:
            df.to_sql(table_name, conn, if_exists='replace', index=False)
            logger.info(f"Loaded {table_name} into {db_name}.")
        except Exception as e:
            logger.error(f"Error loading {table_name}: {e}")

    conn.close()
```

Pasemos ahora al DAG:

```
from datetime import datetime, timedelta
from airflow import DAG
from airflow.operators.python import PythonOperator
from etl_functions import extract, transform, load_to_database

default_args = {
    'owner': 'airflow',
    'depends_on_past': False,
    'start_date': datetime(2024, 7, 25),
    'email_on_failure': False,
    'email_on_retry': False,
    'retries': 1,
    'retry_delay': timedelta(minutes=5),
}

dag = DAG(
    'olist_etl_pipeline',
    default_args=default_args,
    description='ETL pipeline for Olist dataset',
    schedule=timedelta(days=1),
)

with dag:
    extract_task = PythonOperator(
        task_id='extract_data',
        python_callable=extract,
    )

    transform_task = PythonOperator(
        task_id='transform_data',
        python_callable=transform,
    )

    load_task = PythonOperator(
        task_id='load_data',
```

```
        python_callable=load_to_database,
        op_kwargs={
            'processed_data_dir': '{{ task_ins-
tance.xcom_pull(task_ids="transform_data") }}',
            'db_name': 'olist.db',
        },
    )

    extract_task >> transform_task >> load_task
```

Si todo va según lo previsto, debería supervisar su DAG en la interfaz web de Airflow y comprobar que las distintas Tasks tienen el estado **Success**:

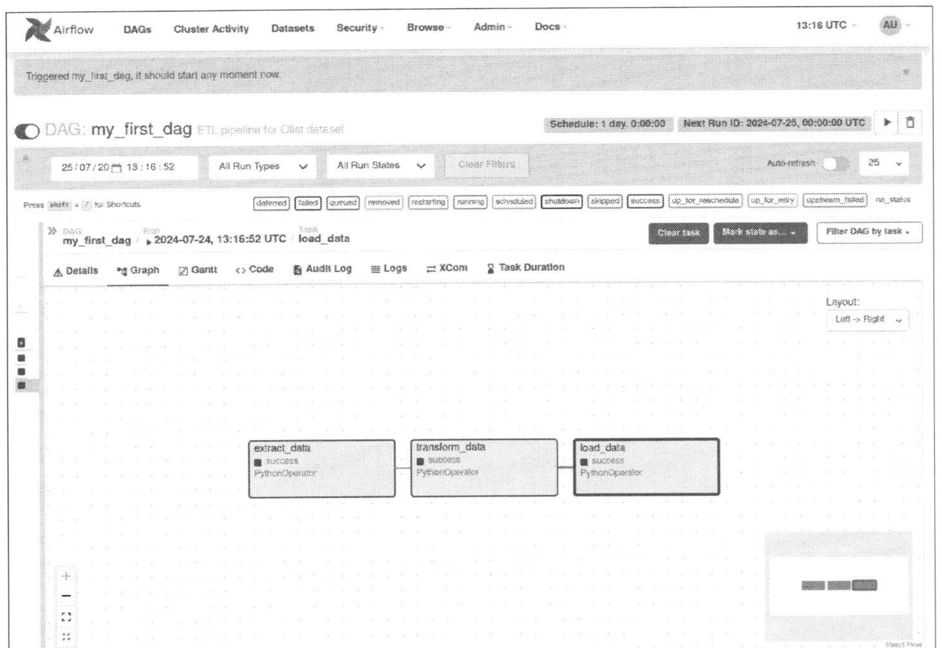

6.3 Implementación con Luigi

Ahora vamos a implementar el mismo pipeline utilizando Luigi. Vamos a reutilizar las funciones importadas en el DAG de Airflow. El archivo Luigi define tres tareas principales que corresponden a los pasos ETL:

- `ExtractTask`: esta tarea utiliza la función `extract()` para descargar los datos Olist de Kaggle. Crea una carpeta con fecha para almacenar los datos sin procesar.
- `TransformTask`: esta tarea depende de `ExtractTask`. Utiliza la función `transform()` para limpiar y preparar los datos. Los datos transformados se almacenan en una carpeta con fecha separada.
- `LoadTask`: esta tarea depende de `TransformTask`. Utiliza la función `load_to_database()` para cargar los datos transformados en una base de datos SQLite. El nombre de la base de datos incluye la fecha de transformación.

Cada tarea implementa los métodos `requires()`, `output()`, `complete()` y `run()`, que son esenciales para el funcionamiento de Luigi. El método `requires()` establece dependencias entre tareas, asegurando que se ejecutan en el orden correcto. Los métodos `output()` y `complete()` permiten a Luigi determinar si una tarea debe ejecutarse o si ya se ha completado con éxito.

El pipeline está diseñado para ejecutarse diariamente, y cada ejecución procesa y almacena los datos en carpetas y en una base de datos específica para la fecha del día.

```
import luigi
from etl_functions import extract, transform, load_to_database
import os
import datetime

class ExtractTask(luigi.Task):
    """
    Task to extract data from Kaggle.

    Returns:
        str: The path to the folder where the data has been extracted.
    """
```

```
    date = luigi.DateParameter(default=datetime.date.today())

    def output(self):
        return luigi.LocalTarget(f'./data/raw/{self.date}/')

    def complete(self):
        return self.output().exists()
and len(os.listdir(self.output().path)) > 0

    def run(self):
        print(f"Starting ExtractTask for date: {self.date}")
        os.makedirs(self.output().path, exist_ok=True)
        extract(self.output().path)
        print("ExtractTask completed")

class TransformTask(luigi.Task):
    """
    Task to transform the extracted data.

    Returns:
        str: The path to the directory containing the processed data.
    """
    date = luigi.DateParameter(default=datetime.date.today())

    def requires(self):
        return ExtractTask(date=self.date)

    def output(self):
        return luigi.LocalTarget(f'./data/processed/{self.date}/')

    def complete(self):
        return self.output().exists()
and len(os.listdir(self.output().path)) > 0

    def run(self):
        print(f"Starting TransformTask for date: {self.date}")
        os.makedirs(self.output().path, exist_ok=True)
        transform(self.input().path, self.output().path)
        print("TransformTask completed")

class LoadTask(luigi.Task):
    """
    Task to load the transformed data into a SQLite database.
    """
    date = luigi.DateParameter(default=datetime.date.today())
    db_name = luigi.Parameter(default="olist.db")
```

```
    def requires(self):
        return TransformTask(date=self.date)

    def output(self):
        return luigi.LocalTarget(f'{self.db_name}_{self.date}')

    def complete(self):
        return self.output().exists()

    def run(self):
        print(f"Starting LoadTask for date: {self.date}")
        load_to_database(self.input().path, self.output().path)
        print("LoadTask completed")

if __name__ == '__main__':
    luigi.build([LoadTask()], local_scheduler=False)
```

Una vez que se haya ejecutado, debería ver la siguiente pantalla con el estado **DONE**.

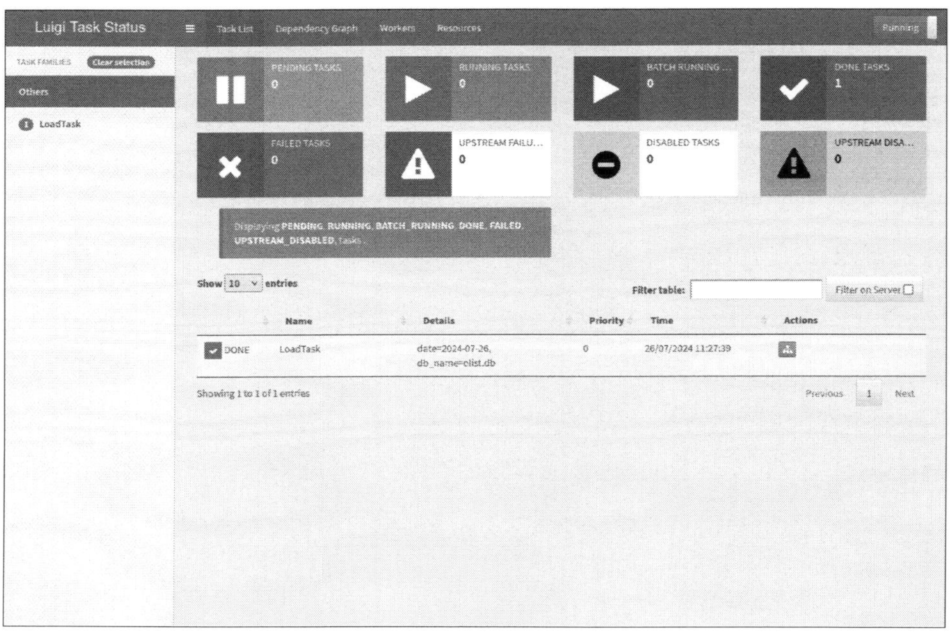

6.4 Comparación de enfoques y debate

Ahora que hemos implementado el mismo pipeline con Airflow y Luigi, comparemos los dos enfoques.

Estructura del código

Airflow: el pipeline se define como un único DAG con tareas interdependientes.

Luigi: cada etapa es una clase independiente con dependencias explícitas.

Gestión de las dependencias

Airflow: las dependencias son gestionadas por el DAG, mientras que los XComs (*cross communications*) permiten el intercambio de datos entre tareas. Los XComs funcionan como un mecanismo de comunicación que permite a una tarea transmitir datos a otra dentro del mismo DAG.

Luigi: las dependencias son explícitas a través del método `requires()` y el uso de archivos intermedios.

Planificación

Airflow: integra de forma nativa la programación de tareas.

Luigi: requiere un planificador externo (como cron) para su ejecución periódica.

Interfaz de usuario

Airflow: ofrece una rica interfaz web para supervisar y gestionar los DAG.

Luigi: ofrece una interfaz web más básica para el seguimiento de tareas.

Gestión de la configuración

Airflow: utiliza variables y conexiones gestionadas de forma centralizada.

Luigi: Las configuraciones se gestionan generalmente a nivel de código o mediante archivos de configuración.

Flexibilidad

Airflow: más flexible para workflows complejos con dependencias dinámicas.

Luigi: excelente para pipelines lineales con etapas bien definidas.

Curva de aprendizaje

Airflow: puede ser más complejo de dominar debido a sus múltiples funciones.

Luigi: generalmente más fácil de aprender, especialmente para los desarrolladores de Python.

Escalabilidad

Airflow: diseñado para gestionar workflows complejos y a gran escala.

Luigi: puede utilizarse para proyectos de cualquier tamaño, pero requiere más configuración para su escalado.

En conclusión, la elección entre Airflow y Luigi dependerá en gran medida de las necesidades específicas del proyecto y del entorno en el que se vaya a implantar. Airflow está especialmente indicado para entornos empresariales con workflows complejos y necesidad de supervisión avanzada. Luigi, por su parte, destaca por su sencillez y facilidad de integración en proyectos Python existentes, lo que lo hace ideal para equipos de ciencia de datos o proyectos de tamaño medio.

En ambos casos, es crucial seguir las buenas prácticas de las que hemos hablado antes, sobre todo en términos de modularidad, gestión de errores, logging, pruebas y documentación, para garantizar la solidez y la capacidad de mantenimiento del pipeline a largo plazo.

7. Conclusión y perspectivas

7.1 Resumen de los puntos claves

A lo largo de este capítulo, hemos explorado en profundidad el campo de ETL y la automatización de pipelines de datos. He aquí un resumen de los puntos claves tratados:

Importancia de ETL: hemos visto cómo los procesos ETL son cruciales para transformar los datos brutos en información utilizable, lo que subraya su papel central en la toma de decisiones basada en datos.

Automatización de pipelines: hablamos de las ventajas de la automatización, como la mejora de la eficacia, la reducción de errores y la capacidad de gestionar volúmenes de datos cada vez mayores.

Herramientas de orquestación: examinamos en detalle dos herramientas principales, Apache Airflow y Luigi, comparando sus respectivos enfoques, puntos fuertes y casos de uso.

Buenas prácticas: hemos tratado una serie de prácticas recomendadas esenciales para diseñar pipelines sólidos, como la modularidad, la gestión de errores, el logging, las pruebas y la documentación.

Caso práctico: ponemos en práctica estos conceptos a través de un caso práctico concreto, implementando un pipeline ETL completo con Airflow y Luigi, ilustrando las diferencias de enfoque entre estas dos herramientas.

Estos elementos proporcionan una base sólida para el diseño y la implementación de pipelines de datos eficientes y fáciles de mantener.

7.2 Tendencias futuras en la automatización de pipelines de datos

De cara al futuro, es probable que varias tendencias emergentes determinen la evolución de la automatización de los pipelines de datos:

- Integración de la IA y el Machine Learning: es probable que se acelere la incorporación de técnicas de IA y Machine Learning en los pipelines de datos. Esto podría incluir el uso de aprendizaje automático para optimizar el rendimiento de los pipelines, predecir posibles errores o incluso automatizar aspectos de su diseño.
- Adopción creciente de arquitecturas basadas en eventos: los pipelines de datos están evolucionando hacia arquitecturas más reactivas, capaces de procesar los datos en tiempo real a medida que llegan. Herramientas como Apache Kafka y Amazon Kinesis están ganando popularidad para construir pipelines de datos en streaming.
- Serverless y en contenedores: es probable que siga creciendo el uso de tecnologías serverless y en contenedores (como Docker y Kubernetes) para el despliegue y la ejecución de pipelines de datos, ya que ofrecen mayor flexibilidad y escalabilidad.
- DataOps y MLOps: se acelerará la adopción de prácticas DevOps en el ámbito de los datos (DataOps) y el Machine Learning (MLOps), haciendo hincapié en la automatización completa del ciclo de vida de los datos y los modelos de ML.
- Gobernanza y conformidad de los datos: con la creciente importancia de la protección de datos y de normativas como el RGPD, los pipelines de datos deberán incorporar cada vez más funcionalidades vinculadas a la gobernanza, la trazabilidad y la conformidad de los datos.
- Pipelines de datos autoadaptables: los futuros pipelines podrían ser más inteligentes, capaces de adaptarse automáticamente a los cambios en los patrones de datos, los volúmenes o los requisitos de rendimiento.

- Mayor integración con los lagos de datos y los almacenes de datos en la nube: es probable que las herramientas ETL y de orquestación evolucionen para integrarse más estrechamente con las soluciones modernas de almacenamiento y análisis de datos en la nube.
- Democratización de la ingeniería de datos: con la aparición de herramientas no-code y low-code para construir pipelines de datos, podríamos asistir a una democratización de la ingeniería de datos, que permitiría a un mayor número de profesionales participar en la creación y gestión de pipelines.
- Centrarse en la calidad y fiabilidad de los datos: las herramientas y prácticas para garantizar y mantener la calidad de los datos a lo largo de todo el pipeline serán cada vez más sofisticadas e integradas.
- Evolución hacia arquitecturas de malla de datos (Data Mesh): el concepto de malla de datos, que propone un enfoque descentralizado de la arquitectura de datos, podría influir en la forma de diseñar y gestionar los pipelines de datos en las grandes organizaciones.

La automatización de pipelines de datos es un campo en constante evolución, influido por los avances tecnológicos y los cambios en las necesidades de datos de las empresas. Los profesionales que trabajan en este campo tendrán que estar al tanto de estas tendencias emergentes y seguir adaptando sus competencias y herramientas para afrontar los retos futuros de la gestión y el análisis de datos a gran escala.

La clave del éxito en este campo en rápida evolución será la capacidad de combinar un sólido conocimiento de los fundamentos de la ETL y la ingeniería de datos con la apertura a nuevas tecnologías y metodologías. Adoptando un enfoque de aprendizaje continuo y siendo flexibles en el uso de herramientas y técnicas, los ingenieros y analistas de datos estarán bien posicionados para navegar por el panorama siempre cambiante de la automatización de pipelines de datos.

Capítulo 7
Visualizar sus datos

1. Introducción a la visualización de datos

Historia de la visualización de datos

La historia de la visualización de datos es casi tan antigua como la propia escritura, con vestigios de tablas y listas que se remontan a las primeras civilizaciones. Sin embargo, la creación de gráficos complejos surgió más tarde.

Entre los primeros ejemplos se encuentran los mapas geográficos y astronómicos que datan de varios milenios antes de Cristo. Con el tiempo, se han utilizado cronogramas y otras representaciones visuales para ilustrar conceptos abstractos o comparar datos.

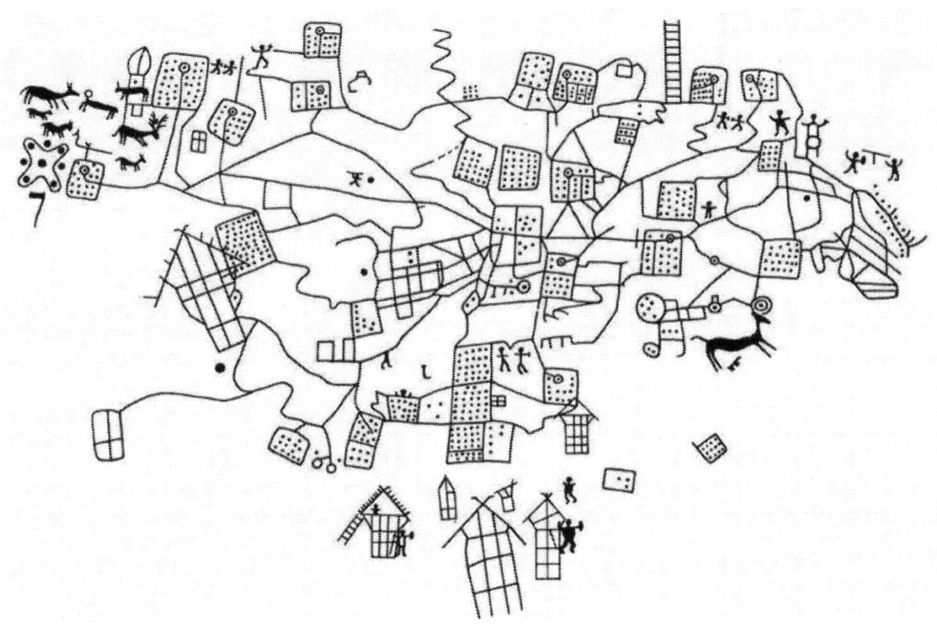

Mapa de Bedolina, transcripción de un petroglifo (3000-1000 A.C.)

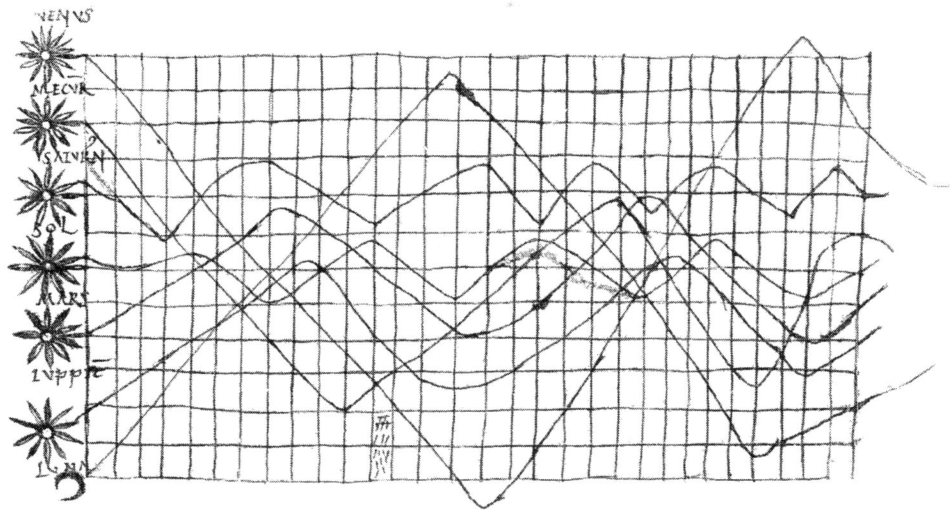

Una de las series cronológicas más antiguas que se conservan en la historia se basa en una descripción del movimiento de los planetas a través del tiempo, publicada en un manuscrito del siglo X por Macrobio en su Comentario al Sueño de Escipión.

El siglo XVIII marcó un punto de inflexión con la aparición de gráficos más sofisticados. Autores como William Playfair introdujeron gráficos de series temporales, diagramas de barras y diagramas circulares para representar datos económicos. En este periodo también se produjeron los primeros intentos de representar datos estadísticos en mapas, sobre todo con los mapas coropléticos de Charles Dupin.

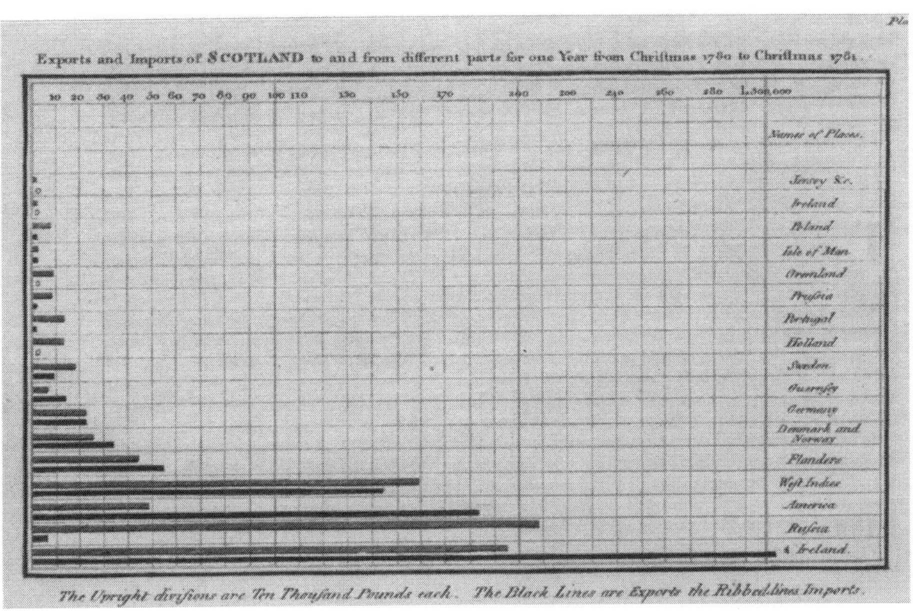

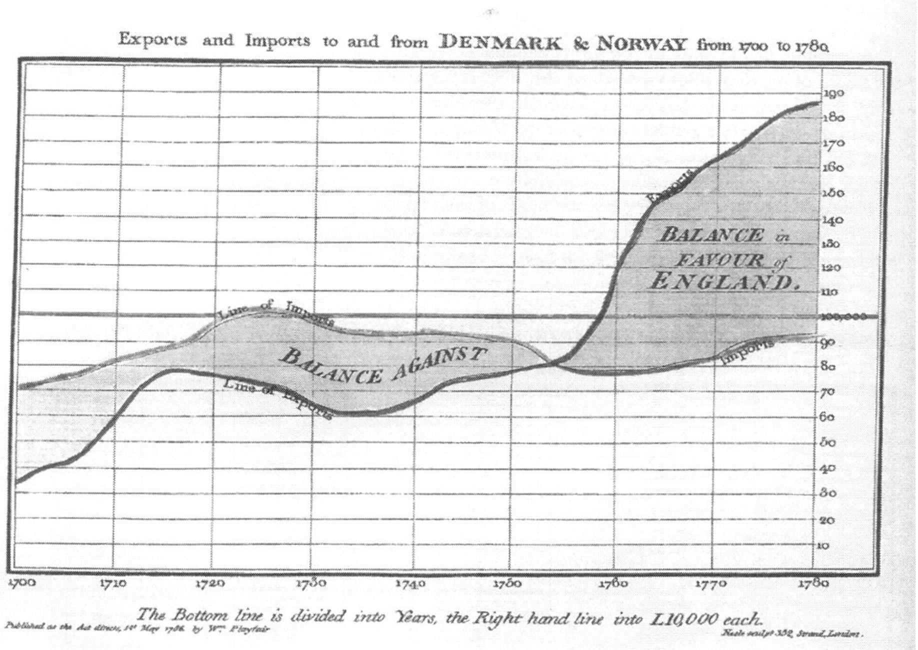

En el siglo XIX se produjo una explosión del uso de la visualización de datos en diversos campos. Florence Nightingale utilizó un innovador gráfico circular para mostrar las causas de muerte de los soldados durante la guerra de Crimea. John Snow creó un mapa de puntos para identificar el origen de una epidemia de cólera en Londres. Después, siguieron otras innovaciones, como las primeras visualizaciones tridimensionales y mapas que mostraban la correlación entre dos variables.

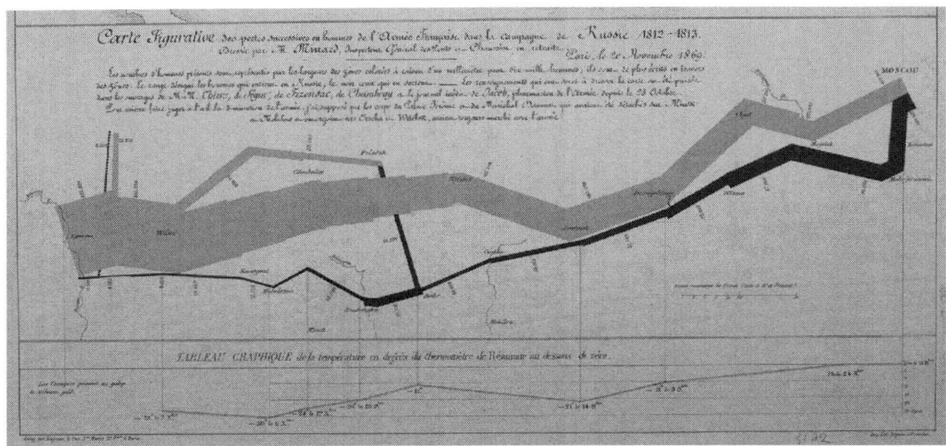

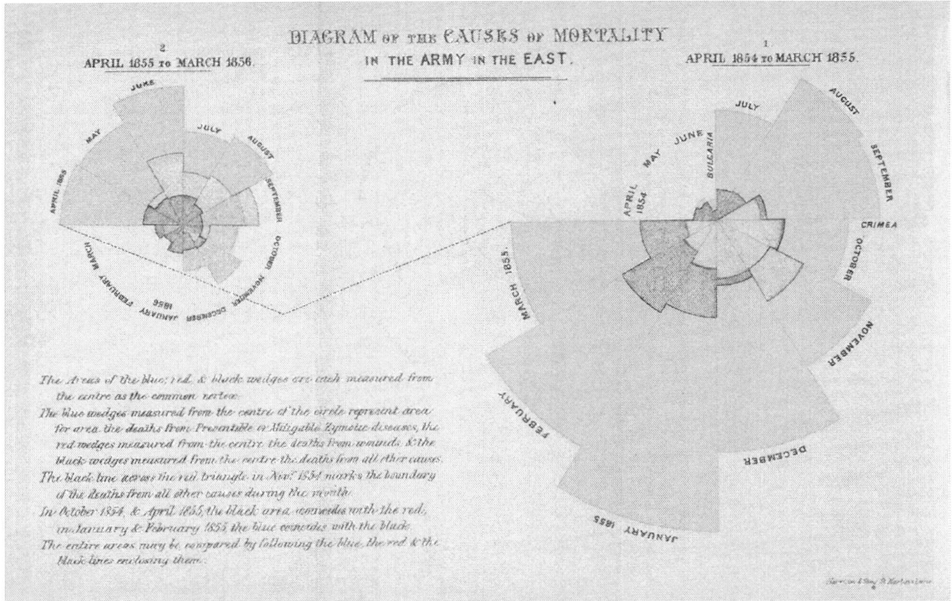

En el siglo XX, el interés por la visualización de datos decayó un poco, pero resurgió en la década de 1960 de la mano de estadísticos como John Tukey. Más recientemente, libros como *The Grammar of Graphics*, de Leland Wilkinson, han proporcionado un sólido marco teórico para el diseño de gráficos estadísticos.

Hoy en día, la visualización de datos se ha convertido en una herramienta esencial en muchos campos, desde la ciencia y la economía hasta el periodismo y la educación. Gracias a los avances tecnológicos, ahora es posible crear visualizaciones interactivas y dinámicas que permiten profundizar en los datos.

2. ¿Por qué visualizar los datos?

En la era digital, en donde abundan los datos, ya no basta con acumularlos. Imagínese una biblioteca llena de libros, pero sin organización ni índice. Lo mismo ocurre con los datos en bruto: sin una presentación adecuada, siguen siendo un montón de información sin utilizar. Ahí es donde entra en juego la visualización de datos.

2.1 Más allá de las cifras: la importancia de la visualización

La visualización de datos es más que una simple representación gráfica. Es una poderosa herramienta que transforma los datos en información procesable, historias convincentes y palancas de toma de decisiones. He aquí por qué es esencial:

- Comprensión instantánea: una imagen vale más que mil palabras, y un gráfico bien diseñado vale más que miles de datos. De un vistazo, un gráfico puede revelar tendencias, relaciones y anomalías que, de otro modo, permanecerían ocultas en tablas de cifras.
- Comunicación eficaz: las visualizaciones de datos son un lenguaje universal para presentar resultados a compañeros, clientes o al público en general. Trascienden las barreras técnicas y facilitan la transmisión del mensaje.
- Toma de decisiones basadas en información: cuando se enfrenta a una decisión importante, las visualizaciones de datos le ofrecen una visión clara y objetiva. Le ayudan a identificar riesgos y oportunidades, y a tomar decisiones basadas en hechos en lugar de en la intuición.

- Descubrir lo inesperado: a veces las visualizaciones de datos revelan sorpresas. Patrones inesperados, correlaciones ocultas, anomalías intrigantes... Estos descubrimientos pueden abrir nuevas vías de investigación, innovación y comprensión.

2.2 Python: una herramienta sin límites

Python, con su gran cantidad de bibliotecas especializadas, es la herramienta preferida para crear visualizaciones de datos potentes y personalizadas. Tanto si es principiante como experto, Python le ofrece la flexibilidad y la potencia que necesita para dar vida a sus datos.

En las siguientes secciones, nos adentraremos en el mundo de las bibliotecas de visualización de Python, explorando sus características, ventajas y casos de uso. Pero antes, tenga en cuenta que la visualización de datos es mucho más que una técnica: es un arte.

3. Visión general de las diferentes bibliotecas gráficas con Python

3.1 Un ecosistema rico y diverso

Python se ha consolidado como un auténtico El Dorado para los entusiastas de la visualización de datos. Su popularidad se basa en un ecosistema rico y diverso, que ofrece multitud de bibliotecas para satisfacer todas las necesidades y niveles de experiencia.

El siguiente gráfico lo ilustra:

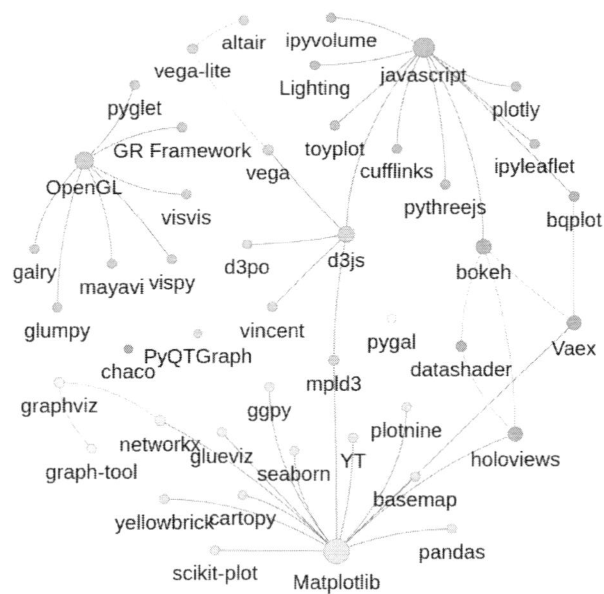

Desde bibliotecas fundamentales como Matplotlib, la navaja suiza de la visualización, hasta herramientas especializadas como NetworkX para redes o Folium para mapas, Python tiene una respuesta para cada necesidad. Bibliotecas interactivas como Plotly y Bokeh allanan el camino para visualizaciones dinámicas e inmersivas, mientras que Seaborn facilita la creación de gráficos estadísticos más elegantes que Matplotlib.

Esta diversidad significa que cada usuario puede encontrar la herramienta ideal para su proyecto, ya se trate de un simple análisis exploratorio o de la creación de un complejo cuadro de mando interactivo.

3.2 El trío ganador Matplotlib Seaborn y Plotly

Aunque la riqueza del ecosistema Python es innegable, es importante subrayar que basta con dominar tres bibliotecas clave: Matplotlib, Seaborn y Plotly. Estas cubren la mayoría de los casos de uso en la visualización de datos, especialmente en el contexto del BI y la creación de paneles de control.

- Matplotlib: es la base sobre la que se construyen muchas otras bibliotecas. Su flexibilidad y potencia la convierten en una herramienta esencial para crear gráficos a medida con calidad de publicación.
- Seaborn: construido sobre Matplotlib, Seaborn simplifica la creación de gráficos estadísticos y mejora enormemente su apariencia. Por defecto, los gráficos se basan en la biblioteca de R ggplot. Su interfaz intuitiva y sus temas predefinidos facilitan la producción de visualizaciones informativas y estéticamente agradables.
- Plotly: esta biblioteca destaca por su capacidad para crear gráficos interactivos y dinámicos. Es ideal para paneles de control, donde la interactividad es esencial para explorar datos e identificar tendencias. Permite crear interacciones entre gráficos, al igual que con software de BI como QlikView o Power BI.

Este trío de bibliotecas ofrece una combinación ideal de flexibilidad, sencillez e interactividad. Matplotlib permite crear gráficos personalizados, Seaborn facilita la visualización de datos estadísticos y Plotly aporta la dimensión interactiva necesaria para los cuadros de mando modernos.

Por supuesto, otras bibliotecas pueden ser útiles en casos concretos. Por ejemplo, si trabaja con datos geográficos, Folium será más completa que Plotly. Si necesita visualizar redes complejas, NetworkX o Pyvis serán indispensables. Pero para la mayoría de los proyectos de visualización de datos, estas tres bibliotecas serán suficientes. Ahora dispone de una caja de herramientas completa y versátil para dar vida a sus datos y comunicar sus resultados de forma eficaz. ¡Manos a la obra!

3.3 matplotlib

matplotlib es una de las bibliotecas de visualización de datos más populares y versátiles de Python. Creada por John Hunter en 2003, se ha convertido en una herramienta esencial para crear gráficos estáticos, animados e interactivos en la ciencia y otros campos.

En esta parte del libro, veremos cómo crear gráficos de líneas, de barras y de dispersión con matplotlib utilizando el precio de las acciones del CAC 40 durante el periodo comprendido entre junio de 2017 y junio de 2024. Estos son los gráficos fundamentales que le permitirán empezar a entender, visualizar y contar historias a partir de los datos.

Una de las principales ventajas de matplotlib es que es muy flexible y personalizable para crear gráficos. Sin embargo, requiere mucho código para crear otros más básicos con poca personalización. En un contexto en el que el objetivo principal es el análisis exploratorio de datos, que requiere dibujar mucos gráficos rápidamente sin importar tanto la estética, la librería Seaborn que veremos en la siguiente sección es una excelente alternativa porque se apoya en matplotlib para crear visualizaciones de forma más rápida, sobre todo en la parte estética.

3.3.1 Instalación

▶Para instalar mmatplotlib, utilice el siguiente comando:

```
pip install matplotlib
```

3.3.2 Presentación del conjunto de datos

Para esta introducción a matplolib, echemos un vistazo a la cotización del CAC 40. Los datos proceden de Yahoo Finanzas y están disponibles gratuitamente aquí: https: //finance.yahoo.com/quote/%5EFCHI/history/.

El primer paso es cargar el conjunto de datos con pandas y mostrar las primeras filas para entenderlo mejor.

```
import pandas as pd

cac40_index = pd.read_csv('./data/CAC40.csv')
cac40_index.head()
```

Obtenemos el siguiente resultado:

```
    Date          Open          High          Low
     Close          Adj Close \
0 2017-06-26  5295.040039  5323.729980  5289.560059  5295.750000
   5295.750000
1 2017-06-27  5282.870117  5284.959961  5237.669922  5258.580078
   5258.580078
2 2017-06-28  5235.830078  5273.90195   5203.899902  5252.899902
   5252.899902
3 2017-06-29  5268.229980  5272.939941  5143.819824  5154.350098
   5154.350098
4 2017-06-30  5157.589844  5192.390137  5117.229980  5120.680176
   5120.680176

      Volume
0   67071900.0
1   90277800.0
2   96381000.0
3  114605600.0
4   97126700.0
Tenemos los siguientes datos: Date, Open, High, Low, Close, Adj Close
y Volume. Estos seis últimos valores están vinculados a la cotización
del índice durante el día de negociación. He aquí una breve expli-
cación de cada variable:
```

- `Date`: día al que se refiere la información sobre la cotización de las acciones;
- `Open`: precio del CAC 40 en la apertura de la bolsa;
- `High`: el precio más alto alcanzado por el CAC 40 durante el día;
- `Low`: el precio más bajo alcanzado por el CAC 40 durante el día;
- `Close`: el precio del CAC 40 cuando el mercado deja de cotizar a las 17.30 horas;

– `Adj Close`: versión modificada del precio de cierre de la acción que tiene en cuenta los diversos acontecimientos financieros que pueden afectar a su valor;
– `Volume`: volumen de negociación del CAC 40.

3.3.3 Gráficos de línea

El primer gráfico que vamos a crear es un gráfico de líneas. Los gráficos de líneas son un tipo de gráfico muy importante porque son excelentes para mostrar datos de series temporales. A menudo es importante visualizar cómo evolucionan los KPI a lo largo del tiempo para comprender las tendencias de los datos sobre las que se puede actuar.

Podemos crear un gráfico lineal en matplotlib usando el método `plt.plot()`, donde el primer argumento es la variable x y el segundo, la variable y de nuestro gráfico lineal. Hay dos maneras de hacerlo:

– Utilizamos series directamente para los valores de x e y:
`cac40_index['Date'], cac40_index['Close']`
– El argumento `data`se utiliza para definir el nombre del DataFrame utilizado como fuente. Los argumentos xe yson ahora los nombres de las columnas.

Cada vez que creemos un gráfico, debemos asegurarnos de llamar al método `plt.show()` para mostrar el gráfico que acabamos de crear. Vamos a mostrar el precio de cierre del CAC 40 durante el periodo del conjunto de datos.

```
import matplotlib.pyplot as plt

# Case without data arg
plt.plot(cac40_index['Date'],  #x
        cac40_index['Close'])  #y
plt.show()
```

Aparece el siguiente gráfico:

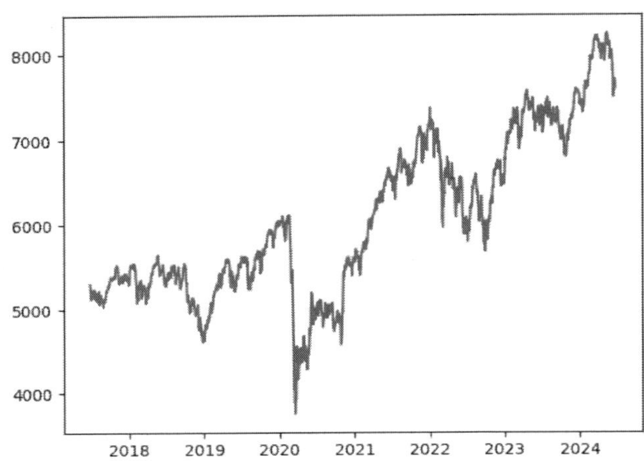

Como puede ver, el renderizado es tosco y muy mejorable.

Si queremos añadir otra curva, basta con añadir una segunda línea de código antes de `plt.show()`. Por ejemplo, podemos calcular una media móvil con un periodo de 50 días y mostrarla para completar nuestro gráfico. Para que sea más fácil de leer, podemos añadir una leyenda para distinguir las dos series. Esto se hace añadiendo el argumento `label`a cada función `plt.plot()`. Para mostrarlas, llame a la función `plt.legend()`. También podemos aprovechar la adición de esta segunda serie para cambiar el estilo de la línea utilizando el argumento `linestyle`, que puede tomar distintos valores (`'dashed'`, `'dotted`', `'dashdotted`', etc.).

```
cac40_index['MA50'] =
cac40_index['Close'].rolling(window=50).mean()

# Case with arg data
plt.plot('Date',
        'Close',
        data=cac40_index,
        label='Close'
)

plt.plot('Date',
```

```
        'MA50',
        data=cac40_index,
        label='Moving Average 50 days',
        linestyle = 'dashed'
)

plt.legend()
plt.show()
```

Si volvemos a trazar la gráfica, obtenemos este gráfico:

Antes de pasar a otros tipos de gráfico con matplotlib, vamos a seguir mejorando este. Vamos a añadir los siguientes elementos:

- un título llamando a la función `plt.title()`;
- un nombre para el eje x llamando a la función `plt.xlabel()`;
- un nombre para el eje y llamando a la función `plt.ylabel()`.

El código pasa a ser:

```
# Calculate a 50 days moving average based on Close serie
cac40_index['MA50'] = (
   cac40_index['Close'].rolling(window=50).mean()
)

# Case with arg data
plt.plot('Date',
        'Close',
        data=cac40_index,
        label='Close'
)

plt.plot('Date',
        'MA50',
        data=cac40_index,
        label='Moving Average 50 days',
        linestyle = 'dashed'
)

plt.xlabel('Date')
plt.ylabel('CAC 40 Index')
plt.title('CAC40 Close values')
plt.legend()
plt.show()
```

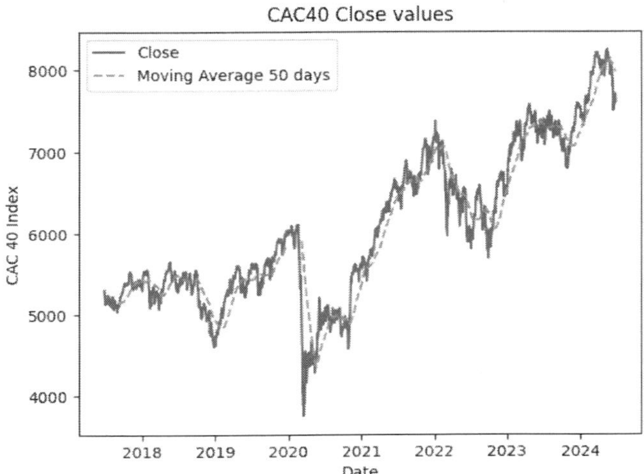

Así está mejor. Ahora echemos un vistazo a otros gráficos de uso común que podemos trazar con Matplotlib.

3.3.4 Diagrama de barras

Los diagramas de barras son muy útiles para comparar valores numéricos entre distintas categorías, especialmente para identificar las más grandes y las más pequeñas. Para esta sección, agregaremos los datos en medias mensuales utilizando pandas para poder comparar el rendimiento mensual del CAC40 a lo largo de 2024.

El primer paso consiste en agrupar los datos por meses y aplicar una media.

```
# Import the calendar package
from calendar import month_name

# Create an ordered Month list
cac40_index['Month']=(
   pd.Categorical(cac40_index['Date'].dt.month_name(),
                  month_name[1:])
)

# Group by month
cac40_monthly_mean = cac40_index \
```

```
                        .groupby('Month') \
                        .mean() \
                        .round(2) \
                        .reset_index()

# Display Close serie for example
display(cac40_monthly_mean['Close'])
```

La serie de salida es:

```
0 6207.42
1 6282.54
2 6089.67
3 6218.46
4 6244.27
5 6159.70
6 5859.13
7 5917.33
8 5862.56
9 5799.23
10 6061.68
11 6125.46
Name: Close, dtype: float64
```

Empezaremos creando un gráfico de barras con barras verticales. Esto puede hacerse utilizando el método `plt.bar()`, donde el primer argumento es la variable `del ejex`(Month) y donde el parámetro `height`representa el `ejey(Volume)`. A continuación, debemos asegurarnos de llamar al método `plt.show()` para mostrar nuestro gráfico.

Al igual que con nuestro primer gráfico, no podemos decir que el resultado bruto sea el mejor:

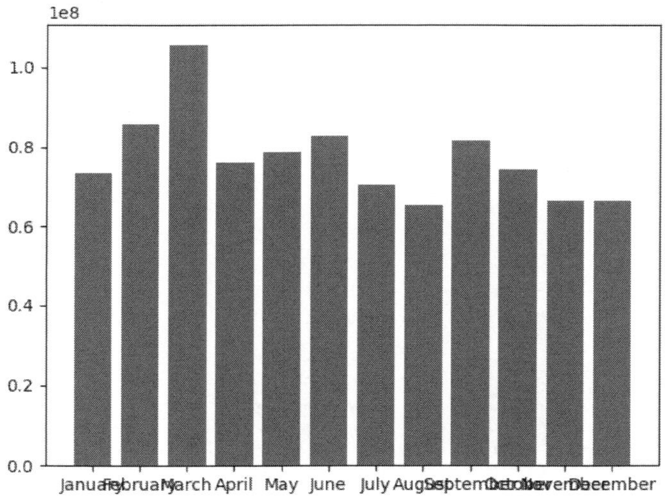

Para este tipo de gráfico, un truco para hacer legibles las etiquetas del eje x es girarlas 45° utilizando la función `plt.xticks(rotation=45)`. Sin embargo, será más sencillo y fácil de leer si se transforma en un gráfico de barras horizontales.

Aquí están los dos gráficos para comparar:

Solución 1

```
plt.bar(
    cac40_monthly_mean['Month'],
    height = cac40_monthly_mean['Volume']
)
plt.xticks(rotation=45)
plt.show()
```

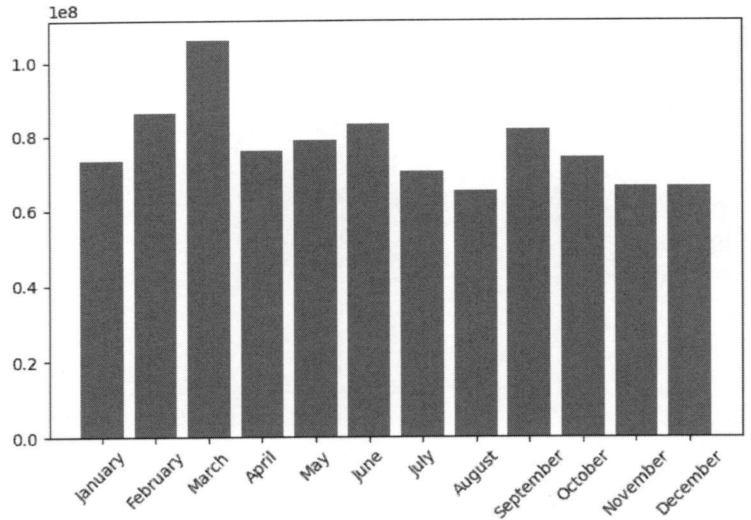

Solución 2

```
plt.barh(
   cac40_monthly_mean['Month'],
   cac40_monthly_mean['Volume']
)
plt.show()
```

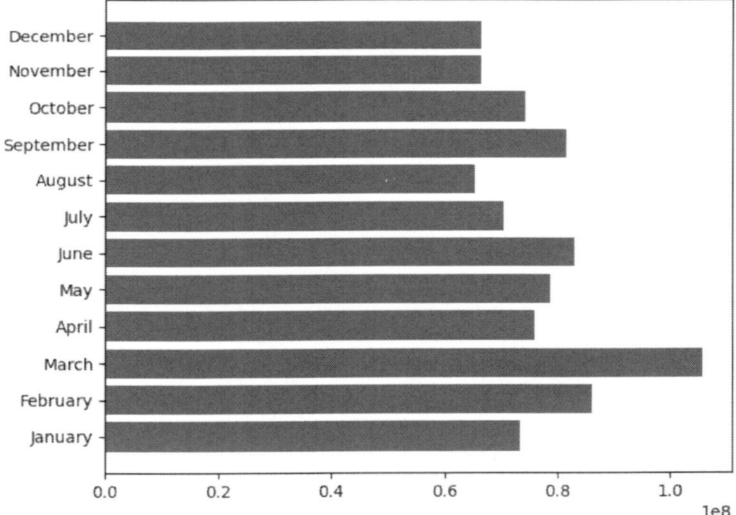

3.3.5 Nube de puntos

Las nubes de puntos (o diagramas de dispersión) son muy útiles para identificar relaciones entre dos variables numéricas. Pueden dar una idea de lo que cabe esperar para una variable cuando cambia la otra, y también pueden ser muy informativos a la hora de decidir el uso de distintas técnicas de modelización, como la regresión lineal o no lineal.

Nubes de puntos: al igual que con otros tipos de gráficos, se puede crear un gráfico de dispersión utilizando el método `pyplot.scatter()`, donde el primer argumento es la variable `del  ejex`y el segundo, la variable `del ejey`.

En este ejemplo, examinaremos la relación entre el precio de apertura y el precio de cierre del CAC 40.

```
plt.scatter('Month',
            'Close',
            data=cac40_monthly_mean,
)

plt.show()
```

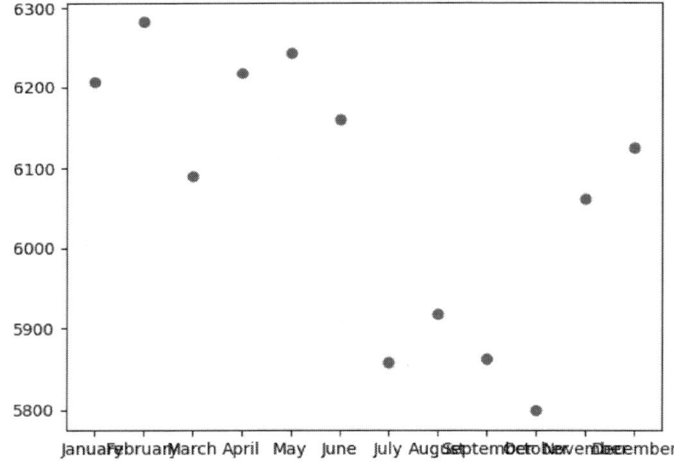

Vamos a introducir algunas mejoras para diferenciar cada mes en función del volumen. Podemos hacerlo de dos maneras:

- Aplicar un mapa de colores según el valor de `Volume`. Para ello, debe especificar la columna de datos que se utilizará como referencia para la coloración en el argumento `coloro` `c`.
- Aplicar un tamaño que varía en función del volumen utilizando el argumento `sizeo` `s`.

En el siguiente ejemplo se utilizan las dos técnicas de visualización mencionadas. Aunque es posible, no siempre es aconsejable combinar estos dos métodos, ya que esto puede sobrecargar la visualización. Un único método de formato (ya sea el color o el tamaño) suele ser suficiente para una lectura clara de los datos.

```
# Normalize Volume to easily plot
cac40_monthly_mean['Volume_norm'] = (
   cac40_monthly_mean['Volume']/
cac40_monthly_mean['Volume'].max()
)

SCALE_FACTOR = 7.5

plt.scatter('Month',
           'Close',
           data=cac40_monthly_mean,

 s=np.exp(cac40_monthly_mean['Volume_norm']*SCALE_FACTOR),
           c=cac40_monthly_mean['Volume'],
           cmap='inferno',
           zorder=2
)

plt.title('CAC40 Closing Index by Month and Volume')
plt.ylabel('CAC40 Index')
plt.xticks(rotation=45)
plt.grid(alpha=0.2)

ax.spines['right'].set_visible(False)
ax.spines['top'].set_visible(False)
plt.colorbar()  # Display colorbar
plt.show()
```

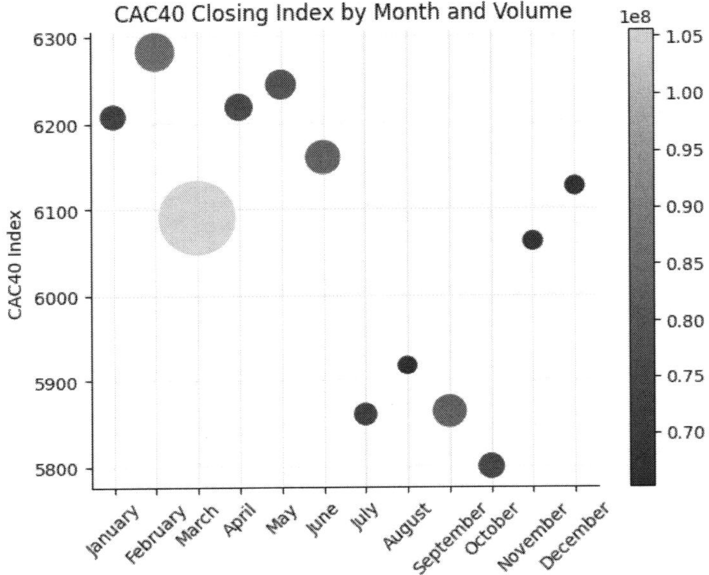

Un libro entero no bastaría para cubrir matplotlib, así que le invitamos a navegar por la documentación y la galería para ver el abanico de posibilidades que ofrece esta biblioteca.

3.4 Seaborn

Seaborn es una biblioteca de visualización basada en matplotlib. Fue desarrollada por Michael Waskom y publicada por primera vez en 2012. Se creó en respuesta a las limitaciones y complejidades de matplotlib, que requería un código importante para generar gráficos visualmente atractivos. La biblioteca Seaborn pretende simplificar el proceso de creación de gráficos estadísticos y proporcionar una interfaz de alto nivel para la visualización de datos.

Ofrece diversas herramientas para visualizar datos, como nubes de puntos, de líneas, de barras y de calor, entre otras. También admite análisis estadísticos avanzados, como análisis de regresión, gráficos de distribución y gráficos categóricos.

En esta parte del libro, cubriremos los diferentes tipos de gráficos estadísticos disponibles en Seaborn, detallando la sintaxis y los principales argumentos a tener en cuenta.

3.4.1 Instalación

▶Para instalar seaborn, utilice el siguiente comando:

```
pip install seaborn
```

3.4.2 Conjunto de datos

Para esta parte del libro, vamos a utilizar un conjunto de datos que se presta un poco más a la visualización de gráficos estadísticos. Se trata de un conjunto de datos que presenta diferentes parámetros de calidad de un vino y su puntuación. Las muestras son vinos tintos y blancos del norte de Portugal. El conjunto de datos está disponible en el sitio web de la UCI Machine Learning Repository: https://archive.ics.uci.edu/dataset/186/wine+quality

Los datos de entrada son los siguientes (pruebas fisicoquímicas):

- 1 - fixed acidity
- 2 - volatile acidity
- 3 - citric acid
- 4 - residual sugar
- 5 - chlorides
- 6 - free sulfur dioxide
- 7 - total sulfur dioxide
- 8 - density
- 9 - pH
- 10 - sulphates
- 11 - alcohol

El dato objetivo es la evaluación de la calidad del vino basada en una encuesta:

- 12 - quality (score entre 0 y 10)

Podemos cargarlo de pandas y explorar las primeras líneas:

```
import pandas as pd

wine_quality = pd.read_csv('./data/winequality-red.csv')
print(wine_quality.head().T) # Transposition to easily
access all columns
```

La salida es:

```
                            0        1        2       3        4
fixed acidity          7.4000   7.8000   7.800  11.200   7.4000
volatile acidity       0.7000   0.8800   0.760   0.280   0.7000
citric acid            0.0000   0.0000   0.040   0.560   0.0000
residual sugar         1.9000   2.6000   2.300   1.900   1.9000
chlorides              0.0760   0.0980   0.092   0.075   0.0760
free sulfur dioxide   11.0000  25.0000  15.000  17.000  11.0000
total sulfur dioxide  34.0000  67.0000  54.000  60.000  34.0000
density                0.9978   0.9968   0.997   0.998   0.9978
pH                     3.5100   3.2000   3.260   3.160   3.5100
sulphates              0.5600   0.6800   0.650   0.580   0.5600
alcohol                9.4000   9.8000   9.800   9.800   9.4000
quality                5.0000   5.0000   5.000   6.000   5.0000
```

3.4.3 Histogramas

Un histograma es un gráfico utilizado en estadística para representar la distribución de una variable numérica continua o discreta. Consiste en una serie de barras que representan un rango específico de valores denominado «clase» o «intervalo». La altura de cada barra es proporcional a la frecuencia o al número de observaciones que caen dentro de esa clase.

Esta visualización permite captar rápidamente la forma general de la distribución de los datos, revelando características como la tendencia central, la dispersión y cualquier asimetría. Los histogramas son especialmente útiles para identificar modos, detectar valores atípicos y comparar conjuntos de datos.

Queremos estudiar la distribución de las puntuaciones de los vinos para ver cómo se reparten. Para ello, haremos lo siguiente:

- Creamos una nueva figura matplotlib con un tamaño de 10 pulgadas de ancho por 6 de alto, lo que va a definir el tamaño total del gráfico. Establecer el tamaño le permite exportar su gráfico como una imagen con un tamaño predefinido.
- La función `sns.displot()` se utiliza para crear un gráfico de distribución. Es más avanzado que el histograma simple y ofrece más opciones de personalización.
  - `data`: este argumento se utiliza para especificar el DataFrame que contiene los datos que se van a mostrar;
  - `x`: indica el nombre de la columna cuya distribución queremos ver;
  - `binwidth`: establece el ancho de cada barra del histograma en 1 unidad.
- Añadimos un título al gráfico: "Distribution of Wine Quality" utilizando la función `plt.title()`.
- El gráfico se muestra utilizando `plt.show()`.

Por lo tanto, el código será:

```
# Importar las librerías necesarias
import seaborn as sns
import matplotlib.pyplot as plt

plt.figure(figsize=(10, 6))
sns.displot(data=wine_quality,
           x='quality',
           binwidth=1,)
plt.title('Distribution of Wine Quality')
plt.show()
Copiar
```

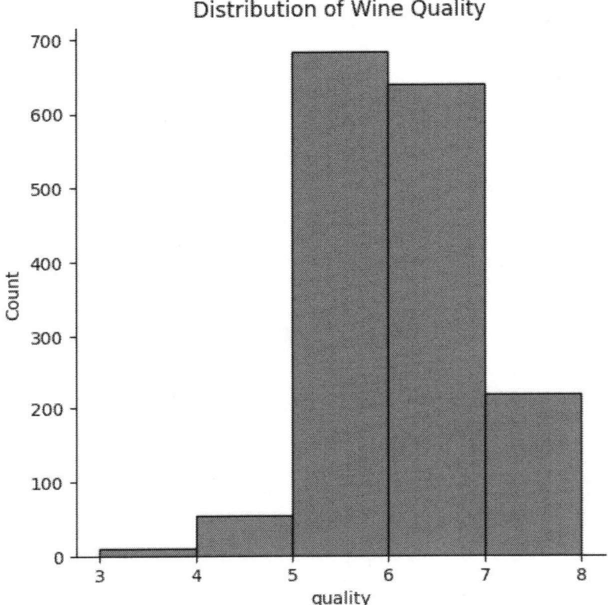

Imagine que quiere trazar varios histogramas para comparar la distribución de cada variable. Puede hacerlo utilizando una función muy útil de Matplotlib: los subplots.

Los subplots en Matplotlib son una forma de organizar varios gráficos dentro de una misma figura. El concepto se basa en la creación de una cuadrícula en la que cada celda puede contener un gráfico independiente. La función `plt.subplot(nrows, ncols, index)` es el núcleo de este sistema. Divide la figura en una rejilla de filas `nrows` y columnas `ncols`, y luego activa la celda especificada por index para dibujar el siguiente gráfico.

El índice sigue un esquema de numeración secuencial, empezando por 1 en la esquina superior izquierda y aumentando de izquierda a derecha, y luego de arriba abajo. Este planteamiento permite una gran flexibilidad en la disposición de los gráficos, facilitando la comparación de distintos conjuntos de datos o la presentación de múltiples aspectos de un mismo análisis en una sola figura.

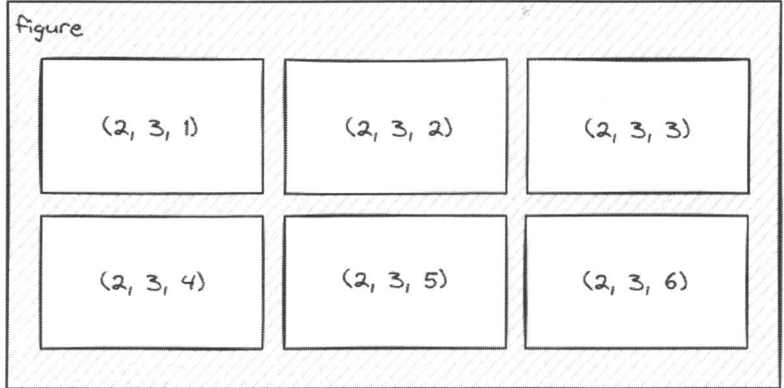

Los subplots pueden tener tamaños iguales o personalizados y Matplotlib ofrece herramientas para ajustar automáticamente su espaciado y alineación, garantizando una presentación clara y profesional de los datos visualizados.

Para crear un conjunto de cuatro histogramas y visualizar la distribución de determinadas características del vino, puede hacer lo siguiente:

- Definimos una lista de características a mostrar, ya que procesar muchos gráficos puede consumir muchos recursos: `features = ['alcohol', 'sulphates', 'pH', 'residual sugar']`.
- Creamos una nueva figura suficientemente grande que mida 12x10 pulgadas utilizando `plt.figure(figsize=(12, 10))`.
- A continuación, es necesario utilizar un bucle en la lista de características, con i comenzando en 1.
- Creamos una cuadrícula de subgrafos de 2x2 y seleccionamos el i-ésimo con la función `plt.subplot(2, 2, i)`.
- Como antes, creamos un histograma utilizando `sns.histplot(...)`.
- Se añade un título a cada sub-gráfico: `plt.title(f'Distribution of {feature}')`.
- `plt.tight_layout()`: este método añade automáticamente espacios entre los subgráficos.
- `plt.show()`: este método muestra la figura completa.

Aquí está el código actualizado:

```
features = ['alcohol', 'sulphates', 'pH', 'residual sugar']

plt.figure(figsize=(12, 10))

for i, feature in enumerate(features, 1):
   plt.subplot(2, 2, i)
   sns.histplot(data=wine_quality,
                x=feature,
                kde=True)
   plt.title(f'Distribution of {feature}')

plt.tight_layout()

plt.show()
```

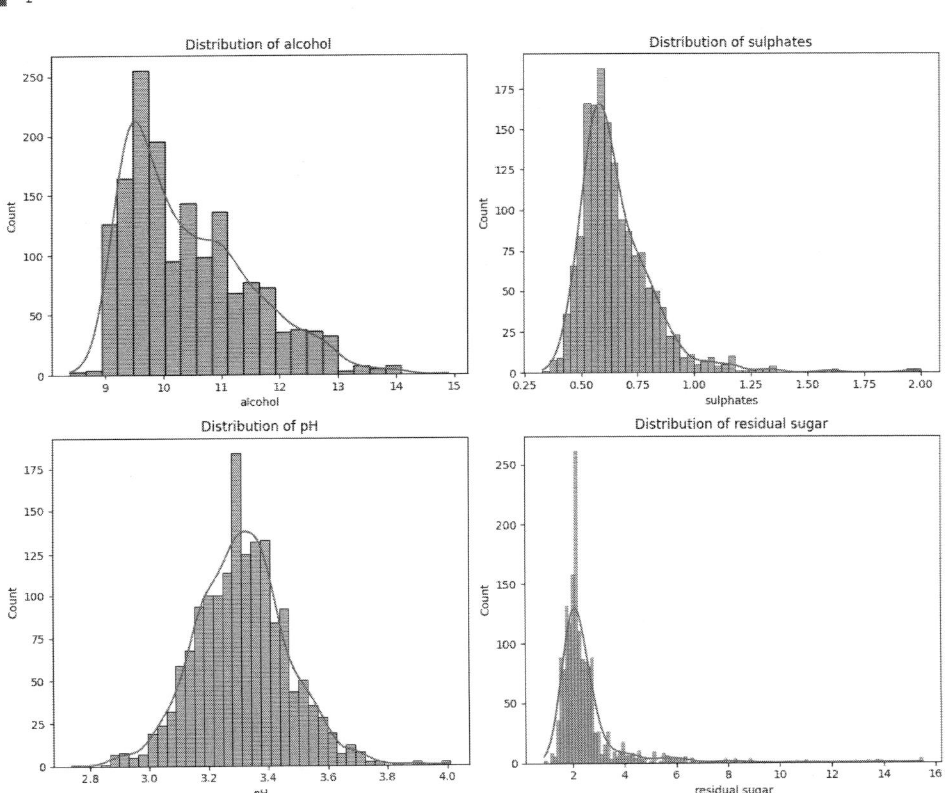

Observación

Para disposiciones más complejas, con subplots de diferentes anchuras y alturas, existe una opción:
https://matplotlib.org/3.1.1/gallery/userdemo/demo_gridspec01.html#sphx-glr-gallery-userdemo-demo-gridspec01-py

3.4.4 Diagrama de cajas y bigotes

Un box plot, también conocido como diagrama de cajas y bigotes, es una potente herramienta gráfica utilizada en estadística para representar la distribución de un conjunto de datos numéricos. Proporciona una visión resumida de cinco medidas clave: el mínimo, el primer cuartil, la mediana, el tercer cuartil y el máximo. La «caja» central del gráfico abarca el segundo y el tercer cuartil, con una línea horizontal que marca la mediana. Los «bigotes» se extienden a lo largo de cada lado de la caja hasta los valores mínimo y máximo, con la excepción de los valores atípicos, que se representan mediante puntos individuales.

Esta visualización permite captar rápidamente la dispersión, la simetría y la posible presencia de valores extremos en un conjunto de datos. Los box plot son especialmente útiles para comparar varias distribuciones, lo que facilita la identificación de diferencias o similitudes entre grupos. Su sencillez y riqueza informativa los convierten en una valiosa herramienta en muchos campos, desde el análisis financiero a la investigación científica y el control de calidad.

Para crear un box plot que muestre la relación entre el grado alcohólico y la calidad del vino, seguiremos los pasos que se indican a continuación:

- Inicializamos una nueva figura con un tamaño de 10x6 pulgadas utilizando la función `plt.figure(figsize=(10, 6))`.
- El gráfico de caja se crea utilizando la función `sns.boxplot()`. Los argumentos principales son:
  - `x`: el eje x representa la calidad del vino;
  - `y`: el eje y representa el contenido de alcohol;
  - `data`: DataFrame del que se utilizan los datos.
- Añadimos un título a la figura utilizando el método `plt.title()`.
- La figura se muestra utilizando el método `plt.show()`.

Obtenemos el siguiente código:

```
# Import libraries
plt.figure(figsize=(10, 6))

sns.boxplot(x='quality',
            y='alcohol',
            data=wine_quality)

plt.title('Alcohol Content vs. Wine Quality')

plt.show()
```

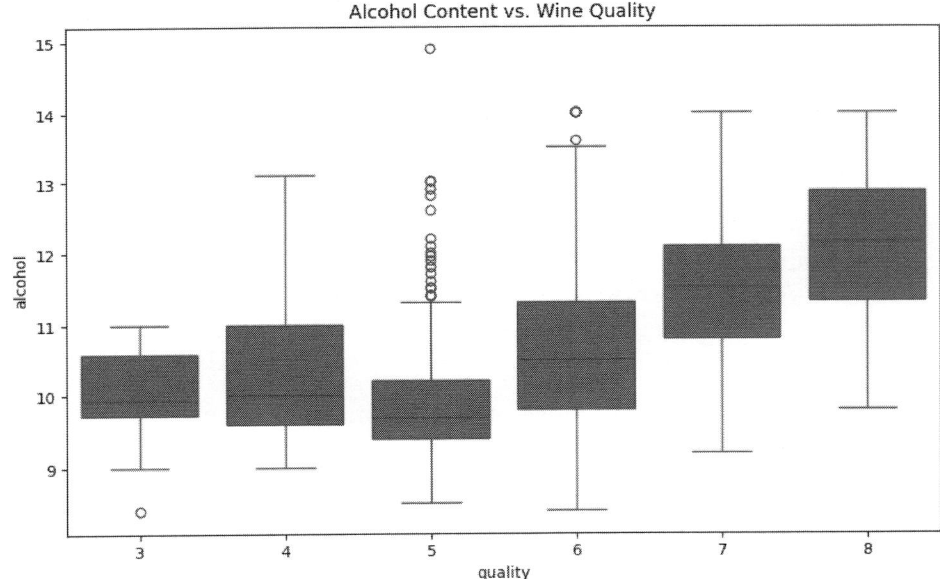

3.4.5 Nube de puntos

Un box plot es utilizado para resumir la distribución de una variable continua por grupos. La función `scatterplot()` de Seaborn se utiliza para crear este tipo de gráfico.

```
plt.figure(figsize=(10, 6))

sns.scatterplot(x='free sulfur dioxide',
```

```
                y='total sulfur dioxide',
                hue='quality',
                size='alcohol',
                data=wine_quality)

plt.title('Free vs. Total Sulfur Dioxide (Size: Alcohol Content)')

plt.show()
```

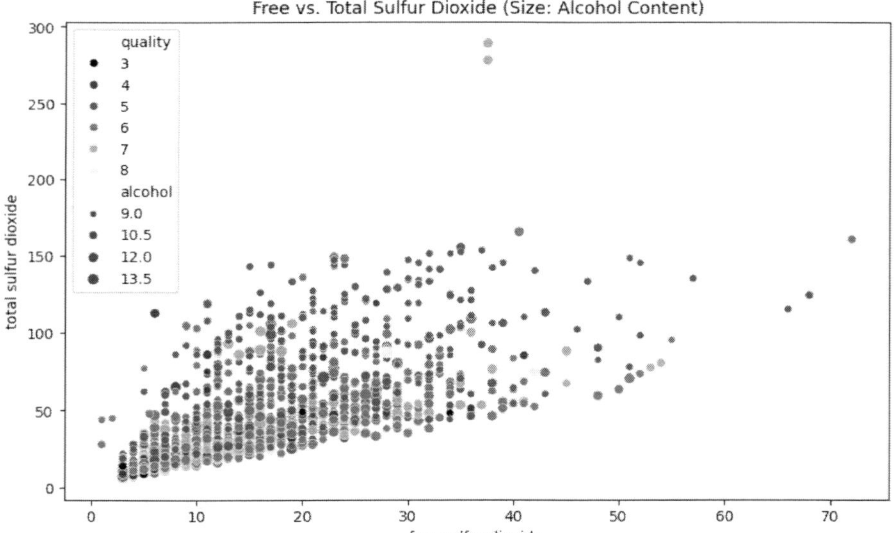

Podemos yuxtaponer nuestras dos nubes de puntos utilizando el método `plt.subplot()`:

```
plt.figure(figsize=(12, 6))

plt.subplot(1, 2, 1)
sns.scatterplot(x='fixed acidity',
                y='volatile acidity',
                hue='quality',
                data=wine_quality)
plt.title('Fixed Acidity vs. Volatile Acidity')

plt.subplot(1, 2, 2)
sns.scatterplot(x='citric acid',
```

```
                y='pH',
                hue='quality',
                data=wine_quality)
plt.title('Citric Acid vs. pH')
plt.tight_layout()

plt.show()
```

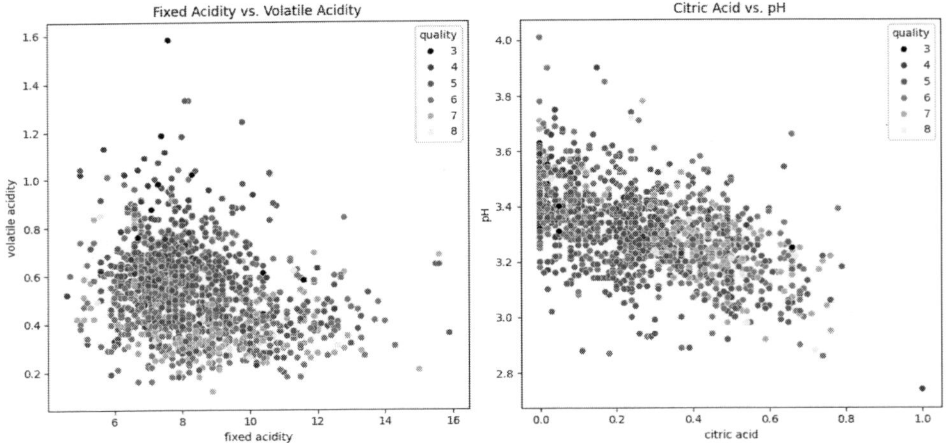

También es posible crear una visualización en 3D. Para ello, utilizamos el argumento `projection='3d'`. En el método `ax.scatter`(), pasamos una tercera serie para representar el eje z. Para establecer el nombre de nuestro eje z, utilizamos `el métodoax.set_zlabel().`

```
fig = plt.figure(figsize=(10, 8))
ax = plt.axes(projection='3d')
scatter = ax.scatter(wine_quality['alcohol'],
                    wine_quality['sulphates'],
                    wine_quality['volatile acidity'],
                    c=wine_quality['quality'],
                    cmap='magma')
ax.set_xlabel('Alcohol')
ax.set_ylabel('Sulphates')
ax.set_zlabel('Volatile Acidity')
plt.colorbar(scatter,
            label='Quality')
plt.title('3D Scatter Plot: Alcohol, Sulphates, Volatile Acidity
```

```
vs Quality')
plt.show()
```

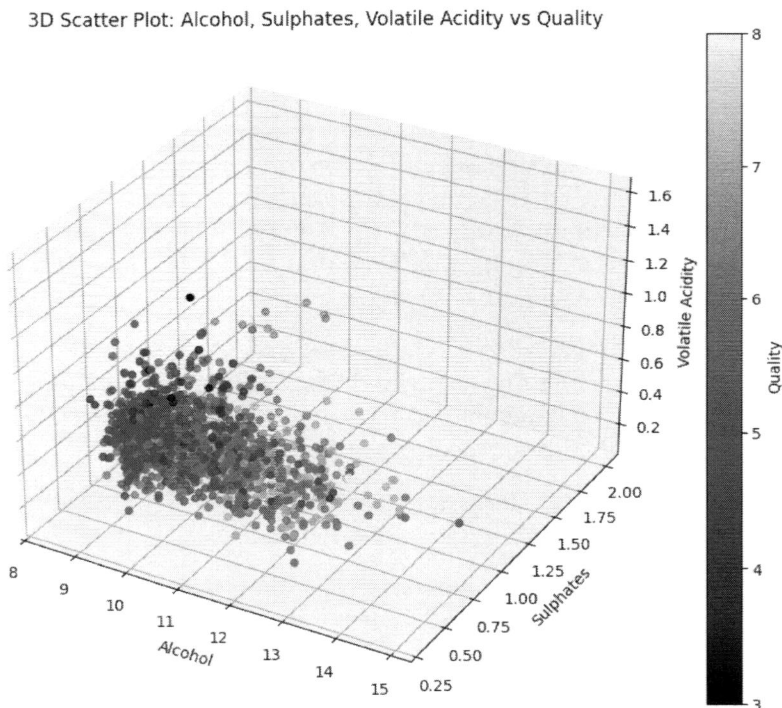

3.4.6 Matriz de correlación

Una matriz de correlación es una herramienta estadística esencial para visualizar y cuantificar las relaciones entre varias variables de un conjunto de datos. Adopta la forma de una tabla cuadrada en la que cada celda contiene el coeficiente de correlación entre dos variables.

Estos coeficientes, generalmente entre -1 y 1, indican la fuerza y la dirección de la relación lineal entre las variables. Un valor próximo a 1 indica una fuerte correlación positiva, mientras que un valor próximo a -1 indica una fuerte correlación negativa. Un valor próximo a 0 indica que no existe correlación lineal. La diagonal de la matriz siempre muestra valores de 1, porque cada variable está perfectamente correlacionada consigo misma.

Esta representación condensada facilita la rápida identificación de patrones e interdependencias dentro de un conjunto de datos, lo que la convierte en una valiosa herramienta para el análisis exploratorio y la toma de decisiones en diversos campos, como finanzas, psicología y ciencias sociales.

Para crear un *mapa de calor*(*heatmap*) de correlación a partir de nuestro DataFrame `wine_quality`, haga lo siguiente:

- Cree una nueva figura con un tamaño de 12x10 pulgadas utilizando la función `plt.figure(figsize=(12, 10))`.
- Para calcular la matriz de correlaciones del DataFrame `wine_quality`, utilice el método `corr()`.

Parte de la información es irrelevante: la matriz es simétrica, el 50 % de la información es redundante y los valores de la diagonal son siempre 1. Podemos crear una matriz booleana de la misma dimensión que `corr`inicializada con valores `False`utilizando la biblioteca NumPy. La función `np.zeros_like()` creará una matriz inicializada en 0. Utilizando el argumento `dtype='bool'`, convertimos `los`0en `False`.

A continuación, establecemos la parte triangular superior de la matriz mask en `True`, incluida la diagonal, filtrando los valores mediante la función `np.triu_indices_from()`.

- Visualice el mapa de calor utilizando la función `sns.heatmap()`. Los parámetros son:
  - `data`: la matriz de correlaciones que se debe visualizar;
  - `mask`: aplica la máscara para ocultar la parte superior;
  - `annot=True`: muestra los valores numéricos de cada celda;
  - `cmap='plasma'`: utiliza la paleta de colores 'plasma';
  - `linewidths`: define la anchura de las líneas que separan las celdas.
- Añada un título a la figura utilizando el método `plt.title()`.
- Visualice la figura utilizando el método `plt.show()`.

Obtenemos el siguiente código:

```
plt.figure(figsize=(12, 10))

# Calculate correlation matrix
corr=wine_quality.corr()

# Mask to hide upper matrix
mask = np.zeros_like(corr, dtype=bool)
mask[np.triu_indices_from(mask)] = True

# Heatmap
sns.heatmap(corr,
           mask=mask,
           annot=True,
           cmap='plasma',
           linewidths=0.5)

plt.title('Correlation Heatmap of Wine Features')
plt.show()
```

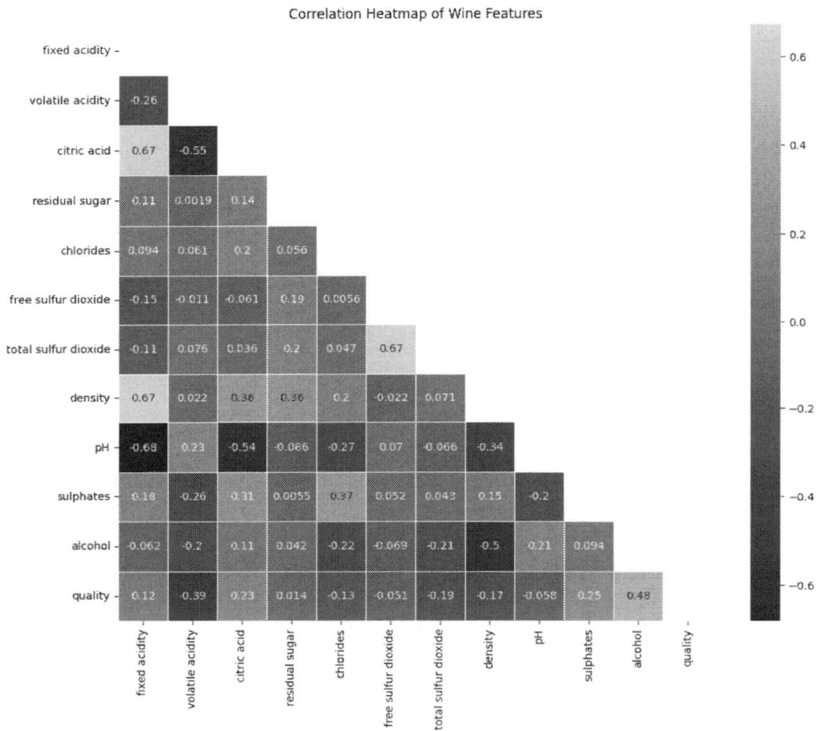

3.4.7 Pairplot

Un Pairplot en Seaborn es una potente herramienta de visualización que proporciona una visión global de las relaciones entre distintas variables de un conjunto de datos. Genera una cuadrícula de gráficos en la que cada variable está representada tanto en el eje x como en el eje y, creando una matriz de subgráficos. En la diagonal de esta matriz, los histogramas o las estimaciones de densidad del núcleo ilustran la distribución de cada variable individual. En las demás celdas de la matriz aparecen diagramas de dispersión, que muestran las relaciones bivariadas entre cada par de variables. Esta representación permite identificar rápidamente correlaciones, tendencias y valores atípicos en el conjunto de datos.

El Pairplot también puede incorporar una dimensión adicional coloreando los puntos en función de una variable categórica, lo que facilita la detección de patrones específicos de determinadas categorías. Esta herramienta es especialmente útil en las fases exploratorias del análisis de datos, ya que proporciona una visión concisa pero informativa de las interacciones entre variables, lo que la convierte en un valioso activo para científicos de datos y analistas de diversos campos de aplicación.

```
# Pairplot de las 3 primeras variables
sns.pairplot(wine_quality.iloc[:,:3])
plt.show()
```

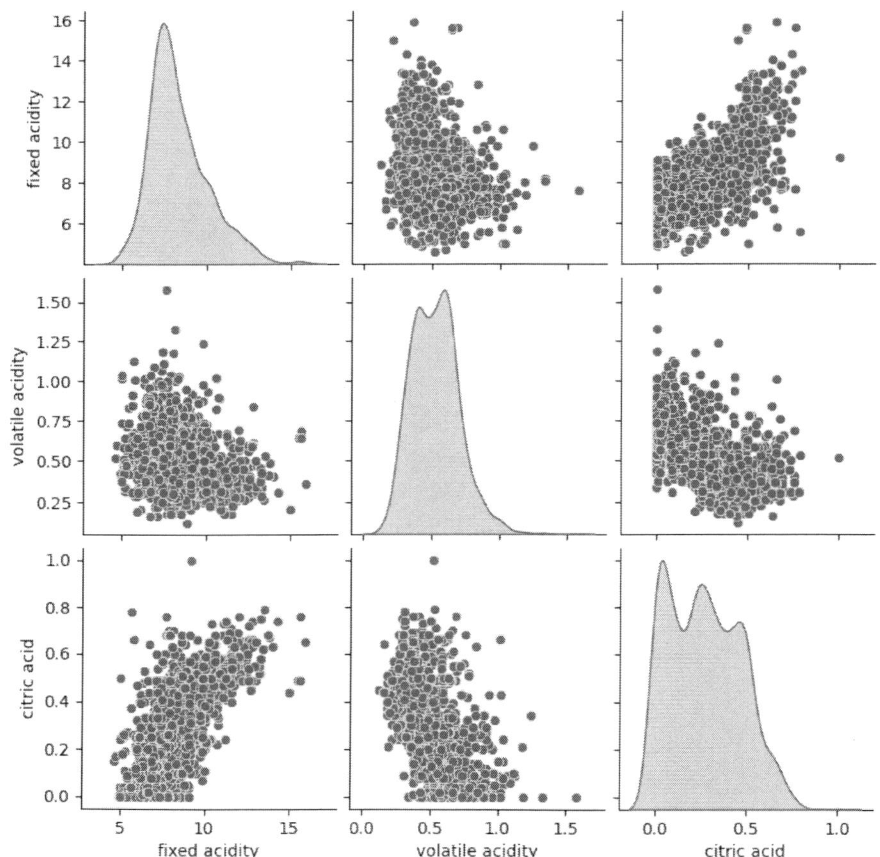

3.5 Plotly

3.5.1 Introducción

Plotly fue fundada por Alex Johnson, Jack Parmer, Chris Parmer y Matthew Sundquist.

Todos ellos tienen experiencia en ciencia, energía y análisis y visualización de datos. Entre sus primeros empleados figuran los canadienses Christophe Viau, ingeniero informático, y Ben Postlethwaite, geofísico. Plotly fue nombrada una de las veinte empresas más innovadoras de Canadá por el *Canadian Innovation Exchange*. Plotly figuró en la «startup row» de PyCon 2013 y patrocinó la conferencia SciPy 2018.

Plotly es una biblioteca de visualización de datos de código abierto que facilita la creación de gráficos interactivos y ricos en funciones. Compatible con varios lenguajes de programación, como Python, R y JavaScript, Plotly ofrece una amplia gama de visualizaciones, desde gráficos lineales e histogramas hasta mapas y gráficos 3D.

Su popularidad radica en su capacidad para generar visualizaciones dinámicas que pueden integrarse en aplicaciones web, Jupyter Notebooks e informes interactivos.

Además, Plotly cuenta con una interfaz intuitiva, opciones de personalización avanzadas y compatibilidad con Dash, un framework que facilita el desarrollo de aplicaciones interactivas de análisis web. Ya sea para proyectos académicos, análisis de datos profesionales o potentes presentaciones visuales, Plotly es una herramienta esencial para data scientists y desarrolladores.

3.5.2 Instalación

Para instalar Plotly, utilice el siguiente comando:

```
pip install plotly
```

Plotly ofrece dos interfaces principales para crear gráficos:

- `plotly.graph_objects (go)`: ofrece un control preciso sobre cada aspecto del gráfico, ideal para gráficos complejos y personalizados;
- `plotly.express (px)`: una interfaz más sencilla y concisa, perfecta para gráficos rápidos y cotidianos.

3.5.3 Gráfico en cascada

Los gráficos en cascada muestran cómo un valor inicial es modificado por una serie de valores intermedios, positivos o negativos, hasta llegar a un valor final. Son especialmente útiles para analizar las contribuciones individuales a un total, como en el análisis financiero.

Para crear un gráfico en cascada, utilizamos el objeto `go.Waterfall`de Plotly. El argumento `x`define las etiquetas de categoría, y el argumento `y`los valores asociados.

En este ejemplo, cada barra representa una categoría y su altura corresponde al valor asociado.

```
import plotly.graph_objects as go

fig = go.Figure(
   go.Waterfall(
        name="20",
        orientation="v",
        measure=["relative",
                 "relative",
                 "total",
                 "relative",
                 "relative",
                 "total"],
        x=["Sales",
        "Consulting",
        "Net Revenue",
        "Purchases",
```

```
        "Other expenses",
        "Result"],
        textposition="outside",
        text=["+60", "+80", "", "-30", "-20", ""],
        y=[60, 80, 0, -30, -20, 0],
        connector={"line":{"color":"rgb(63, 63, 63)"}},
))
fig.update_layout(
   title = "Breakdown of Revenue and Result",
   showlegend = False
)

fig.show()
```

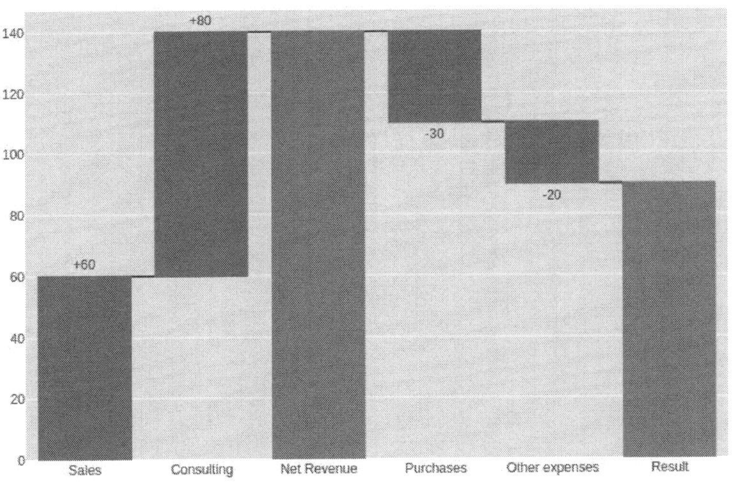

3.5.4 Indicadores

Los indicadores son componentes visuales que muestran valores numéricos de forma clara y concisa. Suelen utilizarse para resaltar indicadores clave de rendimiento (KPI) u otras métricas importantes.

Plotly proporciona el objeto `go.Indicator`para crear indicadores. El argumento `mode`especifica el tipo de indicador (número, delta, indicador, etc.), y el argumento `value`el valor a mostrar.

En este ejemplo, el indicador muestra el valor `450`, con una flecha verde que indica un aumento en comparación con el valor de referencia `400`.

```
import plotly.graph_objects as go

fig = go.Figure(go.Indicator(
   mode="number+delta",
   value=450,
   domain={'x': [0, 1], 'y': [0, 1]},
   title={'text': Total Sales"},
   delta={'reference': 400, 'relative': True, 'increasing':
{'color': "green"}}
))
fig.show()
```

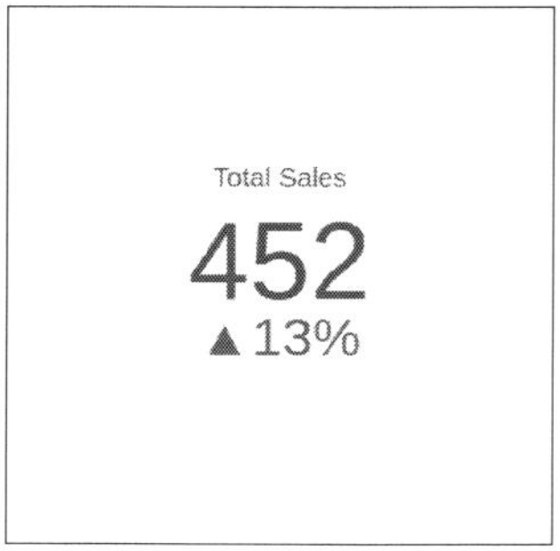

3.5.5 Manómetros

Los manómetros son un tipo específico de indicadores que se parecen a los diales de los coches. Se utilizan para representar un valor dentro de un rango determinado.

Para crear un manómetro, también utilizamos el objeto `go.Indicator`, pero con el modo `gauge+delta+number`. El argumento gauge se utiliza para personalizar la apariencia del manómetro, en particular el rango de valores y el color de la barra.

En este ejemplo, el indicador muestra el valor 270 en un intervalo de 0 a 500, con una barra azul que indica la posición del valor.

```
import plotly.graph_objects as go

fig = go.Figure(
       go.Indicator(
           domain = {'x': [0, 1], 'y': [0, 1]},
           value = 446,
           mode = "gauge+number+delta",
           title = {'text': "Total Revenue"},
           delta = {'reference': 472},
           gauge = {'axis': {'range': [None, 500]},
                   'steps': [
                       {'range': [0, 250],
                       'color': "lightgray"},
                       {'range': [250, 400],
                       'color': "gray"}],
                   'threshold':
                       {'line':
                           {'color': "red", 'width': 4},
                           'thickness': 0.75, 'value': 490}}))
fig.show()
```

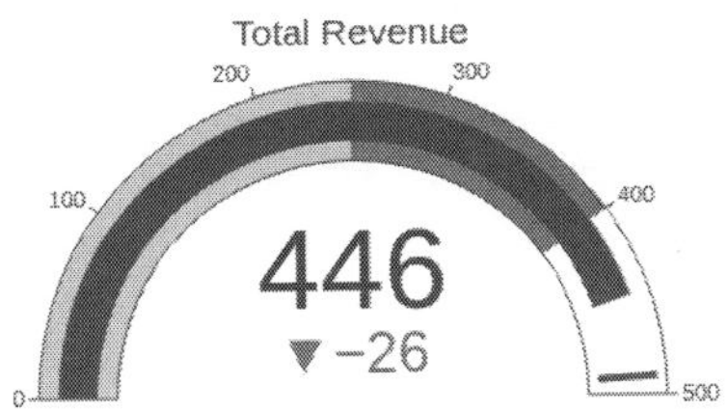

3.5.6 Embudo

Los gráficos de embudo visualizan la progresión de un proceso en varias etapas, donde cada una conduce a una disminución de los valores. Se suelen utilizar en marketing y ventas para analizar el recorrido del cliente.

El objeto go.Funnelde Plotly puede utilizarse para crear gráficos de embudo. El argumento ydefine las etiquetas de los pasos y el argumento xlos valores asociados.

En este ejemplo, cada sección del embudo representa una etapa del proceso y su anchura corresponde al número de personas que han llegado a esa etapa.

```
from plotly import graph_objects as go

colors = ["gold", "gold", "lightgreen", "lavender"]

fig = go.Figure(
       go.Funnelarea(
           labels=["Interview 1",
                   "Interview 2",
                   "Test",
                   "Final Stage"],
           values=[100, 70, 40, 20],
           textfont_size=20,
           marker=dict(colors=colors,
                       pattern=dict(shape=["", "/", "", ""])),
)
)

fig.show()
```

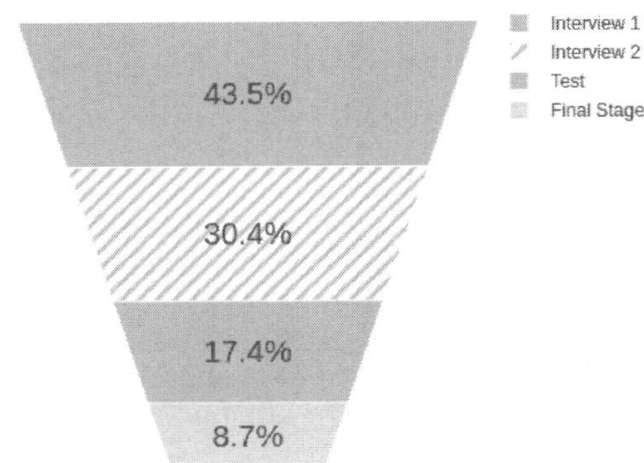

3.5.7 Mapas

Los mapas pueden utilizarse para visualizar datos geográficos superponiendo información en un mapa del mundo o de una región concreta. Son útiles para analizar la distribución geográfica de datos, como la población, las ventas, etc.

Plotly Express, una interfaz de alto nivel para Plotly, facilita la creación de mapas. La función `px.scatter_geo()` crea una nube de puntos en un mapa, donde cada uno representa una ubicación geográfica.

En este ejemplo, el mapa muestra la población de cada país en 2007, con puntos de diferentes tamaños y colores según la población y el continente.

```
import plotly.express as px

df = px.data.gapminder().query("year == 2007")
fig = px.scatter_geo(df, locations="iso_alpha",
color="continent",
                    hover_name="country", size="pop",
                    projection="natural earth",
title="Population mondiale en 2007")

fig.show()
```

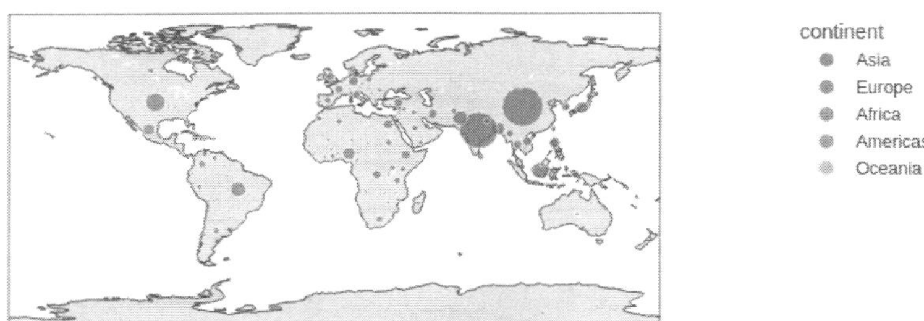

3.5.8 Treemaps

Los treemaps (mapas de árbol) representan datos jerárquicos en forma de rectángulos anidados, en los que el tamaño y el color de cada uno se utilizan para ilustrar variables adicionales sobre los puntos de datos.

Los treemaps muestran las proporciones de los elementos dentro de las distintas categorías y subcategorías. Cada rectángulo representa una categoría, y su tamaño es proporcional al valor que representa. En un caso sencillo (un solo nivel), los rectángulos no contienen subcategorías, sino que representan los valores de una única jerarquía.

```
import plotly.express as px
import pandas as pd

# Random data
data = {
   'categories': ['Product A', 'Product B', 'Product C',
                  'Product D', 'Product E'],
   'values': [132, 43, 12, 656, 332]
}

# Create dataframe
df = pd.DataFrame(data)

# Create treemap
fig = px.treemap(df,
```

```
                      path=['categories'],
                      values='values',
                      title='Simple Treemap Example')

fig.show()
```

Sales distribution by product

3.6 Gráficos a medida

En el mundo de la Business Intelligence, la visualización de datos desempeña un papel crucial a la hora de comunicar información compleja de forma eficaz. Mientras que el software tradicional de BI como QlikSense, Power BI o Tableau ofrece una amplia gama de gráficos listos para usar, Python destaca por su flexibilidad a la hora de crear visualizaciones personalizadas. Esta sección explora cómo crear gráficos «a medida» que, aunque no están disponibles de forma nativa en las librerías Python, pueden diseñarse rápidamente para satisfacer necesidades específicas de visualización BI.

3.6.1 Gráficos combinados

Los gráficos combinados son especialmente útiles en BI para comparar diferentes métricas en el mismo eje temporal o de categorías. Por ejemplo, es posible que desee mostrar en forma de barra el número de pernoctaciones en un hotel y la lectura de la temperatura como una línea en el mismo gráfico.

Este código Python utiliza Matplotlib para crear un gráfico combinado que muestra las pernoctaciones y la temperatura durante un periodo de 35 días. A diferencia de la versión anterior, este código utiliza un único eje principal con un eje secundario superpuesto. El gráfico de barras grises para las noches se crea con `ax1.bar()` en el eje principal, mientras que la curva roja para la temperatura se `trazacon ax2.plot()`en un eje secundario creado por `ax1.twinx()`. Este enfoque permite superponer directamente los dos conjuntos de datos. Las etiquetas de los ejes se definen por separado para cada eje utilizando `set_xlabel()`y `set_ylabel()`. La leyenda se construye combinando los elementos de los dos ejes, dando como resultado una leyenda unificada. El uso de `plt.tight_layout()` ajusta automáticamente el diseño. Este método crea un gráfico más compacto en el que los dos conjuntos de datos comparten el mismo espacio, lo que facilita la comparación directa entre las pernoctaciones y la temperatura.

```
import matplotlib.pyplot as plt
import numpy as np

# Data
nights = [515, 420, 370, 250, 135, 120, 60, 20]
temp = [29, 23, 27, 25, 20, 23, 23, 17]
days = np.arange(0, 40, 5)  # 0, 5, 10, ..., 35

# Create the figure and axes
fig, ax1 = plt.subplots(figsize=(12, 6))

# Bar chart for nights
ax1.bar(days, nights, align='center', alpha=0.8, color='grey',
label='Nights', width=4)
ax1.set_xlabel('Days')
ax1.set_ylabel('Number of nights')

# Create a second y-axis for temperature
ax2 = ax1.twinx()
```

```
# Line plot for temperature
ax2.plot(days, temp, color='red', marker='o', linewidth=2,
label='Temperature')
ax2.set_ylabel('Temperature (°C)')

# Title of the chart
plt.title('Nights and Temperature over a 35-Day Period')

# Legend
lines1, labels1 = ax1.get_legend_handles_labels()
lines2, labels2 = ax2.get_legend_handles_labels()
ax1.legend(lines1 + lines2, labels1 + labels2, loc='upper right')

# Adjust layout
plt.tight_layout()

# Display the chart
plt.show()
```

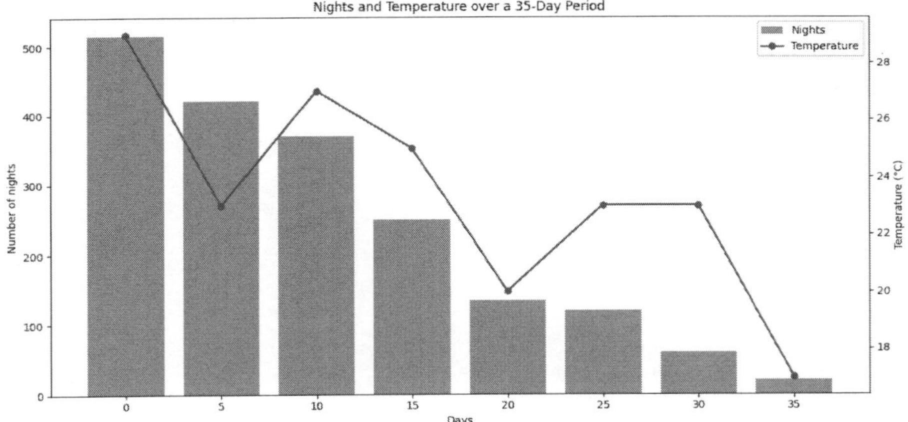

Este código Python utiliza la biblioteca Matplotlib para crear un gráfico combinado que muestra la evolución de las noches y la temperatura durante un periodo de 35 días. El gráfico se divide en dos partes superpuestas: una curva roja en la parte superior para la temperatura y un gráfico de barras grises en la parte inferior para las noches.

La figura se crea utilizando el método `plt.subplots()`, que genera dos subtramas alineadas verticalmente con una relación de altura de 2:3. La curva de temperatura se traza con `ax1.plot()`, mientras que las barras de pernoctación se crean con `ax2.bar()`. Los ejes innecesarios se eliminan para una representación más limpia, y los valores se anotan directamente en el gráfico utilizando `ax1.annotate()` para las temperaturas y `ax2.text()` para las noches.

Compartir el eje `x (sharex=True)` y ajustar el espaciado `(fig.subplots_adjust(hspace=0))` garantiza una alineación perfecta entre los dos gráficos. Por último, se añaden títulos y etiquetas para facilitar su comprensión.

```
# Create the figure with two subplots
fig, (ax1, ax2) = plt.subplots(2, 1, figsize=(12, 8),
height_ratios=[1, 3], sharex=True)
fig.subplots_adjust(hspace=0)  # Remove space between subplots

# Temperature plot (top)
ax1.plot(days, temp, color='red', marker='o', linewidth=2,
label='Temperature')
ax1.set_ylim(min(temp) - 5, max(temp) + 5)  # Adjust y-axis limits
ax1.spines['top'].set_visible(False)
ax1.spines['right'].set_visible(False)
ax1.spines['left'].set_visible(False)
ax1.spines['bottom'].set_visible(False)  # Remove x-axis
ax1.yaxis.set_visible(False)
ax1.xaxis.set_visible(False)  # Remove x-axis ticks

# Add values on the temperature curve points
for i, txt in enumerate(temp):
   ax1.annotate(f'{txt}°C', (days[i], temp[i]), xytext=(0, 5),
               textcoords='offset points', ha='center', va='bottom',
                color='red', fontweight='bold')

# Bar chart for nights (bottom)
bar_width = 3.5
bars = ax2.bar(days, nights, align='center', alpha=0.8,
color='grey', label='Nights', width=bar_width)

# Remove y-axis for the bar chart
ax2.yaxis.set_visible(False)
ax2.spines['left'].set_visible(False)
ax2.spines['right'].set_visible(False)
```

```
ax2.spines['top'].set_visible(False)

# Add values on the bars
for block in bars:
   height = block.get_height()
   ax2.text(block.get_x() + block.get_width()/2., height,
            f'{height}',
            ha='center', va='bottom')

# x-axis label (only for the bottom chart)
ax2.set_xlabel('Days')

# Title of the chart
fig.suptitle('Nights and Temperature over a 35-Day Period', y=0.95)

# Adjust layout
plt.tight_layout()

# Display the chart
plt.show()
```

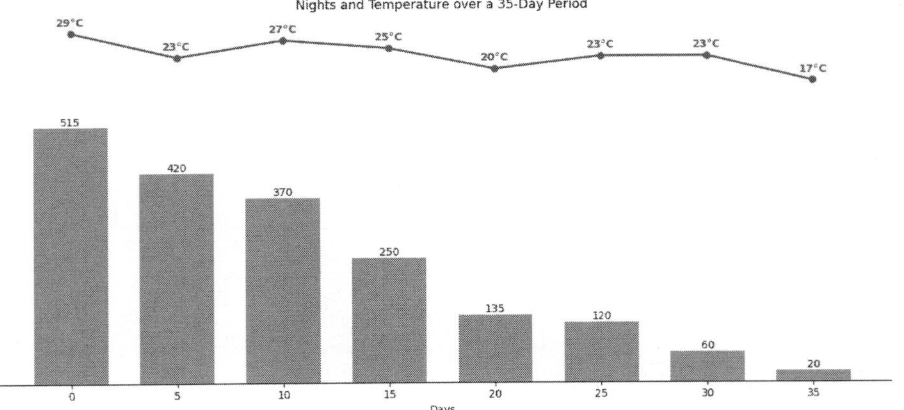

3.6.2 Gráficos de cinta

El gráfico de cinta, también conocido como *ribbon chart*, es excelente para visualizar la proporción relativa de diferentes categorías a lo largo del tiempo, a la vez que muestra los cambios en su clasificación. Aunque no es nativo de matplotlib, puede crearse utilizando gráficos de áreas apiladas con una manipulación inteligente de los datos.

Este código genera un gráfico de barras apiladas (*stack plot*) que muestra la cuota de mercado de distintos productos a lo largo del tiempo. Comienza creando datos aleatorios de ventas de cuatro productos durante un periodo de cinco años, añadiendo ruido para simular fluctuaciones naturales.

Los datos se organizan en un DataFrame de pandas, ordenados por producto para cada año, a fin de garantizar que el gráfico muestre correctamente las cuotas de mercado apiladas. A continuación, el código configura la paleta de colores para tres productos en tonos grises y un producto en rojo.

La función `stackplot()` de Matplotlib se utiliza para crear el gráfico, con colores asignados a cada producto mediante un diccionario. El gráfico se formatea para mostrar solo años enteros en el eje x configurando las posiciones de las *ticks*, y unidades enteras en el eje y utilizando la clase `MaxNLocator`.

Se han eliminado los bordes superior y derecho del gráfico para darle un aspecto más limpio, y la leyenda se ha desplazado a la parte inferior para mejorar su legibilidad.

El gráfico final se ajusta mediante el método `tight_layout()` para evitar la superposición de elementos y, a continuación, se muestra.

```
import matplotlib.pyplot as plt
import pandas as pd
import numpy as np
from matplotlib.ticker import MaxNLocator, FixedLocator

# Generate varied data
np.random.seed(0) # For reproducibility
years = [2018, 2019, 2020, 2021, 2022]
num_years = len(years)
num_products = 4

# Generate data with noise
data = {
```

```
    'Year': years,
    'Product A': np.random.randint(20, 50, size=num_years) +
np.random.normal(0, 5, size=num_years).astype(int),
    'Product B': np.random.randint(15, 45, size=num_years) +
np.random.normal(0, 5, size=num_years).astype(int),
    'Product C': np.random.randint(10, 40, size=num_years) +
np.random.normal(0, 5, size=num_years).astype(int),
    'Product D': np.random.randint(5, 30, size=num_years) +
np.random.normal(0, 5, size=num_years).astype(int)
}

# Ensure values are positive
for key in data:
    if key != 'Year':
        data[key] = np.maximum(data[key], 0)

df = pd.DataFrame(data)
df = df.set_index('Year')

# Sort columns by decreasing value for each year
for year in df.index:
    df.loc[year] = df.loc[year].sort_values(ascending=False)

# Define color palettecolors = {
    'Product A': '#D3D3D3',  # Light Gray
    'Product B': '#A9A9A9',  # Darker Gray
    'Product C': '#808080',  # Even Darker Gray
    'Product D': '#FF0000'   # Red
}

# Create ribbon chart
fig, ax = plt.subplots(figsize=(12, 6))
ax.stackplot(df.index, df.T.values, labels=df.columns,
colors=[colors[col] for col in df.columns])

# Format the chart
plt.title('Market Share of Products Over Time')
plt.xlabel('Year')
plt.ylabel('Market Share (%)')

# Configure y-axis to display only integers
ax.xaxis.set_major_locator(FixedLocator(df.index))
 ax.set_xticks(df.index)
ax.set_xticklabels(df.index)

# Configure y-axis to display only integers
```

```
ax.yaxis.set_major_locator(MaxNLocator(integer=True))

# Remove top and right borders
ax.spines['top'].set_visible(False)
ax.spines['right'].set_visible(False)

# Move legend to bottom
plt.legend(loc='lower center', bbox_to_anchor=(0.5, -0.15), ncol=4)

plt.tight_layout()
plt.show()
```

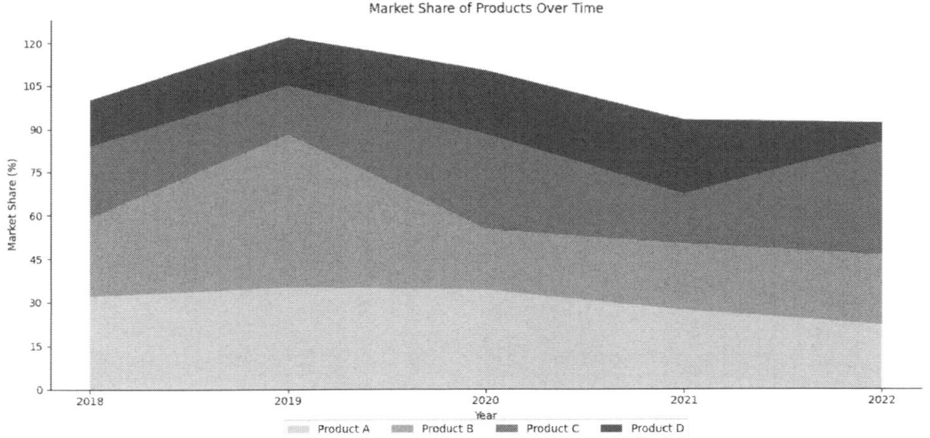

3.6.3 Area chart

Los gráficos *de áreas*, o *area charts*, son especialmente útiles para visualizar datos acumulativos o porcentajes relativos de un total. Suelen utilizarse en BI para mostrar cómo cambian con el tiempo los distintos componentes de un total.

Con pocas líneas de código, puede crear un renderizado profesional. Para ello, siga los pasos que se indican a continuación:

- importación de bibliotecas: Matplotlib.pyplot para crear gráficos;
- configuración del gráfico:
  - `plt.subplots()`: el método crea una nueva figura y un eje;
  - `figsize=(6, 6)`: este argumento establece el tamaño del gráfico en 6x6 pulgadas.
- creación del gráfico de anillos: `ax.pie()` se utiliza para generar el gráfico de anillos:
  - se utiliza `data = [87, 13]` para las proporciones;
  - `wedgeprops`define el aspecto del anillo (anchura, color del borde, grosor);
  - `startangle=90`: este argumento posiciona el inicio a 90 grados;
  - `colors=['#5DADE2', 'white']` define los colores de la sección.
- personalización de la apariencia:
  - `donut_segments[1].set_zorder(0)`: coloca la sección blanca en el fondo;
  - `donut_segments[1].set_edgecolor('white')`: oculta el borde de la sección blanca.
- añadir elementos de texto:
  - `plt.title()`: este método añade el título del gráfico;
  - `plt.text()`: este método añade el porcentaje 87 % en el centro y la fuente en la esquina inferior izquierda.
- mostrar el gráfico mediante el método `plt.show()`.

Pasemos al código:

```
import matplotlib.pyplot as plt

import numpy as np

# Create figure
figure, axes = plt.subplots(figsize=(6, 6))

# Donut chart data
electricity_access = [87, 13]  # Percentage with and without access
access_percentage = electricity_access[0]

# Donut chart properties
donut_properties = {
  'width': 0.3,
  'edgecolor': 'black',
  'lw': 3
}

# Create donut chart
donut_segments, * = axes.pie(
  electricity_access,
  wedgeprops=donut_properties,
  startangle=90,
  colors=['#5DADE2', 'white']
)

# Adjust white segment (without access)
donut_segments[1].set_zorder(0)
donut_segments[1].set_edgecolor('white')

# Add title
plt.title(
  'Worldwide Access to Electricity',
  fontsize=24,
  loc='left'
)

# Add center percentage
plt.text(
  0, 0,
  f"{access_percentage}%",
  ha='center',
  va='center',
  fontsize=42
```

```
)

# Add data source
plt.text(
    -1.2, -1.3,
    "Source: ourworldindata.org/energy-access",
    ha='left',
    va='top',
    fontsize=12
)

plt.show()
```

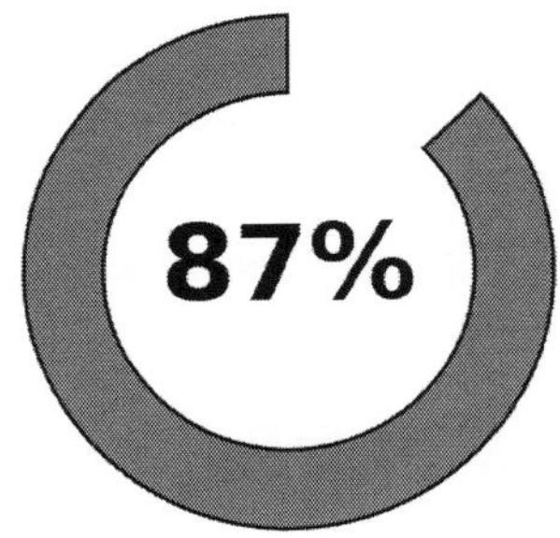

4. Buenas prácticas de diseño

Hay una serie de principios fundamentales para crear gráficos eficaces, llamativos y modernos. La sencillez y la claridad son primordiales: un gráfico debe ser fácil de entender a primera vista. Esto significa evitar elementos superfluos que puedan distraer al usuario y limitar el número de variables y datos mostrados para no sobrecargar la pantalla.

El diseño y la estética también desempeñan un papel crucial. Una paleta de colores armoniosa y coherente, que evite los tonos demasiado brillantes o contrastados, contribuye a una experiencia visual agradable. La elección de fuentes legibles para títulos, pies de foto y anotaciones también es importante para garantizar que la información presentada sea fácil de entender.

El contraste y la jerarquía visual son herramientas poderosas para guiar la atención del usuario. Un contraste bien pensado resalta los elementos esenciales y mejora la legibilidad general del gráfico. La organización jerárquica de los elementos dirige naturalmente la mirada hacia la información más importante en primer lugar.

Para dar sentido a los datos, es esencial proporcionar un contexto adecuado. añadir anotaciones explicativas de los puntos clave y utilizar leyendas claras y comprensibles permiten interpretar con precisión la información presentada.

La coherencia visual de todos los gráficos de un documento o presentación crea una identidad visual armoniosa y profesional. Esto implica el uso coherente de estilos, colores y fuentes.

Desde un punto de vista funcional, la elección del tipo de gráfico adecuado es crucial. Debe corresponder a la naturaleza de los datos que se van a presentar, ya sean gráficos de barras, curvas, sectores u otras formas de visualización. El uso del 3D debe estudiarse cuidadosamente y estar justificado, ya que a veces puede dificultar la lectura de los datos. Por último, la integración de funciones interactivas como el zoom, los filtros y la información sobre herramientas puede mejorar mucho la experiencia del usuario al permitir una exploración en profundidad de los datos.

Siguiendo estos principios, es posible crear gráficos que no solo transmitan información con eficacia, sino que también capten la atención y tengan una estética moderna y profesional.

Para ilustrar esta sección, vamos a reelaborar el gráfico que figura a continuación y a aplicar nuestras mejores prácticas. Para ello, utilizaremos el conjunto de datos de una encuesta del think tank Pew Research Center, que analiza las fuentes de información de los estadounidenses:
https://www.pewresearch.org/short-reads/2013/10/16/
12-trends-shaping-digital-news/

```
data = {'Year':
       [2001, 2002, 2003, 2004, 2005, 2006, 2007, 2008, 2009, 2010,
2011, 2012],
       'Television':np.array([74, 82, 80, 74, 73, 72, 74, 70, 70,
66, 66, 69]),
       'Newspaper':np.array([45, 42, 50, 46, 36, 36, 34, 35, 32, 31,
31, 28]),
       'Internet':np.array([13, 14, 20, 24, 20, 24, 24, 40, 35, 41,
43, 50]),
       'Radio':np.array([18, 21, 18, 21, 16, 14, 13, 18, 17, 16, 19,
23])}

df=pd.DataFrame(data)
Copier
fig = go.Figure()

for column in df.columns:
   if column != 'Year': # Skip the x-axis column
       fig.add_trace(
           go.Scatter(
               x=df['Year'],
               y=df[column],
               mode='lines+markers',
               name=column
               )
           )

fig.show()
```

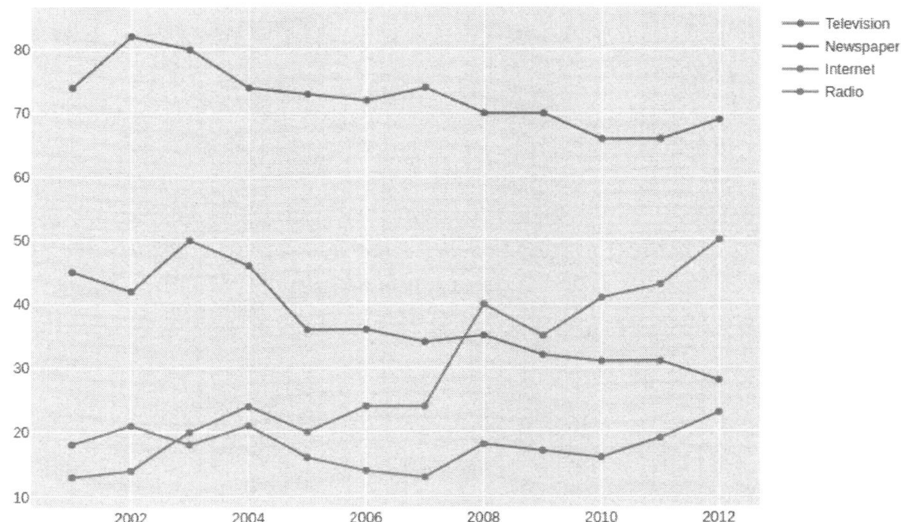

Para mejorar la estética y la calidad de la información transmitida por este gráfico, realizaremos las siguientes operaciones:

- Aligerar el gráfico: eliminación de la cuadrícula, eliminación del fondo.
- Jugar con el contraste: la curva de internet es especialmente interesante porque es la única que presenta una tendencia ascendente sostenida, por lo que utilizaremos un color y una anchura de línea mayores.
- Ser más concisos: daremos los valores inicial y final de cada serie, para poder ver cómo evolucionan las tendencias a largo plazo.
- Añadir elementos de contexto: título, fuente de los datos.

Desde un punto de vista técnico, mejorar los gráficos en bruto requerirá mucho más código. Sin embargo, la filosofía sigue siendo la misma:

- Se crea una figura en blanco utilizando el método `go.Figure()`.
- Se añade cada serie utilizando el método `add_trace()`.

- Para los valores inicial y final de la serie, necesitamos extraerlos de nuestro DataFrame y luego utilizar una nube de puntos para trazarlos como una superposición sobre las curvas anteriores. Para ello, utilizaremos el método `go.Scatter()`.
- Muchos de los parámetros del gráfico pueden personalizarse utilizando el método `update_layout()`. En nuestra visualización, nos concentraremos principalmente en los parámetros de eje y margen, pero la documentación completa de Plotly detalla todas las opciones disponibles. Por último, crearemos varios diccionarios con anotaciones: valores de puntos extremos, nombre de la serie en lugar de la leyenda, título, fuente, etc.

Mejoremos el código anterior:

```
# Title and subtitle configuration
chart_title = '<b>The Rise of Internet News Against Traditional
Media</b>'
subtitle = (
'Source: PewResearch Center & Storytelling with data'

'<br>https://www.pewresearch.org/short-reads/2013/10/16/
12-trends-shaping-digital-news/'
)

# New color scheme optimized to highlight Internet
color_palette =
   'rgb(180,180,180)',    # Television - Light gray
   'rgb(160,160,160)',    # Newspaper - Medium gray
   'rgb(0,0,0)',          # Internet - Black
   'rgb(140,140,140)'     # Radio - Dark gray
]

# Differentiated line styles
line_styles = ['dot', 'dash', 'solid', 'dashdot']
point_sizes = [8, 8, 12, 8]  # Larger point for Internet
line_widths = [2, 2, 4, 2]  # Thicker line for Internet

figure = go.Figure()

# Creating lines
for i in range(0, 4):
   figure.add_trace(
       go.Scatter(
           x=df['Year'],
```

```
            y=df.iloc[:,i+1],
            mode='lines',
            name=df.columns[i+1],
            line=dict(
                color=color_palette[i],
                width=line_widths[i],
                dash=line_styles[i]
            ),
            connectgaps=True,
        )
    )

    # End points
    figure.add_trace(
        go.Scatter(
            x=[df['Year'].min(), df['Year'].max()+1],
            y=[df.iloc[:,i+1].values[0], df.iloc[:,i+1].values[-1]],
            mode='markers',
            marker=dict(
                color=color_palette[i],
                size=point_sizes[i]
            ),
            showlegend=False
        )
    )

# Layout configuration
figure.update_layout(
    xaxis=dict(
        showline=True,
        showgrid=False,
        showticklabels=True,
        linecolor='rgb(0, 0, 0)',
        linewidth=1,
        ticks='outside',
        tickfont=dict(
            family='Roboto, Arial',  # Modern font with fallback
            size=11,
            color='rgb(0, 0, 0)',
        ),
    ),
    yaxis=dict(
        showgrid=False,
        zeroline=False,
        showline=False,
```

```
        showticklabels=False,
        range=[0, 100]
    ),
    autosize=False,
    width=800,
    height=500,
    margin=dict(
        autoexpand=False,
        l=100,
        r=100,
        t=110,
        b=100
    ),
    showlegend=True,
    legend=dict(
        orientation="h",
        yanchor="bottom",
        y=-0.3,
        xanchor="center",
        x=0.5,
        font=dict(
            family='Roboto, Arial',
            size=11
        )
    ),

    plot_bgcolor='white'
)

# Annotations
chart_annotations = []

# Line annotations
for i in range(0, 4):
    # Special style for Internet
    font_size = 13 if df.columns[i+1] == 'Internet' else 11

    # Left side
    chart_annotations.append(dict(
        xref='paper',
        x=.05,
        y=df.iloc[:,i+1].values[0],
        xanchor='right',
        yanchor='middle',
        text=f"{df.columns[i+1]}: {df.iloc[:,i+1].values[0]}%",
```

```
            font=dict(
                family='Roboto, Arial',
                size=font_size,
                color=color_palette[i]
            ),
            showarrow=False
        ))

        # Right side
        chart_annotations.append(dict(
            xref='paper',
            x=0.95,
            y=df.iloc[:,i+1].values[11],
            xanchor='left',
            yanchor='middle',
            text=f"{df.iloc[:,i+1].values[11]}%",
            font=dict(
                family='Roboto, Arial',
                size=font_size,
                color=color_palette[i]
            ),
            showarrow=False
        ))

    # Title
    chart_annotations.append(dict(
        xref='paper',
        yref='paper',
        x=0.5,
        y=1.15,
        xanchor='center',
        yanchor='bottom',
        text=chart_title,
        font=dict(
            family='Inter, Roboto, Arial',
            size=28,
            color='rgb(0,0,0)'
        ),
        showarrow=False
    ))

    # Subtitle and source
    chart_annotations.append(dict(
        xref='paper',
        yref='paper',
```

```
    x=0.5,
    y=1.0,
    xanchor='center',
    yanchor='bottom',
    text=subtitle,
    font=dict(
        family='Roboto, Arial',
        size=10,
        color='rgb(70,70,70)'
    ),
    showarrow=False
))

figure.update_layout(annotations=chart_annotations)
figure.show()
```

The Rise of Internet News Against Traditional Media

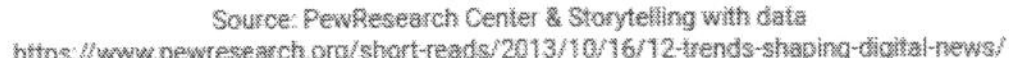

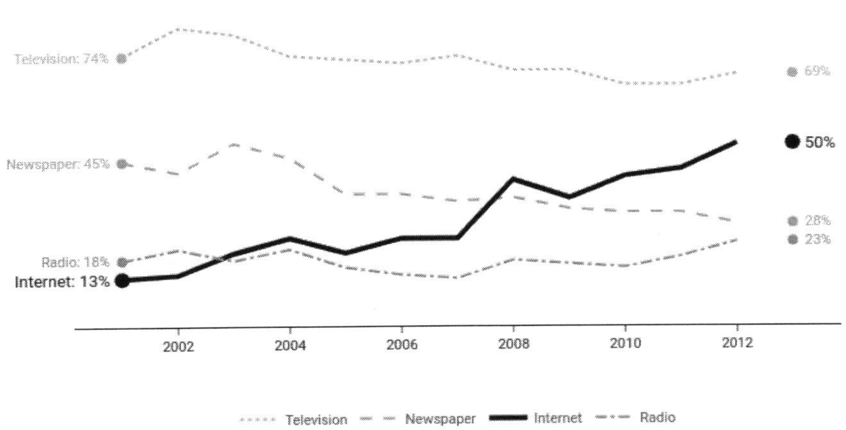

Este nuevo gráfico ha requerido un gran esfuerzo, pero nos permite comunicar los resultados del estudio de forma mucho más eficaz.

5. Caso práctico

En este caso práctico, se le pedirá que reproduzca uno de los gráficos de William Playfair (Exports and Imports to and from DENMARK & NORWAY from 1700 to 1780). Para ello, utilice Matplotlib. Plotly no permite hacer este tipo de gráfico de forma sencilla.

Enuniado:

- Utilice la función `plt.plot()` para trazar las curvas de Imports y Exports.
- Calcule la balanza comercial, la diferencia entre Exports e Import, para colorear el área de la curva según su signo. El área bajo la curva puede colorearse utilizando la función `plt.fill_between()`.
- Añada el título utilizando el método `plt.title()`.
- No hay etiqueta para las ordenadas; los detalles se dan en la línea debajo del gráfico. Utilice la etiqueta de abscisas para añadir esta información.
- Utilice el `método plt.legend()` para añadir los nombres de las curvas en lugar de mostrar las leyendas. Para ello, utilice el método `plt.annotate()` para añadir texto al gráfico.
- Añada los textos Balance Against y Balance in Favour of England utilizando la función `plt.text()`.
- Establezca los límites de su gráfico utilizando las funciones `plt.xlim()` y `plt.ylim()`.
- Añada una cuadrícula utilizando el método `plt.grid()`; tendrá que jugar con los argumentos para conseguir el espaciado correcto entre cada línea.

He aquí un ejemplo de lo que puede ocurrir si quiere ceñirse lo más posible al original. La solución está disponible en el directorio GitHub del libro: https://github.com/gpenessot/business_intelligence_with_python/blob/main/Chapter07/ch07_6_exercice_solution.ipynb

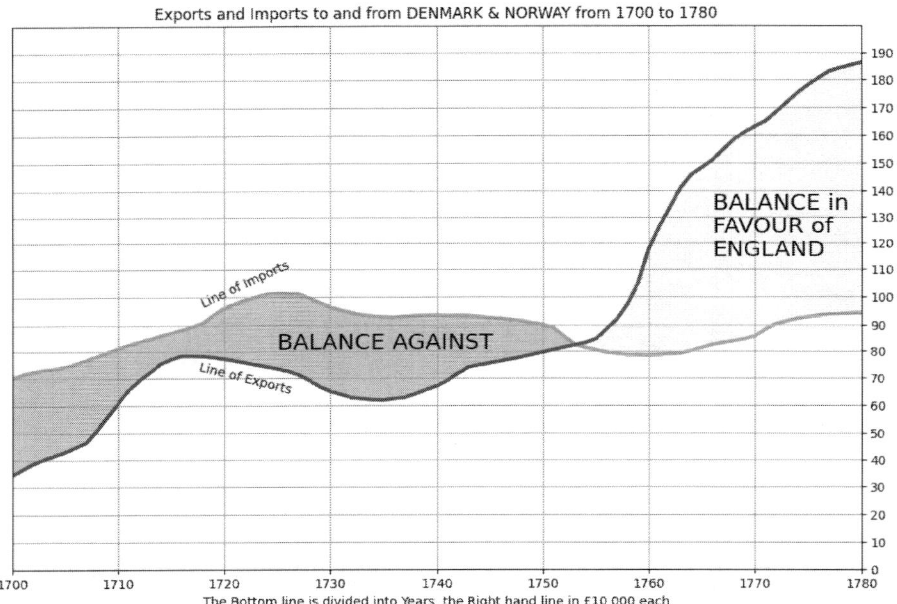

Capítulo 8
Paneles de control e informes

1. De los datos a las decisiones: sacar el máximo partido del panel de control

Fundamentos de un panel de control eficaz

En el complejo universo de la Business Intelligence, los paneles de control juegan un papel crucial en la transformación de los datos brutos en información procesable. Actúan como puente entre la masa de información generada por las empresas y los responsables de la toma de decisiones que tienen que navegar por este océano de datos. Sin embargo, crear un panel de control realmente eficaz es un arte que requiere una comprensión profunda de las necesidades del usuario, un dominio de las técnicas de visualización de datos y un enfoque metódico del diseño.

Un panel de control bien diseñado debe ser algo más que una colección de gráficos y cifras. Debe contar una historia, guiar al usuario a través de la información más relevante y facilitar una toma de decisiones rápida y fundamentada. Para lograr este objetivo, hay que tener en cuenta una serie de elementos clave.

En primer lugar, es primordial la claridad de objetivos y el conocimiento del público destinatario. Antes incluso de empezar a diseñar, es esencial definir con precisión la finalidad del panel de control e identificar las necesidades específicas de los usuarios finales. Esta etapa inicial orienta todas las decisiones posteriores, desde la selección de los indicadores clave de rendimiento (KPI) hasta la estructura general de la interfaz.

Sintetizar y estructurar la información es la base de un panel de control eficaz. El arte reside en la capacidad de presentar la información esencial sin abrumar al usuario. La organización lógica e intuitiva de los datos, junto con una jerarquía clara de la información, permite una comprensión rápida y una navegación fácil. El uso juicioso del espacio, prestando especial atención a las zonas favorecidas naturalmente por el ojo humano, refuerza el impacto y la eficacia del panel de control.

La elección de las visualizaciones es otro aspecto importante. Cada tipo de datos requiere una representación visual específica que maximice la comprensión y minimice el esfuerzo cognitivo. Desde los gráficos de líneas para las tendencias temporales hasta los circulares para las proporciones, cada elemento visual debe seleccionarse cuidadosamente para comunicar la información que representa de forma clara y rápida.

La claridad visual va de la mano de una identidad gráfica coherente. Una paleta de colores armoniosa, fuentes legibles y un diseño limpio contribuyen no solo a la estética del panel de control, sino también a su legibilidad y eficacia. El equilibrio entre atractivo visual y funcionalidad es esencial para crear una herramienta que enganche al usuario sin dejar de ser profesional e informativa.

En la era digital, la adaptabilidad a distintos soportes es esencial. Un panel de control moderno debe diseñarse con un enfoque «responsive», capaz de ajustarse con elegancia a distintos tamaños de pantalla, desde smartphones a grandes monitores de escritorio. Esta flexibilidad garantiza que la información importante siga siendo accesible y legible, sea cual sea el dispositivo utilizado.

La interactividad añade una dimensión adicional a la eficacia de un panel de control. Permitir que los usuarios exploren los datos, filtren los resultados o hagan zoom en periodos concretos transforma una herramienta de información estática en una plataforma dinámica de análisis y descubrimiento. Esta capacidad de interacción aumenta el compromiso del usuario y enriquece su comprensión de los datos que se presentan.

Por último, un panel de control no es un producto acabado, sino una herramienta en constante evolución. El mantenimiento periódico, la actualización de los datos y los ajustes continuos basados en los comentarios de los usuarios son esenciales para garantizar su pertinencia y utilidad a largo plazo. Este enfoque iterativo garantiza que el panel de control se mantenga alineado con los cambiantes objetivos de la empresa y necesidades de sus usuarios.

En conclusión, crear un panel de control eficaz es un proceso complejo que va mucho más allá de la simple agregación de datos. Es un delicado equilibrio entre arte y ciencia, que combina un profundo conocimiento de las necesidades de la empresa, el dominio de los principios del diseño visual y un enfoque centrado en el usuario. Cuando está bien diseñado, un panel de control se convierte en una poderosa herramienta de toma de decisiones, capaz de transformar datos brutos en ideas estratégicas, guiando a las empresas hacia el éxito en un entorno económico cada vez más data-driven.

2. Storytelling: el arte de hacer hablar a los datos

Storytelling aplicado a los paneles de control de Business Intelligence

Introducción

Los paneles de control de BI se han convertido en herramientas indispensables para analizar y presentar datos complejos en el mundo empresarial. Sin embargo, su eficacia depende en gran medida de la forma en que se comunican estos datos a los usuarios finales. Aquí es donde entra en juego el storytelling aplicado a los paneles de control de BI. Este capítulo explora cómo el storytelling puede transformar la presentación de datos en una narración atractiva, al tiempo que examina sus ventajas, limitaciones y mejores prácticas para un uso óptimo.

¿Qué es el storytelling en los paneles de control?

El storytelling en los paneles de control va mucho más allá de la simple visualización de datos. Es un enfoque que pretende organizar y presentar la información de forma que cuente una historia coherente y convincente. Este método añade una dimensión narrativa a los datos brutos, contextualizándolos y creando una progresión lógica que guía al usuario a través de la información presentada. El objetivo es transformar cifras y gráficos en una narración que no solo informe, sino que también comprometa e inspire a la acción.

Aplicación práctica del storytelling a los paneles de control de BI

La aplicación del storytelling en el diseño de un panel de control de BI requiere un enfoque metódico. El primer paso es identificar claramente el público objetivo y sus necesidades específicas. Comprender quién utilizará el panel de control y qué decisiones tendrá que tomar es crucial para adaptar la historia de forma pertinente.

Una vez identificado el público objetivo, es esencial definir un hilo conductor claro. Este hilo conductor puede ser un mensaje clave o una pregunta central en torno a la cual girará todo el panel de control. Esta pauta permitirá estructurar los datos de forma coherente, empezando generalmente por una visión de conjunto antes de hacer zoom en detalles más concretos y relevantes.

La elección de las visualizaciones desempeña un papel crucial en el storytelling. No se trata simplemente de seleccionar gráficos estéticamente agradables, sino de elegir representaciones visuales que apoyen y refuercen la narración. Cada gráfico, diagrama o indicador debe contribuir a hacer avanzar la historia y arrojar luz sobre un aspecto concreto del mensaje general.

Añadir contexto es un elemento clave de la narrativa en los paneles de control de BI. Esto puede hacerse incorporando explicaciones concisas, anotaciones relevantes o comparaciones esclarecedoras que den sentido a las cifras presentadas. Estos elementos contextuales ayudan a los usuarios a comprender no solo lo que muestran los datos, sino también por qué esta información es importante.

Crear una progresión narrativa clara es esencial para guiar al usuario a través de los datos. Esta progresión puede seguir una estructura clásica con una introducción que establezca el contexto, un desarrollo que explore los distintos aspectos del tema y una conclusión que resuma los principales hallazgos e implicaciones. Este enfoque mantiene al usuario interesado a lo largo de su recorrido por el panel de control.

La integración de elementos interactivos puede enriquecer enormemente la experiencia del usuario. Al permitir a los usuarios explorar los datos con mayor profundidad, filtrar la información según sus necesidades concretas o modificar determinados parámetros, pueden personalizar su experiencia y profundizar en la comprensión de los datos presentados.

Por último, el uso de un diseño coherente es crucial para reforzar el mensaje sin distraer la atención. Una carta gráfica uniforme, unos colores cuidadosamente elegidos y una disposición meditada contribuyen a crear una experiencia visual armoniosa que apoya la narración en lugar de interrumpirla.

Ejemplo concreto

Para ilustrar concretamente la aplicación del storytelling en un panel de control de BI, tomemos el ejemplo de una empresa de ventas en línea. En lugar de mostrar simplemente las cifras de ventas en bruto, el panel de control podría contar la historia del «crecimiento de la empresa en los últimos cinco años».

La historia comenzaría con un gráfico de apertura que mostraría la tendencia general de las ventas, proporcionando una visión general inmediata. A continuación, el panel de control guiaría al usuario a través de los factores clave que han contribuido a este crecimiento. Un mapa interactivo podría ilustrar la expansión geográfica de la empresa, mostrando cómo la penetración en nuevos mercados ha repercutido en las ventas. Una cronología interactiva presentaría los momentos clave de la introducción de nuevos productos, mostrando cómo estos lanzamientos influyeron también en la trayectoria de crecimiento.

Otra sección podría centrarse en la mejora de la satisfacción del cliente, con un gráfico que muestre la evolución de las opiniones de los clientes en paralelo con las iniciativas para mejorar el servicio al cliente. Cada sección iría acompañada de explicaciones concisas que destacarían las decisiones estratégicas adoptadas y su impacto. El panel de control concluiría con una sección de Perspectivas futuras, en la que se presentarían medidas basadas en la información extraída de los datos para mantener este impulso de crecimiento.

Ventajas y límites del storytelling en los paneles de control de BI

El storytelling en los paneles de control de BI tiene una serie de ventajas. Mejora significativamente la comprensión de los datos al presentarlos en forma de historias, que son más fáciles de asimilar y recordar que las cifras en bruto. Este enfoque también fomenta un mayor compromiso del usuario, captando su atención y manteniendo su interés durante todo el análisis. La contextualización de los datos, intrínseca al storytelling, ayuda a dar sentido a las cifras situándolas en una perspectiva más amplia, lo que facilita la toma de decisiones con conocimiento de causa. Además, los paneles de control narrativos mejoran la comunicación al facilitar el intercambio de información y su explicación a las distintas partes interesadas.

Sin embargo, el storytelling en los paneles de control de BI también tiene riesgos y limitaciones. La subjetividad inherente a cualquier narración puede introducir sesgos en la interpretación de los datos. También existe el riesgo de simplificación excesiva, ya que el deseo de contar una historia coherente puede hacer que se pasen por alto matices importantes de los datos. El diseño de paneles de control narrativos puede llevar mucho tiempo y requerir una inversión significativa de tiempo y recursos. Por último, hay que tener en cuenta el riesgo potencial de manipulación, ya que la narración podría utilizarse, intencionadamente o no, para orientar las conclusiones de forma engañosa.

Buenas prácticas

Para maximizar los beneficios del storytelling y minimizar sus riesgos, es crucial adoptar ciertas buenas prácticas. La fidelidad a los datos debe seguir siendo una prioridad: la narración debe estar siempre anclada en datos precisos y verificables. La transparencia también es importante; es esencial explicar claramente las fuentes de datos y las metodologías utilizadas.

Se recomienda un equilibrio adecuado entre la narración guiada y la exploración libre de los datos. Además de ofrecer un relato estructurado, es beneficioso dar a los usuarios la oportunidad de explorar los datos en bruto si lo desean, fomentando una comprensión más profunda y personalizada.

La mejora continua de los paneles de control narrativos es crucial. Para ello hay que recabar periódicamente la opinión de los usuarios y adaptar el enfoque narrativo en consecuencia. Por último, no hay que descuidar la formación de los usuarios. Es importante asegurarse de que entienden cómo interpretar correctamente los paneles de control narrativos, siendo conscientes tanto de su potencial como de sus limitaciones.

Conclusión

El storytelling aplicado a los paneles de control de BI representa una evolución significativa en la forma en que las organizaciones pueden interpretar sus datos y actuar en consecuencia. Al combinar el rigor analítico del BI con el arte de contar historias, este enfoque permite crear paneles de control que no se limitan a presentar cifras, sino que cuentan una historia convincente y comprensible. La clave del éxito reside en un delicado equilibrio entre el compromiso narrativo y la objetividad de los datos. Si se utiliza con criterio, el storytelling en los paneles de control de BI puede transformar radicalmente la toma de decisiones, haciéndola más informada, más eficaz y más alineada con los objetivos estratégicos de la organización.

3. Domine los paneles de control BI con Python

3.1 Streamlit

Streamlit es una biblioteca Python potente e intuitiva, especialmente adecuada para proyectos de Business Intelligence. Permite a analistas y Data Scientists crear rápidamente aplicaciones web interactivas para visualizar y explorar datos, sin necesidad de tener conocimientos profundos de desarrollo web.

Con Streamlit, puede integrar fácilmente gráficos en sus paneles de control para crear herramientas de análisis avanzadas, a la vez que ofrece una interfaz fácil de usar. Su facilidad de uso y flexibilidad lo convierten en la opción preferida para la creación de prototipos y el despliegue de soluciones de BI, lo que permite a los equipos centrarse en el análisis de datos en lugar de en los aspectos técnicos del desarrollo de aplicaciones.

3.1.1 Instalación

Para empezar a diseñar aplicaciones con Streamlit, primero necesita instalarla. Como todas las demás bibliotecas de Python, puede hacerlo usando pip. Una vez que haya ejecutado el código de abajo, instalará Streamlit localmente.

```
pip install streamlit
```

Recuerde que si instala Streamlit a través de un Jupyter Notebook, tendrá que añadir un `!` al principio.

```
!pip install streamlit
```

Puede encontrar en el directorio GitHub la aplicación Streamlit completa utilizada en este libro:
https://github.com/gpenessot/business_intelligence_with_python

Para ver la aplicación mientras lee el libro, puede ejecutar el siguiente comando:

```
streamlit run app_streamlit.py
```

Si ha instalado Streamlit correctamente, debería ver una aplicación Streamlit en su navegador.

3.1.2 Los componentes

En esta subsección, detallaremos los principales componentes de un panel de control de Streamlit y cómo se utilizan. A continuación, crearemos nuestro primer panel de control de Streamlit, añadiendo la sección de visualización de datos que cubrimos en el capítulo anterior.

Título y texto

La presentación de texto es la base de cualquier interfaz de usuario. Streamlit ofrece varias funciones para presentar el texto de forma estructurada y atractiva. La función `st.title()` se utiliza para mostrar un título principal, normalmente en la parte superior de su aplicación. Por ejemplo, el método `st.title("Mi aplicación Streamlit")` creará un título en letra grande. Para estructurar su contenido, puede utilizar los métodos `st.header()` y `st.subheader()`, que crean encabezados y subencabezados respectivamente.

Para un texto más básico, el método `st.text()` muestra texto plano sin formato, mientras que `st.write()` ofrece una mayor flexibilidad. Esta última función es particularmente versátil, capaz de mostrar no solo texto con formato markdown, sino también diversos tipos de datos, como números o DataFrames.

```
import streamlit as st

st.title("Mi aplicación Streamlit")
st.header("Sección principal")
st.subheader("Subsección importante")
st.text("Esto es texto sin formato")
st.write("Esto es texto con **formato markdown** y puede incluir
otros tipos de datos.")
```

Widgets de entrada

Los widgets de entrada permiten a los usuarios interactuar con su aplicación. La función más sencilla es `st.button()`, que crea un botón en el que se puede hacer clic. Puede comprobar si se ha pulsado el botón y ejecutar el código correspondiente.

Para opciones binarias, la función `st.checkbox()` crea una casilla de verificación, lo que resulta útil para activar o desactivar funciones en su aplicación. Los botones de radio, creados con la `funciónst.radio()`, permiten al usuario elegir una de varias opciones. Para listas de opciones más largas, la función `st.selectbox()` crea una lista desplegable, mientras que la función `st.multiselect()` permite seleccionar varias opciones.

Los deslizadores, creados mediante la función `st.slider()`, son excelentes para seleccionar valores numéricos dentro de un rango determinado. Puede especificar los valores mínimo y máximo, así como el paso entre cada valor.

▶ Para introducir texto o números específicos, utilice las funciones `st.text_input()` y `st.number_input()` respectivamente.

```
if st.button("Haga clic en mí"):
   st.write("¡Botón pulsado!")

show_data = st.checkbox("Mostrar datos")
if show_data:
   st.write("Aquí están los datos...")

option = st.radio("Elija una opción", ["A", "B", "C"])
st.write(f "Ha elegido: {option}")

fruit = st.selectbox("Elija una fruta", ["Manzana", "Plátano",
"Naranja"])
st.write(f "Ha elegido: {fruit}")

age = st.slider("¿Cuántos años tiene?", 0, 100, 25)
st.write(f "Tiene {age} años")

name = st.text_input("Introduzca su nombre")
number = st.number_input("Introduzca un número", min_value=0,
max_value=100, value=50)
```

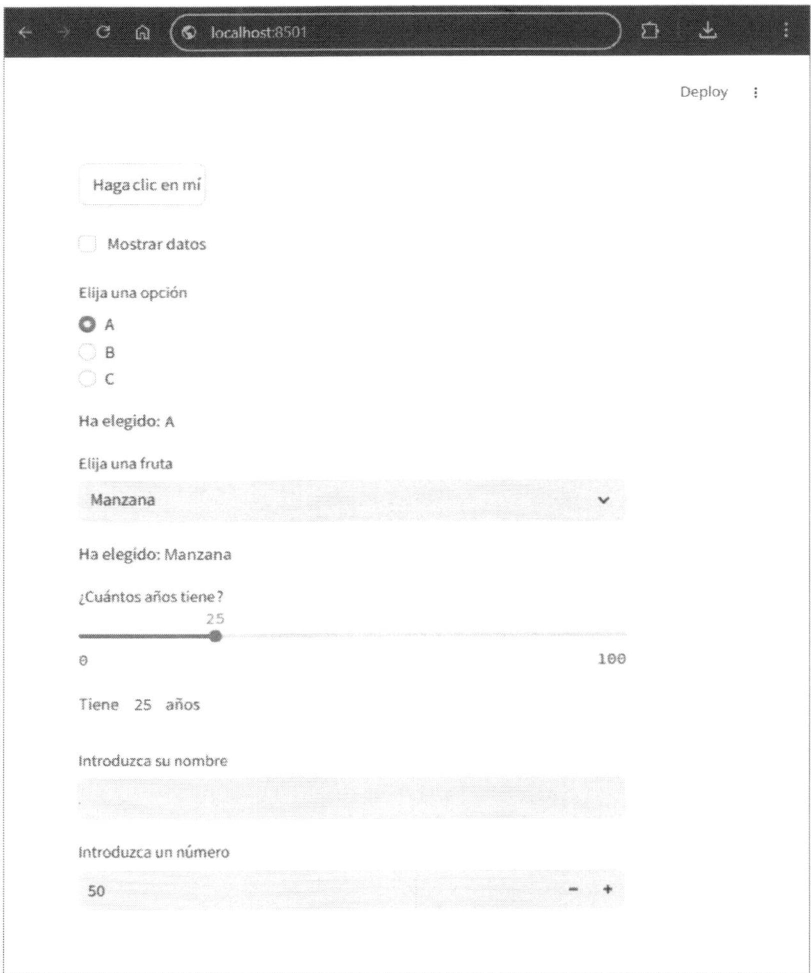
localhost:8501
Deploy
Haga clic en mí
Mostrar datos
Elija una opción
A
B
C
Ha elegido: A
Elija una fruta
Manzana
Ha elegido: Manzana
¿Cuántos años tiene?
25
0
100
Tiene 25 años
Introduzca su nombre
Introduzca un número
50

Visualización de datos

Streamlit destaca en la visualización de datos estructurados. El método `st.dataframe()` es ideal para mostrar DataFrames de pandas de forma interactiva, permitiendo la ordenación y el desplazamiento. Para una visualización más estática, el método `st.table()` presenta los datos en un formato de tabla fija. Los datos JSON pueden ser formateados y mostrados usando el método `st.json()`.

```
import pandas as pd

df = pd.DataFrame({'A': [1, 2, 3], 'B': [4, 5, 6]})
st.dataframe(df)

st.table(df)

st.json({"nombre": "Juan", "edad": 30})
```

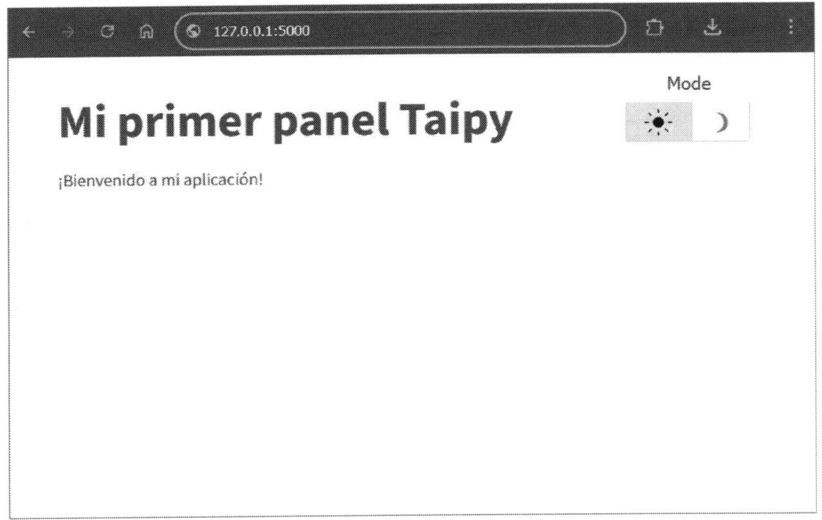

Visualizaciones

Las visualizaciones son esenciales para comunicar información compleja. Streamlit ofrece funciones integradas para crear rápidamente gráficos sencillos. Los métodos `st.line_chart()`, `st.bar_chart()` y `st.area_chart()` pueden generar visualizaciones a partir de DataFrames o listas con un mínimo de código. Para visualizaciones más complejas, puede utilizar el método `st.pyplot()` para integrar gráficos matplotlib en su aplicación.

```
import pandas as pd
import matplotlib.pyplot as plt

chart_data = pd.DataFrame({'x': [1, 2, 3, 4],
                           'y': [10, 20, 30, 40]})
st.line_chart(chart_data, x='x', y='y')

fig, ax = plt.subplots()
ax.plot([1, 2, 3, 4], [10, 20, 30, 40])
st.pyplot(fig)
```

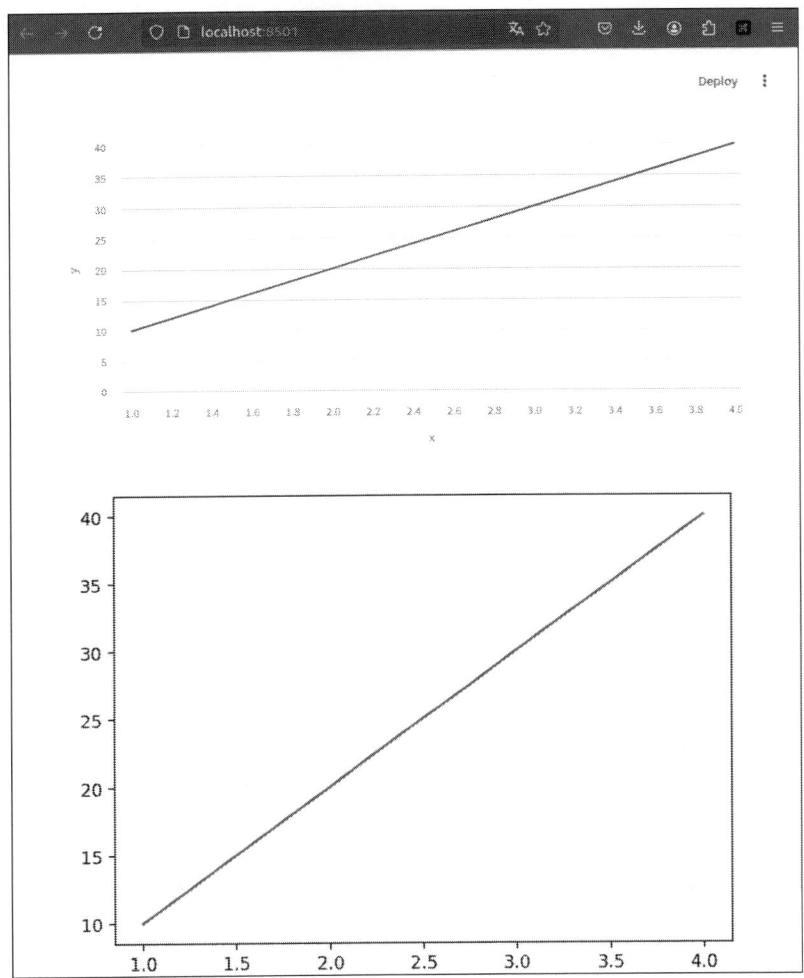
localhost:8501
Deploy

Diseño de página

El diseño es crucial para crear una interfaz de usuario intuitiva. Streamlit proporciona varias herramientas para organizar su contenido. La barra lateral, accesible mediante el método `st.sidebar`, es perfecta para los controles y opciones que deben permanecer visibles. Las columnas, creadas con el método `st.columns()`, permiten organizar el contenido horizontalmente.
Para los contenidos que pueden ocultarse o mostrarse a demanda, el método `st.expander()` crea secciones expandibles.

```
with st.sidebar:
   st.title("Options")
   option = st.selectbox("Chose an option", ["A", "B", "C"])

col1, col2 = st.columns(2)
with col1:
   st.markdown('## Column 1')
   st.write("Lorem ipsum dolor sit amet, consectetur adipiscing elit.")

   with st.expander("Click here for more details"):
       st.write("Hidden ccontent")

with col2:
   st.markdown('## Column 2')
   st.write("Curabitur lacus lacus, bibendum in mi ac,
varius convallis purus.")
```

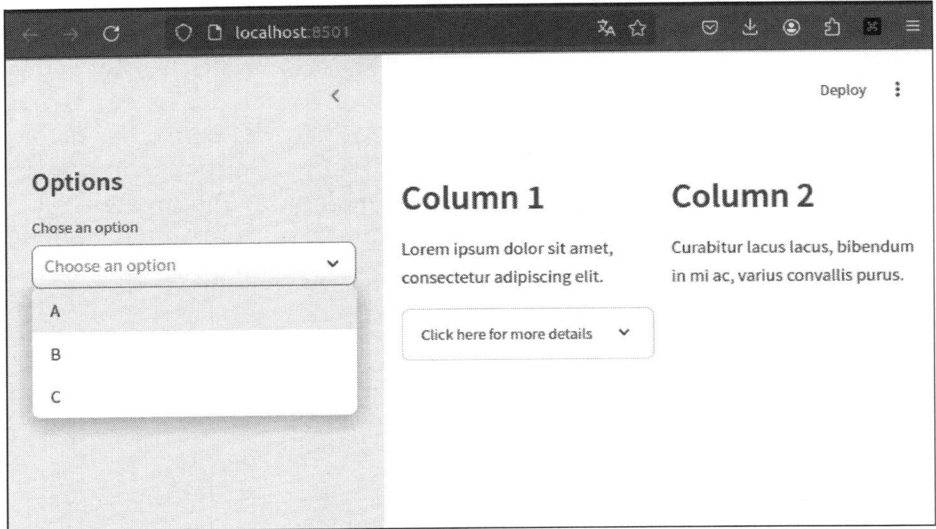

Gestión del estado

La gestión del estado es un aspecto importante de las aplicaciones interactivas. Streamlit ofrece el objeto `st.session_state`, que es un diccionario para almacenar y manipular el estado de la sesión. Esto permite que los valores se mantengan entre recargas de la aplicación, lo cual es esencial para crear experiencias de usuario consistentes y receptivas.

```
if 'count' not in st.session_state:
    st.session_state.count = 0

if st.button("Incrementar"):
    st.session_state.count += 1

st.write(f"Contar: {st.session_state.count}")
```

Cambiar la apariencia

▶ Cree un archivo .streamlit/config.toml para personalizar el comportamiento de su aplicación.

```
[theme]
primaryColor = "#F63366"
backgroundColor = "#FFFFFF"
```

```
secondaryBackgroundColor = "#F0F2F6"
textColor = "#262730"
font = "sans serif"
```

3.1.3 Optimizaciones

Aunque Streamlit es una herramienta interesante, también tiene algunos inconvenientes. Por ejemplo:

- Reducción del rendimiento con grandes volúmenes de datos: Streamlit puede ralentizarse considerablemente al procesar grandes conjuntos de datos.
- Recargar la página en cada interacción: por defecto, Streamlit recarga toda la página en cada interacción, lo que puede afectar a la experiencia del usuario en aplicaciones complejas.
- Consumo de recursos: las aplicaciones Streamlit pueden consumir más recursos del servidor que las aplicaciones web tradicionales, especialmente en el caso de implantaciones a gran escala.

En esta subsección examinaremos las mejores prácticas y las optimizaciones que pueden aplicarse para mejorar la velocidad de las aplicaciones limitando al mismo tiempo el consumo de recursos.

Carga inteligente de datos (st.cache_data y st.cache_resource)

Una de las claves para acelerar sus aplicaciones Streamlit reside en el almacenamiento inteligente en caché de datos y recursos mediante dos decoradores:

- `st.cache_data`: almacena en caché los resultados de las funciones que cargan o transforman sus datos. Streamlit solo volverá a ejecutar estas funciones si sus entradas cambian, lo que puede reducir considerablemente los tiempos de carga.
- `st.cache_resource`: utilícelo para almacenar en caché recursos externos (archivos, plantillas, etc.) cuya carga es costosa.

```
import streamlit as st
import pandas as pd

@st.cache_data
def load_data():
   return pd.read_csv("raw_data.csv")
```

```
df = load_data()
```

Puede definir el tiempo de vida de la caché (TTL), lo que resulta útil si los datos cambian periódicamente. Esto permite que los datos se actualicen automáticamente tras un periodo de tiempo determinado:

```
import streamlit as st
import pandas as pd

@st.cache_data(ttl=24*60*60)
def load_data():
   return pd.read_csv("raw_data.csv")

df = load_data()
```

Preprocesamiento de datos

- Preprocesamiento fuera de la aplicación: si su aplicación requiere cálculos pesados, intente realizarlos fuera de la aplicación y almacenar los resultados en archivos que la aplicación pueda cargar rápidamente.

```
# Precompute data and save it
preprocessed_data = preprocess_data(raw_data)
preprocessed_data.to_parquet('preprocessed_data.parquet')
# Load preprocessed data in the application
@st.cache_data
def load_preprocessed_data():
    return pd.read_parquet('preprocessed_data.parquet')
```

- Formatos de almacenamiento optimizados: utilice formatos de almacenamiento binarios como Parquet o Arrow para obtener tiempos de carga más rápidos que los formatos de texto como CSV o JSON.

Optimización del renderizado (st.experimental_memo y st.experimental_singleton)

Podemos utilizar los siguientes decoradores:

- `st.experimental_memo`: almacena en caché los widgets Streamlit cuyo cálculo es costoso, lo que evita recalcularlos innecesariamente cada vez que el usuario interactúa.

- `st.experimental_singleton`: almacena en caché los objetos complejos compartidos entre sesiones de usuario, como conexiones a bases de datos.

```
@st.experimental_memo
def complex_calculation(x):
    # ... (complex calculationss)
    return result
```

Gestión eficaz del estado (st.session_state)

- Utilice el objeto `st.session_state`para almacenar variables que deban persistir entre las interacciones del usuario. Esto puede ayudar a evitar recalcular valores o recargar datos innecesariamente.

Perfiles de rendimiento

- Streamlit dispone de un perfilador integrado que le ayudará a identificar los cuellos de botella de su aplicación.
  Utilice `st.set_page_config(page_icon=":chart_with_upwards_trend:", layout="wide")` para activarlo y analizar los tiempos de ejecución de cada componente.

Optimización de los widgets y de la interfaz de usuario

- Reducir el número de opciones: evite utilizar widgets con muchas opciones, como sliders o selectboxes con miles de valores. Utilice alternativas como los métodos `st.number_input`o `st.text_input`con pasos razonables (parámetro `step`).

```
price = st.slider("House Price", 100000, 10000000, step=100000)
```

- Eliminar datos no utilizados: elimine columnas y filas de datos que no sean necesarias para el análisis, para reducir el uso de memoria y acelerar la carga de datos.

3.1.4 Nuestro primer panel de control Streamlit

Vamos a utilizar el conjunto de datos de Kaggle para crear nuestro primer panel de control de BI con Streamlit. Vamos a desglosarlo paso a paso.

Preparar el entorno

El script comienza importando las librerías esenciales: streamlit para la interfaz de usuario, pandas para la manipulación de datos, geopandas para datos geográficos, plotly.express para visualizaciones, y otros módulos auxiliares.

La configuración de la página se establece para ocupar todo el ancho disponible (`st.set_page_config(layout="wide")`).

Funciones de utilidad

- `get_base64_encoded_image(image_path)`: esta función lee una imagen especificada por `image_path`y la convierte en una cadena de caracteres codificada en Base64, lo que permite integrarla directamente en el contenido HTML de la aplicación.
- `create_centered_logo_html(logo_base64)`: a partir de la cadena Base64 de la imagen del logotipo, esta función genera el código HTML necesario para mostrar el logotipo centrado en la página.
- `load_data()`: esta función, decorada por `@st.cache_data`para el almacenamiento en caché, carga y preprocesa datos de archivos CSV. Los datos se fusionan, las columnas de fecha se convierten a formato `datetime`y se crean nuevas columnas para el año, el mes y la fecha de pedido.
- `load_geo_data(df)`: similar a `load_data`, esta función almacena en caché la carga y el procesamiento de los datos geográficos. Agrega los datos por año y estado y, a continuación, los prepara para su visualización en el mapa coroplético.
  - `create_choropleth(gdf, geojson_data)`: crea un mapa coroplético interactivo utilizando datos geográficos y valores agregados;
  - `create_line_chart(daily_sales)`: genera un gráfico en línea para mostrar los cambios en las ventas diarias, con una media móvil para resaltar las tendencias;
  - `create_bar_chart(data, x, y)`: crea un gráfico de barras horizontales para comparar valores, teniendo en cuenta los cinco más grandes;
  - `create_pie_chart(data)`: crea un gráfico circular (tarta) para mostrar la distribución de las ventas por ciudades.

Función principal (main)

- Carga de datos: los datos se cargan a partir de archivos CSV y datos geográficos.
- Preparación de fechas y versión: se recuperan las fechas de actualización y la versión de la aplicación para mostrarlas en la barra lateral.
- Preparación del logotipo: la imagen del logotipo se codifica en Base64 y se genera el código HTML para mostrarlo.
- *Barra lateral(sidebar)*: la barra lateral contiene el logotipo, filtros interactivos para seleccionar el año y el estado, e información sobre la aplicación.
- Procesamiento de datos y creación de gráficos: los datos se filtran según las selecciones del usuario, se calculan las métricas (precio total y número de clientes únicos) y se crean gráficos.
- Visualización del panel de control: se crea una cuadrícula para organizar los elementos del panel de control. Las métricas se muestran en mapas y los gráficos se integran en la cuadrícula.

Ejecución del script

La última línea (`if __name__ == "__main__":`) asegura que el script se ejecute como programa principal, lanzando así la aplicación Streamlit.

```
import streamlit as st
import pandas as pd
import geopandas as gpd
import plotly.express as px
import json
import base64
from datetime import datetime
from typing import Tuple

from streamlit_extras.metric_cards import style_metric_cards
from streamlit_extras.grid import grid
from streamlit_extras.add_vertical_space import add_vertical_space

# Constants
LOGO_PATH = "./img/logo.png"
APP_VERSION = "v1.0.0"
DATA_PATHS = {
   "orders": "./data/olist_orders_dataset.csv",
   "customers": "./data/olist_customers_dataset.csv",
   "order_items": "./data/olist_order_items_dataset.csv",
   "products": "./data/olist_products_dataset.csv",
```

```
    "geojson": "./data/brazil-states.geojson",
}

# Set page configuration
st.set_page_config(layout="wide")


def get_base64_encoded_image(image_path: str) -> str:
    """Read an image file and return its Base64 encoded string."""
    with open(image_path, "rb") as file:
        return base64.b64encode(file.read()).decode()


def create_centered_logo_html(logo_base64: str) -> str:
    """Create HTML for a centered logo using a Base64 encoded image."""
    return f"""
    <div style="display: flex; justify-content: center;
align-items: center; height: 100%;">
        <img src="data:image/png;base64,{logo_base64}"
style="max-width: 100%;">
    </div>
    <br><br>
    """


@st.cache_data
def load_data() -> pd.DataFrame:
    """Load and preprocess data from CSV files."""
    orders = pd.read_csv(DATA_PATHS["orders"],
usecols=[0, 1, 2, 3, 4, 6, 7])
    customers = pd.read_csv(DATA_PATHS["customers"])
    order_items = pd.read_csv(DATA_PATHS["order_items"],
usecols=[0, 1, 2, 3, 5, 6])
    products = pd.read_csv(DATA_PATHS["products"], usecols=[0, 1])

    df = (
        orders.merge(customers, on="customer_id")
        .merge(order_items, on="order_id")
        .merge(products, on="product_id")
    )

    date_columns = [
        "order_purchase_timestamp",
        "order_approved_at",
        "order_delivered_customer_date",
        "order_estimated_delivery_date",
    ]
    df[date_columns] = df[date_columns].apply(pd.to_datetime)

    df["order_year"] = df["order_purchase_timestamp"].dt.year
    df["order_month"] = df["order_purchase_timestamp"].dt.month_name()
```

```
    df["order_date"] = df["order_purchase_timestamp"].dt.date

    return df


@st.cache_data
def load_geo_data(df: pd.DataFrame) ->
Tuple[gpd.GeoDataFrame, dict]:
    """Load and process geographical data."""
    gdf = gpd.read_file(DATA_PATHS["geojson"])[["name", "sigla",
"geometry"]]
    gdf_by_year = (
        df.groupby(["order_year", "customer_state"])
        .agg({"price": "sum",
"customer_id": lambda x: x.nunique()})
        .reset_index()
    )
    gdf_by_year = gdf.merge(gdf_by_year, left_on="sigla",
 right_on="customer_state")

    return gdf_by_year


def create_choropleth(gdf: gpd.GeoDataFrame,
geojson_data: dict) -> px.choropleth:
    """Create a choropleth map using Plotly Express."""
    fig = px.choropleth(
        gdf,
        geojson=geojson_data,
        locations="name",
        featureidkey="properties.name",
        color="price",
        title="Total revenue by State",
        hover_name="name",
        hover_data=[
            "sigla",
            "price",
            "order_year",
            "customer_state",
            "customer_id",
        ],
        center={"lat": -14.2350, "lon": -51.9253},
        color_continuous_scale="plasma",
    )
    fig.update_geos(fitbounds="locations", visible=False)
    # fig.update_layout(margin={"r": 0, "t": 0, "l": 0, "b": 0})
    return fig


def create_line_chart(daily_sales: pd.DataFrame) -> px.line:
    """Create a line chart for daily sales."""
```

```
    fig = px.line(
        daily_sales,
        x="order_date",
        y="price",
        color_discrete_sequence=px.colors.sequential.Plasma,
        title="Daily revenue",
        labels={"order_date": "Date", "price": "Revenue"},
    )
    average_sales = daily_sales["price"].mean()
    fig.add_hline(
        y=average_sales,
        line_dash="dash",
        line_color="orange",
        annotation_text="average daily revenue",
        annotation_position="top left",
    )
    return fig


def create_bar_chart(data: pd.DataFrame, x: str, y: str) -> px.bar:
    """Create a horizontal bar chart."""
    return px.bar(
        data.nlargest(5, "price").sort_values(by="price", ascending=False),
        x="price",
        text="price",
        y=y,
        orientation="h",
        title=f"Total revenue by {y}",
        color=y,
        color_discrete_sequence=px.colors.sequential.Plasma,
    ).update_layout(showlegend=False)


def create_pie_chart(data: pd.DataFrame) -> px.pie:
    """Create a pie chart."""
    return (
        px.pie(
            data.nlargest(5, "price").sort_values(by="price", ascending=False),
            values="price",
            names="customer_city",
            color="customer_city",
            title="Top 5 cities for selected State",
            hole=0.4,
            color_discrete_sequence=px.colors.sequential.Plasma,
        )
        .update_layout(showlegend=False)
        .update_traces(textposition="inside", textinfo="percent+label")
    )


def main():
```

```
    # Load data
    df = load_data()
    gdf = load_geo_data(df)

    # Prepare dates and version info
    last_update_date = datetime.now().strftime("%Y-%m-%d")
    data_freshness_date = df["order_date"].max().strftime("%Y-%m-%d")

    # Prepare logo
    logo_base64 = get_base64_encoded_image(LOGO_PATH)
    centered_logo_html = create_centered_logo_html(logo_base64)

    # Set up page layout
    st.markdown(
        "<h1 align='center'>My very first dashboard with
Streamlit</h1><br>",
        unsafe_allow_html=True,
    )

    # Sidebar
    with st.sidebar:
        st.markdown(centered_logo_html, unsafe_allow_html=True)
        st.title("Filters")

        years = sorted(gdf["order_year"].unique())
        selected_year = st.selectbox("Select Order Year", years, index=2)

        states = sorted(gdf["customer_state"].unique())
        selected_state = st.selectbox("Select a State", states)

        add_vertical_space(30)
        st.markdown(
            f"""
            <div style='width: 100%; text-align: center;
font-size: 12px; color: grey;'>
                <hr style='margin: 5px 0;'>
                <p>Last dashboard update: {last_update_date}<br>
                   Data freshness date: {data_freshness_date}<br>
                   Application version: {APP_VERSION}<br>
                   Contact:
<a href="mailto:email@company.com">email@company.com</a></p>
            </div>
            """,
            unsafe_allow_html=True,
        )

    # Filter data
    filtered_gdf = gdf[gdf["order_year"] == selected_year]
    daily_sales = (
        df[df["order_year"] == selected_year]
        .groupby("order_date")["price"]
```

```
        .sum()
        .reset_index()
    )

    sales_by_city = (
        df[
            (df["order_year"] == selected_year)
            & (df["customer_state"] == selected_state)
        ]
        .groupby("customer_city")["price"]
        .sum()
        .reset_index()
    )

    best_products = (
        df[df["order_year"] == selected_year]
        .groupby("product_category_name")["price"]
        .sum()
        .reset_index()
    )

    # Calculate metrics
    total_price = filtered_gdf["price"].sum()
    average_price = filtered_gdf["price"].mean().round(2)
    unique_customers = filtered_gdf["customer_id"].nunique()

    # Create charts
    fig1 = create_choropleth(filtered_gdf, json.loads(filtered_gdf.to_json()))
    fig2 = create_line_chart(daily_sales)
    fig3 = create_bar_chart(
        gdf[gdf["order_year"] == selected_year], "price", "customer_state"
    )
    fig4 = create_bar_chart(best_products, "price", "product_category_name")
    fig5 = create_pie_chart(sales_by_city)

    # Display dashboard
    my_grid = grid(3, [1, 2], 3, vertical_align="bottom")

    # Row 1: Metrics
    my_grid.metric(label="Total Revenue", value=f"${total_price:,.2f}")
    my_grid.metric(label="Average order value (AOV)",
value=f"${average_price:,.2f}")
    my_grid.metric(label="Number of Customers", value=unique_customers)
    style_metric_cards(
        background_color="#FFFFFF",
        border_left_color="#686664",
        border_color="#000000",
        box_shadow="#F71938",
    )

    # Row 2: Maps and charts
```

```
    my_grid.plotly_chart(fig1)
    my_grid.plotly_chart(fig2)

    # Row 3: Additional charts
    my_grid.plotly_chart(fig3)
    my_grid.plotly_chart(fig4)
    my_grid.plotly_chart(fig5)


if __name__ == "__main__":
    main()
```

He aquí cómo se muestra nuestro primer panel de control con Streamlit:

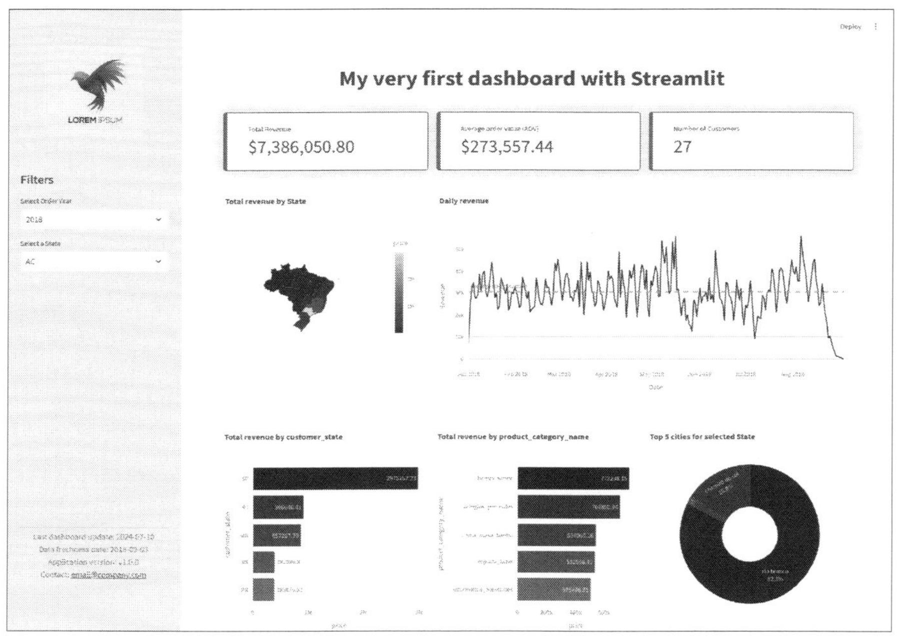

3.2 Taipy

Taipy es una biblioteca Python de código abierto diseñada para simplificar el desarrollo de aplicaciones web interactivas y paneles de control. Permite a los desarrolladores y Data Scientists crear rápidamente interfaces de usuario receptivas sin necesidad de tener conocimientos profundos de desarrollo web.

Taipy combina la gestión de datos, la lógica empresarial y la creación de interfaces de usuario en un framework único e intuitivo. Ofrece funciones como gráficos interactivos, gestión de estados y fácil integración con modelos de Machine Learning. Gracias a su sintaxis sencilla y a su flexibilidad, Taipy es especialmente adecuado para la creación de prototipos y el despliegue de aplicaciones data-driven, ya sea para el análisis de datos, la visualización o la toma de decisiones asistida.

3.2.1 Instalación

▶ Abra su terminal o símbolo del sistema y escriba el siguiente comando:

```
pip install taipy
```

Para este proyecto, también necesitará otras bibliotecas:

```
pip install geopandas plotly
```

3.2.2 Los componentes básicos

Taipy ofrece un rico conjunto de componentes que permiten a los desarrolladores crear interfaces de usuario interactivas y dinámicas con notable facilidad. En esta sección, exploraremos en profundidad estos componentes fundamentales que forman la base de cualquier aplicación Taipy.

La Clase Gui

En el corazón de cada aplicación Taipy está la clase `Gui`. Esta clase sirve como principal punto de entrada para crear su interfaz de usuario. Admite una cadena de caracteres que define la estructura y el contenido de su página, utilizando una inteligente combinación de markdown y HTML.

Para crear una instancia de Gui, solo necesita unas cuantas líneas de código:

```
from taipy import Gui

page = """
# Mi primer panel Taipy

¡Bienvenido a mi aplicación!
"""

Gui(page).run()
```

En este ejemplo, definimos una página simple con un título y un mensaje de bienvenida. El método run() lanza la aplicación, haciendo accesible la página a través de un navegador web.

La potencia de la clase Guireside en su capacidad para interpretar el contenido de la cadena de la página. Transforma este contenido en una interfaz de usuario interactiva, gestionando automáticamente la actualización del estado de la aplicación y la representación de los elementos visuales.

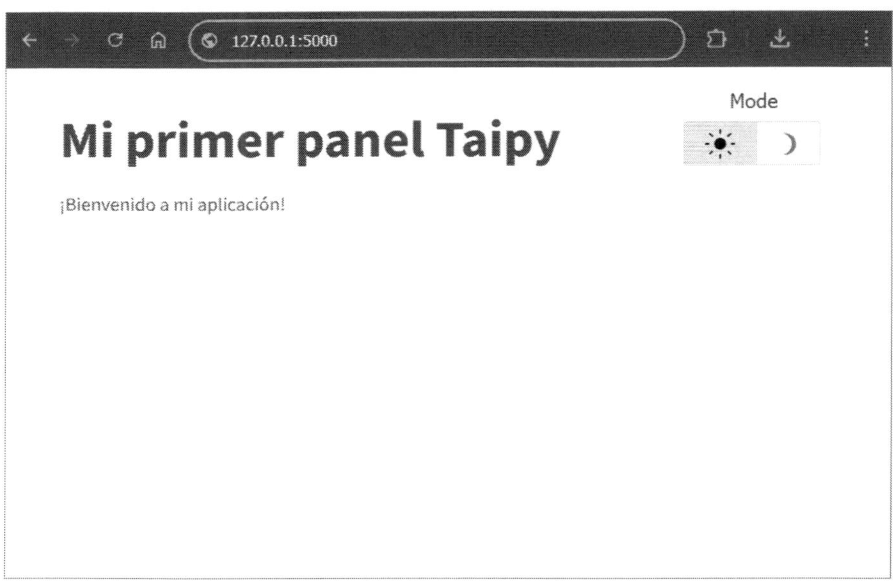

Controles visuales

Taipy ofrece una variedad de controles visuales que le permiten mostrar y manipular datos de forma interactiva. Estos controles se integran directamente en la definición de su página, utilizando una sintaxis especial que los distingue del texto ordinario.

El control más sencillo es la visualización de texto dinámico. Para mostrar el valor de una variable, puede utilizar la siguiente sintaxis:

```
<|{mi_variable}|>
```

Taipy sustituirá automáticamente esta expresión por el valor actual de `mi_variable`.

Los botones son otro elemento esencial de cualquier interfaz de usuario interactiva. Con Taipy, puede crear un botón como este:

```
<|{opcion_elegida}|selector|lov={lista_opciones}|>
```

Este código crea un selector que permite al usuario elegir un valor de entre los presentes en `lista_opciones`. El valor seleccionado se almacena en la variable `opcion_elegida`.

Finalmente, para visualizaciones de datos más complejas, Taipy se integra perfectamente con librerías de gráficos como Plotly. Puede incluir un gráfico de Plotly en su página de esta forma:

```
<|plotly|figure={mi_grafico}|>
```

Donde `mi_grafico`es un objeto figura Plotly que ha creado en su código Python.

Diseño de página: estructuración de su interfaz

El diseño de página es un aspecto crucial de cualquier interfaz de usuario. Taipy ofrece potentes herramientas para estructurar el contenido de forma intuitiva y adaptable.

El componente de diseño más utilizado es la etiqueta `layout`. Permite dividir la página en columnas:

```
<|layout|columns=1 1|
Contenido de la primera columna
---
Contenido de la segunda columna
|>
```

Este código crea un diseño de página con dos columnas de igual anchura. Puede ajustar las proporciones cambiando los números después de `columns=`. Por ejemplo, `columns=21` crearía una columna el doble de ancha que la otra.

Para organizar mejor sus contenidos, puede utilizar tarjetas:

```
<|card|
### Título de la tarjeta
Contenido de la tarjeta
|>
```

Las tarjetas son especialmente útiles para agrupar visualmente información relacionada y crear una jerarquía visual en su interfaz.

Gestión del estado

Uno de los aspectos más potentes de Taipy es su gestión automática del estado de la aplicación. Cada variable que utilice en su interfaz es rastreada y actualizada automáticamente por Taipy.

Para acceder al estado de la aplicación y modificarlo, se suelen utilizar callback. Estas funciones son llamadas en respuesta a acciones del usuario, como hacer clic en un botón o cambiar una selección.

Este es un ejemplo de una función callback que actualiza una variable de estado:

```
def actualizar_contador(state):
    state.counter += 1
```

En esta función, `state`es un objeto especial proporcionado por Taipy que contiene todas las variables de estado de su aplicación. Modificando `state.counter`, actualizamos el valor del contador, y Taipy se encarga automáticamente de reflejar este cambio en la interfaz de usuario.

La gestión de estados de Taipy simplifica enormemente el desarrollo de aplicaciones interactivas, permitiéndole concentrarse en la lógica de su aplicación en lugar de en los detalles de la sincronización de datos entre la interfaz de usuario y el back-end.

Dominando estos componentes básicos – la clase Gui, los controles visuales, el diseño y la gestión de estados – será capaz de crear aplicaciones Taipy potentes y flexibles. En los siguientes capítulos, exploraremos cómo combinar estos elementos para crear paneles de control complejos e interactivos.

3.2.3 Primer panel de control Taipy

El código utiliza Taipy para crear un sofisticado panel de control interactivo. Comienza importando la clase Guide Taipy, que es el componente central para construir la interfaz de usuario.

La estructura del panel de control se define en una cadena multilínea denominada page_md, que utiliza la sintaxis específica de Taipy para crear un diseño adaptable e incluir elementos interactivos. Esta página incluye varias secciones organizadas en columnas (<|layout|columns=...|>) y tarjetas (<|card|>), que muestran estadísticas clave y gráficos Plotly.

Los gráficos se integran mediante la etiqueta <|plotly|figure={fig}|>, lo que permite una visualización interactiva de los datos. El panel de control también incluye filtros interactivos en forma de selectores, creados con la sintaxis <|{variable}|selector|lov={...}|on_change=update_charts|>, que permite a los usuarios elegir un año y un estado concreto.

Estos selectores están vinculados a una función de devolución de llamada on_change(state) que actualiza dinámicamente todos los gráficos y estadísticas en función de las selecciones del usuario. Esta función manipula el estado de la aplicación Taipy, accesible a través del parámetro state, para actualizar las variables (state.total_price, state.unique_customers) y las cifras (state.fig1, state.fig2, etc.) mostradas en la interfaz.

Finalmente, el código inicializa el estado de la aplicación llamando a `update_charts(Gui.state)` con el estado inicial de `Gui`, y luego lanza la aplicación Taipy con `Gui(page_md).run()`. Esta estructura hace posible crear una aplicación web interactiva y reactiva sin necesidad de codificar explícitamente el front-end, siendo Taipy quien se encarga de la gestión del estado y de renderizar la interfaz de usuario.

```
import pandas as pd
from taipy.gui import Markdown, Gui
import taipy as tp
import geopandas as gpd
import plotly.express as px
from datetime import datetime
from typing import Tuple
import json

"""
Taipy Dashboard Application

This script creates a dashboard using Taipy, Plotly,
and Pandas to visualize sales data.
It includes various charts and maps to represent sales information
across different states and cities in Brazil.
"""

# Constants
LOGO_PATH = "../img/logo.png"
APP_VERSION = "v1.0.0"
DATA_PATHS = {
   "orders": "../data/olist_orders_dataset.csv",
   "customers": "../data/olist_customers_dataset.csv",
   "order_items": "../data/olist_order_items_dataset.csv",
   "products": "../data/olist_products_dataset.csv",
   "geojson": "../data/brazil-states.geojson",
}

# Initialization
selected_year = 2018
selected_state = 'AC'
total_price = '$0.0'
average_price = '$0.0'
unique_customers = '0'
fig1 = None
fig2 = None
fig3 = None
fig4 = None
```

```
fig5 = None

# Page parameters
layout = {'barmode':'stack', "hovermode":"x"}
options = {"unselected":{"marker":{"opacity":0.5}}}

def load_data() -> pd.DataFrame:
    """
    Load and preprocess data from CSV files.

    Returns:
        pd.DataFrame: A DataFrame containing merged and preprocessed
data from various CSV files.
    """
    orders = pd.read_csv(DATA_PATHS["orders"],
usecols=[0, 1, 2, 3, 4, 6, 7])
    customers = pd.read_csv(DATA_PATHS["customers"])
    order_items = pd.read_csv(DATA_PATHS["order_items"],
usecols=[0, 1, 2, 3, 5, 6])
    products = pd.read_csv(DATA_PATHS["products"], usecols=[0, 1])

    df = (
        orders.merge(customers, on="customer_id")
        .merge(order_items, on="order_id")
        .merge(products, on="product_id")
    )

    date_columns = [
        "order_purchase_timestamp",
        "order_approved_at",
        "order_delivered_customer_date",
        "order_estimated_delivery_date",
    ]
    df[date_columns] = df[date_columns].apply(pd.to_datetime)

    df["order_year"] = df["order_purchase_timestamp"].dt.year
    df["order_month"] = df["order_purchase_timestamp"].dt.month_name()
    df["order_date"] = df["order_purchase_timestamp"].dt.date

    return df

def load_geo_data(df: pd.DataFrame) -> Tuple[gpd.GeoDataFrame, dict]:
    """
    Load and process geographical data.

    Args:
        df (pd.DataFrame): The preprocessed DataFrame containing
```

```
order data.

    Returns:
        Tuple[gpd.GeoDataFrame, dict]: A tuple containing a
GeoDataFrame with merged geographical
        and order data, and a dictionary with GeoJSON data.
    """
    gdf = gpd.read_file(DATA_PATHS["geojson"])[["name", "sigla",
"geometry"]]
    gdf_by_year = (
        df.groupby(["order_year", "customer_state"])
        .agg({"price": "sum", "customer_id": lambda x: x.nunique()})
        .reset_index()
    )
    gdf_by_year = gdf.merge(gdf_by_year, left_on="sigla",
right_on="customer_state")

    return gdf_by_year


def create_choropleth(gdf: gpd.GeoDataFrame,
geojson_data: dict) -> px.choropleth:
    """
    Create a choropleth map using Plotly Express.

    Args:
        gdf (gpd.GeoDataFrame): GeoDataFrame containing
geographical and order data.
        geojson_data (dict): Dictionary containing GeoJSON data for
the map.

    Returns:
        px.choropleth: A Plotly Express choropleth figure.
    """
    fig = px.choropleth(
        gdf,
        geojson=geojson_data,
        locations="name",
        featureidkey="properties.name",
        color="price",
        title="Total revenue by State",
        hover_name="name",
        hover_data=[
            "sigla",
            "price",
            "order_year",
            "customer_state",
```

```
            "customer_id",
        ],
        center={"lat": -14.2350, "lon": -51.9253},
        color_continuous_scale="plasma",
    )
    fig.update_geos(fitbounds="locations", visible=False)
    # fig.update_layout(margin={"r": 0, "t": 0, "l": 0, "b": 0})
    return fig


def create_line_chart(daily_sales: pd.DataFrame) -> px.line:
    """
    Create a line chart for daily sales.

    Args:
        daily_sales (pd.DataFrame): DataFrame containing daily sales
data.

    Returns:
        px.line: A Plotly Express line chart figure.
    """
    fig = px.line(
        daily_sales,
        x="order_date",
        y="price",
        color_discrete_sequence=px.colors.sequential.Plasma,
        title="Daily revenue",
        labels={"order_date": "Date", "price": "Revenue"},
        template='plotly_white'
    )
    average_sales = daily_sales["price"].mean()
    fig.add_hline(
        y=average_sales,
        line_dash="dash",
        line_color="orange",
        annotation_text="average daily revenue",
        annotation_position="top left",
    )
    return fig


def create_bar_chart(data: pd.DataFrame, x: str, y: str) -> px.bar:
    """
    Create a horizontal bar chart.

    Args:
        data (pd.DataFrame): DataFrame containing the data to be plotted.
```

```
        x (str): Column name for the x-axis values.
        y (str): Column name for the y-axis values.

    Returns:
        px.bar: A Plotly Express horizontal bar chart figure.
    """
    return px.bar(
        data.nlargest(5, "price").sort_values(by="price",
ascending=False),
        x="price",
        text="price",
        y=y,
        orientation="h",
        title=f"Total revenue by {y}",
        color=y,
        color_discrete_sequence=px.colors.sequential.Plasma,
        template='plotly_white'
    ).update_layout(showlegend=False)


def create_pie_chart(data: pd.DataFrame) -> px.pie:
    """
    Create a pie chart.

    Args:
        data (pd.DataFrame): DataFrame containing the data to be plotted.

    Returns:
        px.pie: A Plotly Express pie chart figure.
    """
    return (
        px.pie(
            data.nlargest(5, "price").sort_values(by="price",
ascending=False),
            values="price",
            names="customer_city",
            color="customer_city",
            title="Top 5 cities for selected State",
            hole=0.4,
            color_discrete_sequence=px.colors.sequential.Plasma,
            template='plotly_white'
        )
        .update_layout(showlegend=False)
        .update_traces(textposition="inside", textinfo="percent+label")
    )

# Load data
```

```
df = load_data()
gdf= load_geo_data(df)

years = sorted(gdf["order_year"].astype('str').unique())
states = sorted(gdf["customer_state"].unique())

# Prepare dates and version info
last_update_date = datetime.now().strftime("%Y-%m-%d")
data_freshness_date = df['order_date'].max().strftime("%Y-%m-%d")


def initialize(data, geodata, selected_year='2018',
selected_state='AC'):
    """
    Initialize the dashboard data based on selected year and state.

    Args:
        data (pd.DataFrame): The main DataFrame containing all order
data.
        geodata (gpd.GeoDataFrame): GeoDataFrame containing
geographical data.
        selected_year (str, optional): The year to filter data by.
Defaults to '2018'.
        selected_state (str, optional): The state to filter data by.
Defaults to 'AC'.

    Returns:
        tuple: A tuple containing filtered DataFrames and processed
data for various charts.
    """
    filtered_gdf = geodata[geodata['order_year'] == int(selected_year)]
    filtered_df = data[data['order_year'] == int(selected_year)]
    daily_sales =
filtered_df.groupby('order_date')['price'].sum().reset_index()
    sales_by_city = filtered_df[filtered_df['customer_state'] ==
selected_state].groupby('customer_city')['price'].sum().reset_index()
    best_products =
filtered_df.groupby('product_category_name')['price'].sum()
.reset_index()

    return filtered_df, filtered_gdf, daily_sales, sales_by_city,
best_products

filtered_df, filtered_gdf, daily_sales, sales_by_city,
best_products = initialize(df, gdf)

def on_change(state):
```

```
    """
    Update the dashboard state when user selections change.

    Args:
        state: The current state of the Taipy application.
    """
    (
        state.filtered_df,
        state.filtered_gdf,
        state.daily_sales,
        state.sales_by_city,
        state.best_products
    ) = initialize(df, gdf, state.selected_year, state.selected_state)

    state.total_price = f'${state.filtered_gdf["price"].sum():,.2f}'
    state.average_price = f'${state.filtered_gdf["price"].mean():,.2f}'
    state.unique_customers =
f'{state.filtered_gdf["customer_id"].nunique()}'
    state.fig1 = create_choropleth(state.filtered_gdf,
json.loads(state.filtered_gdf.to_json()))
    state.fig2 = create_line_chart(state.daily_sales)
    state.fig3 = create_bar_chart(state.filtered_gdf, "price",
"customer_state")
    state.fig4 = create_bar_chart(state.best_products, "price",
"product_category_name")
    state.fig5 = create_pie_chart(state.sales_by_city)


page_md = Markdown('layout.md')

if __name__ == '__main__':
    page = Gui(page_md)
    page.run(title="New Taipy Dashboard", dark_mode=False)
Copiar
```

El markdown:

```
<|toggle|theme|>
# My first dashboard with Taipy {: .text-center}

<br/>

<|layout|columns=1 1 8|
<|{selected_year}|selector|lov={years}|on_change=on_change|dropdown|
label=Year|>

<|{selected_state}|selector|lov={states}|on_change=on_change|dropdown|
label=State|>
```

```
|>

<br/>

<|layout|columns=4 4 4|gap=25px|columns[mobile]=1|
<|card|
**Total Revenue**
<|{total_price}|text|class_name=h3|>
|>

<|card|
**Average order value (AOV)**
<|{average_price}|text|class_name=h3|>
|>

<|card|
**Number of Customers**
<|{unique_customers}|text|class_name=h3|>
|>
|>
<br/>

<|layout|columns=1 2|gap=25px|columns[mobile]=1|
<|chart|figure={fig1}|title=Total revenue by State|>

<|chart|figure={fig2}|title=Daily revenue|>
|>

<br/>

<|layout|columns=1 1 1|gap=25px|columns[mobile]=1|
<|chart|figure={fig3}|title=Total revenue by customer_state|>

<|chart|figure={fig4}|title=Total revenue by product_category_name|>

<|chart|figure={fig5}|title=Top 5 cities for selected State|>
|>

<br/>

<|Last dashboard update: {last_update_date} - |>
<|Data freshness date: {data_freshness_date} - |>
<|Application version: {APP_VERSION} - |>
Contact: email@company.com"
```

A pesar de su aspecto complejo, el hecho de que el diseño pueda crearse en formato Markdown permite organizar los distintos elementos del panel de control de forma sencilla, sin necesidad de módulos externos, como ocurre con Streamlit.

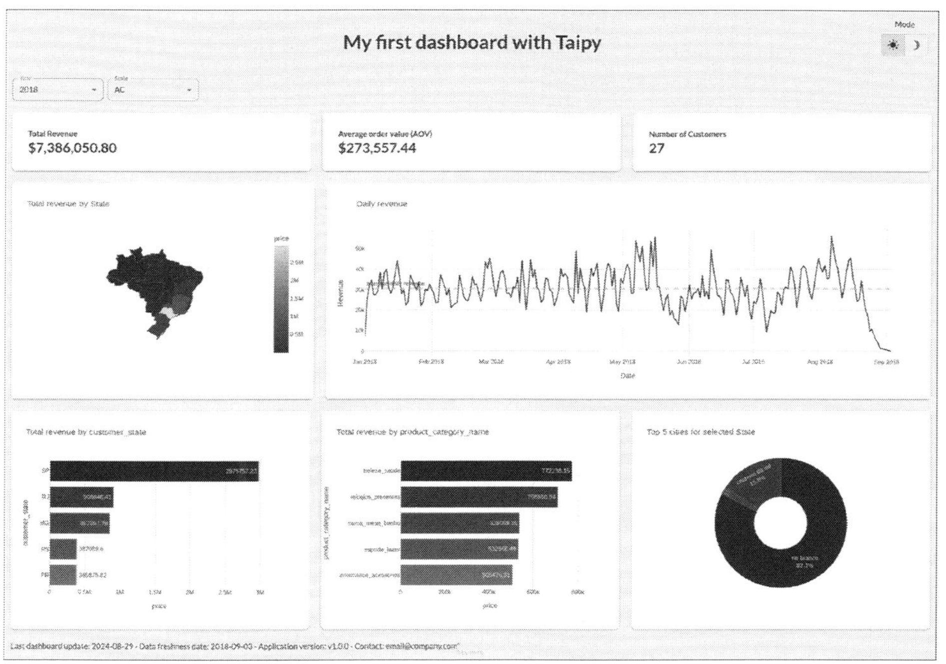

3.2.4 Creación de interfaces con taipy.gui.builder

Taipy ofrece el módulo taipy.gui.builder, que permite crear interfaces de usuario completamente en Python, ofreciendo una alternativa a la sintaxis Markdown tradicional. Este enfoque "Python-first" puede resultar especialmente atractivo para los desarrolladores que prefieren mantener toda su lógica en código Python.

Para utilizar el constructor, basta con importar el archivo:

```
from taipy.gui import Gui
import taipy.gui.builder as tgb
```

Las páginas se crean utilizando un gestor de contextos de Python, lo que hace que el código sea más fácil de leer y esté más estructurado:

```
with tgb.Page() as page:
   tgb.html("h1", "My Taipy Dashboard")

   with tgb.layout("1 1 1"):  # Create a 3-column layout with
equal widths
       with tgb.part():  # First column
           tgb.text("Total Revenue: ")
           tgb.number("{total_revenue}", format="$.2f")

       with tgb.part():  # Second column
           tgb.text("Number of Customers: ")
           tgb.number("{nb_clients}")

       with tgb.part():  # Third column
           tgb.text("Average Basket: ")
           tgb.number("{avg_basket}", format="$.2f")

   # Add a chart
   tgb.chart(figure="{sales_chart}", height="400px")

Gui(page).run()
```

Este enfoque ofrece varias ventajas sobre la definición Markdown:

- Validación durante el desarrollo: los errores de sintaxis son detectados directamente por el IDE, a diferencia de Markdown, donde los errores solo aparecen durante la ejecución.
- Mejor integración: el código es más fácil de versionar y mantener porque utiliza las convenciones estándar de Python.
- Reutilización más sencilla: se pueden crear funciones que generen partes específicas de la interfaz, lo que permite una mayor modularidad.

He aquí un ejemplo:

```
def create_metrics_section(total, clients, average):
    with tgb.layout("1 1 1"):
        with tgb.part():
            tgb.number(total, format="$.2f")
        with tgb.part():
            tgb.number(clients)
        with tgb.part():
            tgb.number(average, format="$.2f")
```

Para vincular variables a elementos de la interfaz, basta con utilizar la sintaxis de cadenas de Python con llaves, como en el ejemplo anterior con `"{total_revenue}"`. Los callbacks se pueden definir utilizando funciones con nombre o directamente con funciones lambda:

```
def on_button_click(state):
    state.counter += 1
with tgb.Page() as page:
    tgb.button("Increment", on_action=on_button_click)
    # Or with a lambda
    tgb.button("Reset",
               on_action=lambda state: setattr(state,
                                               'counter', 0))
```

Este nuevo enfoque de la creación de interfaces con Taipy encaja perfectamente en el ecosistema de Python, al tiempo que conserva la sencillez y flexibilidad que han hecho de la biblioteca un éxito. Es especialmente adecuado para proyectos en los que la lógica empresarial y la interfaz de usuario están estrechamente vinculadas, lo que permite a los desarrolladores mantener una base de código coherente y fácil de mantener.

Con esta nueva forma de desarrollar nuestro panel de control, el código del diseño pasa a ser este (manteniendo el resto de funciones sin cambios):

```
with tgb.Page() as page:
    tgb.toggle(theme=True)

    with tgb.layout("1 4", gap="25px"):
        with tgb.part("sidebar"):
            tgb.text("#### Filters", mode="md")
            tgb.text("Select year:")
            tgb.selector(
                "{selected_year}",
```

```
lov=sorted(gdf["order_year"].astype("str").unique()),
                dropdown=True,
                on_change=change_selection,
                label="Year", µ
            )

            tgb.text("Select state:")
            tgb.selector(
                "{selected_state}",
              lov=sorted(gdf["customer_state"].unique()),
                dropdown=True,
                on_change=change_selection,
                label="State",
            )

        with tgb.part("text-center"):
            tgb.text("# My first dashboard with Taipy", mode="md")
            with tgb.layout("1 1 1", gap="25px"):
               with tgb.part("card"):
                    tgb.text("**Total Revenue:**", mode="md")
                    tgb.text(
                        lambda filtered_gdf:
f'${filtered_gdf["price"].sum():,.2f}',
                        class_name="h3 color-primary",
                    )

                with tgb.part("card"):
                    tgb.text("**Average order value (AOV):**",
mode="md")
                    tgb.text(
                        lambda
filtered_gdf: f'${filtered_gdf["price"].mean():,.2f}',
                        class_name="h3 color-primary",
                    )

                with tgb.part("card"):
                    tgb.text(
                        "**Unique customers:**",
                        mode="md",
                    )
                    tgb.text(
                        lambda
filtered_gdf: f'{filtered_gdf["customer_id"].nunique()}',
                        class_name="h3 color-primary",
```

```
                    )

            tgb.html("br")

            with tgb.layout("1 2", gap="25px"):
                tgb.chart(
                    figure=lambda filtered_gdf:
create_choropleth(filtered_gdf),
                )

                tgb.chart(
                    figure=lambda
daily_sales: create_line_chart(daily_sales),
                )

            tgb.html("br")

            with tgb.layout("1 1 1", gap="25px"):
                tgb.chart(
                    figure=lambda filtered_gdf: create_bar_chart(
                        filtered_gdf, "customer_state"
                    ),
                )
                tgb.chart(
                    figure=lambda
best_products: create_bar_chart(
                        best_products, "product_category_name"
                    ),
                )
                tgb.chart(
                    figure=lambda
sales_by_city: create_pie_chart(sales_by_city),
                )

            tgb.html("br")

            tgb.text(
                 lambda df, APP_VERSION: f"Last dashboard update:
{datetime.now().strftime('%Y-%m-%d')} - "
                 f"Data freshness:
{df['order_date'].max().strftime('%Y-%m-%d')} - "
                 f"App version: {APP_VERSION}"
            )
```

```
if __name__ == "__main__":
    page = Gui(page)
    # tp.Core().run() # You do not use Taipy Core here to manage
data, pipelines, caching, user management, etc
    page.run(title="New Taipy Dashboard", dark_mode=False,
margin="0px")
```

Le invitamos a visitar el directorio GitHub de este capítulo para descubrir el código completo:
https://github.com/gpenessot/business_intelligence_with_python/blob/main/Chapter08/taipy_app/taipy_app_python.py

3.3 Dash

Dash es un framework Python potente y flexible diseñado para construir aplicaciones de análisis web. Al combinar las características de Flask, Plotly.js y React.js, Dash ofrece a los desarrolladores de Python la posibilidad de crear sofisticadas interfaces de usuario para sus datos, sin necesidad de conocimientos profundos de desarrollo web tradicional. Este enfoque permite crear rápidamente paneles de control interactivos, herramientas de visualización de datos y aplicaciones web complejas, sin salirse del ecosistema familiar de Python.

3.3.1 Instalación

- Abra su terminal o símbolo del sistema y escriba el siguiente comando:

```
pip install dash
```

3.3.2 Los componentes básicos

Dash proporciona una rica biblioteca de componentes listos para usar que forman los bloques de construcción de cualquier aplicación. Estos componentes están diseñados para ensamblarse y personalizarse fácilmente, ofreciendo una gran flexibilidad en el diseño de la interfaz de usuario.

Diseño

El layout es el corazón de cualquier aplicación Dash. Define la apariencia y la estructura de la aplicación organizando los distintos componentes en una jerarquía lógica. El layout puede considerarse como un árbol de componentes, en el que cada nodo representa un elemento de la interfaz de usuario.

Para crear un layout, generalmente utilizamos una combinación de HTML y componentes Core de Dash. He aquí un ejemplo sencillo de cómo crear un diseño básico:

```
import dash
import dash_html_components as html

app = dash.Dash(__name__)

app.layout = html.Div([
   html.H1('Mi aplicación Dash'),
   html.Div('Bienvenido a este tutorial Dash')
])

if __name__ == '__main__':
   app.run_server(debug=True)
```

Mi aplicación Dash

Bienvenido a este tutorial Dash

⚠ Errors ✗ Callbacks | v3.0.1 | Server ⊙

En este ejemplo, creamos una aplicación Dash con un título (`H1`) y un párrafo de texto (`Div`). El uso de la función `html.Div()` nos permite agrupar estos elementos en un único contenedor, lo que constituye una práctica habitual para estructurar el diseño.

Componentes HTML

Dash proporciona equivalentes en Python para todos los elementos HTML y SVG estándar, lo que permite crear una estructura de página web completa directamente en Python. Estos componentes son accesibles a través del módulo `dash_html_components`.

El componente `html.Div()` es uno de los más utilizados. Corresponde a la etiqueta `<div>`de HTML y sirve de contenedor genérico para agrupar otros elementos. Los encabezados pueden crearse utilizando los componentes `html.H1()` a `html.H6()`, que corresponden a las etiquetas HTML `<h1>`a `<h6>`. Para texto corrido, el componente `html.P()` crea párrafos, mientras que el componente `html.A()` puede utilizarse para insertar enlaces de hipertexto.

He aquí un ejemplo más elaborado que utiliza varios componentes HTML:

```
import dash
from dash import html

app = dash.Dash(__name__)

app.layout = html.Div([
   html.H1('Conociendo Dash'),
   html.H2('Una introducción a los componentes HTML'),
   html.P('Dash facilita la creación de estructuras HTML
complejas'),
   html.A('Enlace a la documentación',
href='https://dash.plotly.com/'),
   html.Div([
       html.P('Este párrafo está incrustado en un Div.')
   ])
])

if __name__ == '__main__':
   app.run_server(debug=True)
```

Esta estructura crea una página con título principal, subtítulo, texto, enlace y párrafo anidado, demostrando la flexibilidad de los componentes HTML de Dash.

Componentes Core

Los componentes Core de Dash, accesibles a través del módulo `dash_core_components`, ofrecen elementos de interfaz de usuario más avanzados e interactivos. Estos componentes son esenciales para crear aplicaciones dinámicas y con capacidad de respuesta.

El componente `dcc.Graph()` es especialmente potente, ya que permite integrar directamente en la aplicación gráficos interactivos basados en Plotly.js. Para la interacción con el usuario, el componente `dcc.Dropdown()` crea menús desplegables personalizables, `dcc.Slider()` permite seleccionar valores en una escala continua y `dcc.Input()` ofrece campos de entrada para diversos tipos de datos.

He aquí un ejemplo que combina varios componentes Core para crear una interfaz interactiva:

```
import dash
from dash import html, dcc
import plotly.graph_objs as go

app = dash.Dash(__name__)

app.layout = html.Div([
   html.H1('Análisis de ventas por ciudad'),
   dcc.Dropdown(
       id='city-dropdown',
       options=[
           {'label': 'New York City', 'value': 'NYC'},
           {'label': 'Montreal', 'value': 'MTL'},
           {'label': 'San Francisco', 'value': 'SF'}
       ],
       value='MTL'
   ),
   dcc.Graph(
       id='sales-graph',
       figure={
           'data': [
               go.Bar(x=['Ene', 'Feb', 'Mar'], y=[1000, 1200, 1100],
name='SF'),
               go.Bar(x=['Ene', 'Feb', 'Mar'], y=[1200, 1000, 1300],
name='MTL')
           ],
           'layout': go.Layout(title='Ventas trimestrales')
       }
   ),
   dcc.Slider(
       id='year-slider',
       min=2020,
       max=2023,
       value=2023,
       marks={str(year): str(year) for year in range(2020, 2024)},
       step=None
   )
])

if __name__ == '__main__':
   app.run_server(debug=True)
```

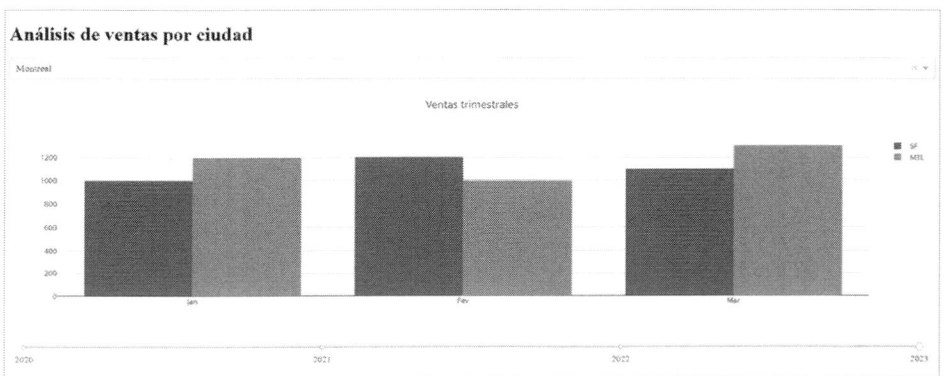

Este ejemplo crea una interfaz con un menú desplegable para seleccionar una ciudad, un gráfico de barras que muestra las ventas y un control deslizante para seleccionar el año. Aunque aún no se ha implementado la interactividad entre estos componentes (para ello se necesitan callbacks, véase la subsección Control e interactividad), este ejemplo ilustra cómo pueden combinarse los componentes Core para crear una interfaz rica e intuitiva.

3.3.3 Elementos de la estructura de página

La estructuración eficaz de una página web es crucial para crear aplicaciones Dash legibles y fáciles de usar. Dash ofrece la flexibilidad necesaria para implementar elementos estructurales comunes, como barras de navegación y barras laterales, y permite integrar frameworks CSS como Bootstrap para obtener un diseño responsivo.

Navbar

Una *barra de navegación* (*navbar*) es un elemento esencial de la interfaz de usuario que proporciona enlaces a las secciones principales de una aplicación. Aunque Dash no ofrece un componente navbar listo para usar, es posible crear uno utilizando los componentes HTML básicos.

He aquí un ejemplo de cómo crear una barra de navegación sencilla:

```
import dash
from dash import html

navbar = html.Nav([
   html.Ul([
       html.Li(html.A('Inicio', href='#inicio')),
       html.Li(html.A('Productos', href='#productos')),
       html.Li(html.A('Servicios', href='#servicios')),
       html.Li(html.A('Contacto', href='#contacto'))
   ], style={'listStyleType': 'none', 'display': 'flex',
justifyContent': 'space-around'})
], style={'backgroundColor': '#333', 'padding': '10px'})

app = dash.Dash(__name__)

app.layout = html.Div([
   navbar,
   html.Div([
       html.H1('Bienvenido a nuestro sitio'),
       html.P('Explore nuestras diferentes secciones a través de
la barra de navegación.')
   ])
])

if __name__ == '__main__':
   app.run_server(debug=True)
```

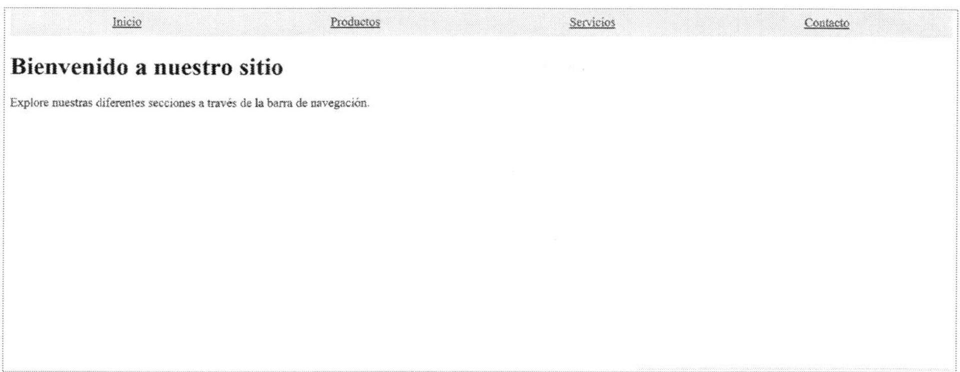

En este ejemplo, creamos una barra de navegación (*navbar*) utilizando los componentes `html.Nav`, `html.Ul`, y `html.Li`. Los estilos se aplican directamente a los componentes para mostrar los enlaces horizontalmente. Este enfoque ofrece un control total sobre la apariencia y el comportamiento de la barra de navegación, pero requiere una gestión manual de los estilos CSS.

Sidebar

Una *barra lateral*(*sidebar*) es otro elemento estructural utilizado habitualmente en aplicaciones web para mostrar menús secundarios, filtros o información adicional. Como con la barra de navegación, Dash le permite crear una barra lateral personalizada utilizando componentes HTML básicos.

He aquí un ejemplo de barra lateral básica:

```
import dash
from dash import html


sidebar = html.Div([
   html.H2('Menú lateral'),
   html.Hr(),
   html.Ul([
       html.Li(html.A('Panel de Control', href='#dashboard')),
       html.Li(html.A('Informes', href='#reports')),
       html.Li(html.A('Configuración', href='#settings'))
   ], style={'listStyleType': 'none', 'padding': 0})
], style={'width': '20%', 'float': 'left', 'height': '100vh',
backgroundColor': '#f1f1f1', 'padding': '20px'})
```

```
contenido_principal = html.Div([
   html.H1('Contenido principal'),
   html.P('Este es el contenido principal de la página.')
], style={'marginLeft': '22%', 'padding': '20px'})

app = dash.Dash(__name__)

app.layout = html.Div([
   sidebar,
   main_content
])

if __name__ == '__main__':
   app.run_server(debug=True)
```

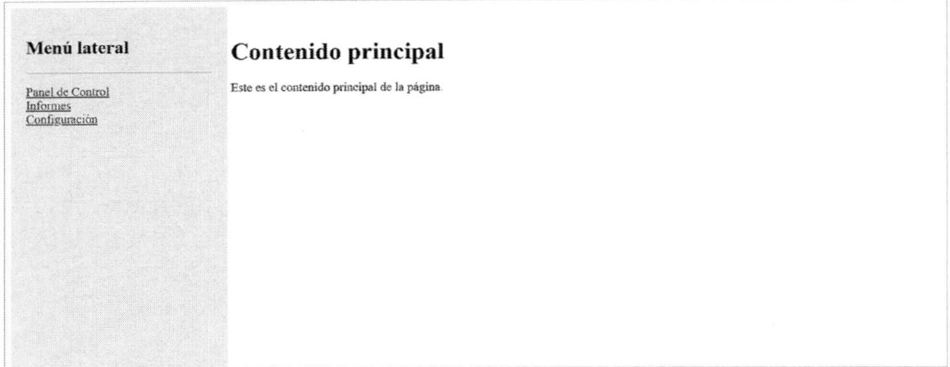

En este ejemplo, creamos una barra lateral que ocupa el 20 % del ancho de la página en el lado izquierdo, con el contenido principal ajustado en consecuencia. Los estilos se aplican directamente a los componentes para definir el diseño. Este enfoque permite una gran flexibilidad de diseño, pero puede resultar complejo para layouts más elaborados.

Uso de Bootstrap

Para simplificar la creación de diseños responsivos y estéticamente agradables, Dash puede integrarse con Bootstrap a través de la biblioteca dash-bootstrap-components. Esta integración hace uso del sistema de cuadrícula de Bootstrap y de componentes predefinidos, ofreciendo una solución robusta para estructurar páginas web complejas.

Este es un ejemplo del uso de dash-bootstrap-components para crear un diseño responsivo:

```
import dash
import dash_bootstrap_components as dbc
from dash import html

app = dash.Dash(__name__, external_stylesheets=[dbc.themes.BOOTSTRAP])

navbar = dbc.NavbarSimple(
   children=[
       dbc.NavItem(dbc.NavLink("Inicio", href="#")),
       dbc.NavItem(dbc.NavLink("Acerca de", href="#")),
       dbc.NavItem(dbc.NavLink("Contacto", href="#")),
   ],
   brand="Mi aplicación Dash",
   brand_href="#",
   color="primary",
   dark=True,
)

sidebar = dbc.Col(
   html.H2("Menú"),
   html.Hr(),
   dbc.Nav([
       dbc.NavLink("Página 1", href="#", active="exact"),
       dbc.NavLink("Página 2", href="#", active="exact"),
       dbc.NavLink("Página 3", href="#", active="exact"),
   ], vertical=True, pills=True)
], width=3, className="bg-light")

contenido = dbc.Col([
   html.H1("Contenido principal"),
   html.P("Utilice esta zona para mostrar el contenido principal
de su aplicación"),
], width=9)

app.layout = html.Div([
   navbar,
   dbc.Container([
       dbc.Row([
           sidebar,
           content
       className="mt-4")
   ], fluid=True)
])

if __name__ == '__main__':
   app.run_server(debug=True)
```

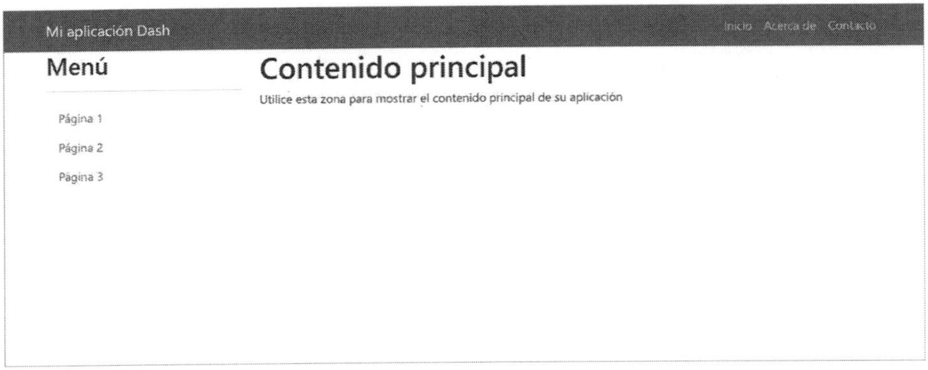

Este ejemplo ilustra cómo utilizar dash-bootstrap-components para crear un diseño responsivo con una barra de navegación en la parte superior, una barra lateral a la izquierda y un área de contenido principal. El uso del sistema de cuadrícula de Bootstrap (a través de `dbc.Row`y `dbc.Col`) proporciona un control preciso sobre la disposición de los elementos, mientras que las clases CSS predefinidas de Bootstrap (como `mt-4`para añadir un margen superior) simplifican la gestión del espaciado y la alineación.

La integración de Bootstrap con Dash ofrece varias ventajas:

- diseño adaptable sin esfuerzo gracias al sistema de cuadrícula;
- componentes de interfaz de usuario listos para usar y estéticamente agradables;
- coherencia visual en toda la aplicación;
- reducción del código CSS personalizado necesario.

3.3.4 Control e interactividad

Uno de los principales puntos fuertes de Dash reside en su capacidad para crear aplicaciones web interactivas y reactivas. Esta interactividad se gestiona principalmente a través del mecanismo de callbacks, que actualiza dinámicamente el contenido de la aplicación en respuesta a las acciones del usuario.

Callbacks

Los callbacks son el corazón de la interactividad en Dash. Definen cómo la aplicación debe reaccionar a las interacciones del usuario, permitiendo que los componentes se actualicen de acuerdo a los cambios en otros componentes. Un callback es esencialmente una función de Python que es llamada automáticamente por Dash cuando las entradas especificadas cambian.

He aquí un sencillo ejemplo de callback que actualiza un texto en función del valor seleccionado en un menú desplegable:

```
import dash
from dash import html, dcc
from dash.dependencies import Input, Output

app = dash.Dash(__name__)

app.layout = html.Div([
   dcc.Dropdown(
       id='demo-dropdown',
       options=[
           {'label': 'New York City', 'value': 'NYC'},
           {'label': 'Montreal', 'value': 'MTL'},
           {'label': 'San Francisco', 'value': 'SF'}
       ],
       value='MTL'
   ),
   html.Div(id='dd-output-container')
])

@app.callback(
   Output('dd-output-container', 'children'),
   Input('demo-dropdown', 'value')
)
def update_output(value):
   return f'Usted ha seleccionado: {value}'
```

```
if __name__ == '__main__':
   app.run_server(debug=True)
```

En este ejemplo, el decorador `@app.callback`define la relación entre la entrada (el valor del dropdown) y la salida (el contenido del div). La función `update_output()` es llamada cada vez que cambia el valor del desplegable, actualizando el texto mostrado.

Los callbacks pueden tener varias entradas y salidas, lo que permite interacciones complejas entre distintos elementos de la interfaz. He aquí un ejemplo más elaborado con varias entradas y salidas:

```
import dash
from dash import html, dcc
from dash.dependencies import Input, Output, State

app = dash.Dash(__name__)

app.layout = html.Div([
   dcc.Input(id='input-1', type='text', placeholder='Introduce
tu nombre'),
   dcc.Input(id='input-2', type='number', placeholder='Introduce
tu edad'),
   html.Button('Enviar', id='submit-button', n_clicks=0),
   html.Div(id='output-text'),
   html.Div(id='click-counter')
])

@app.callback(
   [Output('output-text', 'children'),
    Output('click-counter', 'children')],
   Input('submit-button', 'n_clicks'),
   [State('input-1', 'value'),
    State('input-2', 'value')]
)
def update_output(n_clicks, name, age):
   if n_clicks > 0:
       return (
           f "Hola {name}, tienes {age} años",
           f "El botón ha sido pulsado {n_clicks} veces".
       )
   return "Introduzca sus datos y haga clic en Enviar.", ""
```

```
if __name__ == '__main__':
    app.run_server(debug=True)
```


En este ejemplo más complejo, utilizamos tanto la función `Input` como la función `State`. La principal diferencia es que los cambios en los componentes definidos como `State`no activan el callback, a diferencia de `Input`. Esto nos permite controlar con precisión cuándo se ejecuta el callback, en este caso solo cuando se hace clic en el botón.

Interactividad entre gráficos

Uno de los aspectos más potentes de Dash es su capacidad para crear interacciones complejas entre distintos elementos gráficos. Esto permite crear paneles de control dinámicos en los que las acciones sobre un gráfico pueden influir en la visualización de otros gráficos.

He aquí un ejemplo de interacción entre dos gráficos:

```
import dash
from dash import html, dcc
import plotly.express as px
from dash.dependencies import Input, Output
import pandas as pd

# Generar datos de ejemplo
df = pd.DataFrame({
    'País': ['USA', 'Canada', 'Mexico'] * 4,
    'Año': [2019, 2019, 2019, 2020, 2020, 2020, 2021, 2021, 2021,
2022, 2022, 2022],
    'Ventas': [100, 90, 80, 110, 95, 85, 120, 100, 90, 130, 105, 95]
})

app = dash.Dash(__name__)

app.layout = html.Div([
    html.H1("Análisis de las ventas por país y por año"),
    dcc.Graph(id=' sales-by-country', figure=px.bar(df, x='País',
```

```
y='Ventas', color='Año', barmode='group')),
   dcc.Graph(id='sales-trend')
])

@app.callback(
   Output('sales-trend', 'figure'),
   Input('sales-by-country', 'clickData')
)
def update_trend(clickData):
   if clickData is None:
       # Mostrar todos los datos si no hay ningún país seleccionado
       dff = df
       title = "Tendencia de ventas para todos los países
   else
       selected_country = clickData['points'][0]['x']
       dff = df[df['País'] == selected_country]
      title = f "Tendencia de las ventas en {selected_country}"

   fig = px.line(dff, x='Año', y='Ventas', color='País',
title=title)
   return fig

if __name__ == '__main__':
   app.run_server(debug=True)
```

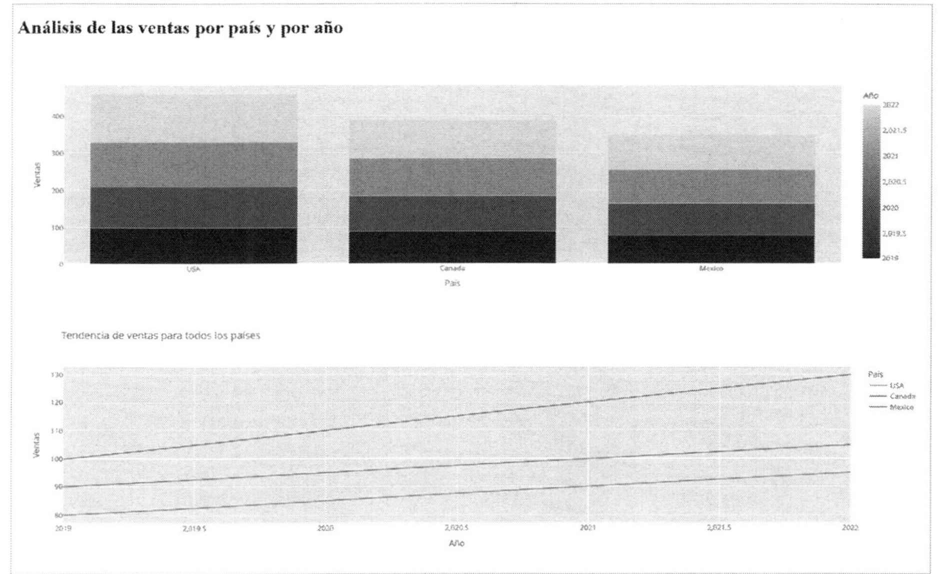

En este ejemplo, tenemos dos gráficos: uno de barras que muestra las ventas por país y año, y otro de líneas que muestra la tendencia de las ventas. El callback está configurado para que cuando un usuario haga clic en una barra del primer gráfico, el segundo se actualice para mostrar la tendencia de ventas específica del país seleccionado.

Estado de los componentes

El uso de la función `State`en los callbacks permite un control más preciso de cuándo se producen las actualizaciones. A diferencia de `Input`, los cambios en los componentes definidos como `State`no activan callbacks. Esto resulta especialmente útil cuando se quiere recopilar varias entradas antes de activar una actualización, o cuando se quiere limitar la frecuencia de las actualizaciones por motivos de rendimiento.

He aquí un ejemplo de cómo utilizar la función `State`en un formulario sencillo:

```
import dash
from dash import html, dcc
from dash.dependencies import Input, Output, State

app = dash.Dash(__name__)

app.layout = html.Div([
   dcc.Input(id='input-1', type='text', placeholder='Apellido'),
   dcc.Input(id='input-2', type='text', placeholder='Nombre'),
   html.Button('Saludar', id='submit-val', n_clicks=0),
  html.Div(id='output-state')
])

@app.callback(Output('output-state', 'children'),
             Input('submit-val', 'n_clicks'),
             State('input-1', 'value'),
             State('input-2', 'value'))
def update_output(n_clicks, input1, input2):
   if n_clicks > 0:
       return f'Hola {input1} {input2}, ¡encantado de conocerte!'
   return 'Introduce tu nombre y haz clic en "Saludar"'

if __name__ == '__main__':
   app.run_server(debug=True)
```

En este ejemplo, los campos de entrada para el nombre y el apellido se definen como la función `State`. Esto significa que al escribir en estos campos no se activa el callback. En su lugar, el callback solo se ejecuta cuando el usuario pulsa el botón **Saludar**. Esto permite recopilar toda la información necesaria antes de generar una respuesta, proporcionando una mejor experiencia de usuario y potencialmente un mejor rendimiento para la aplicación.

Usando con cuidado las funciones `State`e `Input`podrá crear interacciones complejas y bien controladas en sus aplicaciones Dash, ofreciendo tanto capacidad de respuesta como eficacia.

En conclusión, los callbacks, la interactividad entre gráficos y el uso adecuado del estado de los componentes son elementos clave para crear aplicaciones Dash dinámicas e interactivas. Estas características permiten transformar visualizaciones estáticas en potentes paneles de control interactivos, capaces de responder en tiempo real a las acciones del usuario y presentar datos complejos de forma intuitiva y atractiva.

3.3.5 Creación de paneles de control con Dash

Ahora vamos a aplicar los elementos detallados anteriormente. Para crear nuestro nuevo panel de control con Dash, seguiremos estos pasos:

- Importación de librerías: el script comienza importando los módulos necesarios. Dash se utiliza para crear la aplicación web, mientras que sus submódulos (dcc y html) proporcionan componentes para la interfaz de usuario. Pandas es crucial para manipular datos tabulares. Plotly Express ofrece herramientas avanzadas de visualización.
- Carga y preparación de datos: se cargan tres archivos CSV: 'olist_orders_dataset.csv', 'olist_order_items_dataset.csv', y 'olist_products_dataset.csv'. Estos DataFrames se fusionan en claves comunes (`order_idy product_id`) para crear un conjunto de datos completo. Se calcula una nueva columna de "revenue", que representa la facturación total por pedido.
  - una barra lateral a la izquierda (25 % de la anchura) que contiene filtros: un selector de intervalos de fechas y un menú desplegable para las categorías de productos;
  - una sección principal a la derecha (75 % de la anchura) que muestra el título del panel de control y dos gráficos interactivos.
- Creación de callbacks: se define un callback Dash para actualizar los gráficos según los filtros. Esta función toma los valores de los filtros (fechas y categorías) como entrada y devuelve dos figuras Plotly:
  - Un gráfico de líneas que muestra la evolución de las ventas a lo largo del tiempo.
  - Un gráfico de barras que ilustra las ventas por categoría de producto. El callback filtra los datos según las selecciones del usuario antes de crear estas visualizaciones.

- Lógica de filtrado y visualización: en la función callback, los datos se filtran primero según el intervalo de fechas seleccionado. Si se seleccionan categorías, se aplica un filtrado adicional. A continuación, los datos agregados se utilizan para crear gráficos con Plotly Express.
- Gráficos interactivos:
  - el gráfico de tendencia de ventas utiliza `px.line`para crear una visualización temporal;
  - el gráfico de ventas por categoría utiliza `px.bar`para un gráfico de barras, ordenado por ventas descendentes.
- Gestión de la interactividad: la estructura de callback de Dash permite actualizar los gráficos en tiempo real cuando el usuario modifica los filtros, sin necesidad de recargar la página.
- Lanzamiento de la aplicación: el script termina con una condición que comprueba si se está ejecutando como programa principal. En caso afirmativo, lanza el servidor Dash con `app.run_server(debug=True)`, habilitando el acceso a través de un navegador web y activando el modo de depuración para el desarrollo.

Esta estructura crea un panel de control de comercio electrónico completo e interactivo, que ofrece a los usuarios la oportunidad de explorar en profundidad las tendencias de ventas y el rendimiento de las categorías de productos en el contexto del comercio electrónico brasileño.

```
import dash
from dash import dcc, html, Input, Output
import dash_bootstrap_components as dbc
import pandas as pd
import geopandas as gpd
import plotly.express as px
import json
from datetime import datetime
from typing import Tuple
import base64

# Constants
LOGO_PATH = "../img/logo.png"
APP_VERSION = "v1.0.0"
DATA_PATHS = {
   "orders": "../data/olist_orders_dataset.csv",
   "customers": "../data/olist_customers_dataset.csv",
   "order_items": "../data/olist_order_items_dataset.csv",
```

```
    "products": "../data/olist_products_dataset.csv",
    "geojson": "../data/brazil-states.geojson",
}

# Initialize the Dash app
app = dash.Dash(__name__, external_stylesheets=[dbc.themes.BOOTSTRAP])


def get_base64_encoded_image(image_path: str) -> str:
    """Read an image file and return its Base64 encoded string."""
    with open(image_path, "rb") as file:
        return base64.b64encode(file.read()).decode()


def load_data() -> pd.DataFrame:
    """Load and preprocess data from CSV files."""
    orders = pd.read_csv(DATA_PATHS["orders"],
usecols=[0, 1, 2, 3, 4, 6, 7])
    customers = pd.read_csv(DATA_PATHS["customers"])
    order_items = pd.read_csv(DATA_PATHS["order_items"],
usecols=[0, 1, 2, 3, 5, 6])
    products = pd.read_csv(DATA_PATHS["products"], usecols=[0, 1])

    df = (
        orders.merge(customers, on="customer_id")
        .merge(order_items, on="order_id")
        .merge(products, on="product_id")
    )

    date_columns = [
        "order_purchase_timestamp",
        "order_approved_at",
        "order_delivered_customer_date",
        "order_estimated_delivery_date",
    ]
    df[date_columns] = df[date_columns].apply(pd.to_datetime)

    df["order_year"] = df["order_purchase_timestamp"].dt.year
    df["order_month"] = df["order_purchase_timestamp"].dt.month_name()
    df["order_date"] = df["order_purchase_timestamp"].dt.date

    return df


def load_geo_data(df: pd.DataFrame) -> Tuple[gpd.GeoDataFrame,
dict]:
    """Load and process geographical data."""
```

```
    gdf = gpd.read_file(DATA_PATHS["geojson"])[["name", "sigla",
"geometry"]]
    gdf_by_year = (
        df.groupby(["order_year", "customer_state"])
        .agg({"price": "sum", "customer_unique_id": lambda x:
x.nunique()})
        .reset_index()
    )
    gdf_by_year = gdf.merge(gdf_by_year, left_on="sigla",
right_on="customer_state")
    geojson_data = json.loads(gdf_by_year.to_json())

    return gdf_by_year, geojson_data


# Load data
df = load_data()
gdf, geo_data = load_geo_data(df)

# Prepare dates and version info
last_update_date = datetime.now().strftime("%Y-%m-%d")
data_freshness_date = df["order_date"].max().strftime("%Y-%m-%d")

# Encode logo
logo_base64 = get_base64_encoded_image(LOGO_PATH)

# Layout
app.layout = dbc.Container(
    [
        dbc.Row(
            [
                # Sidebar
                dbc.Col(
                    [
                        html.Br(),
                        html.Div(
                            html.Img(
                                src=f"data:image/
png;base64,{logo_base64}",
                                style={"width": "70 %"},
                            ),
                            style={"text-align": "center"},
                        ),
                        html.Br(),
                        html.H5("Filters"),
                        html.Br(),
                        html.P("Select Order Year"),
```

```
                        dcc.Dropdown(
                            id="year-dropdown",
                            options=[
                                {"label": str(year), "value": year}
                                for year in
sorted(gdf["order_year"].unique())
                            ],
                            value=gdf["order_year"].min(),
                        ),
                        html.Br(),
                        html.P("Select a State"),
                        dcc.Dropdown(
                            id="state-dropdown",
                            options=[
                                {"label": state, "value": state}
                                for state in
sorted(gdf["customer_state"].unique())
                            ],
                            value=gdf["customer_state"].iloc[0],
                        ),
                    ],
                    width=2,
                    className="vh-100",
                    style={"backgroundColor": "#F0F2F6"},
                ),
                # Main content
                dbc.Col(
                    [
                        dbc.Row(
                            [
                                dbc.Col(
                                    html.B(
                                        html.H1(
                                            "My very first dashboard
with Dash",
                                            className="text-center mb-4",
                                        )
                                    ),
                                    width=12,
                                )
                            ]
                        ),
                        dbc.Row(
                            [
                                dbc.Col(
                                    dbc.Card(id="total-revenue-card",
body=True),
```

```
                                        width=4,
                                    ),
                                    dbc.Col(
                                        dbc.Card(id="average-order-value-
card", body=True),
                                        width=4,
                                    ),
                                    dbc.Col(
                                        dbc.Card(id="number-of-customers-
card", body=True),
                                        width=4,
                                    ),
                                ],
                                className="mb-4",
                            ),
                            dbc.Row(
                                [
                                    dbc.Col(dcc.Graph(id="choropleth-map"),
width=6),
                                    dbc.Col(dcc.Graph(id="line-chart"),
width=6),
                                ],
                                className="mb-4",
                            ),
                            dbc.Row(
                                [
                                    dbc.Col(dcc.Graph(id="bar-chart-
states"), width=4),
                                    dbc.Col(dcc.Graph(id="bar-chart-
products"), width=4),
                                    dbc.Col(dcc.Graph(id="pie-chart-
cities"), width=4),
                                ]
                            ),
                            dbc.Row(
                                [
                                    dbc.Col(
                                        html.Footer(
                                            f"Last dashboard update:
{last_update_date} | Data freshness date: {data_freshness_date} |
Application version: {APP_VERSION} | Contact: email@company.com"
                                        ),
                                        style={"text-align": "center"},
                                        width=12,
                                    )
                                ]
                            ),
```

```
                    ],
                    width=10,
                ),
            ]
        ),
    ],
    fluid=True,
    className="vh-100",
)


# Update the callback
@app.callback(
    [
        Output("total-revenue-card", "children"),
        Output("average-order-value-card", "children"),
        Output("number-of-customers-card", "children"),
        Output("choropleth-map", "figure"),
        Output("line-chart", "figure"),
        Output("bar-chart-states", "figure"),
        Output("bar-chart-products", "figure"),
        Output("pie-chart-cities", "figure"),
    ],
    [Input("year-dropdown", "value"), Input("state-dropdown",
"value")],
)
def update_charts(selected_year, selected_state):
    filtered_gdf = gdf[gdf["order_year"] == selected_year]
    filtered_df = df[df["order_year"] == selected_year]
    daily_sales =
filtered_df.groupby("order_date")["price"].sum().reset_index()
    sales_by_city = (
        filtered_df[filtered_df["customer_state"] == selected_state]
        .groupby("customer_city")["price"]
        .sum()
        .reset_index()
    )
    best_products = (
        filtered_df.groupby("product_category_name")["price"].sum()
.reset_index()
    )

    total_price = filtered_gdf["price"].sum()
    average_price = filtered_gdf["price"].mean()
    unique_customers = filtered_gdf["customer_unique_id"].nunique()

    # KPI Cards
```

```
    total_revenue_card = [html.H4("Total Revenue"),
html.H2(f"${total_price:,.2f}")]
    average_order_value_card = [
        html.H4("Average Order Value (AOV)"),
        html.H2(f"${average_price:,.2f}"),
    ]
    number_of_customers_card = [
        html.H4("Number of Customers"),
        html.H2(f"{unique_customers:,}"),
    ]

    # Choropleth map
    fig1 = px.choropleth(
        filtered_gdf,
        geojson=json.loads(filtered_gdf.to_json()),
        locations="name",
        featureidkey="properties.name",
        color="price",
        hover_name="name",
        hover_data=[
            "sigla",
            "price",
            "order_year",
            "customer_state",
            "customer_unique_id",
        ],
        center={"lat": -14.2350, "lon": -51.9253},
        color_continuous_scale="plasma",
    )
    fig1.update_geos(fitbounds="locations", visible=False)
    fig1.update_layout(margin={"r": 0, "t": 0, "l": 0, "b": 0})

    # Line chart
    fig2 = px.line(
        daily_sales,
        x="order_date",
        y="price",
        color_discrete_sequence=px.colors.sequential.Plasma,
        title="Sum of prices by day",
        labels={"order_date": "Date", "price": "Sum of prices"},
        template="plotly_white",
    )
    average_sales = daily_sales["price"].mean()
    fig2.add_hline(
        y=average_sales,
        line_dash="dash",
        line_color="orange",
```

```
        annotation_text="average sales",
        annotation_position="top left",
    )

    # Bar charts
    fig3 = px.bar(
        filtered_gdf.nlargest(5, "price").sort_values(by="price",
ascending=False),
        x="price",
        y="customer_state",
        orientation="h",
        color="customer_state",
        color_discrete_sequence=px.colors.sequential.Plasma,
        title="Top 5 States by Sales",
        template="plotly_white",
    )

    fig4 = px.bar(
        best_products.nlargest(5, "price").sort_values(by="price",
ascending=False),
        x="price",
        y="product_category_name",
        orientation="h",
        color="product_category_name",
        color_discrete_sequence=px.colors.sequential.Plasma,
        title="Top 5 Product Categories",
        template="plotly_white",
    )

    # Pie chart
    fig5 = px.pie(
        sales_by_city.nlargest(5, "price").sort_values(by="price",
ascending=False),
        values="price",
        names="customer_city",
        color="customer_city",
        hole=0.4,
        color_discrete_sequence=px.colors.sequential.Plasma,
        title=f"Top 5 Cities in {selected_state}",
    )

    return (
        total_revenue_card,
        average_order_value_card,
        number_of_customers_card,
        fig1,
        fig2,
```

```
        fig3,
        fig4,
        fig5,
    )


if __name__ == "__main__":
    app.run_server(debug=True)
```

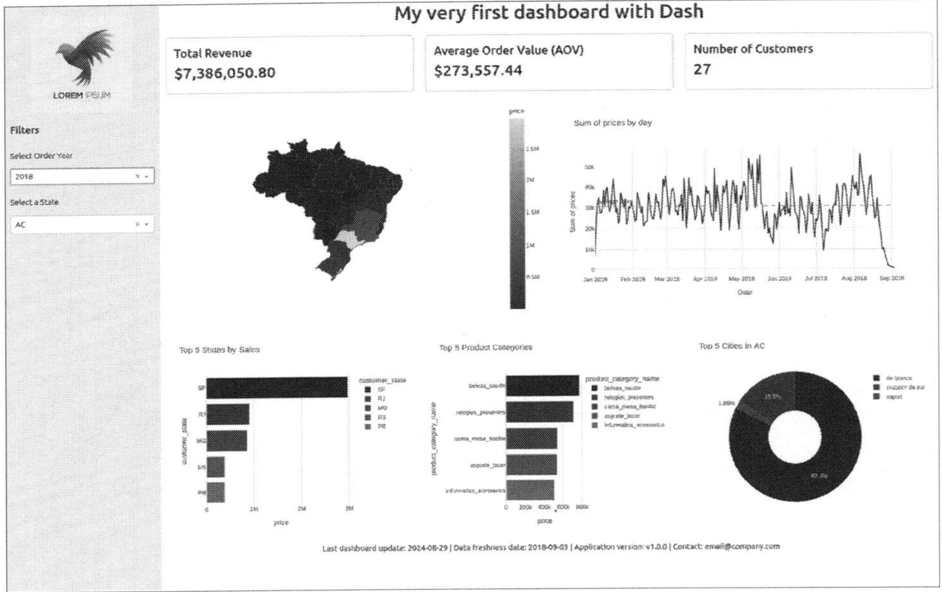

4. Cree impactantes informes de BI (y rápido)

La creación de informes impactantes es una parte crucial de la Business Intelligence, ya que convierte los datos brutos en información procesable. Python, con su gran cantidad de herramientas y bibliotecas, ofrece soluciones potentes para crear informes de BI sofisticados y eficaces.

Entre las muchas opciones disponibles, hay dos en particular que destacan por su capacidad para combinar armoniosamente el análisis de datos, las visualizaciones interactivas y la narración de historias: los Jupyter Notebooks y Quarto. Estas herramientas destacan en la creación de informes que combinan código Python, visualización dinámica de datos y contenido de texto explicativo, todo ello fácilmente exportable en formato PDF para su distribución profesional.

En esta sección, profundizaremos en el uso de Jupyter y Quarto para crear informes de BI. Exploraremos sus características únicas, sus respectivos beneficios y proporcionaremos una guía paso a paso para ayudarle a crear informes que no solo presenten sus datos de forma clara y atractiva, sino que también cuenten una historia convincente en torno a sus análisis.

Tanto si es un analista que busca optimizar sus flujos de trabajo como si es un responsable de la toma de decisiones que quiere mejorar la presentación de sus insights, esta sección le dará las claves para llevar sus informes de BI al siguiente nivel, combinando la potencia de Python con la elegancia de la presentación.

Elección de herramientas y bibliotecas Python para informes BI

En esta sección, nos centraremos en el uso de Jupyter Notebooks y Quarto para crear potentes informes de BI que se pueden exportar fácilmente a PDF. Estas herramientas ofrecen una potente combinación de flexibilidad, interactividad y presentación profesional.

4.1 Jupyter Notebooks

Jupyter Notebooks es un entorno de desarrollo interactivo ideal para crear informes de BI.

- Si aún no lo tiene, instálelo usando pip.

```
pip install jupyter
```

Los Jupyter Notebooks ofrecen muchas ventajas para la creación de informes de Business Intelligence. A continuación, se enumeran las principales:

- Combinación de código, texto explicativo y visualizaciones:
  - Integración fluida: los notebooks permiten alternar sin problemas entre código Python, explicaciones de texto y visualizaciones de datos.
  - Contexto inmediato: cada gráfico o resultado puede ir acompañado inmediatamente de una interpretación, lo que facilita su comprensión por parte de los lectores.
  - Narración de datos: esta estructura fomenta el storytelling, lo que permite construir un relato coherente en torno a los datos analizados.
- Ejecución interactiva de celdas de código:
  - Desarrollo iterativo: los analistas pueden ejecutar y modificar el código en pequeños fragmentos, lo que facilita la depuración y la experimentación.
  - Reactividad: los resultados se muestran inmediatamente debajo de cada celda de código, lo que permite un análisis en tiempo real.
  - Reproducibilidad: la ejecución secuencial de las células garantiza la reproducción fiable de los resultados.
- Soporte de una amplia gama de bibliotecas de visualización:
  - Flexibilidad gráfica: Jupyter es compatible con una amplia gama de bibliotecas como Matplotlib, Seaborn, Plotly y Bokeh.
  - Visualizaciones interactivas: pueden integrarse gráficos interactivos para profundizar en los datos.
  - Personalización avanzada: los usuarios pueden ajustar el aspecto de las visualizaciones para satisfacer requisitos específicos de los informes.
- Posibilidad de exportar en varios formatos:
  - Exportación a PDF: ideal para informes formales y distribución a gran escala;
  - HTML interactivo: permite compartir informes interactivos a través de la Web;
  - Notebooks (.ipynb): facilita la colaboración y la modificación por parte de otros analistas;
  - Scripts de Python (.py): útiles para la integración en pipelines de datos automatizados.

- Colaborar y compartir, más fácil:
  - Control de versiones: los notebooks pueden gestionarse con sistemas de control de versiones como Git.
  - Plataforma para compartir: servicios como Jupyter Hub o Google Colab permiten compartir cuadernos y colaborar en ellos en tiempo real.
  - Documentación viva: los notebooks sirven tanto de informe final como de documentación del proceso de análisis.
- Integración con el ecosistema de la ciencia de datos:
  - Amplia compatibilidad: funciona bien con herramientas como pandas para la manipulación de datos y scikit-learn para el Machine Learning.
  - Extensiones: una amplia biblioteca de extensiones de Jupyter le permite añadir las funciones adicionales que necesite.

4.2 Quarto

Quarto es un sistema de publicación científica y técnica que amplía las capacidades de Jupyter Notebooks.

Instalación:

▶ Descargue e instale Quarto desde https://quarto.org/.

▶ Instale la extensión Jupyter.

```
pip install jupyter-quarto
```

Quarto, como evolución del concepto de cuaderno, ofrece una serie de ventajas específicas para la creación de informes BI:

- Publicación versátil: Quarto permite crear documentos en diversos formatos de salida (PDF, HTML, Word, PowerPoint) a partir de una única fuente. Esta flexibilidad facilita la adaptación del contenido a diferentes audiencias y contextos de presentación.
- Control avanzado del diseño: a diferencia de los notebooks Jupyter estándar, Quarto ofrece un control más preciso sobre el diseño y el estilo del documento final. Esto le permite crear informes con un aspecto más profesional y coherente.

- Gestión de referencias: Quarto incluye funciones avanzadas de gestión de citas y bibliografía, especialmente útiles para los informes de BI que requieren referencias a fuentes externas.
- Contenido dinámico: los documentos de Quarto pueden incluir contenido dinámico, como parámetros ajustables o cálculos actualizados automáticamente, lo que resulta ideal para informes de BI interactivos o actualizados periódicamente.
- Reproducibilidad mejorada: Quarto mejora la reproducibilidad al permitir especificar con precisión el entorno de ejecución, garantizando que el informe pueda regenerarse de la misma manera en diferentes máquinas.
- Soporte multilingüe: aunque se basa en R Markdown, Quarto es compatible con varios lenguajes de programación, como Python, R y Julia, lo que ofrece una mayor flexibilidad a los equipos que utilizan distintas herramientas de análisis.
- Extensibilidad: Quarto permite el uso de extensiones y shortcodes personalizados, proporcionando la capacidad de añadir funcionalidades específicas a las necesidades de informes BI complejos.
- Colaboración y version control: como los documentos de Quarto se basan en texto, se integran perfectamente con sistemas de control de versiones como Git, lo que facilita la colaboración y el seguimiento de los cambios a lo largo del tiempo.

Uso básico de Quarto

Cree un nuevo documento Quarto (.qmd) o convierta un cuaderno Jupyter existente.

▶ Añadir metadatos YAML a la parte superior del documento:

```
---
title: "Informe trimestral de ventas
format:
pdf:
   toc: true
   number-sections: true
---
```

- Escriba su contenido utilizando Markdown y celdas de código Python.
- Para generar el PDF, utilice el siguiente comando:

```
quarto render report.qmd --a pdf
---
title: "Análisis de ventas Q3 2023"
author: "Su nombre"
fecha: "2023-10-15"
format:
pdf:
   toc: true
   number-sections: true
---

# Introducción

Este informe presenta un análisis detallado de las ventas del
tercer trimestre de 2023.

# Análisis de datos

``{python}
#| label: fig-ventas
#| fig-cap: "Ventas mensuales Q3 2023"

import pandas as pd
import matplotlib.pyplot as plt

data = pd.read_csv('ventes_q3_2023.csv')
plt.figure(figsize=(10, 6))
data.plot(kind='bar', x='mes', y='ventas')
plt.title('Ventas mensuales Q3 2023')
plt.xlabel('Mes')
plt.ylabel('Ventas (€)')
plt.show()
)
```

El uso combinado de Jupyter Notebooks y Quarto ofrece una solución potente y flexible para crear informes de BI en Python. Jupyter permite realizar análisis interactivos y exploratorios, mientras que Quarto facilita la producción de informes profesionales en PDF, ideales para presentarlos a las partes interesadas.

5. Difunda y comparta sus análisis

En el mundo de la ciencia de datos y la Business Intelligence, la capacidad de compartir análisis interactivos de forma rápida y eficiente se ha convertido en algo crucial. Para satisfacer esta necesidad surgieron varios marcos de código abierto, como Streamlit, Dash, Gradio y Taipy. Cada una de estas herramientas ofrece sus propias ventajas, pero comparten un objetivo común: permitir a los Data Scientists crear y desplegar fácilmente aplicaciones web interactivas. Veamos cómo ofrecer estas aplicaciones de forma sencilla y eficaz.

5.1 Desarrollo local

El proceso siempre comienza con el desarrollo local de su aplicación. Tanto si usa Streamlit, Dash, Gradio o Taipy, empiece creando su aplicación en un entorno Python local. Por ejemplo, con Streamlit, usted crea un archivo app.py que contiene su código. Con Dash, define el diseño y los callbacks de su aplicación. Gradio se centra en la creación rápida de interfaces para modelos de Machine Learning, mientras que Taipy ofrece un enfoque más visual para la creación de aplicaciones.

▶ Durante esta fase, es crucial probar su aplicación extensivamente de forma local. Utilice los comandos específicos de cada framework para lanzar su aplicación (por ejemplo, `streamlit run app.py`para Streamlit, o `python app.py`para una aplicación Dash). Asegúrese de que todas las funciones se ejecuten como se espera y de que la interfaz de usuario sea intuitiva y receptiva.

5.2 Preparativos para la implementación

Una vez que la aplicación funciona perfectamente en local, el siguiente paso es prepararla para su despliegue. Esta fase es crucial y relativamente similar, sea cual sea el framework utilizado.

Comience creando un archivo requirements.txt, que enumerará todas las dependencias de Python necesarias para ejecutar su aplicación. Es esencial incluir no solo el framework que está utilizando (Streamlit, Dash, etc.), sino también el resto de librerías utilizadas en su código (pandas, numpy, scikit-learn, etc.). Un archivo requirements.txt bien diseñado asegura que su aplicación pueda ser recreada fielmente en el servidor de despliegue.

A continuación, considere la posibilidad de crear un archivo setup.sh o Dockerfile. Estos archivos definen el entorno en el que se ejecutará la aplicación. Un archivo setup.sh es especialmente útil para implementaciones en plataformas como Heroku, mientras que un Dockerfile es ideal para implementaciones con Docker, ya que ofrece una mayor portabilidad y reproducibilidad.

5.3 Opciones de despliegue

La elección de la plataforma de despliegue dependerá de sus necesidades específicas, sus conocimientos técnicos y los recursos de que disponga. He aquí algunas opciones populares.

5.3.1 Plataformas de despliegue específicas para cada framework

Algunos frameworks ofrecen sus propias plataformas de despliegue. Por ejemplo, Streamlit ofrece Streamlit Cloud (antes Streamlit Sharing), que permite un despliegue rápido y gratuito directamente desde un repositorio de GitHub. Del mismo modo, Gradio ofrece Hugging Face Spaces para facilitar el despliegue de aplicaciones Gradio.

Estas soluciones suelen ser las más fáciles de usar, ya que están diseñadas específicamente para el framework en cuestión. Gestionan automáticamente muchos aspectos del despliegue, como la instalación de dependencias y la configuración del entorno.

5.3.2 Plataformas cloud versátiles

Plataformas como Heroku, *Google Cloud Platform*(GCP) y *Amazon Web Services* (AWS) ofrecen mayor flexibilidad y pueden dar cabida a aplicaciones creadas con cualquier framework. Heroku, en particular, es apreciada por su relativa facilidad de uso.

Para desplegar en Heroku, por ejemplo, necesitará crear un Procfile que especifique el comando para lanzar su aplicación. El despliegue puede realizarse a través de la interfaz web de Heroku o mediante la CLI de Heroku, lo que ofrece opciones para desarrolladores de todos los niveles.

5.3.3 Alojamiento estático con generación del lado del cliente

Para algunas aplicaciones, en particular las creadas con Dash o Streamlit, es posible generar una versión estática de la aplicación que puede alojarse en plataformas como GitHub Pages. Este enfoque funciona bien para aplicaciones que no requieren cálculos intensivos del lado del servidor.

5.3.4 Servidores privados virtuales (VPS)

Para aquellos que buscan el máximo control, el uso de un VPS es una excelente opción. Aunque requiere una configuración más manual, ofrece una flexibilidad total. Puede instalar el framework de su elección en el servidor, configurar un servidor web como Nginx como proxy inverso y gestionar usted mismo todos los aspectos del alojamiento.

5.4 Seguridad y acceso

La seguridad es un aspecto crucial cuando se distribuyen aplicaciones que contienen datos o análisis sensibles. La mayoría de los frameworks mencionados ofrecen opciones para implementar la autenticación de usuarios. Por ejemplo, Streamlit tiene una biblioteca streamlit-authenticator que facilita la adición de autenticación a su aplicación.

Más allá de la autenticación a nivel de aplicación, asegúrese de comprender y configurar correctamente los ajustes de seguridad de su plataforma de despliegue. Esto puede incluir la configuración de HTTPS, la gestión de claves API y la implementación de cortafuegos adecuados.

5.5 Mantenimiento y actualización

Una vez desplegada su aplicación, el trabajo no ha terminado. El mantenimiento periódico es esencial para garantizar la seguridad, el rendimiento y la vigencia de su aplicación.

Actualice periódicamente su aplicación y sus dependencias. Esto puede implicar actualizar el código de la aplicación para incorporar nuevas funciones o corregir errores, así como actualizar las bibliotecas utilizadas para beneficiarse de las últimas mejoras y parches de seguridad.

Supervise también los registros de su aplicación. La mayoría de las plataformas de despliegue ofrecen herramientas de logging que pueden ayudarle a identificar y resolver problemas rápidamente. La supervisión proactiva puede permitirle detectar y resolver problemas antes de que afecten a los usuarios.

En conclusión, la difusión de aplicaciones web de Data Science se ha vuelto más accesible que nunca gracias a frameworks como Streamlit, Dash, Gradio y Taipy. Comprendiendo las etapas de desarrollo, preparándose para el despliegue, eligiendo la plataforma de alojamiento y teniendo en cuenta la seguridad y el mantenimiento, podrá compartir eficazmente sus análisis con su público objetivo. La elección del framework y del método de despliegue dependerá de sus necesidades específicas, pero con estos conocimientos en la mano, estará bien equipado para tomar la mejor decisión para su proyecto.

Capítulo 9
Ética, seguridad y RGPD

1. Introducción

En el mundo actual de la Business Intelligence, donde los datos se han convertido en el alma de la toma de decisiones y la innovación, las cuestiones de ética, seguridad y cumplimiento de la normativa son más importantes que nunca. Este capítulo explora la intersección de estas tres áreas vitales y su impacto en las prácticas modernas de BI.

1.1 Importancia de la ética la seguridad y el RGPD en la Business Intelligence

La ética, la seguridad y el cumplimiento del Reglamento General de Protección de Datos (RGPD) se han convertido en pilares esenciales de cualquier estrategia de Business Intelligence eficaz y responsable. Estos aspectos son cruciales por varias razones.

Un planteamiento ético y seguro refuerza la confianza de clientes, empleados y socios. Esta confianza es un activo valioso en un entorno empresarial cada vez más competitivo y transparente. El cumplimiento del RGPD y otras normativas similares no es solo una obligación legal, sino también una ventaja competitiva.

Las empresas que demuestran un firme compromiso con la protección de datos destacan positivamente en el mercado.

Prestar gran atención a estos aspectos reduce el riesgo de violación de datos, acciones legales y daños a la reputación. En un mundo en el que los incidentes de seguridad pueden tener consecuencias devastadoras, la gestión proactiva del riesgo es esencial. Incorporar estas consideraciones desde el inicio de los proyectos de BI fomenta la innovación sostenible y socialmente responsable. Esto permite a las empresas desarrollar soluciones que no solo satisfacen las necesidades empresariales, sino que también respetan los valores éticos y los derechos de las personas.

1.2 Desafíos actuales en el procesamiento de datos empresariales

En el entorno actual, el procesamiento de datos empresariales se enfrenta a muchos retos. El creciente volumen y variedad de datos hace que su gestión y protección sean más complejas. Las empresas deben adaptar constantemente sus sistemas y procesos para manejar esta masa de información de forma eficiente, manteniendo al mismo tiempo altos niveles de seguridad y confidencialidad.

La sofisticación de las ciberamenazas representa un reto importante. Los ataques son cada vez más sofisticados y requieren medidas de seguridad avanzadas. Las empresas deben invertir continuamente en tecnologías de vanguardia y formar a su personal para contrarrestar estas amenazas en constante evolución.

La rápida evolución de las tecnologías, incluida la adopción de la IA y la cloud computing, está planteando nuevos problemas éticos y de seguridad. Estas innovaciones ofrecen oportunidades sin precedentes para el análisis de datos, pero también introducen nuevos riesgos que deben gestionarse con cuidado.

La presión reguladora se intensifica, ya que la normativa sobre protección de datos se multiplica y endurece a escala mundial. Las empresas tienen que navegar por un panorama normativo complejo y en constante cambio, que exige una vigilancia y una adaptabilidad constantes.

Por último, no pueden ignorarse las crecientes expectativas de los consumidores en materia de protección de la intimidad. Los particulares son cada vez más sensibles al uso que se hace de sus datos personales y exigen transparencia y control a las empresas que los recogen y procesan.

La ética, la seguridad y el cumplimiento del RGPD no son simples limitaciones para los profesionales de BI, sino oportunidades para construir una confianza duradera con los clientes y las partes interesadas. Al abordar estas cuestiones de forma proactiva, las empresas no solo pueden protegerse de los riesgos, sino también obtener una importante ventaja competitiva. Este capítulo proporcionará los conocimientos y herramientas necesarios para navegar por este complejo panorama y convertirlo en un pilar de su estrategia de BI.

2. Ética en la Business Intelligence

La ética es un pilar fundamental de la Business Intelligence moderna. Orienta la forma en que se recopilan, analizan y utilizan los datos, garantizando que las decisiones tomadas no solo sean eficaces, sino también responsables y respetuosas. Esta sección explora los principios éticos clave, los retos de la parcialidad de los datos y la importancia de su gobernanza ética.

2.1 Principios éticos fundamentales en BI

2.1.1 Transparencia

La transparencia es crucial en BI. Implica una comunicación clara sobre los métodos utilizados para recopilar y utilizar los datos. También incluye la divulgación de las fuentes de datos y las técnicas de análisis utilizadas. Además, la transparencia exige franqueza sobre los límites e incertidumbres de los análisis, para que los resultados obtenidos puedan comprenderse plenamente.

2.1.2 Equidad

La equidad en BI significa tratar todos los datos y a todas las personas de forma imparcial. Esto significa evitar la discriminación basada en características protegidas y garantizar que los análisis y las decisiones resultantes sean justos para todos. La equidad también requiere que los beneficios y riesgos del análisis de datos se distribuyan equitativamente entre todas las partes interesadas.

2.1.3 Responsabilidad

Rendir cuentas en BI significa responsabilizarse de las consecuencias de las decisiones basadas en datos. Esto significa establecer mecanismos de control y auditoría para garantizar la calidad e integridad de los análisis. Responsabilidad también significa estar preparado para rectificar errores y aprender de la experiencia pasada, en un proceso de mejora continua.

2.2 Sesgo en los datos y el análisis

2.2.1 Tipos comunes de sesgo

Los sesgos habituales en BI son variados y potencialmente perjudiciales. El sesgo de selección se produce cuando la muestra no es representativa, lo que distorsiona los resultados. El sesgo de confirmación es la tendencia a favorecer la información que confirma hipótesis preexistentes, lo que puede llevar a conclusiones erróneas. El sesgo de anclaje se produce cuando nos basamos demasiado en la información inicial, influyendo indebidamente en los análisis posteriores. Por último, el sesgo algorítmico representa los prejuicios potencialmente incorporados a los propios modelos de análisis.

2.2.2 Consecuencias del sesgo en las decisiones empresariales

Los sesgos pueden tener un impacto significativo en las operaciones y la reputación de una empresa. Pueden dar lugar a decisiones empresariales incorrectas, con las consiguientes pérdidas económicas u oportunidades perdidas. Los sesgos también pueden conducir a la discriminación involuntaria de determinados grupos, lo que puede tener graves consecuencias legales y éticas. La pérdida de confianza de clientes y partes interesadas es otro riesgo importante, que puede afectar a la reputación de la empresa a largo plazo. Por último, estos sesgos exponen a la empresa a importantes riesgos jurídicos y de reputación.

2.3 Toma de decisiones éticas basadas en datos

La toma de decisiones éticas en BI implica integrar consideraciones también éticas en cada etapa del proceso de toma de decisiones. Esto significa evaluar cuidadosamente las posibles consecuencias de las decisiones para todas las partes interesadas, no solo para los resultados inmediatos. El uso de frameworks éticos puede orientar las decisiones difíciles, proporcionando una estructura para sopesar los diferentes aspectos éticos de una decisión. También es crucial fomentar la diversidad de perspectivas a la hora de interpretar los datos, para obtener una visión más completa y equilibrada.

2.4 Gobernanza ética de datos

La gobernanza ética de datos incluye el establecimiento de políticas y directrices claras sobre el uso ético de los datos. Esto puede implicar la creación de comités de ética para supervisar proyectos sensibles de BI, garantizando un escrutinio riguroso de las implicaciones éticas. La formación continua de los empleados sobre cuestiones éticas en BI es esencial para cultivar una cultura de responsabilidad ética. Por último, el establecimiento de procesos regulares de auditoría y revisión de las prácticas de BI garantiza que las normas éticas se mantengan y mejoren con el tiempo.

La ética de la Business Intelligence no es un freno a la innovación, sino un catalizador de prácticas empresariales más sólidas y sostenibles. Al integrar estos principios éticos, reconocer y mitigar los prejuicios y establecer una gobernanza sólida, las empresas no solo pueden evitar posibles riesgos, sino también ganarse la confianza de las partes interesadas y crear valor a largo plazo. La ética en BI es una inversión en la sostenibilidad y la responsabilidad de la empresa.

3. Seguridad de los datos en la Business Intelligence

La seguridad de los datos es un aspecto crucial de la Business Intelligence moderna. A medida que las empresas dependen cada vez más de los datos para tomar decisiones estratégicas, la protección de estos activos de información se convierte en algo primordial. Esta sección explora la importancia de la seguridad de los datos, las amenazas comunes, las mejores prácticas y la importancia de la formación de los empleados.

3.1 La importancia de la seguridad de los datos en las empresas

La seguridad de los datos en las empresas es esencial por varias razones. Garantiza la protección de la información sensible y confidencial, que es crucial para mantener una ventaja competitiva. También garantiza la integridad y fiabilidad de los datos utilizados para la toma de decisiones, asegurando así la calidad de los análisis y las estrategias resultantes. La seguridad de los datos también es esencial para cumplir la normativa y las normas del sector, evitando sanciones legales y financieras. Desempeña un papel clave a la hora de preservar la reputación de una empresa y la confianza de sus clientes, aspectos ambos esenciales en un mundo cada vez más digital. Por último, una buena seguridad de los datos ayuda a reducir los riesgos financieros asociados a las violaciones de datos, que pueden acarrear costes considerables en términos de pérdidas directas, honorarios legales y pérdida de negocio.

3.2 Amenazas comunes a la seguridad de los datos

3.2.1 Ciberataques

Los ciberataques representan una grave amenaza para la seguridad de los datos de las empresas. Pueden adoptar diversas formas, cada una de las cuales presenta riesgos específicos. Los ataques de denegación de servicio (DDoS) pretenden saturar los sistemas y hacerlos inaccesibles. El phishing y la ingeniería social explotan la vulnerabilidad humana para obtener información sensible. El malware y el ransomware pueden infectar sistemas, robar datos o hacerlos inaccesibles. Los ataques de inyección SQL se dirigen a las bases de datos para extraer o manipular información. Por último, la explotación de las vulnerabilidades del sistema permite a los atacantes infiltrarse en las redes corporativas.

3.2.2 Filtraciones internas de datos

Las filtraciones internas, ya sean intencionadas o accidentales, constituyen una amenaza importante. El robo de datos por empleados descontentos puede causar daños considerables. El acceso no autorizado a datos sensibles, a menudo debido a una mala gestión de los derechos de acceso, puede comprometer la confidencialidad de la información. El intercambio involuntario de información confidencial, por ejemplo, a través de correos electrónicos mal dirigidos o documentos compartidos por error, también representa un riesgo significativo.

3.2.3 El error humano

El error humano es una fuente frecuente y a menudo subestimada de problemas de seguridad. Los sistemas de seguridad mal configurados pueden crear vulnerabilidades explotables. Una mala gestión de las contraseñas, como el uso de contraseñas poco seguras o compartirlas, puede comprometer la seguridad de las cuentas. Los dispositivos perdidos o robados que contengan datos sensibles pueden exponer información crítica. Por último, abrir archivos adjuntos maliciosos puede introducir amenazas en la red corporativa.

3.3 Mejores prácticas para la seguridad de los datos

3.3.1 Control de acceso y autenticación

Las medidas sólidas de control de acceso son esenciales para la seguridad de los datos. La autenticación multifactor añade una capa adicional de seguridad al requerir varias formas de verificación. El principio del mínimo privilegio limita el acceso de los usuarios estrictamente a aquellos datos que necesitan para su trabajo. La gestión de identidades y accesos (IAM) permite la administración centralizada de los derechos de acceso. Por último, el registro y la supervisión de los accesos facilitan la detección de actividades sospechosas y las auditorías de seguridad.

3.3.2 Cifrado de datos

La protección de datos mediante cifrado es una práctica de seguridad fundamental. El cifrado de datos en reposo y en tránsito garantiza su confidencialidad en caso de interceptación. La gestión segura de las claves de cifrado es crucial para mantener la eficacia del cifrado. El uso de protocolos de comunicación seguros como HTTPS y SSL/TLS protege los datos durante su transmisión a través de las redes.

3.3.3 Copias de seguridad y planes de recuperación en caso de siniestro

La preparación ante incidentes y la capacidad de recuperación de los datos son esenciales. Las copias de seguridad periódicas y comprobadas garantizan la disponibilidad de los datos en caso de pérdida. El almacenamiento externo de las copias de seguridad protege frente a incidentes locales. Unos planes de continuidad de la actividad bien elaborados permiten reanudar las operaciones poco tiempo después de un incidente. Los procedimientos de recuperación en caso de incidentes deben establecerse y probarse periódicamente para garantizar su eficacia.

3.4 Capacitación y concienciación de los empleados sobre la seguridad

La capacitación de los empleados es crucial para la seguridad general de la empresa. Los programas regulares de formación sobre seguridad de los datos sensibilizan al personal sobre las buenas prácticas y los riesgos. El conocimiento de las técnicas de ingeniería social les ayuda a reconocer y evitar los intentos de manipulación. Los ejercicios de simulación de ataques, como el phishing simulado, preparan al personal para reaccionar ante amenazas reales. Crear una cultura de seguridad en la empresa anima a cada empleado a desempeñar un papel activo en la protección de los datos. Por último, la actualización constante de nuestros conocimientos sobre las nuevas amenazas garantiza que permanezcamos alerta ante un panorama de ciberamenazas en constante cambio.

La seguridad de los datos es un elemento fundamental de cualquier estrategia eficaz de Business Intelligence. Ante la constante evolución de las amenazas, las empresas deben adoptar un enfoque proactivo y global de la seguridad. Esto significa no solo implantar medidas técnicas sólidas, sino también crear una cultura de la seguridad en todos los niveles de la organización. Al invertir en la seguridad de los datos, las empresas no solo protegen sus valiosos activos de información, sino que también fomentan la confianza de sus clientes y socios, creando una ventaja competitiva sostenible en la economía digital.

4. RGPD y cumplimiento en Business Intelligence

El Reglamento General de Protección de Datos (RGPD) ha tenido un profundo impacto en la forma en que las empresas gestionan los datos personales, incluso en el ámbito de la Business Intelligence. Esta sección explora las implicaciones del RGPD para las prácticas de BI, cubriendo sus principios claves, los derechos de los individuos y las medidas de cumplimiento requeridas.

4.1 Visión general del RGPD

El RGPD, que entró en vigor el 25 de mayo de 2018, es un reglamento de la Unión Europea que armoniza las leyes de protección de datos en toda Europa. Se aplica a cualquier organización que procese datos personales de residentes en la UE, imponiendo importantes multas por incumplimiento de hasta el 4 % de la facturación global anual. El principal objetivo del RGPD es dar a los individuos un mayor control sobre sus datos personales, reforzando así la protección de la privacidad en la era digital.

4.2 Principios claves del RGPD aplicables a la BI

4.2.1 Consentimiento y base jurídica del procesamiento

Según el RGPD, el consentimiento debe ser libre, específico, informado e inequívoco. Sin embargo, otras bases jurídicas pueden justificar el procesamiento de datos, como el interés legítimo o una obligación legal. Estos requisitos tienen un impacto significativo en la recopilación y el uso de datos en BI, lo que requiere una reevaluación de las prácticas existentes y la implementación de nuevos procesos para garantizar la legalidad del procesamiento de datos.

4.2.2 Minimización de datos

El principio de minimización de datos exige que las empresas recojan únicamente los datos necesarios para el fin especificado. Esto tiene importantes implicaciones para el diseño de almacenes de datos y procesos ETL en BI. Las empresas deben establecer mecanismos para evaluar la pertinencia de cada dato recopilado y almacenado. La importancia de auditar periódicamente los datos almacenados se está convirtiendo en un elemento crucial para mantener el cumplimiento de este principio.

4.2.3 Limitación de la finalidad

El RGPD estipula que los datos solo deben utilizarse para los fines especificados en el momento de su recogida. Esto exige que los objetivos de cada proyecto de BI estén claramente documentados, e impone restricciones a la reutilización de datos para nuevos análisis no previstos inicialmente. Este requisito está obligando a las empresas a replantearse sus procesos de planificación y documentación de proyectos de BI para garantizar una transparencia total sobre el uso de los datos.

4.3 Derechos individuales en virtud del RGPD

4.3.1 Derecho de acceso

El RGPD otorga a los individuos el derecho a solicitar el acceso a sus datos personales. Esto requiere la implantación de sistemas capaces de localizar y extraer rápidamente todos los datos relativos a un individuo concreto. Este requisito tiene un impacto significativo en el diseño de los sistemas de BI, que ahora deben incorporar funcionalidades que les permitan responder eficazmente a estas solicitudes de acceso.

4.3.2 Derecho de supresión

El derecho a la supresión, también conocido como «derecho al olvido», plantea retos particulares a los sistemas de BI. Borrar datos de almacenes de datos y copias de seguridad puede ser técnicamente complejo. Las empresas deben desarrollar procedimientos y herramientas que permitan borrar datos de forma selectiva, manteniendo la integridad de los sistemas y la coherencia de los análisis.

4.3.3 Derecho a la portabilidad de los datos

El RGPD otorga a los particulares el derecho a solicitar sus datos en un formato estructurado y de uso común. Para ello es necesario establecer mecanismos de exportación de datos en los sistemas de BI. Las empresas deben reflexionar sobre los formatos de datos adecuados y los metadatos asociados para garantizar que los datos exportados sean comprensibles y utilizables por otros sistemas.

4.4 Cumplimiento del RGPD en proyectos de BI

4.4.1 Evaluación de impacto de la protección de datos (EIPD

La EIPD es obligatoria para las operaciones de tratamiento susceptibles de generar un alto riesgo para los derechos y libertades de las personas. En el contexto de la BI, esto implica una evaluación sistemática del riesgo y la aplicación de medidas de mitigación para cada proyecto. Integrar el proceso de EIPD en el ciclo de vida de los proyectos de BI se convierte así en un paso crucial para garantizar el cumplimiento desde la fase de diseño.

4.4.2 Privacy by Design y Privacy by Default

Los principios de Privacy by Design y Privacy by Default exigen que la protección de datos se integre en el diseño de los sistemas y que se establezcan por defecto las configuraciones de la privacidad más protectoras. Estos principios tienen implicaciones de gran alcance para la arquitectura y el diseño de los sistemas de BI, lo que exige una revisión de las prácticas de desarrollo y configuración de las herramientas de análisis.

4.5 Gestión de la violación de datos y notificación

Si se descubre una violación de datos, el RGPD impone la obligación de notificarlo a las autoridades en un plazo de 72 horas. Esto requiere la aplicación de procedimientos sólidos para detectar y responder a incidentes de seguridad. También se exige la comunicación con los interesados en caso de riesgo alto. En este contexto, la importancia de la documentación y la trazabilidad en los sistemas de BI se convierte en primordial para poder reaccionar con rapidez y eficacia en caso de incidente.

El cumplimiento del RGPD representa un gran reto para los profesionales de Business Intelligence, pero también ofrece oportunidades para mejorar la gestión y el gobierno de los datos. Al integrar los principios del RGPD en las prácticas de BI, las empresas no solo pueden evitar riesgos legales, sino también reforzar la confianza de sus clientes y socios. El cumplimiento del RGPD debe verse como un proceso continuo de mejora, que requiere una estrecha colaboración entre los equipos de BI, jurídicos y de seguridad de la información. En última instancia, un enfoque proactivo del cumplimiento del RGPD puede convertirse en una ventaja competitiva, demostrando el compromiso de la empresa con la protección de datos y la confidencialidad.

5. Integración de la ética la seguridad y el RGPD en los procesos de BI

La integración efectiva de la ética, la seguridad y el RGPD en los procesos de Business Intelligence es esencial para garantizar prácticas responsables y conformes. Esta sección explora cómo crear una cultura corporativa basada en estos valores, integrar estas consideraciones en el ciclo de vida de los proyectos de BI, aplicar auditorías periódicas y fomentar la colaboración entre los distintos equipos implicados.

5.1 Creación de una cultura corporativa centrada en la ética y la protección de datos

La creación de una cultura empresarial centrada en la ética y la protección de datos comienza con la definición y comunicación claras de los valores éticos de la empresa en materia de BI. La implicación activa de la dirección en la promoción de estos valores es crucial para establecer su importancia dentro de la organización. Deben ponerse en marcha programas de formación continua para todos los empleados para garantizar una comprensión profunda y una aplicación coherente de estos principios. La empresa también debe establecer mecanismos de denuncia ética (*whistleblowing*) para que los empleados puedan plantear sus preocupaciones de forma segura. Reconocer y recompensar un comportamiento ético ejemplar puede reforzar la importancia de estos valores en la cultura corporativa.

Por último, integrar la ética y la protección de datos en las evaluaciones del rendimiento de los empleados subraya su importancia en todos los aspectos del trabajo.

5.2 Integración de consideraciones éticas y de confidencialidad en el ciclo de vida del proyecto de BI

La integración de consideraciones éticas y de confidencialidad debe comenzar en la fase de diseño de los proyectos de BI, siguiendo el principio de Privacy by Design. Deben crearse y utilizarse listas de comprobación éticas y de confidencialidad en cada fase del proyecto para garantizar que no se pasa por alto ningún aspecto. Asimismo, deben realizarse evaluaciones sistemáticas de impacto sobre la protección de datos (EIPD) para identificar y mitigar los riesgos potenciales, y ponerse en marcha un proceso de validación ética antes de lanzar cualquier nuevo proyecto de BI. Las metodologías ágiles utilizadas en los proyectos de BI deben adaptarse para integrar explícitamente las consideraciones éticas y de confidencialidad en cada iteración. Por último, la documentación continua de las decisiones éticas y de confidencialidad a lo largo del proyecto garantiza la transparencia y la trazabilidad.

5.3 Auditorías y evaluaciones periódicas

Debe establecerse un calendario de auditorías internas y externas para evaluar periódicamente el cumplimiento y la eficacia de las prácticas éticas, de seguridad y del RGPD. Deben definirse y supervisarse *los*KPI (*Key Performance Indicators*) específicos para el cumplimiento de la ética, la seguridad y el RGPD. Se debe animar a los equipos de BI a que lleven a cabo autoevaluaciones periódicas de sus prácticas. El uso de herramientas de análisis automatizadas puede ayudar a detectar anomalías y riesgos potenciales en los procesos de BI. Las políticas y procedimientos deben revisarse periódicamente a la luz de los resultados de las auditorías para garantizar que siguen siendo pertinentes. La comparación periódica con las mejores prácticas del sector puede ayudar a identificar áreas de mejora. Por último, la supervisión periódica y un reporting regular a las partes interesadas garantizan la transparencia y el compromiso permanente con estos principios.

5.4 Colaboración entre equipos (BI, jurídico, seguridad, cumplimiento)

La colaboración efectiva entre los equipos de BI, jurídico, de seguridad y de cumplimiento normativo es esencial para un enfoque holístico. La creación de grupos de trabajo interfuncionales para proyectos de BI puede fomentar esta colaboración, siendo necesario definir claramente las funciones y responsabilidades de cada uno para evitar confusiones y solapamientos. Es necesario establecer procesos de comunicación regulares entre los equipos para garantizar un intercambio de información fluido. Desarrollar un lenguaje común en torno a la ética, la seguridad y el RGPD facilita el entendimiento mutuo. Organizar sesiones colaborativas de intercambio de ideas y resolución de problemas puede dar lugar a soluciones innovadoras, así como compartir conocimientos y buenas prácticas entre equipos refuerza la experiencia colectiva. Por último, la creación de un comité de ética y gobernanza de datos que incluya a representantes de cada equipo garantiza una supervisión y una dirección estratégica coherentes.

Integrar la ética, la seguridad y el RGPD en los procesos de BI no es una tarea puntual, sino un esfuerzo continuo que requiere el compromiso de toda la organización. Creando una cultura corporativa que valore estos aspectos, integrándolos sistemáticamente en el ciclo de vida de los proyectos, realizando auditorías periódicas y fomentando una estrecha colaboración entre los distintos equipos, las empresas no solo pueden cumplir los requisitos legales y éticos, sino también construir una ventaja competitiva sostenible. Este enfoque holístico ayuda a ganarse la confianza de los clientes, mejora la calidad de los conocimientos generados por la BI y minimiza los riesgos asociados al uso de los datos. En última instancia, una BI ética, segura y conforme al RGPD es una BI más eficaz y mejor valorada dentro de la organización.

6. Futuros desafíos y oportunidades

El panorama de la Business Intelligence está en constante evolución, influido por los cambios normativos, los avances tecnológicos y las crecientes expectativas en torno a la protección de datos. Esta sección explora los futuros desafíos y oportunidades a los que se enfrentan los profesionales de la BI, centrándose en el cambio normativo, la innovación tecnológica y el equilibrio entre innovación y protección de datos.

6.1 Evolución en la normativa sobre protección de datos

Existe una tendencia mundial hacia normativas más estrictas inspiradas en el RGPD. Ejemplos notables son el *California Consumer Privacy Act* (CCPA) y otras legislaciones estatales en los EE.UU., la *Lei Geral de Proteção de Dados*(LGPD) en Brasil y la *Personal Information Protection Law* (PIPL) en China. Existe la oportunidad de armonizar las normativas a escala internacional, así como un probable refuerzo de los mecanismos de sanción y aplicación. Cabe esperar que surjan nuevas normativas sectoriales. Estas novedades plantean retos de cumplimiento en un entorno normativo complejo y cambiante, pero también ofrecen oportunidades para que las empresas se diferencien mediante un cumplimiento proactivo.

6.2 Innovaciones tecnológicas y sus implicaciones éticas

La inteligencia artificial y el aprendizaje automático en BI plantean importantes cuestiones sobre el sesgo algorítmico y la equidad de las decisiones automatizadas. La transparencia y la explicabilidad de los modelos de IA, así como el uso ético de la IA para el análisis predictivo y prescriptivo, son cuestiones cruciales. El Internet de las cosas (IoT) y la recopilación ubicua de datos plantean retos en términos de confidencialidad, consentimiento y seguridad de los dispositivos y los flujos de datos. La edge computing y la descentralización del procesamiento de datos tienen implicaciones para la gobernanza y la seguridad de los datos. El blockchain y las tecnologías de registro distribuido ofrecen potencial para mejorar la trazabilidad y la transparencia, pero plantean retos relacionados con el «derecho al olvido» del RGPD. La computación cuántica presenta amenazas potenciales para los métodos de cifrado actuales, al tiempo que ofrece oportunidades para un análisis de datos más potente.

6.3 Equilibrio entre innovación y protección de datos

El desarrollo de metodologías de innovación responsable en BI implica la integración de la ética y la protección de la privacidad desde la fase de diseño, así como la adopción de principios de innovación abiertos y transparentes. El uso de técnicas de preservación de la privacidad, como la privacidad diferencial en el análisis de datos y el aprendizaje federado para la colaboración sin compartir datos directamente, se está convirtiendo en algo crucial. La creación de sandboxes de regulación para probar nuevos enfoques y el desarrollo de normas y certificaciones para la innovación ética en BI son vías prometedoras. Es necesaria una mayor colaboración entre las empresas, los reguladores y la sociedad civil, en particular a través de grupos de trabajo multilaterales sobre ética de los datos y consultas públicas sobre nuevas tecnologías y prácticas. Dos aspectos son esenciales: por un lado, la educación y sensibilización continuas de los profesionales de la BI y del público en general mediante programas de formación sobre ética de los datos y protección de la intimidad; por otro, una comunicación transparente sobre el uso de los datos y los beneficios de la BI.

El futuro de la Business Intelligence dependerá de la capacidad de las organizaciones para navegar por un entorno normativo cambiante, adoptar de forma responsable las innovaciones tecnológicas y encontrar el equilibrio adecuado entre innovación y protección de datos. Los retos son muchos, pero también van acompañados de importantes oportunidades para las empresas que sepan anticiparse a estos cambios y adoptar un enfoque proactivo.

Las organizaciones de éxito serán las que integren la ética, la seguridad y el cumplimiento como pilares fundamentales de su estrategia de BI, y no como limitaciones. Serán capaces de ganarse y mantener la confianza de sus clientes, explotar todo el potencial de las nuevas tecnologías minimizando los riesgos y posicionarse como líderes responsables en la economía digital.

El futuro de la BI no consiste solo en aprovechar los datos para obtener información, sino también en crear valor de forma ética y sostenible. Al afrontar estos retos y aprovechar estas oportunidades, los profesionales de la BI desempeñarán un papel crucial en la construcción de un futuro digital más seguro, ético e innovador.

7. Conclusión

En este capítulo hemos explorado los aspectos cruciales de la ética, la seguridad y el cumplimiento del RGPD en el contexto de la Business Intelligence. He aquí un recordatorio de los puntos clave tratados.

En cuanto a la ética en BI, hemos destacado la importancia de principios éticos fundamentales como la transparencia, la imparcialidad y la responsabilidad. También hemos destacado la necesidad de gestionar los sesgos en los datos y los análisis, así como la importancia de aplicar una gobernanza ética de los datos.

En cuanto a la seguridad de los datos, hemos identificado amenazas comunes como los ciberataques, las filtraciones internas y los errores humanos. Hemos hablado de la aplicación de buenas prácticas, como el control de acceso, el cifrado y las copias de seguridad. Hemos destacado la importancia de la capacitación y concienciación de los empleados como elemento clave de la estrategia de seguridad.

En cuanto al cumplimiento del RGPD, hemos explorado la comprensión de los principios clave del RGPD aplicables a la BI, el respeto de los derechos de las personas, como el acceso, la supresión y la portabilidad de los datos, así como la aplicación de la protección de datos mediante el diseño (Privacy by Design).

La integración de estos aspectos en los procesos de BI se ha abordado mediante la creación de una cultura corporativa centrada en la ética y la protección de datos, la integración de consideraciones éticas y de confidencialidad en el ciclo de vida de los proyectos, y la importancia de las auditorías periódicas y la colaboración entre equipos.

Por último, hemos analizado los retos y oportunidades a futuro, incluida la continua evolución de la normativa de protección de datos, las implicaciones éticas de las innovaciones tecnológicas en BI y la búsqueda de un equilibrio entre innovación y protección de datos.

8. Recursos complementarios

Esta sección ofrece una lista de recursos complementarios para profundizar en el conocimiento de la ética, la seguridad y el cumplimiento del RGPD en el contexto de la Business Intelligence.

8.1 Directrices y marcos éticos

- *Data Ethics Framework del*Gobierno británico
  - https://www.gov.uk/government/publications/data-ethics-framework
  - Una guía práctica sobre el uso ético de los datos en los sectores público y privado
- *Ethical Guidelines for Statistical Practice* de la American Statistical Association
  - https://www.amstat.org/your-career/ethical-guidelines-for-statistical-practice
  - Principios éticos para el análisis y la interpretación de datos

- *Ethics Guidelines for Trustworthy AI* de la Comisión Europea
  - https://digital-strategy.ec.europa.eu/en/library/ethics-guidelines-trustworthy-ai
  - Directrices para el desarrollo y el uso ético de la IA, aplicables a la BI
- *Data Science Ethics* - Curso online de la Universidad de Michigan en Coursera
  - https://www.coursera.org/learn/data-science-ethics
  - Formación en profundidad sobre cuestiones éticas en ciencia de datos y BI
- *Ethics of Data and Analytics: Concepts and Case*por Kirsten Martin: libro que explora las consideraciones éticas en el análisis de datos.

8.2 Herramientas y recursos para la seguridad de datos

- OWASP (*Open Web Application Security Project*)
  - https://owasp.org/
  - Recursos sobre seguridad de las aplicaciones, incluidas las mejores prácticas para BI
- *National Institute of Standards and Technology* (NIST) Cybersecurity Framework
  - https://www.nist.gov/cyberframework
  - Marco global para mejorar la ciberseguridad de las infraestructuras críticas
- ISO/IEC 27001 - Management de la sécurité de l'information
  - https://www.iso.org/isoiec-27001-information-security.html
  - Norma internacional para la gestión de la seguridad de la información
- Cloud Security Alliance
  - https://cloudsecurityalliance.org/
  - Recursos de seguridad en la nube relevantes para las plataformas de BI basadas en la nube

Documentación oficial sobre el RGPD

- Página oficial del RGPD de la Unión Europea
  - https://gdpr.eu/
  - Texto completo del RGPD y recursos explicativos
- Consejo Europeo de Protección de Datos (CEPD)
  - https://edpb.europa.eu/
  - Directrices, recomendaciones y buenas prácticas del RGPD
- Comisión Nacional de Informática y Libertades (CNIL) - Francia
  - https://www.cnil.fr/fr/rgpd-par-ou-commencer
  - Guía práctica para el cumplimiento del RGPD
- *Information Commissioner's Office* (ICO) - Reino Unido
  - https://ico.org.uk/media/for-organisations/guide-to-the-general-data-protection-regulation-gdpr-1-0.pdf
  - Guía detallada para la aplicación del RGPD

Estos recursos proporcionan información en profundidad y herramientas prácticas para aplicar los principios de ética, seguridad y cumplimiento del RGPD en sus proyectos de Business Intelligence. Le ayudarán a mantenerse al día de las mejores prácticas y los avances en estas importantes áreas.

C

D

E

F

G

H

I

J

L

M

N

O

P

R

S

T